Dilemas do acesso à biodiversidade
e aos conhecimentos tradicionais
Direito, política e sociedade

Sandra Akemi Shimada Kishi
John Bernhard Kleba
(*Coordenadores*)

Prefácio
Paulo Affonso Leme Machado

Prólogo
Manuela Carneiro da Cunha

Dilemas do acesso à biodiversidade e aos conhecimentos tradicionais
Direito, política e sociedade

Belo Horizonte

2009

© 2009 Editora Fórum Ltda.

É proibida a reprodução total ou parcial desta obra, por qualquer meio eletrônico, inclusive por processos xerográficos, sem autorização expressa do Editor.

Editora Fórum Ltda.
Av. Afonso Pena, 2770 - 15º/16º andar - Funcionários - CEP 30130-007
Belo Horizonte - Minas Gerais
Tel.: (31) 2121.4900 / 2121.4949
www.editoraforum.com.br - editoraforum@editoraforum.com.br

Editor responsável: Luís Cláudio Rodrigues Ferreira
Coordenação editorial: Olga M. A. Sousa
Revisão: Equipe Fórum
Bibliotecária: Paloma Fernandes Figueiredo - CRB 2932 - 6ª Região
Indexação: Fernanda de Paula Moreira - CRB 2629 - 6ª Região
Projeto gráfico e capa: Walter Santos
Formatação: Clarice Maia Scotti

Imagem da capa: Índia representando a alegoria da Justitia com arco e balança, contendo elementos de acesso à biodiversidade como seringueira, flor de cupuaçu, ayahuasca, sapo kampô, cumaru e priprioca, bem como produtos comercializados. Concepção de Anderson de Góes Monteiro e John Bernhard Kleba, realização de Anderson de Góes Monteiro (www.avozdatela.blogspot.com - andergoes@gmail.com). © Direitos autorais reservados.

D576   Dilemas do acesso à biodiversidade e aos conhecimentos tradicionais: direito, política e sociedade / Coordenadores: Sandra Akemi Shimada Kishi; John Bernhard Kleba; prefácio de Paulo Affonso Leme Machado; prólogo de Manuela Carneiro da Cunha. Belo Horizonte: Fórum, 2009.

329 p.
ISBN 978-85-7700-240-5

1. Direito internacional. 2. Direitos humanos. 3. Direitos fundamentais. I. Kishi, Sandra Akemi Shimada (Coord.). II. Kleba, John Bernhard (Coord.). III. Machado, Paulo Affonso Leme IV. Carneiro da Cunha, Manuela.

CDD: 341
CDU: 341

Informação bibliográfica deste livro, conforme a NBR 6023:2002 da Associação Brasileira de Normas Técnicas (ABNT):

KISHI, Sandra Akemi Shimada; KLEBA, John Bernhard (Coord.). *Dilemas de acesso à biodiversidade e aos conhecimentos tradicionais*: direito, política e sociedade. Belo Horizonte: Fórum, 2009. 329 p. ISBN 978-85-7700-240-5.

Sumário

Prefácio
Paulo Affonso Leme Machado 11

Prólogo: Poucas palavras
Manuela Carneiro da Cunha 13

Apresentação 15

Parte I
Prática, política e sociedade

Regulação e prática da repartição de benefícios associados à biodiversidade:
notas a partir da experiência peruana
Camila Carneiro Dias, Maria Conceição da Costa 23
1   Introdução 23
2   Um quadro regulatório em construção 25
3   Notas sobre a experiência peruana 29
4   Considerações finais 38
     Referências..42

Entre o mercado esotérico e os direitos de propriedade intelectual:
o caso do Kampô (*Phyllomedusa bicolor*)
Edilene Coffaci de Lima 45
    Kampô, kambô: o sapo-verde 48
    O *boom* do kampô 50
    O Kampô como projeto 52
    De volta à "vacina do sapo": o kampô como "cultura" 62
    Para finalizar: kampô DOC? 63
    Referências 65

Conhecimentos tradicionais: aspectos do debate brasileiro sobre a quarta
dimensão da biodiversidade
**Gabriela Coelho de Souza, Rumi Regina Kubo, Ricardo Silva Pereira Mello,
Rodrigo Allegretti Venzon** 69
1   Biodiversidade, conhecimentos tradicionais e etnoecologia 71
2   Biodiversidade, conhecimentos tradicionais e ciência: Convenção da
    biodiversidade e TRIPS 73
3   Desenvolvimento da temática no Brasil 76
4   Considerações finais 80
     Agradecimentos 82
     Referências 82

Bioprospecção no Suriname: as parcerias norte-sul contribuem para a capacitação científica com vistas ao desenvolvimento sustentável?
Léa Velho, Fabiano Toni 87
    Introdução 87
    O Programa dos Grupos Colaborativos Internacionais em Biodiversidade
    (International Cooperative Biodiversity Groups) – ICBG 90
    O ICBG no Suriname 94
    Os impactos do programa ICBG no Suriname 100
    Conclusões 103
    Referências 105

Problemas sociolegais do acesso ao conhecimento tradicional associado a recursos genéticos e estudo dos casos da fragrância do breu branco e de psicoativos indígenas
John Bernhard Kleba 109
    Introdução 110
    Pajés e etnofarmácia – Demarcando a titularidade dos conhecimentos médicos tradicionais no caso UNIFESP e Krahô 112
    O que define se houve acesso ao conhecimento tradicional associado a recursos genéticos em casos controversos? A fragrância do *Protium pallidum* em questão 116
    Natura e a comunidade ribeirinha do Iratapuru, Amapá 116
    Erveiras, perfumes e direitos – Entrevistas da Natura no mercado do Ver-o-Peso, Pará 118
    Que conhecimento foi acessado, conhecimento tradicional protegido legalmente ou conhecimento em domínio público? 120
    Comerciantes urbanos podem ser titulares do conhecimento tradicional? 125
    As formas disseminadas de conhecimento tradicional 128
    O conhecimento tradicional disseminado de caráter nacional 128
    Uma nova tipologia de formas de conhecimento tradicional 129
    Notas finais 134
    Referências 135

Parte II
O direito em nível interno e internacional

Os impasses da abordagem contratualista da política de repartição de benefícios no Brasil: algumas lições aprendidas no CGEN e caminhos para sua superação
Fernando Mathias Baptista 141
1   Repartição de benefícios: como a CDB foi reduzida ao contrato privado civil 141
1.1   Como funciona o acesso e repartição de benefícios na CDB? 142
1.2   A redução da política de repartição de benefícios ao contrato civil 143
2   Aterrisando no Brasil: o CGEN como vigilante "tutor" dos conhecimentos tradicionais e como cego avalista de arranjos comerciais 145
2.1   A atropelada gênese da legislação brasileira de ARB: o acordo Bioamazônia-Novartis 145
2.2   Os "furos" do CGEN 146
2.2.1   A regra do provedor do recurso genético como titular da área 147
2.2.2   A regra do consentimento prévio informado do detentor de conhecimentos tradicionais 149
2.2.3   A (ausência de) regra sobre justiça e equidade nos contratos 151
2.3   O paradigma pós-CGEN: o caso FZRS-GBF 152
3   Outra perspectiva da política de ARB: uma abordagem de acesso livre 154

A implementação do artigo 8j da CDB, o problema do conhecimento tradicional disseminado e a experiência do Quênia
Evanson Chege Kamau 157
1 Introdução 158
2 Definindo o conhecimento tradicional 159
3 Qualificando o direito a benefícios baseados na posse e no valor 163
3.1 Aquisição, transmissão, acúmulo, armazenamento e disseminação 163
3.2 Definições e descrições 169
3.3 Obrigações relacionadas ao artigo 8j 170
4 Classificando o Conhecimento Tradicional Disseminado 171
4.1 O conceito de Conhecimento Tradicional Disseminado 171
4.2 Critérios para a demarcação do conhecimento tradicional disseminado daquele não disseminado 171
4.3 Níveis nos quais o conhecimento tradicional disseminado é mantido nacionalmente 172
4.4 Agrupando o CTD 172
5 Recompensando os detentores do conhecimento tradicional disseminado mediante exclusão dos custódios do conhecimento tradicional – Injustiça justa? 173
5.1 Por exclusão ou com inclusão? O quebra-cabeça 173
5.2 Obstáculos criados pela exclusão da proteção e repartição de benefícios 174
6 Novas tarefas para os sistemas de acesso e repartição de benefícios, possíveis antídotos e lições para o conhecimento tradicional intacto 176
6.1 Novas tarefas para os sistemas de acesso e repartição de benefícios e possíveis antídotos 176
6.1.1 Proteção via segredos comerciais? 177
6.1.2 Idéias para um regime de direitos de propriedade intelectual *sui generis* 181
6.1.3 Lei de propriedade intelectual amigável ao conhecimento tradicional 183
6.1.4 Fundos 184
6.1.5 Revisão da definição de CT 185
6.1.6 Medidas auxiliares 185
6.2 Lições para o CT intacto 187
7 Conclusão 187
Referências 188

Consentimento prévio informado no Brasil
Sandra Akemi Shimada Kishi 191
Introdução 192
1 Princípio do consentimento prévio fundamentado 192
2 Representatividade no CPI 194
2.1 Capacidade das comunidades tradicionais no Brasil 195
2.2 Capacidade das comunidades em nível internacional 195
2.3 Representatividade das comunidades para o CPI e o caso prático da tribo Krahô 196
2.4 Representatividade e a intercomunicação entre os povos no conhecimento tradicional compartilhado 197
2.5 Representatividade e falta de prévio estudo antropológico independente – Consequências 198
2.6 Representatividade e a divergência no consentimento entre as comunidades provedoras 199
2.7 Estrutura e finalidade do prévio estudo antropológico independente 200
2.7.1 Estudo antropológico independente e a elucidação do *iter* de transmissão do conhecimento tradicional 201
2.7.1.1 Elucidação do *iter* do conhecimento tradicional e a identificação dos legítimos provedores 201

2.7.1.2 Elucidação do *iter* do conhecimento tradicional e a verificação do "atalho" inventivo para o produto com fins comerciais 202
2.7.2 Outra aplicação do prévio estudo antropológico independente: a verificação do *plus* inovador 203
2.7.3 Estudo antropológico independente e estudo prévio de impacto ambiental 203
2.8 O caso prático da comunidade quilombola "Oriximiná": resultados positivos 203
3 Regime de propriedade do conhecimento tradicional 204
3.1 Regime de propriedade comunitário das minorias e outras regras 204
3.2 Titulares do conhecimento e as regras de autorização coletiva para a sua transmissão e reprodução no direito comunitário dos povos tradicionais 205
3.3 O direito comunitário das comunidades tradicionais e o direito positivo da sociedade envolvente 206
3.4 Conhecimento tradicional disseminado no anteprojeto de lei brasileiro sobre acesso 208
4 Natureza jurídica do CPI 209
5 Procedimento do CPI 210
6 Conteúdo do CPI 211
6.1 Conteúdo material 211
6.2 Formalidades e conteúdo jurídico do CPI 212
7 Conclusões 213
Referências 214

Populações tradicionais e conhecimentos associados aos recursos genéticos: conceitos, características e peculiaridades
Márcia Dieguez Leuzinger 217
Introdução 217
1 Conceitos legais 218
2 Características das populações tradicionais 222
3 Conhecimentos tradicionais associados ao patrimônio genético 230
Conclusões 233
Referências 235

O reconhecimento dos direitos intelectuais coletivos e a proteção dos conhecimentos tradicionais
Eliane Moreira 239
Introdução 239
2 Conhecimentos tradicionais e o reconhecimento dos direitos intelectuais coletivos 241
2.1 Para além da propriedade intelectual 241
2.2 Do conceito de propriedade para o conceito de patrimônio 243
2.3 Os direitos intelectuais coletivos como direitos coletivos *lato sensu* 247
Conclusão 249
Referências 250

O Tratado Internacional sobre Recursos Fitogenéticos para a Alimentação e a Agricultura (TIRFA) e a sua implementação no Brasil
Juliana Santilli 253
Visão geral 253
O acesso facilitado aos recursos fitogenéticos 259
A repartição dos benefícios 263
As interfaces do Tratado Internacional com a Medida Provisória (MP) nº 2.186-16/2001 ...266
Conclusão 273
Referências 273

Responsabilidade civil e acesso aos conhecimentos tradicionais no Brasil
Inês Virgínia Prado Soares 275
1 Considerações iniciais 275
2 Conhecimentos tradicionais: conceito e características 277
3 Conhecimentos tradicionais na Constituição brasileira 278
3.1 Conhecimentos tradicionais como bens culturais imateriais ou legado da humanidade? 278
3.2 Conhecimentos tradicionais brasileiros como "patrimônio da humanidade" 280
3.3 Conhecimentos tradicionais como portadores de valores de referência 281
3.4 Conhecimentos tradicionais como criações científicas ou tecnológicas 282
4 Repercussão da dimensão econômica dos conhecimentos tradicionais e a minimização da desigualdade na relação jurídica 284
4.1 A vulnerabilidade e hipossuficiência das comunidades tradicionais 284
4.2 Premissas para um regime jurídico apropriado para tutela das comunidades tradicionais no acesso aos seus conhecimentos 288
5 Responsabilidade civil em matéria de acesso aos conhecimentos tradicionais a partir dos alicerces jurídicos existentes no Brasil 291
5.1 Responsabilidade civil objetiva: brevíssimas noções 291
5.2 Princípio da responsabilidade cultural 292
5.3 Responsabilidade objetiva no acesso aos conhecimentos tradicionais 294
6 Conclusões 295
Referências 296

Em direção a coleções regionais de uso comum dos recursos genéticos. Melhorando a efetividade e a justiça no acesso aos recursos e na repartição de benefícios
Gerd Winter 299
I Direitos soberanos sobre recursos genéticos 299
1 O conteúdo do direito soberano 300
2 O escopo dos direitos soberanos 301
II Repartição de benefícios 304
III Coleções de uso comum: mais eficientes, mas também mais justas 306
IV À procura de modelos 309
1 *Science commons* 309
2 Rede Internacional de Intercâmbio de Espécies Vegetais (IPEN) 310
3 Tratado Internacional de Recursos Fitogenéticos 310
V Em direção a coleções genéticas de recursos regionalmente endêmicos 312
Referências 315

Síntese curricular dos autores 317

Índice de assuntos 323

Índice da legislação 329

Prefácio

Tenho imensa honra de apresentar a obra *Dilemas do acesso à biodiversidade e aos conhecimentos tradicionais: direito, política e sociedade*. Trata-se de uma valiosa publicação coletiva, com a participação de reputados especialistas.

Coordenam o novo livro John Bernhard Kleba, Professor Adjunto de Ciência Política, Sociologia e Filosofia do Instituto Tecnológico de Aeronáutica, São José dos Campos-SP, e Sandra Akemi Shimada Kishi, Procuradora Regional da República em São Paulo-SP e Professora no Curso de Especialização em Direito Ambiental da Faculdade de Direito da Universidade Metodista de Piracicaba.

Nos temas abordados, aparece a questão do consentimento necessário e prévio da comunidade indígena, que esteja ligada a determinado patrimônio genético.

A Convenção sobre a Diversidade Biológica, no seu Preâmbulo, reconhece a estreita e tradicional dependência de muitas comunidades locais e populações indígenas em relação aos recursos biológicos. (Decreto de promulgação da Convenção nº 2.519/1998). O Tratado Internacional sobre Recursos Fitogenéticos para a Alimentação e a Agricultura (Decreto de promulgação nº 6.476/2008) reconhece o direito à proteção do conhecimento tradicional relativo aos recursos fitogenéticos para a alimentação e a agricultura.

A Medida Provisória nº 2.186-16 de 23.8.2001, diz, no seu art. 7º, II, que conhecimento tradicional associado é a informação ou prática individual ou coletiva de comunidade indígena ou de comunidade local, com valor real ou potencial, associada ao patrimônio genético. Interessa salientar que a proteção outorgada por esta Medida Provisória não poderá ser interpretada de modo a obstar a preservação, a utilização e o desenvolvimento de conhecimento tradicional de comunidade indígena ou comunidade local (art. 8º, §3º).

Há uma proteção constitucional mais ampla do que a concedida pela Medida Provisória nº 2.186-16. Não só a comunidade indígena é protegida como um conjunto, como o "índio", individualmente, goza de garantias constitucionais. A Constituição Federal de 1988 inseriu, sabiamente, o Capítulo VIII – Dos Índios no Título VIII – Da Ordem Social. No *caput* do art. 231, está o termo "índios", não se mencionando as expressões "grupo indígena" e "comunidade", que são encontradas no §5º desse artigo e no art. 232, ambos da Constituição Federal. Esse apontamento vale para dizer que o "índio" tem seus direitos reconhecidos, independentemente da comunidade de que faz parte.

Nos direitos dos índios, foram especificamente assegurados seus "costumes" e suas "tradições". O conhecimento tradicional acerca do patrimônio genético é um direito não só da comunidade de que o índio faz parte, mas do próprio índio, que tenha esse conhecimento. Não só a comunidade indígena tem direito de opor-se à utilização do conhecimento tradicional por terceiros, seja para que fim for, inclusive para pesquisa. O índio — como pessoa — tem legitimidade "para ingressar em juízo em defesa de seus direitos e interesses" (art. 232 da Constituição Federal).

É preciso instaurar-se a utilização sustentável dos recursos genéticos no sentido dado pela Convenção da Diversidade Biológica, que significa a utilização de componentes da diversidade biológica de modo e em ritmo tais que não levem, no longo prazo, à diminuição dessa diversidade, mantendo assim seu potencial para atender às necessidades e aspirações das gerações presentes e futuras.

O livro vem trazer à luz aspectos atraentes e necessários do acesso ao patrimônio genético. É uma matéria pouco tratada no direito ambiental. Aí está o grande mérito da nova obra, sendo que sua leitura dará oportunidade de uma maior reflexão sobre a preservação do meio ambiente não só no Brasil, como no planeta.

Piracicaba, 25 de março de 2009.

Paulo Affonso Leme Machado

Professor na Faculdade de Direito da Universidade Metodista de Piracicaba (UNIMEP). Advogado. Mestre em Direito Ambiental pela Universidade Robert Schuman, de Strasbourg (França). Doutor Honoris Causa pela Universidade Estadual Paulista e Doutor em Direito pela Pontifícia Universidade Católica de São Paulo. Pós-Doutor – Universidade de Limoges (França). Promotor de Justiça no Estado de São Paulo (aposentado) e Professor na Universidade Estadual Paulista (UNESP) – IB – Rio Claro-SP (aposentado). Professor Convidado na Universidade do Quebec em Montreal, Canadá (1994); na Universidade da Córsega, França (2001); na Faculdade de Direito e Ciências Econômicas da Universidade de Limoges, França (1986-2003); na Universidade de Lyon III, França (2003); na Universidade Internacional de Andalucia, Espanha (2004); na Universidade de Milano-Bicocca, Itália (2007) e na Universidade Ecológica de Bucareste, Romênia (2008). Prêmio Internacional de Direito Ambiental 'Elizabeth Haub"(1985). Autor dos livros: Ação civil pública e tombamento; Estudos de direito ambiental; Recursos hídricos: direito brasileiro e direito internacional; Direito à informação e meio ambiente *e* Direito ambiental brasileiro *(17. ed.).*

Prólogo

Poucas palavras

A Convenção sobre a Diversidade Biológica, em 1992, inaugurou uma nova relação entre países com concentração alta de tecnologia e países com megadiversidade biológica, entre o Norte e o Sul. Fundada em uma troca de tecnologia por acesso a recursos genéticos e a conhecimentos tradicionais, essa relação se quis mais justa e eqüitativa, reconhecendo não só a soberania de cada país sobre a diversidade biológica que encerra, mas também os aportes dos detentores de conhecimentos tradicionais.

Tudo isso foi novidade auspiciosa e auspiciosa também foi a adesão à Convenção da esmagadora maioria dos países — com a notória exceção dos EUA, que se recusaram a ratificá-la. Mas já lá se vão quase duas décadas e ainda não estão sequer equacionadas, e muito menos resolvidas, as dificuldades de se traduzirem os propósitos da Convenção na prática.

A fórmula parecia simples: trocar-se-ia o acesso legal a recursos genéticos por uma repartição justa e eqüitativa de benefícios. Teoricamente, uma típica situação a que os economistas chamam de *win-win*. Todos ganhariam com isso.

Poucos países se aventuraram a traduzir a Convenção em uma legislação de acesso. O Peru foi um deles, e neste livro se avaliam algumas das experiências que se seguiram. Os Estados Unidos, embora não fossem parte da Convenção, deslancharam, com o Programa ICBG, duas rodadas de contratos que seguiam seus preceitos gerais. Um desses programas se deu no Suriname e um dos capítulos deste livro analisa seus efeitos. O Ministério do Meio Ambiente do Brasil, por sua vez, tentou montar uma experiência modelo com a secreção de uma perereca, o Kampô, tradicionalmente usado pelos Katukina e outros grupos indígenas amazonidas, sobretudo os de língua pano. Foi mais uma história de frustração, em grande parte creditável a um colonialismo científico interno. Com esta e outras experiências, como as que envolveram os Krahô, o Brasil percebeu algumas das dificuldades de se pôr em prática os princípios da Convenção.

Não é só a arrogância dos cientistas, que certamente existe, que impede o sucesso das experiências. Há também razões estruturais para tanto. Uma delas é que os Estados megadiversos, que se unem com razão para enfrentar os países mais tecnológicos, são bifrontes: se por um lado se ressentem de uma história de colonização e imperialismo em que eram a parte fraca, por sua vez eles são vistos como colonizadores pelas suas populações tradicionais, essas mesmas que preservaram recursos genéticos e geraram conhecimentos sobre a diversidade biológica. Por um lado, oprimidos; de outro, opressores. Isso acarreta que o que se exige lá fora — por exemplo, que se exiba a origem legal dos recursos genéticos e conhecimentos tradicionais ao se pedir uma patente — tem de ser exigido aqui dentro também.

Outra razão estrutural de dificuldades é a ausência nas sociedades tradicionais de instituições de chefia ou representação incontestes. Os casos Aguaruna e Krahô descritos neste livro são exemplo disso. Na ausência de sistemas tradicionais de representação, uma organização pode com legitimidade ser desmentida por outra. E que dizer da questão do caráter coletivo por definição dos conhecimentos tradicionais, algo que especialistas indígenas, ciosos de suas prerrogativas, podem contestar?

Diante de tantos empecilhos, vários juristas têm tentado soluções mais adequadas. Neste livro, discutem-se algumas. Mas talvez não seja suficiente refinar as formulações e os instrumentos. Talvez, como argumenta Fernando Mathias, o problema seja a inadequação da própria visão contratualista. Uma perspectiva de *commons* não seria mais adequada? O problema que vejo nessa solução, com a qual pessoalmente simpatizo, é que não acho justo — nem viável, aliás — transformar as populações tradicionais em paladinos dessa abordagem.

São Paulo, 31 de maio de 2009.

Manuela Carneiro da Cunha
Antropóloga. Professora da Universidade de Chicago. Membro da Academia Brasileira de Ciências. É autora, entre outros livros, de Os direitos do índio: ensaios e documentos *(São Paulo: Brasiliense, 1987); organizadora de* História dos índios no Brasil *(2. ed. São Paulo: Companhia das Letras, 1998); e co-organizadora, com Mauro Barbosa de Almeida, da* Enciclopédia da floresta: o alto Juruá. Práticas e conhecimentos das populações *(São Paulo: Companhia das Letras, 2002).*

Apresentação

A idéia da presente obra coletiva nasceu nos intervalos do workshop *Undoing the Knot in A&BS Transactions: in Search of Amicable Solutions*, em 15 e 16 de fevereiro de 2008, em Bremen (Alemanha), ocasião em que estavam reunidos representantes de organizações internacionais e especialistas da África do Sul, Alemanha, Brasil, Holanda, Inglaterra, Itália, Japão, Noruega, Peru, Quênia, Suíça e Venezuela. Tal evento fez parte do projeto do grupo de pesquisa DFG/Alemanha-Brasil-Quênia, integrado pelos coordenadores desta coletânea e pelos autores Gerd Winter e Evanson Chege Kamau. Naquela atmosfera acadêmica de discussões e reflexões sobre dilemas enfrentados nesta temática tão atual quanto complexa, houve um certo consenso de que cada participante de lá retornava com um sério dever de casa. Na tentativa de dar seguimento àquelas tão profícuas discussões, a presente obra coletiva visa a instigar reflexões sobre questões desafiantes, desatando os nós na questão do acesso à sociobiodiversidade e trazendo à tona questões cruciais para a efetiva implementação de políticas nacionais e internacionais de acesso e de repartição justa e eqüitativa de benefícios, que reconheçam o direito coletivo das comunidades tradicionais e valorizem sua cultura e seus modos de vida, nas relações de tão distintas forças e interesses em jogo nesta área.

A CDB institui um novo direito internacional sobre os recursos genéticos, estabelecendo um dispositivo de troca cooperativa entre os países dotados de biotecnologia e os países megadiversos: Aos primeiros o acesso a recursos genéticos e aos conhecimentos tradicionais associados deve ser facilitado, aos segundos, uma repartição justa dos benefícios e um consentimento prévio informado devem ser garantidos. Entretanto, as recomendações da CDB deixam uma série de conceitos em aberto, e sua efetiva implementação em diversos países vem revelando problemas de ordem prática, jurídica e sociopolítica.

Dentro desta problemática, esta obra apresenta uma abordagem interdisciplinar nas áreas do direito e da sociologia, antropologia e etnoecologia, trazendo ao público novos estudos, empíricos e temáticos, nacionais e internacionais, bem como propostas inovadoras de otimização legal e institucional.

Assim é que, na *Parte I: Prática, política e sociedade*:

Camila Carneiro Dias e Maria Conceição da Costa, no artigo intitulado "Regulação e prática da repartição de benefícios associados à biodiversidade: notas a partir da experiência peruana", partem do problema da repartição de benefícios como novo marco regulatório em um campo de dissensos de interesses e interpretações, para, via pesquisa empírica, analisar casos de bioprospecção no Peru. Estes casos envolvem empresas e universidades dos EUA e parcerias com entidades e povos indígenas peruanos. Discorre-se sobre problemas relativos à dinâmica organizacional e econômica dos empreendimentos e à propriedade intelectual. Casos de conflito em torno dos contratos, bem como entre representações indígenas, revelam a complexidade deste campo. Avalia-se o alcance de experiências como o Parque da Batata Quéchua e os acordos de repatriação, entre outros. Conclui-se que o impacto da bioprospecção tem sido bastante tímido sobre as reivindicações da CDB em prol da conservação, da proteção dos conhecimentos tradicionais e da transferência tecnológica.

Edilene Coffaci de Lima, em seu texto "Entre o mercado esotérico e os direitos de propriedade intelectual: o caso do Kampô (*Phyllomedusa bicolor*)", a partir de uma perspectiva etnográfica, discute os problemas em torno da secreção do anfíbio Kampô enquanto conhecimento médico indígena, dentro do âmbito de expectativas criadas pela tentativa de realização do "Projeto Kampô", com apoio do Ministério do Meio Ambiente e vinculado ao Probem. A referida secreção é alvo de comercialização indevida e de exploração por terapeutas esotéricos urbanos. A autora enfatiza os conflitos sociais gerados em torno destas expectativas entre os Katukina e os demais povos indígenas da região acreana e fronteiriça, bem como a dificuldade de demarcar uma clara titularidade deste conhecimento. Levanta ainda possíveis soluções e entraves, como o uso da "denominação de origem controlada" e a necessidade de regulação da Anvisa, para contornar a atual situação de frustração com relação a um efetivo reconhecimento do conhecimento médico indígena e à expectativa de uma repartição de benefícios segundo os ensejos destas coletividades indígenas.

Com o trabalho sobre "Conhecimentos tradicionais: aspectos do debate brasileiro sobre a quarta dimensão da biodiversidade", Gabriela Coelho de Souza, Rumi Regina Kubo, Ricardo Silva Pereira Mello e Rodrigo Allegretti Venzon debatem os conflitos em torno do anteprojeto de lei de acesso com especial atenção para a dimensão cultural da biodiversidade. Os autores se baseiam numa crítica à dominância do paradigma mercantilista e reducionista nas demandas à legislação, em especial à posição das sociedades científicas brasileiras, pela carência de reflexão sobre as inter-relações entre conservação ambiental, justiça e inclusão social. Os autores retratam uma proposta alternativa, baseada no *ethos* da etnoecologia, no empoderamento das populações tradicionais e num paradigma de ecologia profunda, e em lugar do enfoque de apropriação de recursos enfatizam a colaboração, o intercâmbio e as parcerias no manejo dos recursos naturais.

Por sua vez, Léa Velho e Fabiano Toni focam atenção nos problemas das expectativas e impactos de parcerias norte-sul, especificamente no projeto de bioprospecção do Grupo Cooperativo Internacional em Biodiversidade (ICBG) no Suriname. Este projeto, financiado pelo governo dos EUA e liderado por pesquisadores do mesmo país, envolve parcerias público-privadas. O projeto realizou coletas aleatórias e etnográficas de amostras, no último caso envolvendo as comunidades negras dos Saramaka. O estudo, que aplicou entrevistas de campo no Suriname, conclui que um objetivo do projeto, de fomentar a capacitação técnico-científica local, fracassou, por razões tanto do comportamento da equipe do ICBG quanto do despreparo legal e administrativo do governo do Suriname, e de sua incapacidade em organizar os interesses nacionais consistentemente. Em contraste, houve uma estratégia mobilizadora da *Conservation International* com os Saramaka na defesa de seus interesses nos termos de contratos. A expectativa da bioprospecção como alternativa para preservar a floresta é posta em questão, pois dos milhares de extratos pesquisados há mais de uma década, ainda nenhum redundou em produto comercial.

John Bernhard Kleba, em seu artigo "Problemas sociolegais do acesso ao conhecimento tradicional associado a recursos genéticos e estudo dos casos da fragrância do breu branco e de psicoativos indígenas" examina como formas disseminadas de conhecimento tradicional são objeto de controvérsias sociolegais e regulatórias. Estudam-se casos empíricos envolvendo a companhia de cosméticos Natura junto a ribeirinhos e erveiras, bem como etnofarmacólogos junto aos Krahô. Levantam-se problemas de demarcação da titularidade e de representação. Detalham-se critérios de uma disputa pré-judicial envolvendo atores do Executivo e Judiciário, se um acesso particular foi conhecimento protegido ou de livre acesso. A seguir o autor debate como definir, em situações controversas, quem pode ser considerado detentor do conhecimento tradicional. A partir de conceitos jurídicos emergentes propõe-se uma nova tipologia do conhecimento tradicional, para, a seguir, problematizar as implicações e chances do estabelecimento legal e ético-político dos novos tipos conceituais.

Na *Parte II: O direito em nível interno e internacional*:

Análise crítica é realizada por Fernando Mathias Baptista, com ênfase nos impasses da abordagem contratualista da política de repartição de benefícios no Brasil. O autor critica o acesso livre; a ausência de regra sobre justiça e equidade nos contratos; a regra do consentimento prévio informado do detentor de conhecimentos tradicionais, com insolúveis dificuldades práticas e foco de atenções do CGEN em detrimento da gestão para a justiça e equidade nos contratos de uso e repartição de benefícios; a regra do provedor do recurso genético como titular da área; e a posição do CGEN como vigilante "tutor" dos conhecimentos tradicionais e como cego avalista de arranjos comerciais.

Evanson Chege Kamau trata dos efeitos do conhecimento tradicional disseminado na implementação do artigo 8j da CBD, e sua implementação no Quênia. O autor debate o conhecimento tradicional para destacar a problemática da disseminação deste conhecimento. A partir de pesquisa empírica junto ao conhecimento tradicional médico no Quênia, Kamau aponta para problemas de entidades que usam e disseminam estes conhecimentos sem a devida repartição de benefícios. Para o autor, o conhecimento disseminado sem regulação específica ameaça as recomendações positivas da CDB. Debatem-se possíveis soluções como o segredo comercial, os direitos de propriedade intelectual *sui generis* e os fundos de repartição de benefícios, tecendo propostas específicas para a legislação de acesso queniana, que atualmente se encontra em construção.

Em um artigo sobre o consentimento prévio informado no Brasil, Sandra Akemi Shimada Kishi enfoca o instrumento em suas dimensões práticas e teórico-jurídicas, nas questões sobre representatividade, capacidade das comunidades tradicionais e regime de propriedade do conhecimento tradicional, visando a reflexões da exata noção de consentimento prévio informado como garantia de ampla participação das comunidades envolvidas, num processo no qual o estudo antropológico independente pode ser relevante para uma justa e eqüitativa repartição de benefícios.

Márcia Dieguez Leuzinger concentra-se nos conceitos sobre populações tradicionais e conhecimentos associados aos recursos genéticos para determinar a sua extensão, para os fins da proteção conferida pela legislação ambiental, apontando quais as características que devem ser atendidas por esses grupos para serem assim classificados, sob o aspecto dos contornos da territorialidade e do acesso a conhecimentos compartilhados por diferentes populações tradicionais.

O reconhecimento dos direitos intelectuais coletivos e a proteção dos conhecimentos tradicionais são analisados por Eliane Moreira, que percebe na proteção do patrimônio imaterial ainda o predomínio de uma política arquivística, ao invés de uma política de salvaguarda e de valorização; como na questão agrícola, em que impera a preocupação com as sementes, ignorando-se o conhecimento tradicional intrínseco a elas; e, finalmente, a preponderância da preocupação com a biodiversidade em si, descartando a proteção do conhecimento tradicional associado. Invoca que a viabilidade da proteção dos direitos das sociedades tradicionais está ligada à afirmação de sua importância social, cultural, ritual, espiritual e territorial, para além da econômica que tem colonizado todos os debates.

Juliana Santilli analisa o Tratado Internacional sobre Recursos Fitogenéticos para a Alimentação e a Agricultura (TIRFA) e a sua implementação no Brasil, estabelecendo um sistema multilateral de acesso e repartição de benefícios para alguns cultivos agrícolas essenciais à segurança alimentar. Trata ainda das interfaces deste Tratado Internacional com a Medida Provisória nº 2.186-16/2001.

O artigo de Inês Virgínia Prado Soares traz alguns aspectos essenciais para o tratamento da responsabilidade civil decorrente do acesso aos conhecimentos tradicionais, apontando-se desafios e dificuldades no enquadramento do tema ao sistema jurídico tradicional, principalmente pelas características de vulnerabilidade e a hipossuficiência de uma das partes (comunidades tradicionais) e a fragilidade do bem cultural imaterial protegido, com análise de mecanismos para minimizar a desigualdade entre as partes, na busca de uma relação jurídica equânime.

Gerd Winter analisa como melhorar a efetividade e a justiça no acesso aos recursos e na repartição de benefícios, propondo um mecanismo inusitado de regulação do acesso a partir da criação de coleções (*pools*) de uso comum dos recursos genéticos regionalmente endêmicos, a serem organizados em blocos de países vizinhos. Winter analisa detalhadamente as fragilidades do atual sistema *sui generis* de regulação, incluindo o desinteresse dos países beneficiários em efetivar as recomendações da CDB, a complexidade incontrolável do fluxo internacional de recursos genéticos, e os obstáculos jurídicos para ações fora da jurisdição soberana do Estado de origem. O autor analisa exemplos de mecanismos internacionais de cooperação e regulação em torno das informações genéticas e dos recursos fitogenéticos, para propor um novo modelo de regulação do acesso baseado nas coleções regionais comuns, modelo este que complemente e solucione as fragilidades apresentadas pelos regimes regulatórios atuais.

Parte I
Prática, política e sociedade

Regulação e prática da repartição de benefícios associados à biodiversidade: notas a partir da experiência peruana

Camila Carneiro Dias
Maria Conceição da Costa

Sumário: 1 Introdução - 2 Um quadro regulatório em construção - 3 Notas sobre a experiência peruana - 4 Considerações finais - Referências

1 Introdução

Nos últimos quinze anos, o princípio da repartição de benefícios tem ganhado terreno em áreas proeminentes da pesquisa científica e do desenvolvimento tecnológico, a exemplo da prospecção farmacêutica, exploração de recursos naturais, pesquisa médica e engenharia genética, entre outros. Em linhas gerais, parte-se do princípio de que é preciso consultar o público afetado e comunicá-lo de forma transparente sobre as finalidades e usos pretendidos de uma pesquisa, e, em segundo lugar, compartilhar eqüitativamente os retornos obtidos desta pesquisa — sejam monetários ou não — entre um conjunto de atores sociais ou partes interessadas.

Para Hayden (2003) e Milani (2008), a ascensão da repartição de benefícios como um princípio regulatório incorporado pelos protocolos de pesquisa, projetos de desenvolvimento e acordos multilaterais é parte de um processo mais amplo de institucionalização de instrumentos de engajamento do público, em curso desde os anos 90. Fazem parte deste processo a difusão de conceitos como *stakeholders*, *accountability*, além da internalização de princípios participativos nas retóricas de atores tão diversos quanto o Banco Mundial, a OCDE, a União Européia, as Nações Unidas, as chamadas Organizações Não-Governamentais e integrantes Fórum Social Mundial. Fomentar a participação dos diferentes atores e criar uma "rede" que informe, elabore, implemente e avalie as decisões passou a ser o paradigma dos projetos de desenvolvimento e das políticas consideradas progressistas.

As discussões a respeito do *ethos*, da natureza jurídica e do potencial de inclusão do princípio de repartição de benefícios tem ocorrido de forma bastante elaborada (ainda que não exclusivamente) no domínio da biotecnologia, e, mais especificamente, da bioprospecção. Em termos simples, a bioprospecção corresponde a um rótulo novo para uma prática antiga: a identificação e avaliação de material biológico encontrado na natureza para a obtenção de novos produtos ou processos (ARTUSO, 2002). A novidade trazida pela CDB consiste justamente na incorporação de instrumentos de compensação na regulação do acesso aos recursos genéticos e conhecimento tradicional associado.

Passados mais de 15 anos após a publicação da CDB, ainda reverberam dúvidas quanto ao que constitui um benefício, quem pode ser identificado como beneficiário e qual o impacto efetivo deste instrumento sobre a proteção do conhecimento tradicional e o desenvolvimento sustentável. Estas não são perguntas simples, mas questões conceituais que sugerem nuanças não convencionais na interpretação das relações entre Estado e comunidades autóctones, conhecimento, mercado e propriedade intelectual.

Diante destas lacunas, justifica-se a proposição de estudos que tenham como objetivo investigar o significado, a aplicação e os impactos do princípio da repartição de benefícios sobre a produção, uso e circulação de conhecimentos tradicionais associados à biodiversidade.

Este artigo tem por objetivo efetuar uma reflexão preliminar, e sintética, a respeito da natureza e dos impactos de acordos de repartição de benefícios sobre a proteção dos recursos biológicos e do conhecimento tradicional associado, no Peru.[1] A metodologia, predominantemente qualitativa, baseou-se em pesquisa de campo realizada entre maio e junho de 2007. Nesta ocasião, foi realizado um conjunto de entrevistas com atores-chave envolvidos em acordos de repartição de benefícios e também com aqueles envolvidos no contexto mais amplo da regulação do acesso aos recursos biológicos e ao conhecimento tradicional neste país.[2]

---

[1] Este artigo foi elaborado durante estágio de doutorado-sanduíche da primeira autora no Depto. de Antropologia da Indiana University (EUA), com apoio do CNPq e Capes. Ressalta-se que a pesquisa é parte integrante de um projeto mais amplo, intitulado PARBIO – Natureza e impacto de parcerias norte-sul, público-privado em pesquisa aplicada à bioprospecção, coordenado pelas professoras Léa Velho e Maria Conceição da Costa (DPCT/UNICAMP) e apoiado pelo IDRC (International Development Research Centre). O projeto contempla a investigação de casos em quatro países sul-americanos: Brasil; Peru; Colômbia e Suriname. Para saber mais, consulte: <http://www.ige.unicamp.br/parbio>.

[2] Os seguintes atores/instituições compuseram o quadro de entrevistados: Elsa Meza, ex-coordenadora científica da Shaman Pharmaceuticals no Peru; César Sarasara, diretor da Confederación de Nacionalidades Amazónicas Del Perú (CONAP); Danny Wilson Nugkuag, assessor jurídico do Consejo Aguaruna Huambisa (CAH) e da Asociación Interétnica de Desarrollo de la Selva Peruana (AIDESEP); Nestor Escobedo e Sergio Rodriguez,

Além desta introdução, este artigo é composto de mais três seções e estrutura-se como se segue. A seção 2 apresenta os principais elementos relacionados à regulação do acesso, circulação e utilização dos conhecimentos tradicionais, destacando-se a incompletude dos marcos regulatórios atuais e a proposição de novas alternativas, a exemplo dos regimes *sui generis* de proteção aos conhecimentos tradicionais e das iniciativas de indicação de origem geográfica. A seção 3 apresenta o cenário da regulação e da prática da repartição de benefícios no Peru — as experiências mais relevantes, as controvérsias e o processo de construção do aparato normativo-institucional. Finalmente, a seção 4 apresenta as considerações finais acerca da natureza e dos impactos destas experiências.

2 Um quadro regulatório em construção

Os conhecimentos das populações tradicionais, autóctones ou indígenas são produzidos a partir de atividades e práticas coletivamente desenvolvidas, e correspondem àquilo que a Organização Mundial da Propriedade Intelectual (OMPI), designa de "conhecimentos, inovações e práticas das comunidades locais e populações indígenas com estilos de vida tradicionais" (DUTFIELD, 2004, p. 75). Abrangem desde técnicas de manejo de recursos naturais, a métodos de caça e pesca, até o conhecimento sobre os diversos ecossistemas e propriedades farmacêuticas, alimentícias e agrícolas, e mesmo categorizações e classificações de espécies de flora e fauna utilizadas por estas populações.

Em uma visão mais ampliada que a anterior, estão incluídos no conjunto de conhecimentos tradicionais os modos de fazer enraizados no cotidiano das comunidades e classificados genericamente como saberes, tais quais rituais e festas, celebrações e manifestações culturais, e lugares dedicados a tais práticas coletivas (ARANTES, 2004; CABRAL, 2004). Trata-se de conhecimentos gerados e reproduzidos por diversas comunidades e povos em suas lidas com a natureza, os quais são utilizados em sua vida e constituem seu patrimônio imaterial.

A terminologia de conhecimento tradicional, entretanto, não é consensual Santos et al. (2004) questionam a definição adotada pelas agências internacionais e instrumentos regulatórios, argumentando que o adjetivo "tradicional"

Coordenador e Assessor da Divisão de Inovação e Novas Tecnologias do Instituto Nacional de Defensa de la Competencia y de la Protección de la Propiedad Intelectual (INDECOPI); Raul Blas Sevillano e David Campos Gutierrez, professores/pesquisadores da Universidad Agraria La Molina (UNALM); Andres Valladollid vice-coordenador da Comissão Nacional de Prevenção à Biopirataria; Manuel Ruiz Muller, coordenador jurídico da Sociedad Peruana de Derecho Ambiental (SPDA); Gerado Damonte, antropólogo do Grupo de Análisis para el Desarrollo (GRADE); Manuel Cigüeñas Saavedra, pesquisador do Instituto Nacional de Investigación Agraria (INIA); Jose Luis Silva Martinot, diretor executivo dos Laboratorios Hersil S.A.; Tammy Stemmer e Alejandro Argumedo, diretores associados da Association for the Conservation of Nature and Sustainable Development (ANDES); William Rocca, Ana Panta, Rene Gomez, Enrique Chuhoy, Stephan De Haan, pesquisadores do Centro Internacional de la Papa (CIP).

pressupõe uma forma estática, transmitida sem alterações de geração a geração. Cunha (1999, p. 15) também ilustra a posição anterior ao propor que o saber local é "uma ciência viva, que experimenta, inova, pesquisa, não um simples repositório de conhecimentos".

A partir da década de 1990, a temática do conhecimento de comunidades tradicionais, anteriormente restrita ao ambiente acadêmico (sobretudo antropológico), passou a ser objeto de intenso debate, em múltiplos fóruns, quanto aos limites e possibilidades de regulação da sua propriedade sob a forma de patentes ou outros instrumentos legais. Foram decisivos para este movimento: a apropriação de recursos genéticos e conhecimentos tradicionais pela indústria de biotecnologia nas últimas décadas, o que permitiu o intenso desenvolvimento deste ramo de atividade e; a mudança do *status* jurídico do patrimônio genético, em 1992, quando a tendência global de privatização (*enclosure*) de bens e patrimônios anteriormente considerados comuns à humanidade, refletida nos tratados internacionais, leva a CDB a declarar a soberania dos Estados Nacionais sobre o patrimônio genético situado em seus territórios, "estatizando-o" e reconhecendo os regimes de propriedade intelectual (regidos por outros tratados) sobre a biodiversidade (NOVION; BAPTISTA, 2006).

Na medida em que o debate se expande, os países têm avançado em termos de reestruturação de seus sistemas regulatórios, individualmente, ou sob amparo de blocos, a exemplo do grupo dos países mega-diversos, articulação que congrega os 17 países mais ricos em biodiversidade do planeta.[3] Porém, as posições defendidas pelos países quanto aos instrumentos de regulação mais adequados ainda refletem as assimetrias e os conflitos de interesse norte-sul. A regulação pode ser feita com a aplicação dos institutos vigentes de propriedade intelectual, defende a maioria dos países do Norte, onde localiza-se a maior parte da tecno-indústria da biotecnologia, enquanto os países do Sul, ricos em biodiversidade, têm reivindicado a instituição de novos mecanismos e seu reconhecimento em fóruns internacionais, a exemplo da criação de certificados de procedência legal e, numa escala mais ampla, a adoção de um regime internacional do tipo *sui generis*.

Os proponentes de um regime internacional *sui generis* (POSEY, 1996; DUTFIELD, 2004; SANTILLI, 2004; AZEVEDO, 2005) advogam a inadequação do instituto da propriedade intelectual como forma de proteção ao conhecimento tradicional e criticam a mera adaptação dos mecanismos do sistema patentário vigente para este fim, sem que haja qualquer alteração significativa dos seus pressupostos conceituais. Argumentam que há uma incompatibilidade entre o

---

[3] Madagascar, Congo, África do Sul, México, Bolívia, Brasil, Equador, Colômbia, Peru, Venezuela, China, Filipinas, Índia, Indonésia, Malásia, Austrália e Papúa Nova-Guiné.

processo criativo inerente a esses conhecimentos e a concepção de direito de propriedade individual, pois dada a forma como circulam os conhecimentos tradicionais, estes não se enquadram nos critérios que requerem a identificação de uma entidade legal específica como titular dos direitos. Assim, o conhecimento tradicional não sobreviveria, ou não se submeteria, a um monopólio comercial e sua "comoditização" representaria a subversão da sua lógica de reprodução e a deterioração das formas sociais que permitem sua circulação (SHIVA, 2001).

Menos complexa que a implantação de um regime *sui generis*, a idéia de certificação de procedência legal, por sua vez, tem sido a estratégia de reivindicação mais constante do grupo dos países mega-diversos nas reuniões do Conselho do *Trade Related Intellectual Property Rights* (*TRIPs*)[4] e integra uma corrente jurídica a que Tobin (2003) denomina de *rights first, access later*. Ela não se opõe ao processo de reconhecimento da propriedade intelectual, nem propõe um quadro normativo-institucional inteiramente novo, mas advoga a inclusão, no quadro vigente, de mecanismos que permitam rastrear e identificar a origem do recurso genético ou do conhecimento associado, com a finalidade de evitar a apropriação indébita (biopirataria).

Um destes mecanismos é a identificação da origem do recurso genético, ou conhecimento tradicional, como requisito para a concessão de um instrumento de propriedade intelectual. A divulgação de origem permitiria que o provedor do recurso ou conhecimento fosse identificado e pudesse participar da repartição de benefícios através de termos mutuamente acordados com o usuário do recurso (NOVION; BAPTISTA, op. cit.).

Alguns países entendem que a mera divulgação da origem do recurso biológico ou do conhecimento associado, entretanto, não garante que a repartição seja assegurada e que o acesso tenha sido feito mediante o consentimento prévio e informado do provedor. Para que isso fosse possível, surgiu a proposta, no âmbito da OMPI, de criação do certificado de procedência legal, que representaria uma espécie de atestado capaz de identificar não apenas a origem geográfica dos recursos ou do conhecimento acessado, mas também o reconhecimento de que houve, na transação, o cumprimento dos artigos 15 e 8j da CDB.[5]

O estabelecimento de um mecanismo de certificação de procedência legal demanda, entretanto, a construção de um sistema de registro de práticas e conhecimentos tradicionais onde sejam estocadas as evidências de *prior art*, ou seja, a existência prévia destes conhecimentos, sua procedência, usos e

---

[4] Esse acordo, criado em 1994, é uma ratificação do GATT (General Agreement on Tariffs and Trade) no âmbito da Organização Mundial do Comércio (OMC), com relação à garantia dos direitos de propriedade sobre as inovações desenvolvidas pelas indústrias.

[5] Respectivamente, obtenção do conhecimento prévio e informado e repartição de benefícios.

aplicações (DIAS; COSTA, 2008). Em processos de contestação de biopirataria, a demonstração deste requisito costuma ser uma das etapas mais complexas, ou porque não existe o registro sistematizado, ou porque as partes processadas contestam a legitimidade das fontes apresentadas por estarem baseadas no direito costumeiro das comunidades tradicionais ao invés dos mecanismos previstos no sistema patentário.

Dentre alguns países mega-diversos, a reação a esta lacuna tem se consubstanciando sob a forma de criação de bancos de dados para registro de práticas e conhecimentos tradicionais, com acesso restrito ou não. Desde 2001, o escritório de patentes da China coleta informações sobre usos, tradições e costumes nas áreas de medicina e agricultura e sugere às comunidades que solicitem patentes para conhecimentos inovadores. A Índia também desenvolve base de dados similar que dá suporte ao registro de patentes. Para alcançar o mesmo objetivo, a Venezuela adotou modelo relativamente distinto. Desde 1999, o Serviço Autônomo da Propriedade Intelectual, ligado ao governo federal, criou um portal que conta com mais de 15 mil referências catalogadas nas áreas de química, farmacêutica, artesanato, etc. Os interessados têm acesso completo às informações mediante pagamento de uma taxa ao Estado, posteriormente repartida entre as comunidades locais (IZIQUE, 2002).

No plano da América do Sul, a criação de um certificado de identificação de origem comum aos países que compartilhem recursos e conhecimentos de uma mesma região etnográfica, ou eco-região, tem sido um dos pontos focais das reuniões da Organização do Tratado de Cooperação Amazônica (OTCA), criada em 2003, reunindo Brasil, Bolívia, Equador, Guiana, Peru, Suriname e Venezuela. Da lista de prioridades estabelecidas, destacam-se a coordenação de posições, a harmonização normativa e a cooperação para a identificação de mecanismos que impeçam registros indevidos.

Neste sentido, o principal objetivo da OTCA é formar uma rede de informações entre os países da região Amazônica, como forma de coibir o tráfico internacional de recursos genéticos e de conhecimento tradicional. A formação da uma rede de informações ajudaria a combater fraudes e apropriações indevidas, na medida em que as experiências registradas numa base de acesso restrito poderiam atestar a existência prévia de conhecimentos, sua procedência, usos e aplicações.

A criação de indicações geográficas amazônicas seria outra estratégia de defesa e agregação de valor à produção regional. A existência de um indicador ou selo de procedência exclusiva, como o já utilizado para o café colombiano, evitaria ou minimizaria a proliferação no mercado global de produtos autóctones, sem que haja repartição de benefícios com os países e comunidades de origem.

3 Notas sobre a experiência peruana

O Peru — país que detém a terceira maior biodiversidade do planeta e a liderança na manipulação e uso de plantas nativas — foi o primeiro país signatário da CDB a dar início ao processo de formulação de um Regime Sui Generis, em nível nacional, para proteção do conhecimento tradicional associado aos recursos da biodiversidade. Os primeiros contratos de bioprospecção realizados no país, entretanto, foram negociados na ausência de um marco legal. O percurso controvertido destes contratos exerceu influência significativa no processo de institucionalização da regulação da exploração dos recursos da biodiversidade neste país. A construção de um quadro de referência emergiu, consideravelmente, de um movimento de reação pública à natureza e aos impactos destes projetos.

O primeiro deles transcorreu entre os anos de 1991 e 2000 e diz respeito a um acordo de bioprospecção firmado entre a Shaman Pharmaceuticals, empresa norte-americana (hoje extinta), com sede em São Francisco, e os índios Aguaruna. O principal elemento deste acordo consistiu em um contrato de fornecimento de matéria-prima — o látex da planta amazônica *sangre-de-drago* — firmado entre a referida empresa e algumas comunidades da etnia Aguaruna, então representadas por uma federação indígena, o Consejo Aguaruna-Huambisa (CAH).

Os Aguaruna formam um grupo indígena relativamente populoso (mais de 45 mil pessoas) que habita a Região Amazônica Peruana, próxima à fronteira com o Equador. Seu território abriga 187 comunidades, estabelecidas com relativo grau de independência entre si. A maioria destas comunidades é filiada a alguma organização local de representação de interesses e, em alguns casos, filiada a organizações mistas, que representam coletivamente os Aguaruna e outros grupos étnicos da Amazônia, tais como os Huambisa e os Chayauita. Greene (2004) identificou a presença de 13 diferentes organizações locais de representação dos Aguaruna, tendo as mais recentes surgido em 2002. Esta configuração pulverizada reflete o complexo jogo de divisões e alianças políticas historicamente construídas no âmbito da coletividade Aguaruna.

A Shaman Pharmaceuticals, por sua vez, era uma pequena empresa farmacêutica do tipo *start-up*, fundada em 1989 por uma equipe de químicos e etnobotânicos e financiada com capital de risco. Sua retórica, mesmo antes da publicação da CDB, enfatizava a compensação às comunidades de origem como parte de sua estratégia de "responsabilidade social corporativa", tendo em vista o reconhecimento da contribuição destes povos à preservação da biodiversidade (CROOK; CLAPP, 1999). Para planejamento e administração das estratégias de repartição de benefícios, a empresa criou um braço não-corporativo, com *staff* e conselho diretor independentes: a *The Healing Forest*

Foundation, presidida por Kate Moran, antropóloga anteriormente vinculada ao *Smithsonian Institute*.

Apesar de manter a fundação para distribuir às comunidades envolvidas os benefícios econômicos resultantes de suas pesquisas, a Shaman sempre reteve a propriedade intelectual integral sobre os medicamentos que pesquisava. Também não vinculava as atividades da referida fundação com as práticas bioprospectivas que lhe permitiam chegar a novas drogas. O pagamento de *royalties* e a negociação de patentes compartilhadas não chegou a fazer parte do pacote de compensações em nenhum dos projetos conduzidos pela empresa em cerca de 30 países (SVARSTAD, 2000).

A política de compensação e repartição de benefícios da empresa contemplava três perspectivas temporais: curto, médio e longo prazo. As compensações de longo prazo referiam-se à repartição dos benefícios advindos do lançamento de um produto no mercado, o que, de fato, nunca aconteceu. Segundo a própria Shaman (KING et al., 1994), os benefícios de médio e curto prazo correspondiam ao atendimento das demandas mais urgentes das comunidades, identificadas pelos técnicos durante os trabalhos de campo. No Peru, estas compensações incluíram a construção de uma pista de pouso na região de coleta de *sangre-de-drago* e a implantação de um projeto de reflorestamento. Este último assentava-se sobre o pagamento de um "preço-prêmio" aos Aguaruna (que se comprometiam a não extrair o látex antes do tempo e a não derrubar as árvores para extração de madeira) e seu treinamento em técnicas de manejo florestal.

Para a coordenação das atividades na região, contratou-se uma pesquisadora peruana com prévia experiência em reflorestamento da espécie *sangre-de-drago*. Incialmente, a contratação previa apenas o exercício da coordenação científica do projeto. Dado o tamanho restrito da empresa, esta pesquisadora tornou-se, na prática, a principal responsável pela articulação de todas as etapas do projeto, no Peru: a negociação do preço e do pacote de compensações com as comunidades indígenas; o planejamento logístico (que incluía, além do escoamento do látex, o transporte do pagamento, em espécie e de barco) e; a organização de *workshops* de reflorestamento entre as comunidades.

Em 1993, nos EUA, pesquisadores da Shaman isolaram o princípio ativo do látex de *sangre-de-drago*, um alcalóide denominado taspina, não sintetizável em laboratório. A empresa depositou a patente deste alcalóide no *United States Patent and Trademark Office*, com o propósito de empregá-lo na formulação de dois medicamentos destinados à terapia da diabetes e ao tratamento da diarréia associada à presença do vírus HIV. O mercado potencial para estes medicamentos, segundo estimativas da própria empresa, correspondia a 26 milhões de pessoas, apenas no continente americano (KING et al., 1997).

O desenvolvimento destes dois medicamentos converteu-se, rapidamente, na principal estratégia corporativa da Shaman. Os primeiros testes realizados com um deles (denominado de "Provir") revelaram-se promissores, atraindo novas fontes de financiamento para a empresa, inclusive a parceria de grandes empresas, como a Eli Lilly e a Merck (SHAMAN, 2000, 2001). O processo de regularização do Provir parecia próximo de um final bem sucedido quando o FDA determinou que uma etapa adicional de ensaios clínicos seria necessária. Apesar dos esforços bem sucedidos de capitalização durante as primeiras fases de desenvolvimento do medicamento, o custo de realização de novos ensaios ultrapassaria o limite de recursos disponíveis. Diante das restrições impostas pelo FDA e dos riscos implicados na realização de novos testes, não houve interesse das empresas parceiras em agregar novos recursos ao processo, tampouco a abertura de capital ensaiada pela Shaman foi suficiente para custeá-lo.

Em 1999, dez anos após sua fundação e sem nenhum medicamento lançado no mercado, a Shaman retirou-se do mercado farmacológico. Reposicionou-se sob o nome de *Shaman Botanicals*, passando a atuar no mercado de suplementos nutricionais vendidos pela internet, no qual as barreiras regulatórias são menores, assim como as perspectivas de lucro. Entretanto, também neste nicho as expectativas de retorno financeiro foram superestimadas. A *Shaman Botanicals* não resistiu ao "estouro da bolha" das empresas virtuais no início dos anos 2000 e, em 2001, mesmo ano em que as patentes do alcalóide taspina foram vencidas, a empresa declarou falência. A esta altura, as atividades de reflorestamento no Peru já haviam sido encerradas, bem como o contrato de fornecimento de *sangre-de-drago* com os Aguaruana.

O segundo projeto de bioprospecção a exercer impacto sobre a construção do quadro regulatório peruano para a proteção da biodiversidade, transcorreu entre 1993 e 1999, envolve a mesma federação indígena anteriormente referida, o Consejo Aguaruna Huambisa (CAH) e foi amplamente divulgado na imprensa e na literatura especializada (GREENE, op. cit.; FERRO; RUIZ; 2005).

O contrato foi concebido no âmbito do programa International Cooperative Biodiversity Group (ICBG), criado em 1991. Este é considerado o primeiro programa sistemático de apoio a pesquisa orientado pelos princípios da CDB, apesar dos Estados Unidos não terem aderido à Convenção. Os recursos do programa provêm de três agências governamentais: National Science Foundation (NSF); United States Agency for International Development (USAID), e National Institutes of Health (NIH), responsável pela sua coordenação executiva.

Foram lançadas duas chamadas de trabalho do programa, em 1993 e em 1998. No total, oito equipes de diferentes universidades norte-americanas foram contempladas com recursos que financiariam projetos de bioprospecção no Suriname, Costa Rica, México, Peru, Chile, Argentina, Laos, Vietnã, Camarões e Nigéria. Dentre todos os projetos levados a cabo, dois foram claramente mais controvertidos que os demais: os projetos ICBG-Maya, que envolvia a prospecção de plantas medicinais em territórios indígenas situados na província do

Chiapas, no México e o ICBG-Aguaruna, na Amazônia Peruana. Em ambos, as negociações ocorreram diretamente entre comunidades indígenas e bioprospectores, sem a mediação dos Estados Nacionais e com forte participação de organizações não-governamentais.

De acordo com as diretrizes do programa ICBG, os projetos deveriam contemplar a participação de instituições de pesquisa e comunidades indígenas ou tradicionais dos países parceiros, além de encorajar a colaboração de organizações do setor-privado. No Peru, o arranjo original, formado em 1993, compreendia duas organizações norte-americanas — a Washington University e a Searle, então braço farmacêutico da Monsanto — e três organizações peruanas — a Universidade Peruana Cayetano Heredia (UPCH), o Museu de História Natural da Universidade San Marcos e os índios Aguaruna, inicialmente representados por uma federação indígena, o Consejo Aguaruna Huambisa (CAH), depois substituído pela Organização Central de Comunidades Aguarunas do Alto Maranhão (OCCAAM), entidade formada a partir de uma dissidência do primeiro.

Segundo os termos do acordo, os quatro parceiros participariam da coleta de material biológico; a pesquisa para isolamento de princípios ativos (*screening*) seria realizada pela Washington University e pela UPCH e à Universidade San Marcos caberia a tarefa de catalogar um inventário da biodiversidade peruana. Em 1994, o CAH e a equipe do ICBG assinaram um contrato no qual a Washington University comprometia-se a realizar um pagamento anual pelo trabalho de coleta de material e pelas amostras de plantas obtidas.

Após a assinatura do contrato com o CAH, a equipe da Washington University retornou aos EUA para formalizar a participação de uma empresa privada no arranjo. Esta se deu sob a forma de um contrato de licenciamento (*license option agreement*) entre a Washington University e a G.D. Searle & Co., então o braço farmacêutico da Monsanto Corporation. Pelos termos do contrato, coube à universidade realizar todos os pagamentos anuais aos parceiros peruanos e negociar com estes a repartição futura de qualquer benefício no caso de desenvolvimento de novo produto ou processo. Em síntese, a Washington University tornou-se a representante legal e única intermediária entre os parceiros peruanos e a Searle/Monsanto.

Ao tomar conhecimento dos termos do acordo entre a Washington University e a Searle, o CAH questionou o fato da carta de intenções firmada anteriormente não prestar informações suficientemente claras a respeito do regime de repartição de benefícios entre os parceiros. É neste momento que o Conselho Aguaruna-Huambisa consulta a Rural Advanced Foundation International (RAFI), organização não-governamental baseada nos EUA e, através desta, obtém uma cópia do contrato de licenciamento entre a Washington University e a Searle/Monsanto. Na seqüência, o caso ganha notoriedade internacional, pois a RAFI publica uma denúncia de biopiratria contra a empresa em seu website.

A contestação do contrato preliminar entre o CAH e a Washington University não significou a desistência imediata dos Aguaruana, mas a solicitação da revisão dos termos do acordo com a Searle/Monsanto. Durante este período de indefinição, a equipe de pesquisadores da Washington University retorna ao Peru para coleta de amostras, fato que provocou fortes atritos entre a equipe do ICBG e o CAH. Segundo o ICBG, a maior parte destas plantas foi prospectada em parceria com técnicos do Ministério da Agricultura nas proximidades de uma reserva não-indígena, chamada Imazita, enquanto outra parte foi coletada junto a informantes Aguaruna filiados a outra organização indígena, a anteriormente referida OCCAAM, com o consentimento desta.

Em 1995, o CAH questionou os termos da associação entre a Washington University e a Searle/Monsanto, o que culminou na sua desistência do projeto. A retirada do CAH não significou, entretanto, o encerramento das atividades do consórcio ICBG no Peru, pois a Washington University buscou firmar uma nova parceria com outra federação indígena, encontrando disponibilidade justamente entre os dirigentes da OCCAAM.

O que se seguiu ao novo acordo entre Washington University e OCCAAM foi uma disputa pública pela "legitimidade" da representação dos Aguaruna, pontuada pela troca de acusações entre federações indígenas. O Consejo Aguaruna Humabisa declarou não reconhecer a OCCAAM enquanto entidade de representação e, novamente com o apoio da RAFI, publicou uma carta na internet na qual acusava a Washington University, associada à OCCAAM, de prática de biopirataria. Por seu turno, a OCCAAM argumentou que o CAH não detinha a hegemonia na representação dos Aguaruna e que sua posição não correspondia aos interesses de todas as comunidades deste grupo étnico.

A evolução do caso resume-se na trajetória da equipe do ICBG e da OCCAAM para ampliar sua legitimidade através da conquista de aliados em duas frentes específicas: no âmbito das comunidades Aguaruna não-alinhadas ao Conselho Aguaruna-Huambisa e no âmbito das organizações não-governamentais ambientais mais influentes no Peru, especificamente da Sociedade Peruana de Direito Ambiental (SPDA). Fez parte desta estratégia a associação da OCCAAM a outras três organizações Aguaruna, que foram incluídas na rede de atores do projeto ICBG: a Federação Aguaruna Domingusa (FAD), a Federação de Comunidades Nativas Aguarunas do Rio Nieva (FECONARIN) e a Organização Aguaruna Alto Mayo (OAAM). O passo seguinte foi a escolha da Confederação de Nacionalidades Amazônicas do Peru (CONAP), uma das duas maiores federações indígenas do Peru — e conhecida rival do CAH — para representá-las legalmente, na assinatura do contrato com a equipe do ICBG.

No final de 1995, um grupo formado pelo CONAP e por dois advogados da SPDA viaja a St. Louis, EUA, para negociar diretamente com a Searle os termos finais do novo arranjo ICBG Peru. Por sugestão da SPDA, deu-se a grande inovação deste contrato em relação ao primeiro: a inclusão de instrumentos de compensação (*milestones*) ao longo de todo o projeto, além do pagamento de *royalties* condicionado ao desenvolvimento de um novo produto.

O trabalho de campo recomeçou em 1996. Os testes solicitados pela Searle, porém, limitaram-se à identificação de princípios ativos para tratamento de diabetes e problemas cardiovasculares. Esta abordagem, ao final, prescindiu da maioria das informações etnobotânicas colhidas junto às comunidades Aguaruna. Em setembro de 1999, a Searle cancelou o contrato com a equipe do ICBG sob a alegação de que os testes realizados não haviam indicado uma linha de pesquisa atraente em termos de custo-benefício.

Além dos projetos de bioprospecção, outras experiências influenciaram significativamente o processo de construção do quadro normativo para regulação da bioprospeção no Peru. Um dos casos mais representativos diz respeito ao processo de contestação da patente do extrato da planta Maca (*Lepidium meyenii*), planta da mesma família da mostarda, cultivada há muitas gerações pelas populações Quéchua dos Andes, tanto para fins alimentares, quanto para fins medicinais.

São creditadas propriedades terapêuticas à raiz da planta no combate à infertilidade e à disfunção sexual masculina. Desde a década de 1990, no rastro dos lucros alcançados pela Pfizer com a comercialização do Viagra, a planta tem atraído a atenção de empresas do ramo farmacêutico e fitoterápico, sendo freqüentemente divulgada nos meios de comunicação sob o rótulo de "viagra andino" ou "viagra natural".

A Maca é vendida sob a forma natural, ou processada como extrato, principalmente para o Japão e Estados Unidos. Atualmente, o maior comprador de Maca *in natura* é a empresa Quimica Suiza, filial peruana da empresa suíça Astra Zeneca. Segundo dados do Centro Internacional de la Papa (CIP) (GINDIN, 2002), a Quimica Suiza teria investido cerca de um milhão de dólares em pesquisa e desenvolvimento de derivados da Maca, desde 1994. Outras empresas, a exemplo da norte-americana Herbs America, adotaram a estratégia de verticalização da produção a montante, ou seja, possuem os seus próprios cultivos, ao invés de comprar de produtores locais.

Em julho de 2001, a empresa norte-americana Pure World Botanicals, após a identificação e isolamento dos princípios ativos da raiz da planta (o *screening*), entrou com pedido de registro do extrato junto ao Escritório de Patentes Norte-Americano (US Patent Office)[6] e também junto à World Intelectual Property Organization (WIPO) e ao Escritório Europeu de Patentes. O pedido

---

[6] US Patent n. 6.267.995 – Pure Botanicals Inc.

foi homologado nos Estados Unidos e encontra-se pendente nas duas últimas instâncias.

A contestação da patente registrada nos EUA foi feita em julho de 2002, na sede do Fórum Ecológico de Lima, e reuniu representantes de federações indígenas, lideranças rurais, ONGs nacionais (SPDA) e internacionais (ETC Group) e a agência nacional de regulação da propriedade intelectual, o Instituto Nacional de Defesa da Concorrência e da Proteção da Propriedade Intelectual (INDECOPI). Esta coalizão solicitou às autoridades competentes a investigação do registro de todas as patentes de produtos e/ou processos derivados da utilização do conhecimento tradicional e dos recursos da biodiversidade peruanos. Também sugeriu que o CIP tomasse providências para proibição de qualquer reivindicação de propriedade intelectual sobre sementes e outras formas de material genético de Maca (tecidos, etc.) depositados em seu banco de germoplasma.

A empresa americana reagiu às denúncias de biopirataria declarando que seus procedimentos satisfaziam os critérios da legislação vigente. Argumentou que não havia patenteado a planta, mas princípios ativos isolados e que o processo de *screening* cumpria os requisitos de novidade exigidos pelo TRIPs e pelo Escritório Norte-Americano de Patentes.

As dificuldades de demonstração formal de evidência prévia, associadas aos altos custos dos trâmites, paralisaram a tentativa de impugnação da patente norte-americana e o processo encontra-se suspenso. A empresa norte-americana foi posteriormente vendida (2007) para a Naturex, uma companhia francesa de produtos nutracêuticos. Apesar dos obstáculos, as autoridades peruanas não desistiram totalmente do processo e acreditam que a evidência de *prior art* deve existir em algum lugar, provavelmente nos arquivos de alguma universidade rural, que descreva a técnica de mistura de álcool com extrato de Maca, empregada pelos Quéchua, secularmente.[7] Seu argumento mais substantivo é que, antes do registro da patente, a Pure World nunca se manifestou quanto à obtenção de consentimento prévio e informado, nem perante as comunidades, nem perante o governo peruano.

Apesar dos obstáculos, os conflitos anteriormente referidos geraram um movimento que resultou na criação de um grupo de trabalho multissetorial, coordenado pelo INDECOPI, para rastrear os registros de patentes relacionadas com a exploração de recursos da biodiversidade e conhecimento tradicional. Em 2004, este grupo de trabalho institucionalizou-se sob o nome de Comissão Nacional para a Proteção da Biodiversidade, que é hoje um órgão consultivo formado por membros de diferentes setores (governo, instituições de pesquisa

---

[7] Fonte: entrevista com Manuel Ruiz Muller (SPDA) e Manuel Escobedo (INDECOPI), em Lima, maio de 2007.

públicas e privadas, uma empresa privada e uma federação indígena) e que tem como missão a análise e identificação de potenciais casos de biopirataria. Até 2006, haviam sido identificados cerca de 500 registros de produtos relacionados a espécies autóctones do Peru registrados em escritórios de patentes dos Estados Unidos, da União Européia e do Japão (FERRO; RUIZ, op. cit.).

Entre os principais projetos da Comissão estão a alimentação de um banco de dados digital para rastreamento dos recursos da biodiversidade e a criação de um certificado internacional de identificação de origem. O primeiro projeto já encontra-se em fase de funcionamento, enquanto a implementação do segundo objetivo é um dos pontos focais de negociação das delegações peruanas nos fóruns internacionais, a exemplo das Conferência das Partes Signatárias da CDB (COPs) e do acordo TRIPs.

A defesa dos requisitos de revelação — indicações geográficas que agreguem valor à produção regional — como parte integrante do sistema de patentes do Acordo TRIPs e de tratados administrados pela OMPI, tem sido o principal elemento de reivindicação da delegação peruana nas reuniões do Conselho do TRIPs. Nas reuniões de 26 e 28 de outubro de 2005, o Peru apresentou um documento (IP/C/ W/457) analisando os benefícios que o requisito de revelação poderiam ter trazido ao caso de contestação da patente do extrato da Maca e outras espécies andinas e amazônicas (NOVION; BAPTISTA, op. cit.). Além do Peru, outros países que apóiam essa emenda são: Brasil, Bolívia, Cuba, República Dominicana, Equador, Índia, Tailândia, Venezuela e o Grupo Africano.

É interessante observar que as estratégias defensivas baseadas nos requisitos de revelação de origem não se restringem ao plano das políticas públicas, ou dos acordos regionais. Atualmente, registram-se também iniciativas comunitárias coordenadas diretamente por grupos indígenas representados por organizações não governamentais, sem a participação dos Estados Nacionais.

Ainda que o instituto da propriedade intelectual seja freqüentemente associado à "mercantilização" ou "commoditização" do conhecimento tradicional, algumas comunidades têm investido em estratégias de privatização deste conhecimento como forma de protegê-lo, através da criação de bancos de dados de acesso restrito e de projetos de marcas de origem controlada.

Um dos projetos mais divulgados internacionalmente é o banco de dados de conhecimentos tradicionais das comunidades indígenas Quéchua do Parque da Batata, em Pisac, na região andina do Peru. Trata-se de um banco de dados de acesso restrito, cujos registros são inseridos no idioma Quéchua, e cujos acessos são controlados por líderes locais mediante a negociação do consentimento prévio e informado entre as partes interessadas. O financiamento e a *expertise* para a implementação do projeto foram providenciados por ONGs da Índia, Reino Unido e Itália. Uma das condições impostas pelos patrocinadores foi a inclusão de questões de gênero no projeto. Assim é que, para alimentar o banco de dados, grupos de mulheres *campesinas* receberam treinamento para o uso de vídeo-câmeras, com as quais documentam práticas agrícolas, aplicações médicas e outros costumes tradicionais.

A região andina do Peru é reconhecida, mundialmente, como o microcentro de origem da batata. Estima-se que, no passado, a variedade de cultivares nativos alcançou a marca de mais de 2.300 espécies. Muitas já estão desaparecidas, por diferentes razões: pragas; acidentes naturais e; políticas públicas de incentivo à produção em larga escala e conseqüente abandono das formas de cultivo tradicionais.

Ainda que as variedades nativas fossem consideradas inadequadas para a produção com fins comerciais, uma grande parte delas foi armazenada sob a forma de coleções ou bancos de germoplasma nas instalações dos centros de pesquisa agrícola internacional, tendo em vista a preservação da segurança alimentar. As maiores e mais variadas coleções de germoplasma de alimentos do mundo encontram-se sob os auspícios dos institutos que conformam o *Consultative Group on International Agriculture Research* (CGIAR), uma aliança de centros de pesquisa em agricultura sediados nos países em desenvolvimento, cuja institucionalização está estreitamente vinculada à ascensão do projeto conhecido como "Revolução Verde". Considera-se o corpo de pesquisa agricultural o mais influente no sul, prendendo mais de 600.000 amostras de recursos genéticos da planta para o alimento e a agricultura.

O braço da rede CGIAR no Peru, o Centro Internacional da Batata (mais conhecido através de seu acrônimo em espanhol CIP - Centro Internacional de la Papa), juntamente com as comunidades Quéchua do Parque da Batata — representadas pela ONG indígena ANDES,[8] sediada em Cusco — são os protagonistas de um "Acordo de Repatriação" de variedades autóctones, assinado em dezembro de 2004. Sob as condições do acordo, o corpo de cientistas do CIP comprometeu-se a reintroduzir, nestas comunidades, variedades nativas outrora retiradas de seu habitat original e depositadas em seu banco de germoplasma em Lima. O objetivo do acordo é manter o banco de germoplasma no Parque como uma coleção *in situ*,[9] formando uma espécie de "livraria viva" da diversidade genética da batata, cujo acesso passa a ser controlado e mediado pelas comunidades locais. O acordo não impede, entretanto, o acesso dos cientistas do CIP à coleção, nem desautoriza a colaboração destes com cientistas de

---

[8] The Association for Nature and Sustainable Development.
[9] *In situ* é a conservação de espécies na comunidade a que pertencem, dentro do ambiente a que estão adaptadas, enquanto a conservação *ex situ* consiste na conservação das espécies fora do seu local de origem. No primeiro caso são utilizadas áreas protegidas, reservas genéticas, áreas de produtores tradicionais e áreas de populações indígenas. Para a conservação *ex situ* são utilizadas as seguintes modalidades: coleção base, coleção ativa, coleção de trabalho, coleção a campo, coleção *in vitro*, coleção em criopreservação, coleção nuclear e banco genômico (VALOIS et al., 2002).

outras instituições, desde que a pesquisa realizada a partir destas variedades não possua fins comerciais.

Até julho de 2007, 246 variedades nativas catalogadas, limpas e livres de vírus, já haviam sido reintroduzidas no Parque. Neste mesmo ano foi construído um "Centro de Interpretação", com o propósito de abrigar um futuro museu e centro de apoio para visitantes. Há planos, parcialmente implementados e coordenados pela anteriormente referida ANDES, como a utilização do Parque como trilha para turismo agro-ecológico, tirando partido da paisagem andina e da proximidade de sítios arqueológicos muito visitados naquela região. Outros projetos, ainda em fase de planejamento e fortemente vinculados à proposta de implementação de uma marca de denominação de origem "Parque da Batata", incluem a comercialização de batatas orgânicas sob o rótulo de produtos nutracêuticos e a exploração de nichos de mercado bastante específicos, tais como a disseminação das batatas andinas no circuito gastronômico de Lima, não como *commodditties*, mas como "Batatas Gourmet" ou produtos típicos da "Nova Cozinha Andina".

Projetos como o Parque da Batata têm sido celebrados como um modelo potencial para a conservação da biodiversidade e a proteção do conhecimento tradicional. Geralmente, estes projetos apóiam-se sobre a retórica de soberania indígena sobre o território, os recursos biológicos nele contidos e o conhecimento tradicional associado. O paradoxo é que, ao mesmo tempo em que o instituto da propriedade intelectual é criticado como uma forma abusiva de apropriação do conhecimento tradicional, estas comunidades desenvolvem estratégias defensivas baseadas em ferramentas similares: bases de dados de acesso controlado e marcas coletivas de denominação de origem.

Além deste, outros pontos suscetíveis deste projeto requerem uma atenção especial. Em primeiro lugar, é necessário algum tempo para avaliar a natureza e os impactos de uma parceria entre o CIP/CGIAR e as comunidades do Parque da Batata, dois atores que dificilmente estariam envolvidos em um projeto comum, há alguns anos atrás. A ausência do Estado Nacional e seu corolário — a forte presença de ONGs como patrocinadoras, porta-vozes ou representantes destas comunidades — é outro ponto delicado. Finalmente, o maior desafio para as comunidades do Parque da Batata, em um futuro próximo, deve ser a criação e a regulação de mecanismos de repartição de benefícios inter-comunidades, caso os projetos de exploração do ecoturismo, venda de produtos sob indicação geográfica, ou qualquer outra atividade econômica, efetivamente prosperem.

4 Considerações finais

O debate sobre concepções e políticas para orientar a proteção do conhecimento de comunidades tradicionais revela-se complexo e de difícil resolução. Diante dos diversos interesses envolvidos, o estabelecimento de normas legais e a definição de instrumentos norteadores ainda passarão por muitos crivos até atingirem legitimidade. O desenho de ações para esta área tem se constituído num grande desafio para estudiosos, governos e agências multilaterais. Marcos regulatórios multilaterais já se encontram em aplicação, a exemplo da Convenção da Diversidade Biológica (CDB) e da Resolução da FAO (2004), os quais são boas referências, embora não suficientes, uma vez que as especificidades locais não podem ser negligenciadas na construção de marcos regulatórios em países e regiões, nem podem ser subestimados os conflitos de interesse entre os países do Norte e do Sul.

Além das controvérsias legais, a posição quanto aos limites de acesso, de circulação e de exploração deste conhecimento está longe de ser unificada e consensual entre as próprias comunidades tradicionais, grupos indígenas e populações autóctones. Enquanto algumas lideranças manifestam-se abertamente contra a "commoditização" do saber tradicional, outros grupos têm investido em parcerias comerciais, a exemplo da bioprospecção, ou em estratégias baseadas na adoção de marcas de denominação de origem para produtos locais, enquanto mecanismos de geração de renda e repartição de benefícios.

Para estes últimos grupos, se os dispositivos de proteção da propriedade intelectual e a CDB não são os instrumentos ideais para a regulação do acesso ao conhecimento tradicional, eles são as "armas" atualmente disponíveis, que, se acionadas a favor dos interesses das populações tradicionais, então legitimam-se (ARGUMEDO; PIMBERT, 2005). Segundo sua percepção, é preciso aprender a usar "estrategicamente" os mecanismos de proteção ao conhecimento expressos nos marcos regulatórios, com o objetivo de assegurar a participação nos benefícios — monetários ou não — que a exploração e a circulação do conhecimento tradicional podem gerar.

Para Coombe (2001), a adoção de mecanismos de proteção da propriedade intelectual, por parte de algumas comunidades tradicionais, não implica, necessariamente, o abandono da tradição, mas expressa o fato de que estes grupos estão negociando seu lugar na "modernidade" de uma forma pragmática, advogando o *status* de bens econômicos passíveis de proteção legal, para práticas simbólico-culturais outrora desvalorizadas pelos não-indígenas ou relegadas à categoria de "folclore". Ainda segundo Coombe (2001, p. 280), eles o fazem de uma perspectiva contemporânea — interagindo com atores públicos e privados, ONGs, redes transnacionais e agências de desenvolvimento.

A mobilização de grupos indígenas e comunidades tradicionais em torno das questões de propriedade intelectual é um fenômeno relativamente recente e uma tendência portadora de novos sentidos de ação social. Mas esta mobilização também reacende velhos conflitos, sobretudo destas populações em relação aos Estados Nacionais. Em alguns dos casos anteriormente citados, é visível o descrédito destas populações em relação à atuação dos "burocratas" do Estado, acompanhado do ceticismo quanto à capacidade desses mesmos "burocratas" de controlar, efetivamente, a apropriação indevida do conhecimento tradicional.

É neste sentido, que, para alguns analistas (CUNHA, 1999; ESCOBAR, 1999; BOISVERT; CARON, 2002), a publicação da CDB colaborou, involuntariamente, para acentuar os históricos conflitos de soberania entre populações indígenas e Estado Nacionais, na América Latina. Ao mesmo tempo em que encoraja o reconhecimento da contribuição de populações indígenas e autóctones à preservação da biodiversidade e a repartição "justa e eqüitativa" dos benefícios advindos destes conhecimentos com as referidas comunidades (artigo 8j), a CDB estabelece que a biodiversidade e o conhecimento tradicional são patrimônios nacionais (artigo 15). De acordo com Hayden (2003), trata-se de uma proposição paradoxal, que, desde a sua publicação, tem gerado enormes controvérsias quanto ao que pode ser interpretado como recurso "público" ou "comunitário".

A questão da soberania das comunidades tradicionais e de seus distintos graus de mobilização remete a outro aspecto sensível: a legitimidade de que se revestem as organizações não-governamentais (ONGs) como porta-vozes dos interesses destes grupos. A literatura divide-se entre os autores que percebem a atuação das ONGs como parte de um projeto para disseminação de um conceito truncado de *empowerment* e de emancipação de populações marginalizadas, enquanto outros reconhecem a importância dessas organizações, que, ocupando o vácuo deixado pelos estados, lhes prestam assistência jurídica, médica, ambiental, dentre outras. Outras vezes, a associação às ONGs representa para estas comunidades uma estratégia de conquista de visibilidade e participação em fóruns internacionais (GRENE, op. cit.).

Por outro lado, várias ONGs, principalmente as que conformam grandes redes internacionais, são organizações burocráticas com suas próprias agendas políticas e sociais e centros de decisão distantes geográfica e culturalmente das comunidades tradicionais com quem trabalham, o que pode resultar numa tendência de simplificação e romantização da realidade destas populações. Situações assim, muitas vezes, resultam na legitimação de demandas de grupos que melhor se adaptam às agendas das ONGs, e na formação de frentes de representação sem um esforço maior de relativização da complexidade e das diferenças culturais entre as populações tradicionais (GREENE, op. cit.).

A participação dos Estados Nacionais, através da consolidação de um regime jurídico de proteção aos conhecimentos tradicionais, é, entretanto, essencial, pois visa evitar a sua apropriação e utilização indevida por terceiros. Ademais, visa também dar maior segurança jurídica às relações entre os interessados em acessar recursos genéticos e conhecimentos tradicionais associados (pesquisadores, corporações, bioprospectores) e os detentores de tais recursos e conhecimentos (os próprios Estados Nacionais, grupos autóctones, comunidades), estabelecendo os parâmetros e critérios jurídicos a serem observados nessas relações e acordos.

Em meio à presença de muitos marcos regulatórios de caráter processual e reativo, tem-se fortalecido, nacional e internacionalmente, a defesa de emissão de "certificados de origem" e atestados de indicações geográficas como instrumento de proteção. Espera-se que estes mecanismos representem alguma espécie de garantia para os países e comunidades que forneceram os recursos e os conhecimentos para a obtenção de um novo processo ou produto. Também é inegável o potencial de agregação de valor associado a este instrumento, dado que a origem atua como fator de credibilidade dos recursos/produtos, estando associada à cultura, tradição e história de uma região.

Entretanto, a proteção jurídica baseada em indicações geográficas e certificados de origem controlada, embora condição necessária, não é suficiente para a garantia da repartição eqüitativa de benefícios entre as partes. Nestes casos, a distribuição eqüitativa dos benefícios passa a depender fortemente do grau de coesão, harmonização de interesses e capacidade de organização dos grupos locais. A perspectiva, real ou superestimada, de retornos financeiros pode acirrar conflitos de representação e potencializar rivalidades intra e intercomunidades, além ocasionar perdas para os grupos mais vulneráveis.

Quanto aos projetos de bioprospecção, em seu arranjo convencional, conclui-se que estes tendem a contribuir marginalmente para a transferência de tecnologia Norte-Sul, bem como para a proteção aos conhecimentos tradicionais e ao desenvolvimento sustentável. Do ponto de vista deste artigo — analisar os impactos dos acordos de repartição de benefícios sobre a proteção dos recursos biológicos e do conhecimento tradicional associado e sobre a promoção do desenvolvimento sustentável — os projetos de bioprospecção observados no Peru satisfazem todas as características de um contrato tradicional entre provedor-comprador, mas geram impactos apenas residuais sobre os itens anteriormente referidos. O compartilhamento da propriedade intelectual é uma condição raramente satisfeita. E ainda que sejam louváveis os esforços conservacionistas para a exploração sustentável dos recursos biológicos — a exemplo do reflorestamento do *sangre-de-drago*, incentivado pela Shaman Pharmaceuticals no Peru — é preciso observar que esta é uma condição necessária para a garantia de fornecimento estável de matéria-prima, a longo prazo, para as empresas bioprospectoras.

Finalmente, dado o caráter não estabilizado das estratégias de proteção aos conhecimentos tradicionais, recomenda-se a ampliação das pesquisas nessa área, através da investigação de mais projetos de repartição de benefícios associados aos recursos da biodiversidade, assim como a análise e comparação de políticas nacionais e instrumentos regulatórios, neste domínio.

Referências

ARANTES, Antonio Augusto. Cultura e territorialidade em políticas sociais. In: SEBRAE/NA. *Territórios em movimento*: cultura e identidade como estratégia de inserção competitiva. Brasília: SEBRAE, 2004.

ARGUMEDO, Alejandro; PIMBERT, Michel. *Traditional Resource Rights and Indigenous People in the Andes.* ANDES/IIED, nov. 2005. Disponível em: <www.iied.org>. Acesso em: 12. jan. 2008.

AZEVEDO, Cristina Maria do Amaral. A regulamentação do acesso aos recursos genéticos e aos conhecimentos tradicionais associados no Brasil. *Biota Neotropica*, v. 5, n. 1, jan. 2005. Disponível em: <www.biotaneotropica.org.br/v5n1/pt/abstract?point-of-view+BN00105012005>.

BOISVERT, Valerie; CARON, Armelle. The Convention on Biological Diversity: An Institutionalist Perspective of the Debates. *Journal of Economic Issues*, v. 36, n. 1, mar. 2002.

CABRAL, F. G. S. Patrimônio cultural e desenvolvimento nacional: o potencial dos bens de natureza imaterial. In: LAGES, V; BRAGA, C.; MORELLI, G. (Org.). *Territórios em movimento*: cultura e identidade como estratégia de inserção competitiva. Rio de Janeiro: Relume Dumará/Brasília- DF: SEBRAE, 2004. p. 131-156.

CARNEIRO DA CUNHA, Manuela. Populações tradicionais e a convenção da diversidade biológica. *Estudos Avançados*, 13 (36), 1999.

COOMBE, Rosemary. The Recognition of Indigenous Peoples' and Community Knowledge in International Law. *St. Thomas Law Review*,14 (2), p. 275-285, 2001.

CROOK, C.; CLAPP, R. A. Is market-oriented forest conservation a contradiction in terms?. *Environmental Conservation*, 25 (2), p. 131–145, 1999.

DIAS, Camila Carneiro; COSTA, Maria Conceição da. Repartição de benefícios em pesquisa: um olhar a partir dos projetos de bioprospecção. In: VII ESOCITE -JORNADAS LATINO AMERICANAS DE ESTUDOS SOCIAIS DA CIÊNCIA E DAS TECNOLOGIAS. Anais..., Rio de Janeiro, 2008.

DUTFIELD, Graham. Repartindo benefícios da biodiversidade: qual o papel do sistema de patentes? In: VARELLA, Marcelo D.; PLATIAU, Ana Flávia B. (Org.). *Diversidade biológica e conhecimentos tradicionais*. Belo Horizonte: Del Rey, 2004. p. 57-107. (Coleção Direito Ambiental, v. 2)

ESCOBAR, Arturo. After Nature: Steps to an Ant essentialist Political Ecology. *Current Anthropology*, v. 40, n. 1, feb. 1999.

FERRO, Pamela; RUIZ, Manuel. *Como prevenir la Biopirateria en el Perú?*. Reflexiones y Propuestas. Lima: Sociedad Peruana de Derecho Ambiental, 2005. 176 p.

GINDIN, Jane. Maca: Traditional Knowledge, New World, dez. 2002. Disponível em: <http:// www.american.edu/TED/maca.htm>. Acesso em: jul. 2007.

GREENE, Shane. Indigenous People Incorporated? Culture as Politics, Culture as Property in Pharmaceutical Bioprospecting. *Current Anthropology*, v. 45, n. 2, apr. 2004.

HAYDEN, Cory. *Benefit-sharing*: experiments in governance. SSRC Workshop: Intellectual Property, Markets, and Cultural Flows, New York- NY, oct. 24-25, 2003.

IZIQUE, Cláudia. Ações contra a biopirataria: OMPI estuda medidas para proteger culturas e recursos genéticos. *Revista Pesquisa FAPESP*, São Paulo, p. 76, 2002.

KING S. R.; MEZA, E. N.; AYALA, F.; FORERO, L. E.; PENA, M.; ZAK, V.; BASTIEN, H. *Croton lechleri and the sustainable harvest and management of plants in pharmaceuticals, phytomedicines, and cosmetics industries.* International Symposium on Herbal Medicine. Workshop III-Environmental Protection Concerns, Honolulu. Hawaii, 1997.

KING, S. R., & TEMPESTA, M. S. From shaman to human clinical trials: The role of industry in ethnobotany, conservation, and community reciprocity. In: CHADWICK, D. J.; MARSH, J. (Ed.). *Ethnobotany and the search for new drugs*. Chichester, UK: Wiley, 1994. p. 197-213.

LAVRATTI, Paula Cerski. *Acesso ao patrimônio genético e aos conhecimentos tradicionais associados*. Artigo referente à palestra proferida no Museu Paraense Emílio Goeldi. Belém, 19 nov. 2004. Disponível em: <http://www.museu-goeldi.br>. Acesso em: 13 fev. 2008.

MILANI, CARLOS R. S. O princípio da participação social na gestão de políticas públicas locais: uma análise de experiências latino-americanas e européias. *Rev. Adm. Pública*, v. 42, n. 3, p. 551-579, maio/jun. 2008.

NOVION, Henry Phillippe Ibañez; BAPTISTA, Fernando Mathias. *O certificado de procedência legal no Brasil*: o Estado da arte da implementação da legislação. Iniciativa para la Prevención de la Biopiratería/Instituto SocioAmbiental (ISA): Documentos de Investigación, ano 2, n. 5, mar. 2006. 24 p.

POSEY, Daryl. Indigenous rights to diversity. *Environment*, Washington D. C., v. 38, n. 8, oct. 1996.

SANTILI, Juliana. Conhecimentos tradicionais associados à biodiversidade: elementos para a construção de um regime jurídico sui generis de proteção. In: ENCONTRO DA ASSOCIAÇÃO NACIONAL DE PÓS-GRADUAÇÃO E PESQUISA EM MEIO AMBIENTE – ANPPAS, 2., 2004, Indaiatuba. *Anais...*, Inadaituba: ANPPAS, 2004. p. 1-15.

SANTOS, Boaventura Souza; MENEZES, Maria Paula; NUNES, João Arriscado. Para ampliar o cânone da ciência: a diversidade epistemológica do mundo. In: SANTOS, B. (Org.) *Semear outras soluções*: os caminhos da biodiversidade e dos conhecimentos rivais. Porto: Afrontamento, 2004.

SHAMAN Pharmaceuticals. *Shaman positioned to provide natural medicine alternatives* [Press release]. Business Wire, aug. 2000. Available at: <www.businesswire.com>.

SHAMAN Pharmaceuticals. *Significant developments report for Shaman Pharmaceuticals* [Press release], jan. 2001. Available at: <www.yahoo.marketguide.com>.

SHIVA, Vandana. *Protect or Plunder? Understanding Intellectual Property Rights*. New Dehli: Penguin Books, 2001. 142p.

SVARSTAD, H. Local Interests and Local Interventions: Shaman Pharmaceuticals in Tanzania. In: SVARSTAD, H.; DHILLION, S. S. (Ed.). *Responding to Bioprospecting*: From Biodiversity in the South to Medicines in the North. Oslo: Spartacus Forlag AS, 2000. p. 36-51.

TOBIN, Brendan. Redefining Perspectives in the Search for Protection of Traditional Knowledge: A Case Study from Peru. *Review of European Community & International Environmental Law (RECIEL)*, v. 10, Issue 1, p. 47-64, apr. 2003.

VALOIS, A. C. C.; SALOMÃO, A. N.; ALLEM, A. C. (Org.). *Glossário de recursos genéticos vegetais*. EMBRAPA, 2002.

> Informação bibliográfica deste texto, conforme a NBR 6023:2002 da Associação Brasileira de Normas Técnicas (ABNT):
>
> DIAS, Camila Carneiro; COSTA, Maria Conceição da. Regulação e prática da repartição de benefícios associados à biodiversidade: notas a partir da experiência peruana. In: KISHI, Sandra Akemi Shimada; KLEBA, John Bernhard (Coord.). *Dilemas do acesso à biodiversidade e aos conhecimentos tradicionais*: direito, política e sociedade. Belo Horizonte: Fórum, 2009. p. 23-43. ISBN 978-85-7700-240-5.

Entre o mercado esotérico e os direitos de propriedade intelectual: o caso do Kampô (*Phyllomedusa bicolor*)[1]

Edilene Coffaci de Lima

Haverá ironia, pois os antropólogos sabem que a tradição só sobrevive se for reinventada, e sabem que uma tradição valorizada e explícita não é o mesmo que uma tradição não manifesta, implícita, visível apenas para o observador, porque, para seu portador, ela não é tradição, mas vida.
(Strathern, 1998)

Sumário: Kampô, kambô: o sapo-verde - O *boom* do kampô - O Kampô como projeto - De volta à "vacina do sapo": o kampô como "cultura" - Para finalizar: kampô DOC? - Referências

A primeira vez que pude perceber que o tema da biopirataria começava a preocupar e a gerar, de uma forma generalizada (e não apenas entre as lideranças), desconfianças entre os Katukina, falantes de uma língua pano e habitantes da Terra Indígena Katukina do rio Campinas, localizada no Acre, foi em agosto de 1997. Na primeira metade daquele ano, a Assembléia Legislativa do Estado do Acre (ALEAC), a partir dos trabalhos desenvolvidos por uma Comissão de Sindicância constituída para investigar os trabalhos da Associação de Proteção Ecológica Vale do Juruá — SELVAVIVA, suscitou um forte debate sobre a questão.

---

[1] Este artigo foi escrito durante o período de pós-doutorado em que estive vinculada ao EREA (Equipe de Recherche em Ethnologie Amerindienne) e ao LESC (Laboratoire d'Ethnologie et de Sociologie Comparative) da Universidade de Paris X, em 2008, quando contei com o apoio (bolsa) do CNPq. Agradeço a John Kleba o convite para colaborar neste livro e a leitura de uma versão anterior. A Ciméa Bevilaqua e Mariana Pantoja Franco, colegas e amigas de diferentes lugares, agradeço a leitura e os comentários feitos à primeira versão. Como de costume, os erros aqui contidos são de minha responsabilidade.

Durante os trabalhos da Comissão de Sindicância da ALEAC, os deputados estaduais investigaram as atividades de um austríaco naturalizado brasileiro, conhecido como Rogério (mas cujo nome é Rudiger von Reininghaus), que se dizia representante da organização não-governamental Selvaviva. O suposto biopirata havia estado entre os Katukina dois anos antes — e também entre os Kaxinawá, Yawanawá e Poyanawa —, buscando saber da medicina local, em particular a respeito do uso de plantas medicinais. Em troca da promessa de providenciar remédios e construir postos de saúde e escolas, Rudiger von Reininghaus pediu aos Katukina para listarem o nome das plantas e o uso que faziam delas. A listagem seria apenas o começo da aproximação com os Katukina, mais tarde planejava-se coletar amostras das espécies listadas. Estava em curso, então, um trabalho de bioprospecção sem a devida regulamentação; as sondagens se desenrolavam completamente à margem dos mecanismos regulatórios em curso, como a Convenção sobre Diversidade Biológica — a CDB, estabelecida a partir da realização da Conferência da ONU sobre Meio Ambiente e Desenvolvimento, a ECO-92 —, da qual o Brasil é signatário.

No meio das investigações da Comissão de Sindicância da ALEAC, que teve alguma repercussão nacional,[2] duas lideranças katukina foram chamadas a depor sobre as atividades de Rudiger von Reininghaus. A convocação dos dois causou certo pânico entre os Katukina. Sem conhecerem as rotinas jurídicas e políticas de nossa sociedade, não foram poucas as pessoas nas aldeias a pensar (e a temer) que os Katukina eram acusados nas investigações, ao invés de testemunhas — como era o fato.

Para não me estender em detalhes, os Katukina ficaram bastante temerosos com o desfecho que poderia ter toda aquela história e, naquela ocasião, reuniram-se e decidiram não aceitar mais pesquisadores entre eles. Pesquisadores que se tornaram todos suspeitos de "roubarem" seus conhecimentos, uma idéia que os políticos locais, de diferentes matizes ideológicos, alardearam por toda parte e que se incorporou no imaginário local. Até prova em contrário, os pesquisadores todos são mal-intencionados, espiões ou ladrões, tanto mais se estrangeiros.

Com o passar do tempo e com a efetiva compreensão de que não eram acusados nas investigações, os Katukina voltaram atrás da decisão de vetar a entrada de pesquisadores na Terra Indígena. De todo modo, permanece entre eles a desconfiança em relação aos trabalhos de pesquisa e aos interesses

---

[2] O caso Selvaviva naquele momento teve uma importante repercussão e foi noticiado em jornais de grande circulação nacional — isso para não mencionar os jornais regionais. Até hoje as atividades da Selvaviva são mencionadas em dissertações de mestrado em direito ambiental (VARELLA, 1998; NASCIMENTO, 2007), principalmente, como emblemáticas de ações de biopirataria. Consta também em pelo menos uma publicação do Exército brasileiro, mas o autor (SILVA, 2007), sem maiores detalhes, ou mesmo em um equívoco, dá a entender que a Selvaviva continua em atividade.

que podem motivar pessoas que moram em regiões tão distantes a quererem saber sobre os habitantes do lugar e sobre os conhecimentos que têm sobre a floresta.

*****

O início do artigo por este fato, ocorrido há mais de 10 anos (mas de repercussões locais importantes naquele momento), é aqui lembrado com a intenção de chamar a atenção para a discussão sobre a proteção da biodiversidade brasileira, destacando como os mecanismos (necessários) de regulação do acesso aos conhecimentos tradicionais têm repercutido no interior das aldeias indígenas espalhadas por todo Brasil. Aqui não se trata de repercussão com debates inflamados e à sombra da "ameaça à soberania nacional". Escrevo a partir da repercussão quotidiana entre os Katukina[3] não apenas porque é o grupo indígena com o qual mais tenho experiência etnográfica, mas também porque, nos últimos anos, por caminhos completamente diferentes, a questão do acesso aos conhecimentos tradicionais da biodiversidade voltou a ocupar um lugar importante entre eles, e entre outras populações tradicionais do alto Juruá, através do uso que fazem da secreção do anfíbio que chamam de kampô ou kambô (*Phyllomedusa bicolor*). Com vistas a abordar o tema que orienta os artigos reunidos neste livro, discutirei a participação dos Katukina em um projeto governamental, por eles solicitado ao Ministério do Meio Ambiente, com vistas a resguardar seus conhecimentos sobre o kampô.

Começarei tratando dos registros existentes sobre o uso da secreção do sapo-verde no sudoeste amazônico e o uso dele feito pelos Katukina. Na seqüência, abordarei sua divulgação no meio urbano, sobretudo através de sua inclusão no rol de serviços oferecidos em sessões das chamadas terapias holísticas e alternativas. Finalmente, alcançarei a repercussão que essa popularização do kampô acabou por gerar entre os grupos indígenas usuários da secreção e a tentativa feita pelos Katukina de resguardarem seus conhecimentos através de uma iniciativa solicitada ao Ministério do Meio Ambiente — que redundou no Projeto Kampô.

Por diferentes caminhos e sem que fossem simultâneos, os Katukina se viram às voltas, a partir do início deste século, em conversações que envolviam, além deles próprios, agentes governamentais e não-governamentais, terapeutas *new age*, cientistas, antropólogos, cineastas e jornalistas, entre outros. O uso da secreção do sapo-verde, que sempre fizera parte de um domínio tão discreto — ou de uma "tradição implícita", nas palavras de M. Strathern (1998) —, alcançava uma fama e um interesse imprevistos entre os não-índios.

---

[3] Os Katukina somam uma população de aproximadamente 600 pessoas, distribuídas em duas Terras Indígenas: do rio Campinas e do rio Gregório, localizadas no Acre.

Antes de prosseguir, enfatizo que neste artigo escolhi pôr em relevo a etnografia, a descrição pormenorizada dos processos sociais que então se desenrolaram com a popularização do kampô no meio urbano e com a iniciativa dos Katukina que objetivava proteger seus conhecimentos acerca dele. Essa escolha pela etnografia, antes de tudo, deve-se ao fato de que é fácil notar que na literatura disponível em português para tratar do acesso aos recursos da biodiversidade e aos conhecimentos tradicionais, grande parte é dedicada aos debates jurídicos. Tais debates são imprescindíveis e inescapáveis. De qualquer forma, é preciso reconhecer que, de modo desproporcional, faltam trabalhos que abordem a repercussão das discussões e as tentativas de operacionalização desses mecanismos jurídicos no interior das aldeias indígenas e/ou dos povoados tradicionais, em diferentes lugares do Brasil, onde estão justamente aqueles que quotidianamente constroem os saberes que se pretendem proteger. Parece-me que vale a pena começar a apontar, a partir de um caso específico, os problemas que se vão erigindo, ensaiar a reflexão e buscar a compreensão desses fenômenos que ocupam — e certamente continuarão a ocupar — a agenda dos debates socioambientais há alguns anos.

Para dar início ao artigo e encerrar essa longa introdução, devo deixar claro que, a partir do final de 2004, eu mesma participei na equipe dos antropólogos, constituída no interior do Projeto Kampô, quando fui convidada a uma reunião no MMA para colocar-me a par da solicitação dos Katukina para que fossem protegidos seus conhecimentos sobre o sapo-verde. O convite para integrar a equipe que então se tentava montar devia-se a minha experiência de pesquisa anterior entre os Katukina[4] e remete imediatamente ao que Bruce Albert (1997) definiu como *anthropologie impliquée*, que tem marcado a prática de tantos antropólogos, seja no passado ou, ainda mais, no período contemporâneo.

Kampô, kambô:[5] o sapo-verde

Desde 1925 é conhecido o uso que grupos indígenas da região do alto rio Juruá fazem da secreção da rã *Phyllomedusa bicolor*. O missionário espiritano Constantin Tastevin, em seu artigo intitulado *Le fleuve Muru* (1925), deixou

---

[4] Entre 1991 e 2000 fiz 18 meses de trabalho de campo (que resultaram em meus trabalhos de mestrado e doutorado, ver Lima 1994 e 2000), na maior parte estive entre os Katukina da TI do rio Campinas. A partir de 2005, no contexto do Projeto Kampô, retomei o trabalho de campo no mesmo grupo, embora tenha feito temporadas mais breves. Desses períodos mais recentes de trabalho de campo resultaram alguns artigos sobre o kampô katukina (LIMA, 2005, 2008) e também sobre a difusão do kampô no meio urbano, escritos em parceria com Beatriz Caiuby Labate (LIMA; LABATE, 2007, 2008).

[5] A grafia do nome do sapo-verde em Katukina consta como kampo, kampô e kambô. O acento tônico é sempre na última sílaba, a dúvida maior está se a palavra deve ser grafada com *p* ou com *b*. Deixando de lado esses desacordos, aqui adotarei a grafia kampô, porque me parece corresponder à forma correntemente falada entre os Katukina para designar o sapo-verde e também porque foi utilizada para nomear o projeto iniciado pelo Ministério do Meio Ambiente.

um relato precioso, provavelmente o primeiro, sobre o uso da secreção. Ele assistiu a uma sessão da aplicação entre os Kaxinawá, mas anotou que a prática era conhecida também dos Kulina e Kanamari.

Entre os Katukina e outros povos localizados no sudoeste amazônico, extrai-se do kampô a secreção utilizada para combater a panema e a preguiça, como veremos a seguir. Tem-se estabelecido na literatura que se trata da *Phyllomedusa bicolor*, uma rã arbórea amplamente encontrada por toda a Amazônia, mas cuja utilização como revigorante e fortificante (ver abaixo) é restrita a alguns grupos indígenas localizados no sudoeste amazônico. Por economia, avaliaremos aqui essa percepção comum, mas é preciso ter claro que, na classificação katukina, o termo kampô encobre, nos nossos termos científicos, um gênero (*Phyllomedusa*) que comporta pelo menos três ou quatro espécies — e de todas elas os Katukina servem-se para fazer a aplicação —, sendo a *Phyllomedusa bicolor*, além da maior, a mais conhecida delas.

Se consultada a literatura etnológica, mais de uma dezena de grupos aparecem como usuários da secreção do sapo-verde.[6] Os conhecimentos e as formas de servirem-se da secreção, colocada sobre uma queimadura feita com um fino cipó na superfície da pele, evidentemente, é bastante variável. Em comum, todos esses registros indicam a utilização da secreção da rã, primeiramente, como um estimulante cinegético. Com o mesmo fim, a partir do final do século XIX, o uso da secreção acabou se difundindo entre os seringueiros que se estabeleceram na região do alto Juruá. Diante do "enrasco" (como é conhecida regionalmente a condição azarada na caça), os seringueiros adotaram práticas e conhecimentos indígenas, sendo o uso das aplicações cutâneas da secreção do kampô uma delas — que se tornaram conhecidas como "injeção de sapo" ou "vacina de sapo".

Entre os povos de língua pano, particularmente entre os Katukina, o kampô é indicado também às pessoas que sofrem de *tikish*, um conceito nativo cuja tradução livre, feita por eles próprios, aproxima-o da "preguiça". A "preguiça" aqui indica o resultado da pouca disposição às atividades produtivas, e não o estado de inação que a precede. Ou seja, tem-se uma avaliação moral do resultado produzido pelo baixo engajamento dos "preguiçosos" na rede social de uma localidade, obstando assim o pleno fluxo da vida social.

---

[6] Além dos Katukina (LIMA, 2005), indico, sem qualquer pretensão de ser exaustiva, que existem registros do uso da secreção da *Phyllomedusa bicolor* entre os Amahuaca (CARNEIRO, 1972), Kaxinawá (TASTEVIN, 1925; KENSINGER, 1995), Yaminawá (CALAVIA SAEZ, 1995; PEREZ GIL, 2006), Yawanawá (PEREZ GIL, 1999), Marubo (MONTAGNER MELATTI, 1985), Matis (ERIKSON, 1996), Matses/Mayoruna (MILTON, 1994), Sharanawa (SISKIND, 1973), entre os grupos de língua Pano, e também entre os Tikuna (CARVALHO, 1955; NIMUENDAJU, 1952), Kulina (TASTEVIN, 1925; LORRAIN, 2000), Kanamari (TASTEVIN, 1925) e Ashaninka (SOUZA et al., 2002). Entre os povos de língua pano, deve ser destacado que o uso da secreção do Kampô está ausente entre os Shipibo-Conibo (CARNEIRO DA CUNHA, no prelo), localizados no Peru, e entre os Chacobo (Ph. Erikson, D. Villar e L. Córdoba, comunicação pessoal, 2008), localizados na região mais meridional do enclave pano, em território boliviano.

Entre os grupos indígenas do sudoeste amazônico, existem ainda relatos do uso da secreção do sapo-verde como um "remédio" capaz de fazer seus usuários tornarem-se gordos e fortes (SOUZA et al., 2002) — como, aliás, foi indicado também na referência de Tastevin antes mencionada.

As reações físicas provocadas pelas aplicações de kampô são pronunciadas, e incluem, entre outros: taquicardia, calor, vermelhidão da face e vômitos. Segundo os Katukina, essas reações indicam a expulsão do princípio maléfico (seja a panema, a "preguiça" ou alguma doença) do corpo, justamente aqueles que impedem a plena realização da vida social.

O *boom* do kampô

Nos últimos anos, inicialmente através de um seringueiro que, nos anos 1960, aprendeu a servir-se do kampô entre os Katukina e, posteriormente, através de membros das religiões ayahuasqueiras (LABATE; ARAÚJO, 2004), o kampô ganhou espaço no meio esotérico e difundiu-se em diversas cidades brasileiras (LIMA; LABATE, 2007, 2008) — e mesmo além, como em Santiago do Chile e Paris, embora não tenha maiores detalhes sobre essa internacionalização. O lugar de destaque que ocupam as religiões ayahuasqueiras neste contexto se explica pelo fato de que Francisco Gomes — o seringueiro que conheceu o kampô entre os Katukina — era membro de uma dessas igrejas. Essa difusão urbana do uso da substância está registrada em diversos artigos de jornais e revistas brasileiros e estrangeiros, sobretudo a partir de 2001. Nestas matérias, os jornalistas apresentam tanto o entusiasmo dos usuários urbanos da secreção — como mais uma "moda" — quanto os interesses dos cientistas pela substância, que vem sendo estudada desde, pelo menos, 1940.[7] O ápice da divulgação jornalística do kampô deu-se em maio de 2006, quando uma matéria foi publicada no *New York Times* e, algumas semanas depois, pela agência de notícias *Reuters* — ambas focavam os dois assuntos mencionados. Mais recentemente o kampô apareceu nos jornais também como um "caso de polícia". Isso se deu no mês de abril de 2008, quando um empresário de Pindamonhangaba (interior de São Paulo) morreu após fazer uso da substância — supostamente por não ter suportado os efeitos dela.

Nos primeiros anos deste século, a demanda pelas aplicações do kampô entre os não-índios ampliou-se consideravelmente e o contexto de seu uso desvinculou-se do combate à panema ou à "preguiça", tal como concebidos pelos Katukina. Primeiramente através de Francisco Gomes, o seringueiro antes mencionado. Em seguida, através de terapeutas esotéricos (invariavelmente

---

[7] Em Carneiro da Cunha (no prelo) pode-se encontrar um histórico detalhado dos estudos bioquímicos sobre a *Phyllomedusa bicolor*.

ligados a algumas das religiões ayahuasqueiras), que a partir de Francisco Gomes ou de seus familiares tomaram contato com o kampô e, por sua vez, com os Katukina. Constituiu-se assim, em pouco menos de uma década, um percurso que rapidamente fez o uso do kampô ganhar alguma popularidade no meio urbano, em particular no mercado de produtos exóticos e das terapias alternativas (LIMA; LABATE, 2007, 2008).

No ano de 2003, quando a expansão do uso urbano do kampô, no circuito das terapias alternativas e do meio *new age*, já era bastante forte, a organização não-governamental Amazonlink, com sede em Rio Branco, iniciou uma campanha em que denunciava outros personagens, que até então haviam passado despercebidos, na expansão do kambô: os cientistas e a indústria farmacêutica. A Amazonlink deu então publicidade às patentes derivadas da *Phyllomedusa bicolor* e denunciou a venda de demorfina e detorfina (ambos peptídeos descobertos a partir das pesquisas da mesma espécie) pela *internet*.

Ainda no mesmo ano, no mês de abril, os Katukina encaminharam à então Ministra Marina Silva uma carta solicitando apoio para que fossem até Brasília, acompanhados de um "assistente" vinculado à AJUREMA,[8] para "tratar do assunto referente ao conhecimento tradicional de nosso povo, especificamente o uso do kampô pelos não-índios e a possibilidade de parceria com órgão do governo de acordo com o que estabelece o projeto de Lei de Acesso à Biodiversidade de sua autoria". O assunto era evidentemente de interesse da ex-ministra, que, como foi lembrada na carta, havia elaborado um projeto de lei para regulamentar o acesso à biodiversidade no país — projeto que, não custa lembrar, jamais foi votado.

Da perspectiva dos Katukina, a recepção não poderia ter sido melhor. Ao invés de terem de ir à Brasília, a ex-ministra, após colocar outros órgãos governamentais (IBAMA e FUNAI, entre outros) a par do assunto, enviou, em agosto de 2003, uma equipe do MMA para dialogar e saber dos interesses dos Katukina diretamente na TI do rio Campinas. A partir de então a equipe do MMA, vinculada ao Programa Brasileiro de Bioprospecção e Desenvolvimento Sustentável de Produtos da Biodiversidade (PROBEM), começou a articular uma grande equipe de pesquisadores — reunindo herpetólogos, biólogos moleculares, médicos e antropólogos — cujos estudos, era o que se desejava, poderiam inaugurar uma bem-sucedida parceria entre índios e cientistas e contribuir na proteção dos conhecimentos tradicionais, garantindo-se a repartição de benefícios.

No meio tempo, na esteira do sucesso urbano do kampô, em 29 de abril de 2004, a Anvisa (Agência Nacional de Vigilância Sanitária) publicou uma

---

[8] Trata-se da Associação Juruaense de Extrativismo e Medicina Alternativa criada, em 2002, pelos familiares de Francisco Gomes, após sua morte um ano antes, com o objetivo de "preservar" seus conhecimentos, entre eles aqueles relativos ao kampô.

resolução com vistas a restringir as campanhas publicitárias, especialmente o site <www.kambo.com.br>[9] dedicadas ao kampô. Indicando a legislação vigente em mais de cinco decretos e leis, o diretor da Anvisa determinou que se suspendesse toda a propaganda dos supostos benefícios da utilização da secreção do kampô.

A Resolução da Anvisa apoiava-se, principalmente, no Código de Defesa e Proteção do Consumidor (Lei nº 8.078, de 11.09.1990), para tentar conter a expansão urbana do kampô. Buscava-se proteger os "consumidores" da nova substância que chegava ao mercado de produtos alternativos. Os propagandeadores do produto emergente no meio urbano poderiam ser punidos por não terem autorização para comercializar a substância desconhecida (ou sem registro) na Anvisa. Protegidos os "consumidores", a Resolução nada dizia sobre a exploração comercial dos conhecimentos e práticas indígenas que então estava em pleno curso — e assim continuou.

O Kampô como projeto

A concepção do Projeto Kampô e a publicação da Resolução da Anvisa, embora devam ser compreendidos de forma articulada,[10] não trilhavam o mesmo caminho. A Resolução atinha-se a uma lógica restritiva (visava-se regulamentar o "mercado" e proteger os "consumidores") e, por assim dizer, punitiva. A concepção do Projeto Kampô, no caminho inverso e conforme sua formulação original, buscava promover um "caso piloto" que pudesse "servir de modelo para a orientação de ações norteadoras e definição de políticas nas áreas de bioprospecção, acesso ao patrimônio genético e ao conhecimento tradicional associado com justa repartição de benefícios."

A escolha do kampô, por parte do MMA, para empreender a árdua tarefa de construir um exemplo positivo de acesso aos conhecimentos tradicionais, de saída, impunha alguns desafios. A complexidade da tarefa, entre outras coisas, devia-se ao fato desse conhecimento ser partilhado por mais de 10 grupos indígenas localizados em duas diferentes fronteiras nacionais (Brasil e Peru), estar bem descrito na literatura etnográfica e bioquímica e, ainda, o fato de que os dois países em questão terem legislações específicas sobre o assunto (CARNEIRO DA CUNHA, no prelo). Apesar desses complicadores, o MMA decidiu

---

[9] Na ocasião o domínio eletrônico teve, de fato, encerrado seu funcionamento, mas ressurgiu na *internet* há pouco tempo, agora divulgando a empresa *Kambo Empreendimentos Ecológicos*. O nome da empresa, explicado no *site* com referência aos Katukina, busca destacar seu objetivo de promover "a integração entre o homem e a natureza", cf. <www.kambo.com.br>. Acesso em: 27 ago. 2008.

[10] Através de um comunicado do MMA foi que a Anvisa soube que os Katukina denunciavam a comercialização do kampô no meio urbano. <http://www.anvisa.gov.br/divulga/noticias/2004/300404.htm>. Acesso em: 12 dez. 2004.

levar adiante a solicitação encaminhada pelos Katukina e iniciou as tratativas para viabilizar a realização do projeto.

Não há espaço aqui para detalhar toda a concepção do Projeto Kampô.[11] Deve-se ter claro, ainda que de forma resumida, que era composto de duas frentes que se articulavam: 1. tratava do "uso sustentável da biodiversidade" e abrangia a secreção do kampô em sua forma integral, a "vacina de sapo", tal como utilizada pelos diversos grupos indígenas; 2. tratava "das moléculas e princípios ativos da secreção", e envolvia então "as questões de propriedade intelectual e de repartição de benefícios relacionadas a novos produtos advindos de atividades bioprospecção a partir destes compostos."

Unindo as duas perspectivas, a ambição era, no contexto do Projeto Kampô e na perspectiva dos técnicos do MMA, realizar uma parceria bem-sucedida inédita entre índios e cientistas, que restasse como um exemplo positivo do respeito à legislação e da valorização dos conhecimentos tradicionais das populações indígenas interessadas (voltarei a este ponto adiante). Ao final, imaginando um cenário ampliado, a iniciativa permitiria colocar índios e cientistas envolvidos com um objetivo comum, superando a "desconfiança mútua" (CARNEIRO DA CUNHA, no prelo).

Em março de 2005, o MMA organizou o I Seminário Temático sobre o Projeto Kampô, no qual se reuniram, pela primeira e única vez, agentes governamentais, não-governamentais, cientistas e lideranças políticas katukina — lideranças yawanawá e kaxinawá foram também convidadas, mas, por razões diversas, não compareceram — para debater os rumos do projeto e sua realização. Reproduzo abaixo a fala de uma liderança Katukina, Fernando Katukina, feita na abertura do evento. A partir dela, discutirei as repercussões do Projeto Kampô e que estavam já insinuadas em sua fala.

> É um prazer estar acompanhando o seminário do Projeto Kampô, como índio katukina. Falando do projeto, estávamos preocupados com a questão da biopirataria. O povo katukina estava preocupado com a biopirataria no uso do kampô. Para nós, o kampô é muito importante porque faz parte da nossa vida em termos de saúde. (...) Por mais indígenas que sejamos, nós, katukinas, estamos preocupados com a questão da biodiversidade porque somos responsáveis pelo meio ambiente. Nossas terras são protegidas e, portanto, nós nos preocupamos. Jogamos a responsabilidade para o Ministério [do Meio Ambiente]. A nossa parte já fizemos. Durante quinhentos anos seguramos esse conhecimento. Como somos cidadãos brasileiros, passaríamos um pouco deste conhecimento para ser pesquisado. (...) Nós, como Katukinas, tivemos a iniciativa de que esse kampô era um dos problemas que estava surgindo no Brasil. Estamos vendo que em muitos Estados estão usando o kampô sem controle. (...) É importante que seja feita essa pesquisa o mais rápido possível. Estamos passando por uma necessidade que é segurar

---

[11] Informações mais detalhadas sobre a concepção do Projeto Kampô podem ser encontradas em Martins (2006).

esse conhecimento. Nós, katukinas, contamos com o apoio dos senhores. Hoje, vamos retornar ao nosso povo [e falar] que vocês nos deram a garantia desse projeto. (...) A partir desta preocupação dos katukinas e de outros povos. (...) Eles pensaram que nós, katukinas, estávamos prendendo o conhecimento para nós. Também conhecemos outros povos que ficam preocupados com a preservação do kampô. Hoje, estou feliz de ver iniciado e acompanhado o Seminário.

Apesar de longo, o discurso de Fernando Katukina — naquela ocasião, vice-presidente da Associação Katukina do Campinas — expõe importantes expectativas dos Katukina em torno da realização do Projeto Kampô (do MMA): a insatisfação com a popularização do uso da substância no meio urbano, que motivou o interesse em "protegê-la", e também as disputas entre os grupos indígenas. Ele encerrou sua fala de modo um tanto performático, avisando que trazia kampô consigo e que estava à disposição para aplicar nos interessados. Não sem humor, a liderança katukina parecia reconhecer o vigor que seria necessário para levar adiante a execução do projeto.

*****

A ambição do Projeto Kampô, de que falei acima, mostrou-se rapidamente de difícil realização por, pelo menos, três diferentes e simultâneas implicações: antropológicas, jurídicas e políticas.

O primeiro ponto a ser destacado é que a própria idéia da realização do Projeto Kampô renovou divergências entre alguns grupos que partilham os conhecimentos sobre a utilização do kampô. A ausência dos representantes Yawanawá e Kaxinawá no Seminário Temático de que falei acima, ainda que justificada, era reveladora das disputas que então já se desenrolavam em torno do sapo-verde.

Não se põe em dúvida que a iniciativa de encaminhar a carta ao MMA coube aos Katukina. De todo modo, como apontado antes, mais de uma dezena de grupos indígenas na região compartilham o conhecimento sobre o uso do kampô.

Logo que a carta do Katukina chegou ao MMA, e foi bem acolhida pela ex-ministra Marina Silva, seus técnicos imaginaram realizar a iniciativa apenas entre os Katukina. Após ouvir alguns antropólogos, deram-se conta do quão distribuída é a prática da aplicação do kampô no sudoeste amazônico. Bem informados sobre experiências negativas recentes (como o caso krahô-UNIFESP),[12] os técnicos do MMA decidiram, de acordo com a ambição propositiva da empreitada, que seria preciso envolver todos na discussão e imaginar a repartição ampliada dos benefícios.

---

[12] Para maiores detalhes sobre os desentendimentos entre os Krahô e os pesquisadores da UNIFESP, ver Ávila, 2004.

A legislação pertinente (particularmente o artigo 8j da CDB) reconhece a partilha de conhecimentos entre diferentes populações, mas os marcos regulatórios não estão bem estabelecidos no país. Seria preciso, então, criar fórmulas originais — ou *sui generis* — para contemplar todas elas. Foi imaginado, a princípio, envolver quatro populações que, no contexto do indigenismo acreano, tem forte representação e uso tradicional do kampô, eram elas: Katukina, Yawanawá, Kaxinawá e Ashaninka. Sem desconhecer que outras tantas populações fazem uso do kampô, o projeto teria início a partir delas e se idealizava, ao longo do percurso, ampliar o diálogo com os demais detentores do mesmo conhecimento. É preciso dizer aqui que os Ashaninka do rio Amônia, através de Francisco Pianko — naquela ocasião Secretário Extraordinário de Assuntos Indígenas —, declinaram de participar do Projeto Kampô, argumentando fazerem uso bastante modesto da substância, que, aliás, teriam aprendido de grupos indígenas vizinhos.

Independentemente dos caminhos formais estabelecidos em convenções, leis e documentos de toda ordem, e independentemente também dos caminhos dialógicos que se foram construindo ao longo da iniciativa do MMA, não tardou para que as insatisfações aparecessem entre os outros grupos que partilham os conhecimentos sobre o kampô. Sem se aterem-se aos meandros da legislação, e voltando-se mais à política inter-étnica, lideranças yawanawá e, em menor medida, kaxinawá, insinuavam que os Katukina estavam "monopolizando" o kampô e querendo fazê-lo exclusivamente seu.[13] Quando não, a acusação era de que estavam alienando e banalizando um conhecimento que era comum entre eles. A acusação cedeu (não desapareceu) ao longo das conversações ao perceberem que estavam efetivamente abrangidos pela iniciativa do MMA — o que poderia incluir, ao final, uma resposta negativa a qualquer exploração comercial da secreção do sapo-verde. O terreno para tratar da questão dos conhecimentos tradicionais apresentava-se, de saída, minado e repercutia fortemente naquele momento a questão da ayahuasca, com seu controverso patenteamento nos EUA.

Por sua vez, dois Marubo, que apenas tardiamente, no final de 2006, tiveram conhecimento do Projeto Kampô (através de um técnico do MMA que propôs, informalmente, uma primeira conversa para tratar do assunto), argumentaram que teriam sido eles que ensinaram os Katukina a servirem-se do kampô, em visitas que, em meados da década de 1990, estreitaram as relações entre os dois grupos.[14]

---

[13] Yawanawá e Katukina compartilham, na TI do rio Gregório, um mesmo território e são bastante ambíguas as relações entre eles: ora de aproximação ora de afastamento (LIMA, 1994).

[14] Sobre as relações entre os Marubo e Katukina, na década de 1990, escrevi em minha dissertação de mestrado (LIMA, 1994).

Abro aqui um parêntese para destacar que alguns Katukina souberam do que disseram os Marubo e reagiram com outra acusação: os Marubo é que teriam "roubado" recentemente os Katukina. Na resposta desses Katukina, o "objeto" da disputa não era mais o kampô e sim uma jovem katukina, que, há pouco tempo, teria sido "roubada" por um rapaz marubo que conheceu na cidade de Cruzeiro do Sul (AC), com quem foi morar em uma aldeia no rio Ituí (AM). As acusações e disputas entre dois grupos, subitamente, retornavam a uma forma mais "convencional" e recorrente entre os Pano — as acusações de "roubo" de mulheres são freqüentes, por exemplo, entre os próprios Katukina e Yawanawá (LIMA, 1994) ou os Yaminawá e Amahuaca (TOWNSLEY, 1988). Chamo a atenção aqui para esse pequeno fato de campo, a resposta dos Katukina à acusação dos Marubo, sobretudo porque, ao longo da história, a circulação de conhecimentos entre os diversos grupos pano — reputados por uma acentuada homogeneidade cultural (ERIKSON, 1993) — deve ter se beneficiado do fluxo, nem sempre pacífico, de mulheres entre eles.

Em resposta às críticas, os Katukina, que rapidamente assimilaram a idéia de que quaisquer benefícios advindos da realização do Projeto Kampô teriam de ser repartidos, sempre lembravam, entre eles próprios, que a iniciativa do projeto em curso havia sido deles e que "outros estavam querendo pegar carona no mesmo barco".

Uma discussão sobre a propriedade dos conhecimentos começava, por assim dizer, a deixar de ser difusa e a tomar forma. Quem é o detentor de um conhecimento e de uma prática quando mais de uma dezena de grupos os partilham? A resposta mais razoável (eticamente falando, mas isso está longe de fazê-la a resposta mais simples) à pergunta — se se tem em conta a possibilidade de um regime *sui generis* —, é reconhecer esse conhecimento como partilhado entre todos, que se tornam assim seus co-detentores. Em todo caso, essa resposta precisará invariavelmente ser matizada.

O assunto — a propriedade dos conhecimentos tradicionais — torna-se espinhoso e ganha uma nova forma no contexto contemporâneo. A novidade, de todo modo, encerra-se aí, pois existem em abundância na literatura etnológica amazônica relatos (míticos ou históricos, ou ambos) de aquisição de bens culturais por vias estrangeiras, nos quais a origem sempre é bem reconhecida: os itens culturais mais cobiçados sempre se encontram além das fronteiras (que assim vão se tornando borradas) do próprio grupo, e são obtidos corriqueiramente por roubo ou esbulho. No sudoeste amazônico, na região que aqui nos interessa, não faltam acusações de "plágio" ou então de apropriações de determinados "traços culturais" entre os grupos.

Assim, enfatizo que o ineditismo da disputa em torno do kampô deve ser restrito ao novo contexto, porque em outras épocas, na primeira metade dos anos 1990, ouvi os alguns Katukina acusarem os Yawanawá de "imitá-los", e falavam particularmente das antigas tatuagens faciais que tinham idênticas (LIMA, 1994). A acusação de "imitação" feita aos seus vizinhos geográficos e lingüísticos não impede, contudo, que parte do repertório musical dos Katukina seja composto de músicas "estrangeiras". São músicas que aprenderam com os Kulina (falantes de uma língua arawá) há muitos anos, provavelmente na década de 1960, no tempo em que os contatos entre os dois grupos eram mais freqüentes — o que explica o fato de esse repertório musical ser dominado hoje, principalmente, pelas pessoas mais velhas. Por se tratarem de músicas verdadeiramente "estrangeiras", que nada lembram as suas próprias (dado que são cantadas numa língua que não dominam), não se coloca em discussão a originalidade e a propriedade delas.[15] De princípio reconhece-se sua origem exterior. A semelhança das tatuagens faciais dos Yawanawá, com os quais sempre mantiveram relações marcadas pela ambigüidade (LIMA, 1994), trafega em outra via, mais propícia a suspeições, desconfianças e acusações.

Esses dois breves exemplos, a partir dos próprios Katukina, mostram a intensidade dos contatos estabelecidos entre os grupos indígenas na região do alto Juruá e os empréstimos deles decorrentes. A partir deles também é possível colocar em discussão a compreensão que fazemos de "propriedade". Talvez a idéia de propriedade seja, ela própria, "resultado de uma economia particular", como provocativamente Strathern abriu o debate publicado na *Social Anthropology* (STRATHERN et al., 1998, p. 110). Sem discordar dessa afirmação, talvez tenhamos que acrescentar, como o fez Carneiro da Cunha no mesmo debate, que mais do que uma relação entre pessoas e objetos, a idéia de propriedade diz respeito a uma "relação entre pessoas em torno de objetos" (STRATHERN et al., 1998, p. 112). Some-se a isso que a assunção de que um objeto é uma propriedade não implica a sua imediata transformação em uma mercadoria: "ao contrário, é a única forma, dado o sistema planetário de comércio, em que eles podem realmente serem mantidos fora do mercado" (STRATHERN et al., 1998, p. 112).

Voltando ao contexto do Projeto Kampô, que teve início justamente porque o kampô havia alcançado o mercado, a desconfiança dos índios em relação às pesquisas e/ou aos pesquisadores, por onde o artigo começou, ampliava-se e atualizava a desconfiança entre as diversas etnias que compartilham os mesmos conhecimentos e práticas. Nesse contexto de atualização das "desconfianças mútuas", fossem externas (em relação aos pesquisadores) fossem internas (entre os diversos grupos indígenas), contribui muito a expectativa exagerada que, no momento atual, se está auferindo de qualquer trabalho de pesquisa,

---

[15] As músicas kulina constam no repertório katukina, mas é importante dizer que não foram selecionadas, por exemplo, para compor o repertório que foi gravado no CD que os Katukina lançaram em 2006. A razão para excluí-las do repertório do disco é simples: não são suas próprias músicas.

sobretudo quando se trata daqueles atinentes aos conhecimentos e usos de plantas e quaisquer outros extratos da floresta. O imaginário local (que não me parece muito diferente, nesse quesito, do imaginário global) tem como certo que os habitantes da floresta são guardiões de conhecimentos que até hoje passaram ao largo da ciência ocidental ou, contraditoriamente, que são corriqueiramente "roubados" por essa mesma ciência. Seja qual for a alternativa, tais conhecimentos poderiam contribuir para o tratamento ou a cura de doenças que estão à espera (imagina-se) de terapias eficazes.

Alcança-se aqui então ao segundo ponto que obstava o desenrolar mais seguro para a proposta de trabalho do MMA, através do Projeto Kampô: as expectativas excessivas em relação aos ganhos que "rapidamente" poderiam advir das pesquisas científicas. Se o kampô fosse (ou se ele é) realmente tudo o que se alardeava dele, deveriam ser proporcionais os benefícios advindos da contribuição dos conhecimentos indígenas às pesquisas farmacêuticas.

Quando o assunto é o acesso aos conhecimentos tradicionais, as expectativas de ganhos financeiros são sempre comentadas, fala-se invariavelmente em milhões de dólares, mas os números podem ser divergentes. São sempre lembrados os investimentos vultosos durante o processo de pesquisa. Há algumas fontes que falam desses números e não me deterei nelas aqui. Prefiro destacar a questão temporal — o "rapidamente" que apareceu acima — para, a partir de um pequeno diálogo, durante o Encontro do I Seminário do Projeto Kampô que aconteceu em Brasília, em março de 2005, tratar dessas expectativas. Vamos ao contexto.

No dia 21 de março de 2005, as equipes de toxicologistas e biólogos moleculares expuseram suas experiências de pesquisa e apresentaram, tal como poderiam imaginar, como seria trabalhar com o kampô/Phyllomedusa. Foram destacados os custos financeiros para se chegar à produção de um fármaco e o tempo médio que isso leva, se forem bem-sucedidos os resultados da pesquisa: entre 09 e 12 anos, pelo menos. Na metade do dia, no almoço, percebi o cansaço e certa insatisfação que parecia abater um dos Katukina presentes ao evento. Perguntei o motivo de seu abatimento e ele comentou comigo que não era possível esperar tanto tempo para que tais pesquisas fossem concluídas e os benefícios fossem repartidos. Afinal, seu povo usava o kampô há muito tempo e sabiam todos da segurança de seu uso. O kampô, que estava sendo apropriado pelos não-índios, era o que ele alegava, deveria garantir-lhes benefícios mais "rapidamente". Dando continuidade à nossa conversa, decidi perguntar se ele imaginava há quanto tempo teriam seus ascendentes obtidos os conhecimentos sobre o kampô. A resposta foi imediata: ele disse que não fazia a menor idéia, pois quando ele próprio nasceu, quando seu pai nasceu, e assim indeterminadamente, seus parentes já se serviam do kampô. Em todo caso, ele não imaginava que o período tivesse sido pequeno. Pouco a pouco, no desenrolar de nossa conversa, ele se deu conta que os processos de produção de conhecimento podiam ser longos, mesmo entre eles. Se isso não encerrava a sua insatisfação com a "lentidão" das pesquisas científicas, ao menos, estabelecia alguma possibilidade de fazer a temporalidade dos itinerários de índios e cientistas mutuamente inteligíveis, ainda que fossem os padrões epistemológicos bastante distintos. Ambos produzem conhecimento, não os recebem prontos.

Deve ser desnecessário frisar que não desconheço nem subestimo os conhecimentos produzidos pelas populações tradicionais, indígenas ou não, e as contribuições que podem trazer às pesquisas científicas. São realmente impressionantes os números oferecidos pela pesquisa realizada por Ten Kate & Laird (apud AZEVEDO; MOREIRA, 2005), segundo a qual, mais da metade das indústrias entrevistadas pelos pesquisadores admitiram acessar conhecimento tradicional no desenvolvimento de suas pesquisas. E, mais do que isso, relataram que o fizeram principalmente de modo indireto: 80% a partir de consultas a fontes secundárias.[16] Igualmente avantajados são os resultados da pesquisa de Balick (apud STHRATERN et al., 1996, p. 113), que indicam que o acesso aos conhecimentos indígenas incrementam o sucesso das pesquisas farmacêuticas em 400%.

De qualquer maneira, com a devida prudência, deve-se reconhecer que as chances reais de se chegar a um fármaco não são assim tão garantidas. As estimativas, segundo Brown (2003, p. 110), variam bastante: entre 1:1.000 e 1:10.000, ou ainda mais. A confiar nestes números, a possibilidade de fazer com que um planta chegue a um fármaco e, assim, ao mercado, é bem mais difícil do que se diz correntemente.

Esses números parecem não justificar a interrupção do diálogo entre índios e cientistas — compreendendo ambos, evidentemente, como parceiros em acordo. Menos ainda a interrupção do diálogo entre os próprios grupos indígenas, interrompendo a troca de informações que, por trilhas pacíficas ou não, sempre existiu entre eles. Se predominar o clima de suspeição e se se interromperem os canais por onde os conhecimentos sempre trafegaram, como poderão ter continuidade os processos de produção, atualização e transmissão desses mesmos conhecimentos que certamente não estão encerrados?

Os Katukina (mas não apenas eles) têm, estrategicamente, objetificado o kampô: ele é agora apresentado publicamente como um pilar fundamental da "cultura" katukina que se deseja manter e conservar. Nas palavras da liderança

---

[16] Como destacaram Azevedo e Moreira (2005), o que a pesquisa de Ten Kate & Laird sugerem é "que as publicações acadêmicas e a sua inclusão em bases de dados — mais do que coletas em campo por empresas — são as rotas mais comuns pelas quais o conhecimento tradicional deixa a comunidade e vai para o laboratório comercial." Assim, a figura do temível biopirata, deslocando-se pela floresta e ludibriando os moradores locais à procura de novas descobertas, embora possa ocasionalmente materializar-se, está longe da prática efetiva da indústria, pois não seria preciso muito mais que o acesso a boas bibliotecas.

katukina que discursou na abertura do seminário promovido pelo MMA em 2005, o kampô é um conhecimento que seu grupo manteve guardado por 500 anos! Em sua fala, os conhecimentos do grupo — particularmente aqueles relativos ao kampô — aparecem retidos no tempo, à espera do momento propício à sua divulgação. Trata-se de uma fala política, certamente. A politização não se faz sem maiores conseqüências, e a possibilidade de petrificação de um conhecimento — que aparece no discurso, ainda que seja prematuro reconhecê-la como fato — não deve ser desconsiderada. O que se põem em jogo aqui são os processos de produção e transmissão desses conhecimentos — justamente aqueles que nos permitem chamar tais conhecimentos de "tradicionais", se entendermos que a tradicionalidade desses conhecimentos diz respeito à forma como se os produzem antes que a seus conteúdos específicos e substantivos (CARNEIRO DA CUNHA, 2004).

Voltando ao Projeto Kampô e finalizando o já extenso relato, esse foi suspenso indeterminadamente, ou encerrado, após tentativas de se estabelecerem parcerias entre a indústria farmacêutica, cientistas e os povos indígenas co-detentores dos conhecimentos sobre o sapo-verde. O MMA sondou uma indústria farmacêutica disposta a envolver-se na empreitada, concordando em estabelecer contratos em que se partilhariam benefícios com instituições científicas e com os grupos indígenas detentores dos conhecimentos sobre o kampô. Os termos dos contratos não estavam previamente definidos — no devido momento seriam objeto de negociações com os grupos e essas negociações levariam em conta também a análise de experiências do mesmo tipo em curso em outros lugares. Porém, o desejo de sucesso que parecia mover os Katukina — e mesmo os demais grupos indígenas, apesar dos desentendimentos antes mencionados — na sua solicitação ao MMA não encontrou eco entre os cientistas e as instituições científicas, que se recusaram a reconhecer a contribuição das populações indígenas na iniciativa (CARNEIRO DA CUNHA, no prelo). Sem que chegassem efetivamente a se encontrar, restaram provisoriamente em acordo a indústria e os índios, mas sem que os cientistas reconhecessem os últimos como parceiros na pesquisa. Suspendia-se ou encerrava-se ali, antes que pudesse ter sido efetivamente iniciado, o caso exemplar que se pretendia construir.

*****

Não há dúvidas quanto aos avanços que a CDB promoveu ao estabelecer em bases mais justas o reconhecimento do patrimônio genético e dos conhecimentos tradicionais associados dos países localizados no hemisfério sul — enquanto os países do hemisfério norte são os detentores das tecnologias. De qualquer maneira, são lentos os passos que levam ao reconhecimento dos conhecimentos tradicionais associados e, mais do que isso, a algum tipo de aproximação, mais amigável do que se tem sido até aqui, entre índios e cientistas.

A equação para fazer virem juntos os conhecimentos tradicionais e os direitos intelectuais resta sem solução, ou as soluções são feitas de tantos percalços que as partes se desinteressam de persistir na aproximação. Essas dificuldades não se encerram, de qualquer maneira, no campo jurídico. Essas existem também, e são salientes as dificuldades para conciliar as concepções de direito de propriedade intelectual (reconhecidamente privado e individualizado) e os conhecimentos tradicionais (vulgarmente tidos como públicos e coletivos). De qualquer maneira, mais complexa, até porque precede o problema jurídico, é a possibilidade de se intercomunicarem duas ciências diversas que se constroem a partir de níveis estratégicos distintos — como escrevia Lévi-Strauss há quase 50 anos.

A resposta negativa das instituições científicas, que redundou no encerramento prematuro do projeto ambicionado pelos Katukina, e apoiado pelo MMA, não deve ofuscar que havia inúmeras dificuldades jurídicas, ainda a serem superadas, no percurso. A todo o momento perscrutava, por exemplo, a indagação sobre quem são ou eram os legítimos representantes dos diversos grupos indígenas usuários da secreção do sapo-verde. Se chegasse o momento, como manda a legislação, de assinar os termos de anuência prévia e informada e os contratos com a indústria farmacêutica, quem seriam os representantes legitimamente reconhecidos? A questão se impunha para pensar sobre todos os grupos indígenas envolvidos na iniciativa, mas ganhava um contorno bastante forte, por exemplo, quando se pensava sobre a participação dos Kaxinawá. Os Kaxinawá formam a maior etnia do Acre, com uma população de aproximadamente sete mil pessoas, vinculadas a várias associações. O contrato deveria ser assinado por cada uma das associações kaxi, com uma que representasse o conjunto delas, com quantas mais?

Além disso, o que se deveria compreender como "usuários tradicionais" do kampô? Todos os grupos indígenas sobre os quais existem registros históricos e etnográficos sobre o uso do kampô? Essa definição abrange, igualmente, aqueles entre os quais a prática entrou em desuso ou apenas aqueles que a mantiveram? Os seringueiros, que aprenderam a serverem-se do kampô com os índios ao longo do século passado, deveriam também ser compreendidos como co-detentores desses conhecimentos?

Considerando o número expressivo de co-detentores dos conhecimentos sobre o kampô, como se dariam as negociações? Assim, por exemplo, se um dos grupos indígenas se recusasse a participar ou continuar nelas, todo o percurso de negociação e de pesquisa deveria ser interrompido e refeito ou tudo deveria ser suspenso? Finalmente, quais seriam os benefícios, como seriam repartidos e em que momento?

Nenhuma dessas perguntas que se faziam — seja pelos próprios índios, pelos técnicos do MMA ou pelos pesquisadores envolvidos no Projeto Kampô

— ao longo do percurso é de resposta fácil ou trivial. A falta de respostas claras para cada uma delas serve como índice das dificuldades de aproximação entre regimes de conhecimento e de propriedade diversos. O ideal talvez fosse, como escreveu Calávia Saez (2002), imaginar a existência de um conhecimento tradicional circunscrito a um único grupo. A partir desse grupo e desse saber milimetricamente delimitado, poder-se-ia ter um excelente "caso piloto" para fazer operativa a legislação relativa ao assunto. O problema é que esse conhecimento circunscrito a um único grupo talvez não exista; ou, se existir, constituir-se mais como uma exceção do que como uma regra. De qualquer maneira, a distribuição dos conhecimentos indígenas entre vários grupos — como é o caso do kampô — é uma evidência que torna ainda mais saliente as diferenças entre os dois regimes de conhecimento que então se tentou aproximar. Mas, como dito antes, nem todas as partes estavam igualmente interessadas em buscar as respostas e o desinteresse de uma das partes repousava-se sobre razões que ultrapassavam o detalhamento jurídico.

Quando visto a partir a partir do prisma dos direitos de propriedade intelectual, ao invés de um "caso-piloto" para fazer operativa a legislação referente ao assunto, o Projeto Kampô acabou se mostrando como um "caso-limite", tamanha a extensão dos problemas que precisariam ser superados caso fossem bem-sucedidos os esforços então mobilizados.

De volta à "vacina do sapo": o kampô como "cultura"

O final anticlimático do projeto — particularmente da frente relativa aos estudos "das moléculas e princípios ativos da secreção" —, que pretendia aproximar índios e cientistas, não encerra, evidentemente, o interesse dos Katukina e de outros grupos pela secreção do sapo-verde. O kampô converteu-se nos últimos anos em um símbolo étnico e, no seu encalço, os Katukina continuam a trilhar caminhos que visam ao "fortalecimento" de sua "cultura".

Neste sentido, através da Associação Katukina do Campinas (AKAC), foi planejado, em 2007, e está em vias de ser executado o projeto de construção da "Casa de Cultura Katukina" (CCK), um espaço no qual se pretende, segundo o projeto que obteve o apoio do PDPI/MMA,[17] entre outras coisas, a "valorização cultural". No CCK os Katukina planejam receber visitantes interessados em conhecer "de perto" sua "cultura" e oferecer serviços como sessões de atendimento xamânico. Embora o kampô não esteja previsto entre os serviços a serem oferecidos aos visitantes, não há dúvida de que ele é parte central na

---

[17] Trata-se do Programa Demonstrativo dos Povos Indígenas, uma linha de financiamento, com recursos do governo alemão, coordenada pelo Ministério do Meio Ambiente. Entre seus objetivos está contribuir com a qualidade de vida dos povos indígenas e com a conservação dos recursos naturais presentes em suas terras.

concepção desse projeto que mobiliza os Katukina atualmente. Um projeto no qual se busca a "valorização cultural", mas também a geração de renda para os moradores das aldeias, sobretudo porque a pavimentação e funcionamento da BR-364, a partir do início deste século, comprometeram sobremaneira o estoque faunístico do entorno e estão bastante comprometidas também as possibilidades dos Katukina manterem-se exclusivamente baseando sua vida em recursos da floresta.

Paradoxalmente, na contramão da depleção do estoque faunístico, os Katukina fizeram do kampô — cobiçado por terapeutas alternativos, cientistas e curiosos — um "recurso estratégico", manipulado para garantir tanto presença política no contexto do indigenismo acreano quanto condições dignas de existência econômica. Não que ele fosse antes menos "estratégico" — a contar com a confiança depositada nos seus efeitos pelos caçadores, não resta dúvida que já o era —, mas agora está alterado e ampliado o contexto pelo qual se faz presente e transforma-se em peça-chave do momento "culturalista" contemporâneo (TURNER, 1991). Nesse sentido é que, em 2006, os Katukina, em conjunto com os Yawanawá e Kaxinawá, encaminharam junto ao escritório regional do IPHAN, em Rio Branco, uma solicitação de registro do kampô como patrimônio imaterial.[18]

Para finalizar: kampô DOC?

A popularização e comercialização do kampô, usado pelos Katukina e por vários outros grupos indígenas do sudoeste amazônico, no meio urbano continua em pleno curso. As fissuras que se foram produzindo ao longo da iniciativa dos Katukina de solicitarem ao MMA a proteção de seus conhecimentos, repercutem pouco fora do contexto do indigenismo acreano e não impedem seu livre comércio em regiões muito distantes de suas aldeias. Como escrevi no início, não faltam, nas grandes cidades, pessoas interessadas, por diferentes motivos, em receber as aplicações de kampô e não faltam também, é certo, terapeutas holísticos e alternativos que, pouco a pouco, com bastante sucesso, vão estabelecendo um mercado promissor. Chama a atenção que em tal mercado faz bastante sentido divulgar e comercializar a substância indicando sua origem e procedência e exaltando as qualidades daqueles entre os quais a substância foi "descoberta". Os Katukina são invariavelmente mencionados e, com ou sem sua licença, aportam um "selo de origem indígena" ao produto (LIMA; LABATE, 2008). Contudo, cabe destacar que são tantos hoje os aplicadores de kampô no meio urbano que é bastante difícil saber se a origem, a procedência e a licença são confirmadas.

---

[18] Desconheço quais os encaminhamentos dados a tal solicitação.

De certa forma, tudo se passa como se o kampô tivesse sido reconhecido, nesse mercado de produtos exóticos e alternativos, como uma denominação de origem. Contudo, essa "denominação" não tem qualquer controle e, com bastante freqüência, a menção ao nome dos Katukina em peças de propaganda que circulam no mercado de produtos alternativos serve para alimentar disputas e intensificar insatisfações com o que algumas pessoas percebem e expressam como "roubo" de seus conhecimentos. Nesse contexto, a pecha de "biopirata" é dirigida igualmente aos terapeutas esotéricos, e não exclusivamente aos cientistas e à indústria farmacêutica (LIMA; LABATE, 2007).

A referência ao kampô como uma denominação de origem não é fortuita. Esse é um instrumento jurídico, largamente utilizado em países europeus, para qualificar certos produtos agrícolas, alimentícios e medicinais, produzidos numa região determinada (BOISVERT; CARON, 2007). As certificações de DOCs (denominação de origem controlada) ou AOCs (apelação de origem controlada) são conferidas a produtos que tenham características que os vinculem a um meio geográfico e, ao mesmo tempo, a fatores naturais (solo e clima, por exemplo) ou humanos (uma dada tradição e cultura).

Não me parece excessivo reconhecer que, nos últimos anos, o kampô é divulgado e comercializado como uma denominação de origem, sem sê-lo formalmente. A espécie de rã, a *Phyllomedusa bicolor*, da qual as populações indígenas coletam a secreção para fazerem as aplicações está distribuída por toda a Amazônia. O fator humano (ou, se preferirmos, cultural), como exposto antes, é aqui expressivo. Como uma espécie distribuída tão amplamente encontra seu uso acantonado numa única região, entre grupos indígenas, de diferentes filiações lingüísticas, que, como o sabemos, entreteceram relações ao longo da história e, por isso, são culturalmente próximos? A marca da distinção — ou da autenticidade — é saliente e, como dita antes, bem reconhecida no mercado consumidor emergente. Caberia então a pergunta: não seria o caso de se pensar em fazer do kampô realmente uma DOC?

Neste ponto, voltamos então à resolução número 8, da Anvisa, mencionada antes. Apoiada no Código de Defesa do Consumidor, tal resolução indicava sua preocupação com a segurança do consumidor, silenciando, até porque não é sua atribuição, sobre a exploração comercial de conhecimentos e práticas indígenas que estavam e estão em pleno curso. Por um caminho diferente, a certificação como uma denominação de origem tem também seu foco no consumidor, particularmente naquele que procura por "autenticidade" (CALAVIA SAEZ, 2002), mas com a diferença significativa de que visa proteger, ao mesmo tempo, o produtor dos conhecimentos e das práticas que estão à disposição no mercado. Assim, cria-se um mecanismo que pode ser utilizado "pelas comunidades locais como uma forma de proteção defensiva", a fim de impedir "a usurpação do nome e da notoriedade de produtos locais" (BOISVERT; CARON, 2007).

Pode-se objetar que a certificação como uma DOC conduz a uma certa padronização dos conhecimentos e práticas culturais, dado que é preciso cumprir certas condições de exploração e certos processos de fabricação (BOISVERT; CARON, 2007). Sem discordar dessa possibilidade, cabe nos interrogarmos se a não-regulamentação, por si só, é capaz de impedir que a padronização ocorra. Ou, a insistirmos com as perguntas, se as conseqüências da não-regulamentação, como no caso aqui tratado (que redundam em acusações, desconfianças e insatisfações sobre quem se beneficia desse comércio, i.e., num forte impacto social), são preferíveis ao risco potencial de padronização ou homogeneização.

A certificação como DOC, conjugada ou articulada às recomendações previstas pela Anvisa (que se poderiam então ativar) poderia garantir aos dois extremos desse mercado alternativo — no caso, produtores e consumidores de kampô — alguma proteção. Em poucas palavras, estabelecer-se-ia alguma regulamentação desse mercado. Nessa possibilidade, visa-se a secreção integral do kampô, a "vacina de sapo" propriamente dita, e não suas moléculas e princípios ativos. Além disso, uma DOC confere o reconhecimento da autenticidade e originalidade a partir da vinculação de um dado produto a um território e a uma cultura, em simetria então com as formas nativas.

Evidentemente não ignoro que a certificação do kampô como uma denominação de origem pode não ser simples ou que pode mesmo vir a criar novas expectativas entre as populações co-dentetoras dos conhecimentos. De todo modo, dado o que foi antes exposto, a denominação de origem talvez pudesse apontar às populações indígenas co-detentoras dos conhecimentos sobre o kampô, com algum tipo de reconhecimento, cujas vantagens econômicas podem ser importantes e não devem ser ignoradas, mas que tem também um sentido simbólico e político que, inequivocamente, são buscados no contexto contemporâneo. Podendo ainda — em consonância com as formas de manejo nativo —, criar meios de proteger e controlar a exploração do próprio kampô/Phyllomedusa que, sem que possamos saber em detalhes atualmente, deve ter sua população impactada por esse repentino e prolongado interesse dos não-índios por sua secreção.

Referências

ALBERT, Bruce. Situation ethnographique et mouvements ethniques: réflexions sur le terrain post-malinowskien. In: AGIER, Michel. *Anthropologues en dangers. L'engagement sur le terrain*. Paris: Éditions Jean Michel Place, 1997.

AUBERTIN, Catherine; FILOCHE, Geoffroy. Pueblos indígenas y mercados de recursos biológicos: tanteos jurídicos y malentendidos culturales. In: LENAERTS, Marc; SPADAFORA, Ana María (Ed.). *Pueblos indígenas, plantas y mercados. Amazonía y Gran Chaco*. Bucharest: Zetabooks, 2008. p. 199-210.

ÁVILA, Tiago."*Não é do jeito que eles quer, é do jeito que nós quer*": biotecnologia e o acesso aos conhecimentos tradicionais dos Krahô. Dissertação (Mestrado) - Universidade de Brasília - UnB, Brasília, 2004.

AZEVEDO, C. M. A.; MOREIRA, T. C. A proteção dos conhecimentos tradicionais associados: desafios a enfrentar. *Revista do IPHAN*, v. 32, p. 45-61, 2005.

BOISVERT, Valérie; CARON, Armelle. Valorisation economique des ressources et nouveaux marchés. In: AUBERTIN, Catherine; PINTON, Florence; BOISVERT, Valérie (Ed.). *Les marchés de la biodiversité*. Paris: IRD Ed., 2007.

BRASIL. Ministério do Meio Ambiente. *Projeto Kampô*: integrando o uso tradicional da biodiversidade à pesquisa científica e ao desenvolvimento tecnológico (Versão 2.2). Documento eletrônico, 2005.

BRAZILIAN FROG COULD CURE DISEASES. *Reuters*, 12 jun. 2006. Disponível em: <http://www.reuters.com/news/video/videoStory?videoId=1344>. Acesso em: 23 fev. 2007.

BROWN, Michael. *Who owns native culture?*. Cambridge/London: Harvard University Press, 2003.

CALÁVIA SAEZ, Oscar. *O nome e o tempo dos Yaminawa*. Tese (Doutorado) - Universidade de São Paulo- USP, 1995.

CALÁVIA SAEZ, Oscar. Prometeo de pie. Alternativas étnicas y éticas a la apropiación del conocimiento. *Cuadernos de Bioética*, Buenos Aires, v. 6, n. 9, p. 77-98, 2002.

CARNEIRO, Robert. Hunting and Hunting Magic among the Amahuaca of the Peruvian Montaña. *Ethnology*, 9 (4), p. 331-341, 1970.

CARNEIRO DA CUNHA, Manuela. *De Charybde en Scylla: savoirs traditionelles, droits intelectuels et dialectique de la culture*. Paris: Conferência Marc Bloch, EHESS, 2004. Disponível em: <http://cmb.ehess.fr/document110.html>.

CARNEIRO DA CUNHA, Manuela. Des grenouilles et des hommes. In: *Télérama hors série, Les Indiens du Brésil*, 2005. p. 80-83.

CARNEIRO DA CUNHA, Manuela. *Indigenous intellectual rights, "culture"and culture. A frog and other stories*. Chicago: University Press (Prickly Paradigm). No prelo.

CARVALHO, J. C. de Mello. Nota de viagem ao Javari - Itacoaí - Juruá. *Publicações Avulsas do Museu Nacional*, 13, p. 1-81, 1955.

ERIKSON, Philippe. *La griffe des aïeux*. Marquage du corps et démarquages ethniques chez les Matis d'Amazonie. Paris: CNRS/Peeters, 1996.

ERIKSON, Philippe. Une nébuleuse compacte: le macro-ensemble pano. *L'Homme*, XXXIII (2-4), p. 45-58, 1993.

KENSINGER, Kenneth. *How real people ought to live*. The Cashinahua of eastern Peru. Illinois: Waveland Press Inc., 1995.

LABATE, Beatriz C.; ARAÚJO, Wladimyr (Org.). *O uso ritual da ayahuasca*. 2. ed. Campinas: Mercado de Letras/FAPESP, 2004.

LIMA, Edilene C. As novas formas do kampô: elementos de uma sociologia da disseminação urbana dos saberes nativos. In: LENAERTS, Marc; SPADAFORA, Ana María (Ed.). *Pueblos indígenas, plantas y mercados*. Amazonía y Gran Chaco. Bucharest: Zetabooks, 2008. p. 169-197.

LIMA, Edilene C. *Com a pedra da serpente*. Tese (Doutorado) - Universidade de São Paulo - USP, 2000.

LIMA, Edilene C. Kampu, kampo, kambô: o uso do sapo-verde entre os Katukina. *Revista do IPHAN*, 32, 2005.

LIMA, Edilene C. *Katukina*: história e organização social de um grupo pano do Alto Juruá. Dissertação (Mestrado) - Universidade de São Paulo - USP, 1994.

LIMA, Edilene C.; LABATE, Beatriz C. A expansão urbana do kampô: notas etnográficas. In: LABATE, B.; GOULART, S.; FIORE, M. (Org.). *Drogas*: perspectivas em ciências humanas. Universidade Federal da Bahia, 2008.

LIMA, Edilene C.; LABATE, Beatriz C. 'Remédio da ciência' e 'remédio da alma': os usos da secreção do kambô (Phyllomedusa bicolor) nas cidades. *Revista de Antropologia Social*, Campos, 8 (1), p. 71-90, 2007.

LOPES, Leandro A. Herança da floresta. *Outras Palavras*, Rio Branco, n. 13, 2001.

LORRAIN, Claire. Cosmic reproduction, economics and politics among the Kulina of Southwest Amazonia. *Journal of the Royal Anthropological Institute*, 6 (2), p. 293-310, 2000.

MARTINS, Homero Moro. *Os Katukina e o Kampô*: aspectos etnográficos da construção de um projeto de acesso a conhecimentos tradicionais. Dissertação (Mestrado) - Universidade de Brasília, UnB, 2006.

MILTON, Katherine. No pain, no game. *Natural History*, IX, p. 44-51, 1994.

MONTAGNER MELATTI, Delvair. *O mundo dos espíritos*: estudo etnográfico dos ritos de cura Marubo. Tese (Doutorado) - Universidade de Brasília, UnB, 1985.

NASCIMENTO, Danilo Lovisaro. *A biopirataria na Amazônia*: uma proposta jurídica de proteção transnacional da biodiversidade e dos conhecimentos tradicionais associados. Dissertação (Mestrado em Direito) - UFSC, 2007.

NIMUENDAJU, Curt. *The Tukuna*. Berkeley and Los Angeles, University of California Press, 1952.

PRADA, Paulo. Poisonous Tree Frog Could Bring Wealth to Tribe in Brazilian Amazon. *New York Times*, 30 maio 2006.

SILVA, Francisco Carlos Teixeira da. A Amazônia e as novas ameaças mundiais. *Padeceme*, Rio de Janeiro, n. 16, 2007.

SISKIND, Janet. *To hunt in the morning*. New York: Oxford University Press, 1973.

SOUZA, Moisés Barbosa et al. Anfíbios. In: CARNEIRO DA CUNHA, Manuela; ALMEIDA, Mauro (Org.). *Enciclopédia da Floresta*. O Alto Juruá: práticas e conhecimentos das populações. São Paulo: Cia das Letras, 2002.

STRATHERN, Marilyn et al. Exploitable knowledge belongs to the creators of it: a debate. *Social Anthropology*, 6 (1), p. 109-126, 1998.

STRATHERN, Marilyn. Novas formas econômicas: um relato das terras altas da Papua-Nova Guiné. *Mana* 4 (1), p. 109-139, 1998.

TASTEVIN, Constantin. Le fleuve Muru. *La Geographie*, t. XLIII, XLIV, p. 14-35, 403-422, 1925.

TOWNSLEY, Graham. *Ideas of order and patterns of change in Yaminahua Society*. Doctoral thesis, Cambridge University, 1988.

TURNER, Terence. Representing, resisting, rethinking: historical transformations of Kayapo culture and anthropological consciousness. In: STOCKING, George. *Colonial situations*. Essays on the contextualisation of ethnographic knowledge. The University of Wisconsin Press, 1991.

VARELLA, Marcelo Dias. *Viabilização de mecanismos de troca*: biodiversidade x desenvolvimento. Dissertação (Mestrado em Direito) - UFSC, 1998.

> Informação bibliográfica deste texto, conforme a NBR 6023:2002 da Associação Brasileira de Normas Técnicas (ABNT):
>
> LIMA, Edilene Coffaci de. Entre o mercado esotérico e os direitos de propriedade intelectual: o caso do Kampô (*Phyllomedusa bicolor*). In: KISHI, Sandra Akemi Shimada; KLEBA, John Bernhard (Coord.). *Dilemas do acesso à biodiversidade e aos conhecimentos tradicionais*: direito, política e sociedade. Belo Horizonte: Fórum, 2009. p. 45-68. ISBN 978-85-7700-240-5.

Conhecimentos tradicionais: aspectos do debate brasileiro sobre a quarta dimensão da biodiversidade

Gabriela Coelho de Souza
Rumi Regina Kubo
Ricardo Silva Pereira Mello
Rodrigo Allegretti Venzon

Sumário: **1** Biodiversidade, conhecimentos tradicionais e etnoecologia - **2** Biodiversidade, conhecimentos tradicionais e ciência: Convenção da Biodiversidade e TRIPS - **3** Desenvolvimento da temática no Brasil - **4** Considerações finais - Agradecimentos - Referências

Os conflitos socioambientais são pauta freqüente nas arenas dos debates públicos que envolvem a questão ambiental. O termo se refere a conflitos envolvendo especificamente populações tradicionais e seus recursos naturais, não podendo ser dissociados do contexto brasileiro em que se originaram. Neste sentido, estão diretamente relacionados ao movimento socioambientalista, que nasceu no Brasil na segunda metade da década de 1980, a partir de articulações políticas entre os movimentos sociais e ambientalistas, no contexto da redemocratização do país (SANTILLI, 2005).

O socioambientalismo constitui-se num movimento cuja base argumentativa buscava evidenciar a vinculação da conservação da diversidade biológica à cultural e circunscreve-se num contexto em que a questão ambiental emerge como *fonte de legitimação e argumentação* nos conflitos (BARRETO FILHO, 2005). Este fato conduziu autores, como José Sérgio Leite Lopes, a cunharem o termo ambientalização dos conflitos sociais. O termo seria um neologismo para designar novos fenômenos ou novas percepções vistos pela perspectiva de um processo de constituição de uma questão coletiva e, neste caso, *corresponde à interiorização de diferentes facetas da questão pública do "meio ambiente"* (LEITE LOPES, 2006, p. 34).

Sob a perspectiva ampla de um processo de ambientalização, inúmeros temas ganham destaque. Entre eles, a biodiversidade, cuja centralidade do debate está ancorada na perspectiva de que ela representa um bem valorizado pela cultura abrangente, que é compartilhado com outras culturas, revelando diferentes olhares e interesses que se refletem nos posicionamentos existentes. O tema da biodiversidade encontra-se imbricado com temas de interfaces como a biotecnologia, patenteamento, conhecimento tradicional e conservação, sendo também temas em disputa na questão ambiental.

As movimentações que envolvem a normatização de questões referentes ao uso e conservação da biodiversidade e os direitos de populações tradicionais remetem ao sistema de arenas públicas, conforme proposto por Hilgartner & Bosk (1988), onde, a partir das dinâmicas argumentativas presentes em situações públicas de disputas, pode-se observar o processo de legitimação de determinados posicionamentos (FUKS, 2001). Neste sentido, podem-se elucidar alguns interesses e representações sociais que motivam os conflitos socioambientais. Para Fuks (2001), certas temáticas são favorecidas por sua associação com temas culturais ou valores mais amplos e já sedimentados. Desta forma, temas como "livre mercado", "propriedade privada" e "modernidade" delimitam a disputa em torno da definição de problemas. Portanto, "fatores ideológicos, associados a valores e tradições, estabelecem as condições de legitimidade dos assuntos públicos" (FUKS, 2001, p. 6).

Este artigo consiste em uma reflexão sobre o contexto das discussões envolvendo biodiversidade, conhecimentos tradicionais, ciência e legislação ambiental no Brasil. Inicialmente será caracterizada a relação entre biodiversidade e conhecimentos tradicionais à luz do campo científico da etnoecologia, inserido na interface entre ciências biológicas e sociais. A seguir, será apresentado o debate sobre biodiversidade e conhecimentos tradicionais no contexto da interação entre a cultura abrangente e os sistemas culturais tradicionais, segundo a perspectiva de Shiva (2004). Posteriormente será apresentado o debate que está ocorrendo no cenário brasileiro, ressaltando-se o processo de consulta à sociedade civil sobre o anteprojeto de lei que regulamentará o acesso ao patrimônio genético e conhecimentos tradicionais associados, buscando-se analisar os posicionamentos em disputa dos setores sociais envolvidos, baseado no pressuposto de que as argumentações manifestam-se em um sistema de arenas públicas. Por fim, serão discutidas as implicações do reconhecimento da quarta dimensão da biodiversidade, pela ciência, para as argumentações envolvidas no debate sobre a conservação da diversidade cultural e biológica.

1 Biodiversidade, conhecimentos tradicionais e etnoecologia

A biodiversidade apresenta-se como tema de incontestável relevância para a humanidade, sendo atribuído a este termo múltiplos significados, usos e interesses. Está presente na pauta das políticas nacionais e internacionais e, tem sido tema de cooperação técnica em pesquisas e transações comerciais. No Brasil, foram desenvolvidas políticas de fomento a sua conservação e uso sustentável (BRASIL, 2002) e, mais recentemente, emerge atrelada ao debate sobre os direitos de acesso e repartição de seus benefícios (BRASIL, 2001). A definição de biodiversidade, amplamente difundida, foi enunciada na Convenção da Diversidade Biológica[1] (CDB) (CNUMAD, 1992); tendo como base a proposição de Norse e colaboradores, em 1986, que identificaram em sua constituição três grandes dimensões integradas: genética, organísmica e ecossistêmica (HARPER; HAWKSWORTH, 1995). A biodiversidade é assim reconhecida como a expressão da complexa história evolutiva biológica — que "carrega consigo a inteligência de três bilhões e meio de anos de experimentação a partir de formas de vida" (SHIVA, 2004, p. 93).

Nas ciências biológicas, o conceito de biodiversidade ainda está em construção em grande parte, devido à dificuldade conceitual e metodológica para reconhecer, medir e estimar a biodiversidade nos seus diversos aspectos e dimensões e que possa ser abarcada em um conceito que dê conta da riqueza e complexidade de manifestações de vida no planeta (GASTON, 1996). As especificidades e complexidades bioecológicas que constituem a biodiversidade de uma região estão predominantemente vinculadas às variações do clima, relevo, história biogeográfica, distribuição da vegetação (BAILEY, 1984, WALTER, 1985, ARCHIBOLD, 1995, OLSON et al., 2001) e da história cultural-ecológica (BERKES, 1998, PICKETT et al., 2005, CADENASSO; GROVE, 2005, IVES; CARPENTER, 2007, LIU et al., 2007).

Holling (2000, 2001) tem enfatizado que a relação de interdependência entre os sistemas culturais e biológicos não são originários de processos aleatórios e, sim, resultam de processos de transmissão cultural de conhecimentos compartilhados regionalmente, manifestando valores éticos associados à existência e ao uso continuado da biodiversidade. Assim, os sistemas culturais-ecológicos emergem das interações que criam e asseguram a sua auto-organização, de forma a persistir, criativamente, como complexos sistemas adaptativos de integração da diversidade cultural e biológica (MATURANA; VARELLA, 2001). Partindo-se

---

[1] A CDB define biodiversidade como: "a variabilidade de organismos vivos de todas as origens, compreendendo, dentre outros, os ecossistemas terrestres, marinhos e outros ecossistemas aquáticos e os complexos ecológicos de que fazem parte; compreendendo ainda a diversidade dentro de espécies, entre espécies e de ecossistemas" (Convenção da Biodiversidade, 1992).

desta concepção, o conceito de biodiversidade abrange uma quarta dimensão, a cultural, representada pelos valores, visões de mundo, conhecimentos e práticas que têm íntima relação com o uso direto e os processos relacionados à biodiversidade. De acordo com Heywood & Watson (1995), a dimensão cultural da biodiversidade apresenta variações complexas entre e dentro de grupos populacionais humanos, ao longo do tempo e do espaço.

A dimensão cultural da biodiversidade é tema central das investigações etnoecológicas que vêm sendo consolidadas desde a década de 1980, principalmente pela etnobotânica (CLÉMENT, 1998), relacionando o conhecimento e práticas tradicionais à manutenção e, mesmo, ao aumento da biodiversidade em determinadas regiões (BALLÉ, 2003; GÓMEZ-POMPA, 1971; PERONI; MARTINS, 2000; PERONI; HANAZAKI, 2002). Nesta perspectiva, muitos são os exemplos no Brasil de como os conhecimentos e práticas tradicionais são indissociáveis das características ecológicas regionais (BEGOSSI, 1995, ROSSATO et al., 1999, HANAZAKI et al., 2000, BEGOSSI et al., 2001, PERONI; HANAZAKI 2002, HANAZAKI, 2003, COELHO DE SOUZA et al., 2008a). Além disso, existem estudos sobre essas relações em outros países megabiodiversos (JAIN, 2000; BANDEIRA et al., 2002, TOLEDO et al., 2002), evidenciando a intrínseca relação entre a diversidade cultural e biológica, reforçando o reconhecimento da quarta dimensão no conceito de biodiversidade.

Na legislação brasileira o componente cultural da biodiversidade é reconhecido no: a) Sistema Nacional de Unidades de Conservação (BRASIL, 2000), que inclui as categorias de Reservas Extrativistas[2] e Reservas de Desenvolvimento Sustentável,[3] e b) Política Nacional da Biodiversidade (BRASIL, 2002). A Política Nacional de Desenvolvimento Sustentável dos Povos e Comunidades Tradicionais reconhece a existência de:

> grupos *culturalmente diferenciados* e que se reconhecem como tais, que possuem formas próprias de organização social, que *ocupam e usam territórios e recursos naturais como condição para sua reprodução cultural*, social, religiosa, ancestral e econômica, utilizando conhecimentos, inovações e práticas gerados e transmitidos pela tradição e tem como objetivo geral o desenvolvimento sustentável dos Povos e Comunidades Tradicionais, com ênfase no reconhecimento, fortalecimento e garantia dos seus direitos territoriais, sociais, *ambientais*, econômicos e culturais, com respeito e valorização à sua identidade, suas formas de organização e suas instituições. (BRASIL, 2007)

---

[2] Art. 18 - A Reserva Extrativista é uma área utilizada por populações tradicionais, cuja subsistência baseia-se no extrativismo... e tem como objetivos básicos proteger os meios de vida e a cultura dessas populações e assegurar o uso sustentável dos recursos naturais da unidade.

[3] Art. 20 - Reserva de Desenvolvimento Sustentável é uma área natural que abriga populações tradicionais, cuja existência baseia-se em sistemas sustentáveis de exploração dos recursos naturais, desenvolvidos ao longo de gerações e adaptados às condições ecológicas locais e que desempenham um papel fundamental na proteção da natureza e na manutenção da diversidade biológica (BRASIL, 2000).

De acordo com Santilli (2005), na perspectiva jurídica, os conhecimentos sobre o manejo dos ecossistemas, inovações e práticas das populações tradicionais, relevantes à conservação e à utilização sustentável dos ecossistemas, se constituem no componente intangível da biodiversidade. Ele está assegurado na legislação brasileira através do reconhecimento de aspectos culturais coletivos como a imagem, obras e criações coletivas, e conhecimentos, inovações e práticas coletivamente produzidas sobre as propriedades, usos e características da diversidade biológica, que são referências e referenciais de sua identidade coletiva.

2 Biodiversidade, conhecimentos tradicionais e ciência: Convenção da biodiversidade e TRIPS

A geração de conhecimento, inovação e/ou prática por povos indígenas, quilombolas, populações e agricultores tradicionais[4] constitui-se atualmente em um interesse em disputa entre diferentes modelos de desenvolvimento. Shiva (2004) aponta que os avanços no desenvolvimento da biotecnologia têm gerado um novo processo de colonização dos países em desenvolvimento, no qual estão envolvidos a biodiversidade, o conhecimento das populações tradicionais e a ciência. Segundo a autora: "a definição do cristianismo como única religião, e de todas as outras crenças e cosmologias como primitivas, encontra seu paralelo na definição de ciência ocidental mercantilizada como única ciência, e todos os outros sistemas de conhecimento como primitivos" (SHIVA, 2004, p. 27). A mesma lógica usada para a apropriação das terras dos povos indígenas alegando-se o fato de não serem cristãos é utilizada para transformar a biodiversidade e os conhecimentos das populações tradicionais em *matéria-prima* para o desenvolvimento biotecnológico.

Os sistemas tradicionais são embasados por princípios de coletividade, envolvendo aspectos espirituais, éticos e de compartilhamento de sistemas de cura e de manejo de recursos naturais (BERKES, 1998, HANAZAKI, 2003, SANTILLI, 2005). Em contato com o sistema abrangente lhes é imposta a lógica de privatização, a partir do reconhecimento de seus conhecimentos, práticas e inovações relacionados à biodiversidade *apenas* quando associados a um potencial valor comercial. Esta valorização de aspectos restritos dos sistemas tradicionais e dos mecanismos de repartição de benefícios possibilita o contato dos sistemas tradicionais com a lógica mercantil, podendo resultar em mudanças em seus sistemas tradicionais, subvertendo, assim, a lógica de direitos coletivos para privados (SHIVA, 2004). Neste processo, a

---

[4] Neste artigo, povos indígenas, quilombolas, populações tradicionais e agricultores tradicionais estão sendo considerados na categoria populações tradicionais.

biodiversidade e os conhecimentos são transformados em matéria-prima para a indústria biotecnológica,[5] principalmente em nível internacional, a partir da implementação de acordos internacionais[6] que impõe diferentes valorações, normatizações e condições de acesso.

As contradições desta mudança de paradigma remetem à existência de dois princípios filosóficos que embasam os diferentes interesses encontrados no debate sobre o tema biodiversidade. O primeiro, calcado na Ecologia Profunda, reconhece a valoração absoluta da natureza e de todos os seres (MATHEWS, 2005), reconhecendo o valor intrínseco da biodiversidade e dos sistemas culturais associados. O outro, construído com base na lógica de valoração relativa, na qual o valor da biodiversidade é reconhecido a partir do seu potencial de ser transformada em um produto comercial, se ancorando em uma perspectiva utilitarista da biodiversidade, tendo suas bases no antropocentrismo, que justifica a dominação da natureza pela humanidade (DIEGUES, 1996).

O fato de a biodiversidade e dos conhecimentos tradicionais serem valorizados apenas quando lhes forem reconhecidos potencial de aplicação industrial faz com que a bioprospecção[7] se torne fundamental. Esta valoração impõe que o investimento desenvolvido pela ciência, principalmente a biotecnologia, deva ser recompensado através do reconhecimento dos Direitos de Propriedade Intelectual (DPI) e de processos de patenteamento (BOEF, 2007). Neste sentido, as patentes são criadas para salvaguardar tanto o investimento científico como econômico, resultando, na prática, em mecanismos de controle do mercado para a proteção de inovações de caráter privado, os DPI. Numa leitura crítica de Santilli (2005), o sistema de patentes permite que indivíduos e empresas se apropriem de recursos coletivos — a biodiversidade

---

[5] Segundo a agência FAPESP (2007): "...cerca de 600 mil patentes foram concedidas em 2005, totalizando 5,6 milhões de patentes vigentes em todo o planeta. A lista de patentes concedidas é liderada pelo Japão, seguido pela Coréia do Sul, Estados Unidos, Alemanha e Austrália... No Brasil houve uma redução de 13,5% no número de patentes concedidas em 2005, em comparação com dados do ano anterior. No entanto, o Instituto Nacional da Propriedade Industrial (INPI)..., está entre os 20 escritórios que mais concedem patentes no mundo: 12º lugar... No Brasil, o número de patentes concedidas para não-residentes foi, em 2005, maior do que as patentes concedidas para residentes. Ainda assim, em ambos os casos, houve uma redução das patentes concedidas. Se comparado com dados de 2004, houve uma redução de 1,8% no número de patentes concedidas para residentes e uma redução de 17% das patentes concedidas para não-residentes."

[6] Segundo Boef (2007), os tratados internacionais estão tendo amplo impacto no manejo local da agrodiversidade e biodiversidade, destacando-se: a) Tratado Internacional sobre Recursos Genéticos de Plantas para a Alimentação e Agricultura, no âmbito da Organização das Nações Unidas para a Agricultura e Alimentação (FAO, 2001); b) Convenção sobre Diversidade Biológica, no âmbito da Conferência das Nações Unidas sobre Meio Ambiente e Desenvolvimento (CNUMAD, 1992); c) Aspectos relacionados aos Direitos de Propriedade Intelectual (TRIPS), como elemento das negociações da Organização Mundial do Comércio (OMC) e, d) União Internacional para a Proteção de Novas Variedades de Plantas.

[7] MP nº 2186-16/2001 Artigo 7º, VII - bioprospecção: atividade exploratória que visa identificar componente do patrimônio genético e informação sobre conhecimento tradicional associado, com potencial de uso comercial (BRASIL, 2001).

e o conhecimento das populações tradicionais — não conferindo nenhuma proteção a tais conhecimentos.

De acordo com Shiva (2004), o fato de os conhecimentos tradicionais e a biodiversidade serem pouco valorizados pelo sistema abrangente — por serem considerados primitivos e com pouco valor agregado, respectivamente — faz com que sua contribuição se restrinja a servir de *matéria-prima* para a indústria biotecnológica. Por meio desta abordagem, baseada na avaliação da valoração dos conhecimentos tradicionais e da biodiversidade partindo de sua utilidade, a biodiversidade e os conhecimentos tradicionais associados são transformados, de domínios locais comuns, em propriedade particular.

Esse processo acontece em três momentos. Primeiramente, os conhecimentos, inovações e práticas dos sistemas tradicionais são apropriados por meio de patentes que exigem o monopólio de utilização de formas e processos de vida. Exemplifica-se com o caso dos cultivares originados pelo manejo de populações tradicionais, que atualmente são conservados em bancos de germoplasma *ex situ* de empresas biotecnológicas. Este processo implica na desvalorização, tanto do: a) componente tangível — a variedade domesticada pelas comunidades, cujos gens são decodificados; como do b) componente intangível — conhecimentos, inovações e práticas, associados à agrobiodiversidade, os quais são identificados e privatizados a partir do processo de inovação sobre conhecimentos antigos e primitivos.

Este esquema interpretativo está ancorado nos alicerces da modernidade, que imprime a valorização do novo, atual. Neste contexto, o processo de *atualização* dos conhecimentos populares — de domínio público — é realizado pela ciência a partir de propostas de inovações tecnológicas. Esta inovação está relacionada a *uma* autoria, que é valorizada economicamente, justificando a privatização.

Ao mesmo tempo, o conhecimento tradicional é desvalorizado e as populações tradicionais passam a sofrer em seus mercados locais a competição pelo monopólio dos mercados globais. Neste contexto, sistemas tradicionais desaparecem e o prospector ocidental é projetado como o detentor das soluções para os usos da biodiversidade, principalmente relacionados à saúde e agricultura. Uma vez eliminadas as alternativas, os monopólios concedidos na forma dos DPI tornam-se naturais. Por fim, as populações tradicionais são transformadas em consumidores dos produtos tecnológicos e industriais das multinacionais.

Este processo de privatização da biodiversidade e dos conhecimentos tradicionais através da biotecnologia e do sistema de patenteamento é tema de disputa internacional em dois grandes fóruns que vêm influenciando a legislação de seus países signatários. No âmbito da Organização Mundial do Comércio (OMC), que tem como base o princípio liberal buscando a eliminação de barreiras comerciais internacionais, encontra-se o Acordo sobre Aspectos dos Direitos de

Propriedade Intelectual Relacionados ao Comércio (TRIPS),[8] adotado a partir de 1994. O TRIPS é um dos pilares do processo de globalização da economia, ao definir padrões de proteção para os direitos de propriedade intelectual que devem ser adotados nos 146 países membros da OMC (SHIVA, 2004).

Segundo o Artigo 27.1 do TRIPS, para ser patenteável, uma inovação deve ter potencialmente uma aplicação industrial. Esta condição exclui todos os setores que produzem e inovam fora do modo de organização industrial, fazendo com que *o lucro e a acumulação de capital sejam os únicos fins da criatividade; e o bem social não seja mais reconhecido* (SHIVA, 2004). Segundo Cunha (1999), a partir do TRIPS aqueles conhecimentos que originariamente estavam em domínio público em seu país de origem podem voltar como propriedade privada.

Por outro lado, a CDB é construída buscando um maior equilíbrio nas relações internacionais. Referente ao debate sobre o patenteamento do patrimônio genético, a CDB atribui a soberania sobre os recursos genéticos aos países de origem e objetiva equilibrar as relações entre os países detentores da biodiversidade (países do sul, em desenvolvimento) e os países detentores da biotecnologia (países do norte, desenvolvidos). Propõe como mecanismo para o empoderamento dos países de grande diversidade biológica e cultural, a necessidade nas negociações internacionais de: a) consentimento prévio fundamentado dos países de origem para atividades de acesso ao patrimônio genético e conhecimentos tradicionais associados, e b) repartição justa e eqüitativa dos benefícios gerados pelas atividades de bioprospecção (SANTILLI, 2005).

Atualmente, o governo brasileiro está discutindo amplamente com a sociedade civil e povos indígenas os termos da repartição de benefícios entre as populações tradicionais e as empresas. Este movimento incita o aprofundamento de pontos velados deste debate, que perpassam por questões como a etnicidade e territorialidade como possibilidade de conciliação entre as visões de justiça envolvidas como o respeito às populações tradicionais. E fomenta o sério debate sobre a sobrevivência física e cultural das populações tradicionais.

3 Desenvolvimento da temática no Brasil

O Brasil como país signatário da CDB e da TRIPS vem buscando implementar estes acordos, o que gera disputas internas representadas por diferentes interesses de populações tradicionais, cientistas, empresas e governo. O Brasil

---

[8] TRIPS - Agreement on Trade Related Intellectual Property Rights. A estrutura do acordo TRIPs foi concebida pelo Comitê de Propriedade Intelectual (Intellectual Property Comitte, IPC) — coalizão de 12 grandes empresas norte-americanas; Kendaren - Federação de Organizações Econômicas do Japão — e União das Confederações da Indústria e dos Trabalhadores (Union of Industrial and Employees Confederations, UNICE), reconhecida como porta-voz oficial dos negócios e da indústria da Europa (SHIVA, 2004, p. 108).

ratificou a CDB em 1994 e parte de sua regulamentação foi estabelecida pela Medida Provisória nº 2.186-16/2001 visando estabelecer a base legal para o "acesso ao *patrimônio genético*, a proteção e o *acesso ao conhecimento tradicional associado*, a repartição de benefícios e o acesso à tecnologia e transferência de tecnologia para sua conservação e utilização" (BRASIL, 2001). Para a elaboração de uma lei, atualmente está sendo discutido, em diferentes instâncias, o anteprojeto de lei sobre acesso ao patrimônio genético e aos conhecimentos tradicionais associados (APL) (BRASIL, 2008).

Na Comissão Técnica Nacional de Biossegurança (CTNBio) discutiu-se a relação do tratado de Roma (FAO) com a legislação inserida no APL. No caso das sementes, o tema foi amplamente discutido com forte tendência a se restringir o controle das sementes pelos agricultores e comunidades tradicionais, inclusive por setores representativos da academia. Entretanto, em geral, a posição da academia é cautelosa e genérica, sem maiores aprofundamentos sobre a situação dos detentores do conhecimento tradicional sobre a biodiversidade. A discussão centra-se nos limites do conhecimento científico, resultando na valorização da conservação da biodiversidade de uma forma ampla e o estabelecimento de parcerias internacionais para conseguir complementar os inventários zoobotânicos. Conforme posicionamento da SBPC sobre a necessidade de realização de pesquisas:

> ... incluímos nessas pesquisas... também a prospecção realizada com objetivos aplicados e voltados ao desenvolvimento de produtos de utilidade. Entendemos que *direitos de propriedade e licenças de comercialização são questões que devem ser examinadas após o desenvolvimento do produto e comprovada sua eficácia.* (CANDOTTI, 2007)

Desde 2007 foram realizadas consultas públicas pelo MMA e, posteriormente, pela Casa Civil solicitando contribuições ao APL que substituirá a MP nº 2.186-16/2001. Instituições da sociedade civil e Povos Indígenas responderam à consulta. O Fórum das Sociedades Científicas da Área de Zoologia afirma que

> ... o texto do anteprojeto de lei é contrário às atividades científicas. ... pontua que a comunidade científica deve ser, antes de tudo, respeitada ouvida, uma vez que é aliada primeira dos interesses conservacionistas da biodiversidade e pede a descriminalização integral da pesquisa científica, considerando que suas atividades não são ameaças à biodiversidade. (SBPC, 2008)

O que fica clara é a maior preocupação da comunidade científica ao acesso ao inventário da biodiversidade, não apresentando maiores posicionamentos sobre a questão do acesso aos conhecimentos tradicionais associados. Este silêncio diante desta problemática, remete a uma antiga representação de uma ciência neutra, o qual o papel é gerar (ou inventariar) o conhecimento, não sendo de seu domínio os desdobramentos de tais conhecimentos. O trecho a seguir ilustra tal cisão:

o anteprojeto de Lei deveria ser desdobrado em, no mínimo duas proposta de legislação distintas, uma que trata apenas da coleta e transporte de material biológico para fins puramente científicos e acadêmicos e uma segunda proposta tratando os demais, e muito complexos, aspectos do acesso à biodiversidade. (SBPC, 2008)

No Rio Grande do Sul o Comitê Estadual da Reserva da Biosfera da Mata Atlântica, sociedades científicas,[9] universidades[10] e ONGs[11] elaboraram um documento com o seu posicionamento (CERBMA, 2008). Neste documento foi avaliado que a MP nº 2.186/2001 não consegue atender aos princípios da Convenção da Biodiversidade. Não há consenso entre os povos indígenas sobre a proposição desta legislação. Existe uma clara divergência entre os setores acadêmicos. Aqueles que percebem a legislação como um entrave ao desenvolvimento do país, posição também assumida pelo setor empresarial, e ponderam sobre o papel estratégico que a cooperação internacional tem para o avanço das pesquisas e acervos da biodiversidade. E, aqueles que percebem o termo de consentimento prévio e os contratos de repartição de benefícios como mecanismos que visam o empoderamento das populações tradicionais, mas que possuem grandes fragilidades neste sentido (COELHO DE SOUZA et al., 2008b).

O referido documento apóia a Declaração do Rio Negro Sobre Acesso e Proteção aos Conhecimentos Tradicionais dos Povos Indígenas (INBRAPI, 2008), e sugere pontos coadunados à manifestação dos Povos Indígenas. Entre eles, a nova redação do artigo 5º[12] baseado na alegação de que o espírito da lei não deve ser de apropriação dos conhecimentos das populações tradicionais e sim de colaboração, intercâmbio e parcerias. Propôs-se também a complementação do conceito de consentimento prévio fundamentado do APL, com a seguinte redação: "consentimento esclarecido e formal, previamente dado por comunidade (s) indígena, quilombola ou tradicional, *acordado a partir de um processo de consenso sobre os benefícios, segundo seus usos, costumes e tradições e respeitando a organização social das comunidades*" (CERBMA, 2008; grifos do documento significando a inclusão destes termos). Esta proposição teve como motivação a atenção ao cuidado que uma legislação deve ter ao tratar de conhecimentos compartilhados por diversos povos, para

---

[9] Sociedade Brasileira de Etnobiologia e Etnoecologia e Sociedade Brasileira de Agroecologia.

[10] Universidade Federal do Rio Grande do Sul: Núcleo de Estudos em Desenvolvimento Rural Sustentável e Mata Atlântica (DESMA), Programa de Pós-Graduação em Desenvolvimento Rural, Pró-Reitoria de Extensão.

[11] INBRAPI (Instituto Indígena Brasileiro para Propriedade Intelectual), ONG ANAMA, CURICACA, Elo do Rio Grande do Sul da Rede de ONGs da Mata Atlântica.

[12] Artigo 5º - "Os conhecimentos tradicionais associados integram o patrimônio cultural brasileiro, cabendo ao Poder Público a sua proteção e gestão de seu uso, nos termos desta Lei, ~~sem prejuízo~~ **respeitando** os direitos de comunidades indígenas, quilombolas ou tradicionais ~~detentoras~~ **titulares** desses conhecimentos, **exercendo o domínio sobre seus saberes, inovações e práticas**" (CERBMA, 2008; grifos do documento significando a inclusão destes termos).

que o processo não resulte em conflitos internos e/ou entre comunidades. E, ainda respeite a Convenção 169 da Organização Internacional do Trabalho sobre Povos Indígenas e Tribais.[13] Outras sugestões constantes no manifesto estão expressas no Quadro 1.

Como uma crítica a esta conformação do debate, emergem as vozes que representam esta faceta genericamente categorizada como "conhecimentos tradicionais associados". Estas vozes chamam a atenção ao fato de não se tratar de simples elemento anexo à biodiversidade, mas que representam uma outra dimensão da biodiversidade, relacionada aos significados e sentires que estão associados a esta biodiversidade. Constituem-se em vozes destoantes, numa agenda dominada por preocupações de motivação acadêmico-científica e predominantemente biologicista, como mostram as manifestações das sociedades científicas brasileiras, quando chamadas a se posicionarem em relação à MP nº 2.186/2001. Trata-se de campos de força, que se colocam num cenário contemporâneo que se pauta por um modelo de desenvolvimento hegemônico e que, no seu agenciamento pelos atores sociais, apresentam-se com configurações próprias.

Para ilustrar estas movimentações, destacam-se as diferentes estratégias estabelecidas para a aprovação do APL de modo a contentar os diferentes setores. Uma destas relaciona-se à fragmentação da discussão, cujo exemplo mais claro está na própria diferenciação entre biodiversidade e agrobiodiversidade. Nesta última categoria estariam os conhecimentos e questões que envolvem majoritariamente o setor agrícola (indústria de sementes, de biotecnologia, insumos agrícolas, entre outros). A partir deste contraste tem sido proposta a retirada da agrobiodiversidade do escopo do APL. Tal proposta tem sido duramente criticada pelos representantes dos povos indígenas, uma vez que pela perspectiva cultural destas populações, não faz sentido tal fragmentação. O posicionamento dos povos indígenas contrário à partição do APL, fez com que o prazo para a consulta fosse postergado mais uma vez, sendo esta a condição na atualidade.

Um outro exemplo destas configurações que resultam destes processos remete ao manifesto do CERBMA, que transparece uma situação de polarização,[14] em que a perspectiva conservacionista alia-se à perspectiva das populações, reforçando o componente cultural da biodiversidade, estes, contrapondo-se à perspectiva desenvolvimentista ou mercantilista (de ver a biodiversidade como mercadoria). A primeira perspectiva apresenta uma convergência entre o setor acadêmico, fortemente representado pela Etnoecologia, preocupado

---

[13] Adotada em Genebra, em 27 de junho de 1989; aprovada no Brasil pelo Decreto Federal nº 2.051/2004.
[14] Embora em uma escala de análise mais específica, verifica-se uma interação muito intensa entre segmentos, ora aliando-se ora contrapondo-se e desta forma configurando-se um sistema dinâmico, para além desta polarização.

com a conservação ambiental, e representantes das populações indígenas, que avançam em propostas concretas para a compatibilização do desenvolvimento biotecnológico e o desenvolvimento das populações tradicionais no Brasil. Vislumbra-se também o processo gradativo de organização das populações indígenas e sua ativa inserção no debate, assimilando a dinâmica de argumentação e legitimação de pautas próprias da sociedade abrangente. Estes, de forma genérica, contrapõem-se à perspectiva que congrega os setores relacionados com a pesquisa, ligada principalmente à indústria farmacêutica e biotecnológica (principalmente setor agrícola) e diferentes atores sociais envolvidos na própria cadeia produtiva de determinado produto (pesquisadores, sociedades científicas, setor privado, ministérios).

Como forma de visualizar a condução deste tema no futuro debruça-se sobre as Metas Nacionais de Biodiversidade para 2010[15] (BRASIL, 2006), recentemente elaboradas a partir dos resultados da Conferência das Partes da Convenção da Diversidade Biológica, explicitando os objetivos e as metas da Política Nacional de Biodiversidade para 2010 (Quadro 2). Esta resolução traz, além dos aspectos gerais da conservação e uso sustentável da biodiversidade, um estímulo à bioprospeção, pesquisas genéticas e ao patenteamento de seus produtos derivados. Um dos tópicos desta resolução trata sobre o acesso aos recursos genéticos, conhecimentos tradicionais associados e à repartição de benefícios, buscando manter a diversidade sócio-cultural de populações tradicionais e assegurar a repartição justa e eqüitativa dos benefícios derivados do uso de recursos genéticos. Percebe-se que, de uma forma geral, não há avanços na inclusão de novas dimensões da biodiversidade, tampouco inclui em suas pautas o debate que vem sendo estabelecido.

4 Considerações finais

Na configuração do tema sobre acesso à biodiversidade e aos conhecimentos tradicionais associados, a centralidade da discussão converge para os interesses da ciência e do movimento ambientalista, voltados para a biotecnologia e conservação. O fato de a lei considerar como acesso a recurso genético: *isolamento, análise ou processamento de unidades funcionais de hereditariedade ou de derivados de recursos genéticos, para procurar ou selecionar uma* propriedade funcional *específica* (BRASIL, 2008), valoriza *apenas* uma unidade da biodiversidade com propriedade funcional.

A disputa pelo conceito de biodiversidade resulta no processo de desempoderamento das populações tradicionais, ao não considerar, a titularidade

---

[15] Comissão Nacional da Biodiversidade. Resolução CONABIO nº 3/2006.

nem o acesso das populações tradicionais à biodiversidade. Sendo utilizado o argumento de que os sistemas culturais *primitivos* não compreendem o valor da tecnologia. Os povos indígenas contrapõem este posicionamento, e buscam acordos respaldados em princípios da coletividade, como apresentado por Terena (2004):

> muitos pesquisadores já foram a nossas aldeias, estudaram, copiaram e discutiram. Para onde foi essa sabedoria, esse conhecimento? Toda essa filosofia foi transformada em lucro econômico e nós, os índios, fomos relegados a um plano ainda mais baixo, o plano mais baixo de toda a sociedade humana. Não conhecíamos pobreza. Queremos dizer isso a vocês, no sentido de mostrar que a *ciência do homem branco precisa conversar* com a ciência indígena. Porque você pode usar quinze anos fazendo uma pesquisa, gastar 300 milhões de dólares em vão. Ao passo que, conversando com os índios *e fazendo acordos* com os povos indígenas, podemos fazer com que toda a riqueza e conhecimento não tenha tantos gastos e que o dinheiro das pesquisas possa ser utilizado para matar a fome dos próprios parentes, dos menores abandonados, das pessoas que não tem o que comer e o que beber. (TERENA, 2004, p. 1)

Desta forma, no contexto de disputa aqui colocado, estes debates acirram questionamentos sobre as possibilidades e limites do tradicional como modo de interação com o meio ao oferecerem propostas visando a conservação ambiental, mas também, questionam o quanto dispositivos legais, nos quais os pesos e medidas são estabelecidos por parâmetros como produtividade e eficiência, como por exemplo, o sistema de patenteamento, podem atender às especificidades dos grupos sociais envolvidos na disputa.

Conforme alerta Shiva (2004), produtividade e eficiência precisam ser redefinidas para refletir os múltiplos sistemas de manejos que não demandam o uso de insumos industriais e que permitem a co-existência entre a diversidade cultural e biodiversidade. No que concerne a mecanismos legais de proteção, segundo a autora, as patentes são um sistema de proteção para o investimento de capital sem a habilidade de controlar o mercado. Elas não são necessárias para um clima de invenção e criatividade, sendo mais importantes como ferramentas de controle de mercado. Como tal, não protegem nem povos nem sistemas de conhecimento.

Em meio a estes questionamentos, situações como a consulta para a construção do APL, que oportunizam uma fricção de visões de mundo, podem se constituir numa estratégia para compatibilizar as diferentes perspectivas visando a conservação cultural-ecológica socialmente eqüitativa. Neste debate, a própria forma de adquirir conhecimento ou compreender determinado fenômeno está sendo redimensionada. Trata-se, portanto, de uma perspectiva em que a compreensão de um fenômeno torna-se um exercício interpretativo que visa a abertura de um espaço de comunicação mais do que o fechamento de um campo sistemático de saber, que tenderia a aprisionar o objeto (CARVALHO, 2002). Neste movimento, alargam-se dimensões analíticas pautadas hegemonicamente pela sociedade abrangente e ao se falar em conservação, pode-se estar igualmente abrangendo termos como inclusão e justiça social.

Agradecimentos

Os autores agradecem ao Comitê Estadual da Reserva da Biosfera da Mata Atlântica no Rio Grande do Sul, Sociedade Brasileira de Etnobiologia e Etnoecologia, Sociedade Brasileira de Agroecologia e Núcleo de Estudos em Desenvolvimento Rural Sustentável (DESMA), em especial ao mestrando Vicente Medaglia, que instigou o grupo a refletir mais profundamente sobre as questões filosóficas envolvidas nos conflitos socioambientais.

Referências

ARCHIBOLD, O. W. *Ecology of world vegetation*. London: Chapman & Hall, 1995. 510 p.

BAILEY, R. G. Testing an ecosystem regionalization. *Journal of Environmental Management* 19, p. 239-248, 1984.

BALÉE, W. Diversidade amazônica e a escala humana do tempo. In: SIMPÓSIO DE ETNOBIOLOGIA E ETNOECOLOGIA DA REGIÃO SUL: ASPECTOS HUMANOS DA BIODIVERSIDADE. 1. *Anais...* Florianópolis: UFSC, 2003. p. 14-28.

BANDEIRA, F. P. J.; LÓPEZ-BLANCO, J.; TOLEDO, V. M. Tzotzil Maya Ethnoecology: Landscape Perception and Management as a Basis for Coffee Agroforest Design. *Journal of ethnobiology*, Philadelphia 22(2), p. 247-272, 2002.

BARRETO FILHO, H. Resenha do livro "A ambientalização dos conflitos sociais; participação e controle público da poluição industrial". *Comunidade Virtual de Antropologia* 29, 2005.

BEGOSSI, A. Fishing spots and sea tenure: incipient forms of local management in Atlantic Forest coastal communities. *Human Ecology* 23 (3), p. 387-406, 1995.

BEGOSSI, A.; HANAZAKI, N.; PERONI, N. Knowledge and use of biodiversity in Brazilian hot spots. *Environment, Development and Sustainability* 2 (3-4), p. 177-193, 2001.

BERKES, F. *Sacred Ecology*: Traditional ecological knowledge and resource management. USA: Taylor & Francis, 1998. 209 p.

BOEF, W. S de. Aspectos políticos e legais internacionais com impacto local. In: *Biodiversidade e Agricultores*: fortalecendo o manejo comunitário. Porto Alegre: L&PM, 2007. p. 180-187.

BRASIL. *Anteprojeto de Lei sobre acesso ao patrimônio genético e conhecimentos tradicionais associados*. Disponível em: <www.mma.gov.br>. Acesso em: 23 jun. 2008.

BRASIL. Decreto Federal n° 4.339. Princípios e diretrizes para a implementação da Política Nacional da Biodiversidade. *Diário Oficial da União*, 23 ago. 2001.

BRASIL. Decreto n° 6.040. Política Nacional de Desenvolvimento Sustentável dos Povos e Comunidades Tradicionais. *Diário Oficial da União*, 07 fev. 2007.

BRASIL. Lei 9.985. Sistema Nacional de Unidades de Conservação. *Diário Oficial da União*, 18 jul. 2000.

BRASIL. Medida Provisória nº 2186-16. Dispõe sobre o acesso ao patrimônio genético, a proteção e o acesso ao conhecimento tradicional associado, a repartição de benefícios e o acesso à tecnologia e transferência de tecnologia para sua conservação e utilização. *Diário Oficial da União*, 23 ago. 2001.

BRASIL. Resolução CONABIO nº 3. Comissão Nacional da Biodiversidade. *Diário Oficial*, 21 dez. 2006.

CANDOTTI, E. SBPC pede pressa à ministra Dilma Rousseff para projeto de acesso dos cientistas aos recursos genéticos. *Jornal da Ciência*, 21(593), p. 4, 2007.

CARVALHO, I. C. Qual educação ambiental? Elementos para um debate sobre educação ambiental popular e extensão rural. In: I SIMPÓSIO SUL BRASILEIRO DE EDUCAÇÃO AMBIENTAL, II SIMPÓSIO GAÚCHO DE EDUCAÇÃO AMBIENTAL, XIV SEMANA ALTO URUGUAI DO MEIO AMBIENTE. *Anais...* Erechim – RS, Edifapes, 2002. p. 83-90.

CERBMA. *Resposta à consulta pública sobre o anteprojeto de lei sobre acesso a recursos genéticos, conhecimentos tradicionais e repartição de benefícios.* Disponível em: <www.sema.rs.gov.br/sema/html/doc/Carta_Patrimonio%20Genetico.pdf>. Acesso em: 20 out. 2008.

CLÉMENT, D. The historical foundations of ethnobiology (1860-1889). *Journal of Ethnobiology* 18 (2), p. 161-187, 1998.

CNUMAD. Conferência das Nações Unidas sobre Meio Ambiente e Desenvolvimento - Agenda 21. Brasília: Senado Federal, 1992.

COELHO DE SOUZA, G., KUBO, R. R., VENZON, R. Construção da legislação brasileira sobre acesso a recursos genéticos e conhecimentos tradicionais associados. XX SIMPÓSIO DE PLANTAS MEDICINAIS DO BRASIL. X INTERNATIONAL CONGRESSO OF ETHNOPHARMACOLOGY. *Anais...*, 2008b. 155 p.

COELHO DE SOUZA, G.; KUBO, R.; MIGUEL, R. *O extrativismo da samambaia-preta no Rio Grande do Sul*. Porto Alegre: UFRGS, 2008a. 263 p.

CUNHA, M. C. 1999 Populações tradicionais e a convenção da diversidade biológica. *Estudos Avançados*, v. 13, n. 36, p. 147-163, maio/ago. 1999.

DIEGUES, A. C. *O mito moderno da natureza intocada.* São Paulo: Hucitec, 1996.

FAO. Food and Agriculture Organization of the United Nations. Food Insecurity; when People Live with Hunger and Fear Starvation. Rome, 2001.

FAPESP. Registro de patentes cai no Brasil e cresce no resto do mundo. *Jornal da Agência FAPESP*, 16 ago. 2007. Disponível em: <www.inovacaotecnologica.com.br/noticias/noticia.php?artigo=010175070816>. Acesso em: 1º dez. 2008.

FUKS, M. *Conflitos ambientais no Rio de Janeiro*: ação e debate nas arenas públicas. Rio de Janeiro: UFRJ, 2001. 243 p.

GASTON, K. What is biodiversity? In: GASTON, K. (Ed.). *Biodiversity – a biology of numbers and difference.* UK: Blakwell Science, 1996. p. 1-9.

GÓMEZ-POMPA, A. Possible papel de la vegetación secundaria en la evolución de la flora tropical. *Biotropica* 3(2), p. 125-135, 1971.

HANAZAKI, N. Comunidades, conservação e manejo: o papel do conhecimento ecológico local. *Biotemas* 16 (1), p. 23-47, 2003.

HANAZAKI, N.; TAMASHIRO, Jorge. Y; LEITÃO-FILHO, H. F; BEGOSSI, A. Diversity of plant uses in two Caiçara communities from Atlantic Forest coast, Brazil. *Biodiversity and Conservation* 9, p. 597-615, 2000.

HARPER, J. L.; HAWKSWORTH, D. L. Preface. In: HAWKSWORTH, D. L. (Ed.). *Biodiversity*: measurement and estimation. London: Royal Society and Chapman & Hall, 1995. p. 5-12.

HEYWOOD, V. H.; WATSON, R. T. *Global diversity assessment*. United Nations Environment Programme. Cambridge University Press, 1995. 1140 p.

HILGARTNER, S., BOSK, C. L. The rise and fall of social problems: a public arenas model. *American Journal of Sociology* 94 (1), p. 53-78, 1988.

HOLLING, C. S. Theories for sustainable futures. *Conservation Ecology* 4, p. 7, 2000.

HOLLING, C. S. Understanding the complexity of economic, ecological, and social systems. *Ecosystems* 4, p. 390-405, 2001.

INBRAPI. *Declaração do Rio Negro sobre acesso e proteção aos conhecimentos tradicionais dos povos indígenas*, 2008. Disponível em: <http://www.inbrapi.org.br/abre_noticia.php?noticia=263>. Acesso em: 10 out. 2008.

IVES, A. R.; CARPENTER, S. R. Stability and diversity of ecosystems. *Science* 317, p. 58-62, 2007.

JAIN. Human aspects of plant diversity. *Economic Botany* 54(4), p. 459-470, 2000.

LEITE LOPES, J. S. Sobre processos de ambientalização dos conflitos e sobre dilemas da participação. *Horizontes Antropológicos* 12, p. 31-64, 2006.

LIU, J. et al. Complexity of coupled human and natural systems. *Science* 317, p. 1513-1516, 2007.

MATHEWS, F. Ecologia profunda. In: JAMESON, D. (Org.). *Manual de filosofia do ambiente*. Portugal: Instituto Piaget, 2005. p. 227-241.

MATURANA, H. R.; VARELA, F. J. *A árvore do conhecimento*: as bases biológicas da compreensão humana. São Paulo: Palas Athena, 2001. 283 p.

OLSON, D. M. et al. Terrestrial ecoregions of the world: a new map of life on earth. *BioScience* 51 (11), p. 933-938, 2001.

PERONI, N.; HANAZAKI, N. Current and lost diversity of cultivated varieties, especially cassava, under swidden cultivation systems in the Brazilian Atlantic Forest. *Agriculture, Ecosystems and Environment*, 92 (2-3), p. 171-183, 2002.

PERONI, N.; MARTINS, P. S. Influência da dinâmica agrícola itinerante na geração de diversidade de etnovariedades cultivadas vegetativamente. *Interciência*, 25 (1), p. 22-29, 2000.

PICKETT, S. T. A., CADENASSO, M. L., GROVE, J. M. Biocomplexity in coupled natural-human systems: a multidimensional framework. *Ecosystems* 8, p. 225-232, 2005.

ROSSATO, S. C.; LEITÃO-FILHO, H. F.; BEGOSSI, A. Ethnobotany of caiçaras of the Atlantic Forest coast (Brazil). *Economic Botany*, 53 (3), p. 377-385, 1999.

SANTILLI, J. *Socioambientalismo e novos direitos*: proteção jurídica à diversidade biológica e cultural. São Paulo: Petrópolis, 2005.

SHIVA, V. *Biopirataria*: a pilhagem da natureza do conhecimento. Petrópolis: Vozes, 2004. 152 p.

SOCIEDADE BRASILEIRA PARA O PROGRESSO DA CIÊNCIA- SBPC. Lei deve assegurar o direito de coleta e pesquisa aos cientistas. *Jornal da Ciência*, ano 22 (616), p. 6, 2008.

TERENA, M. Abertura por Marcos Terena. In: *Saberes globais e saberes locais*: o olhar transdisciplinar. Rio de Janeiro: Garamond, 2004. p. 15-24.

TOLEDO, V. M. et al. Biodiversidad y pueblos indios en México y Centroamérica. *Biodiversitas* 43, p. 1-8, 2002.

WALTER, H. *Vegetation of the Earth and ecological systems of the geo-biosphere*. 3nd ed. Springer-Verlag, 1985. 318 p.

Quadro 1

Temas abordados na resposta do Comitê Estadual da Reserva da Biosfera da Mata Atlântica e instituições parceiras à consulta pública sobre o Anteprojeto de Lei que substituirá a Medida Provisória nº 2.186-16

(continua)

Tema	Proposta construída por ambientalistas, Povos Indígenas e sociedades científicas de etnoecologia e agroecologia
Uso coletivo da biodiversidade e dos conhecimentos tradicionais associados	que as inovações associadas à alimentação e farmacologia sejam utilizadas em benefício da humanidade
Direito autoral e patrimonial	que seja incluída a característica de imprescritibilidade para os direitos patrimoniais sobre os conhecimentos tradicionais associados
	que seja assegurado o direito autoral dos pesquisadores de instituições científicas e dos especialistas dos povos indígenas, comunidades quilombolas e tradicionais, independente da comercialização de patentes
Relações internacionais	que a remessa ou transporte de material biológico proveniente da agrobiodiversidade e da biodiversidade nativa, seja atrelada à necessidade dos países receptores de material biológico brasileiro serem signatários da CDB
	que os mecanismos propostos pela legislação brasileira sejam referenciados nos acordos internacionais existentes e contribuam para a construção de legislações internacionais, tratados e cooperação científica e tecnológica que assegurem o uso ético e responsável da biodiversidade protegendo os direitos dos povos indígenas, comunidades quilombolas e tradicionais
	que os acordos internacionais estabeleçam cortes internacionais para o caso do descumprimento desses acordos
Texto do APL	que seja explicitado o conceito de propriedade intelectual adotado por esta legislação, remetendo-se à legislação cabível
Efetividade nas políticas	que seja desenvolvida a parte criminal da legislação como forma de inibir a biopirataria, pois as multas previstas para infrações parecem inócuas frente aos interesses econômicos em questão
Repartição de benefícios	que o esforço de melhoramento genético pelo conhecimento tradicional deva ser ressarcido às populações tradicionais por meio da implementação Contribuição de Intervenção no Domínio Econômico (CIDE) (APL, 2008) sobre todos os produtos já existentes ou novos, desenvolvidos industrialmente e comercializados a partir do conhecimento tradicional sobre a biodiversidade nativa
	que se utilize o Fundo de Repartição de Benefícios dos Recursos Genéticos e dos Conhecimentos Tradicionais Associados (FURB, APL, 2008) como um instrumento efetivo para a promoção da sustentabilidade das terras indígenas, quilombolas e tradicionais, e consequentemente de sua cultura
	que se estabeleçam formas de repartição dos benefícios adequadas sobre os resultados das pesquisas científica ou tecnológica, bioprospecção ou elaboração ou desenvolvimento de produtos comerciais
	que durante o processo de consentimento prévio fundamentado, deva ser acordada uma forma de compensação dos povos indígenas, comunidades quilombolas e tradicionais, no momento da coleta dos materiais

Quadro 1

Temas abordados na resposta do Comitê Estadual da Reserva da Biosfera da Mata Atlântica e instituições parceiras à consulta pública sobre o Anteprojeto de Lei que substituirá a Medida Provisória nº 2.186-16

(conclusão)

Tema	Proposta construída por ambientalistas, Povos Indígenas e sociedades científicas de etnoecologia e agroecologia
Sobre CGEN	que a composição do CGEN seja a de um conselho, sendo paritária entre governo e sociedade
	que a composição não-governamental do CGEN contemple a participação, como membros efetivos, de ONGs representativas dos Povos Indígenas, comunidades quilombolas e tradicionais, indicadas por segmento; e da comunidade científica

Fonte: adaptado de CERBMA (2008).

Quadro 2

Metas nacionais de biodiversidade para 2010

Componente 5 da Política Nacional de Biodiversidade
– Acesso aos recursos genéticos, conhecimentos tradicionais associados e repartição de benefícios (Áreas Focais V e VI da Convenção da Biodiversidade)
Objetivo 9. Manter a diversidade sócio-cultural de comunidades indígenas e locais
Meta 5.1. Todas as políticas públicas relevantes para os conhecimentos tradicionais implementadas em atendimento às disposições do Artigo 8j da CDB
Meta 5.2. Conhecimentos, inovações e práticas dos povos indígenas e comunidades tradicionais protegidos
Meta 5.3 100% das publicações científicas ou de divulgação decorrentes de acesso a conhecimento tradicional com identificação de sua origem
Meta 5.4. 100% das atividades de acesso a conhecimentos tradicionais com consentimento prévio fundamentado, obrigatoriedade de retorno do conhecimento gerado e repartição de benefícios
Objetivo 10. Assegurar a repartição justa e eqüitativa dos benefícios derivados do uso de recursos genéticos
Meta 5.5. Lei de acesso e repartição de benefícios, nos termos da CDB, aprovada pelo Congresso Nacional e implementada e 100% das atividades de acesso e remessa de acordo com a legislação nacional;
Meta 5.6. Benefícios resultantes do uso comercial dos recursos genéticos efetivamente repartidos de forma justa e eqüitativa em prol da conservação da biodiversidade;
Meta 5.7. 100% das solicitações de patentes de invenção de produtos e processos derivados de acesso ao patrimônio genético e ao conhecimento tradicional associado com identificação de origem e autorização de acesso;
Meta 5.8 Repartição de benefícios no âmbito do Tratado sobre Recursos Fitogenéticos para a Alimentação e Agricultura implementado no país.

Fonte: extratos da Resolução CONABIO nº 3, de 21 de dezembro de 2006 (BRASIL, 2006).

> Informação bibliográfica deste texto, conforme a NBR 6023:2002 da Associação Brasileira de Normas Técnicas (ABNT):
>
> SOUZA, Gabriela Coelho de et al. Conhecimentos tradicionais: aspectos do debate brasileiro sobre a quarta dimensão da biodiversidade. In: KISHI, Sandra Akemi Shimada; KLEBA, John Bernhard (Coord.). *Dilemas do acesso à biodiversidade e aos conhecimentos tradicionais*: direito, política e sociedade. Belo Horizonte: Fórum, 2009. p. 69-86. ISBN 978-85-7700-240-5.

Bioprospecção no Suriname: as parcerias norte-sul contribuem para a capacitação científica com vistas ao desenvolvimento sustentável?*

Léa Velho
Fabiano Toni

Sumário: Introdução - O Programa dos Grupos Colaborativos Internacionais em Biodiversidade (International Cooperative Biodiversity Groups) – ICBG - O ICBG no Suriname - Os impactos do programa ICBG no Suriname - Conclusões - Referências

Introdução

A identificação e avaliação de material biológico encontrado na natureza para a obtenção de novos produtos ou processos é uma atividade muito antiga na história humana. Pode-se dizer até que é uma atividade básica de sustentação das mais diversas sociedades. Estas consideravam a diversidade biológica uma herança comum da humanidade, partilhando seu uso, assim como o conhecimento sobre o mesmo, com quem o desejasse. O desenvolvimento da agricultura beneficiou-se desse sistema desde tempos imemoriais, com a troca livre e fluxo aberto de recursos genéticos através de continentes e fronteiras políticas.

Em tempos recentes, esse processo foi rebatizado com o nome de bioprospecção, vestiu nova roupagem e pintou-se de novas cores. Nessa versão mais moderna, a bioprospecção coloca em cena aspectos importantes da nova realidade econômica, social, política e ambiental. Em termos mais específicos, a

---

* Os autores agradecem os recursos recebidos do International Development Research Centre do Canadá (IDRC) para o desenvolvimento da pesquisa, assim como a Bolsa de Produtividade em pesquisa concedida pelo CNPq a Léa Velho.

bioprospecção relaciona-se, crescentemente, com as novas biotecnologias, como ferramenta para conhecer e explorar a biodiversidade, e com todo um conjunto de antigos e novos atores que hoje protagonizam essa atividade.

Nesse novo cenário, aprofundaram-se as desigualdades entre países desenvolvidos e em desenvolvimento. As novas tecnologias intensivas em capital e conhecimento possibilitaram aos países mais ricos apropriar-se de uma fatia desproporcionalmente maior dos benefícios ligados ao uso da biodiversidade. Além disso, um sistema de direito de propriedade distorcido ajudou a agravar esse problema. Países desenvolvidos e grandes empresas privadas lutaram com sucesso para proteger seus investimentos em pesquisa e desenvolvimento, no contexto de uma lógica de livre mercado e sob a égide de acordos internacionais, mais notadamente o Acordo de Direitos de Propriedade Relacionados ao Comércio (TRIPS, na sua legenda em inglês, como ficou mais conhecido; SILVA, 1998). Particularmente importantes foram a aplicação de tais direitos de propriedade intelectual para biotecnologias e seus derivados e a pressão internacional para que todos os países adotassem medidas de proteção intelectual de variedades de plantas, seja por patentes, seja por um sistema *sui generis* eficiente, ou qualquer combinação dos dois.

Enquanto isso, os produtores e usuários tradicionais de recursos biológicos, que muitas vezes são fornecedores de matérias primas para aquelas mesmas empresas e países, não possuíam nenhuma proteção, apesar do fato de populações locais terem investido significativos recursos materiais e intelectuais para proteger e usar tais recursos. A falta de uma legislação nacional e internacional adequada, assim como de regimes internacionais de reconhecimento da soberania das nações sobre seus recursos genéticos deixavam os esforços locais sem reconhecimento ou recompensa (SILVA, 1998).

Neste contexto já bastante assimétrico, as empresas de países industrializados perseguiram a estratégia privatizante de forma agressiva, a fim de obter patentes sobre materiais biológicos. Foram submetidos pedidos de direito de propriedade intelectual sobre material genético cultivado em países há séculos e cujas propriedades e usos são conhecidos há gerações. Não escaparam nem algumas plantas com identidade geográfica estabelecida, como o arroz basmati cultivado no Paquistão e na Índia (BALAKRISHNA, 1998). Tal comportamento abusivo levou a diversos apelos por uma moratória aos pedidos de direito de propriedade intelectual sobre recursos genéticos públicos e aqueles de propriedade de outros países. Um exemplo dessa moratória foi aquela imposta às sementes retidas em bancos genéticos nos Centros de Pesquisa Agrícola Internacionais do CGIAR (Grupo Consultivo sobre Pesquisa Agrícola Internacional), como o Instituto de Pesquisa em Cultivos para os Trópicos Semi-áridos (ICRISAT), localizado em Hyderabad na Índia, e o Instituto Internacional de Pesquisas em Arroz (IRRI), localizado em Los Banos, Filipinas (BALAKRISHNA, 1998).

A tentativa de encontrar saída para as questões colocadas por esse conflito foi um dos objetivos da Convenção sobre a Diversidade Biológica ou sobre a Biodiversidade (CBD),[1] que teve lugar no Rio de Janeiro em 1992, e que representa um marco histórico na versão mais recente que vem assumindo a biodiversidade e seu uso. A CBD encoraja os países a adotarem uma ampla gama de medidas relativas à conservação dos recursos da biodiversidade; reconhece e afirma expressamente o direito soberano de estados nacionais sobre tais recursos, tomando cuidado particular na regulação do acesso a eles; oferece meios legais a estados para que estes estabeleçam mecanismos nacionais para regular acesso e partilhar benefícios advindos do uso e comercialização de tais recursos. Assim, a Convenção reconhece que a bioprospecção não se limita, meramente, ao contexto da natureza a ser conservada e explorada, nem apenas ao dos grupos sociais envolvidos na produção e comercialização dos resultados obtidos industrialmente. É também uma questão de geopolítica.[2]

A geopolítica da biodiversidade e seu uso, ironicamente, é constituída, grosso modo, por dois grupos de países: por um lado, aqueles ricos em biodiversidade, concentrados no chamado sul (geopolítico) e, por outro, aqueles que detêm as capacidades em termos de capital, recursos humanos, tecnologias e outras formas de conhecimento necessárias para explorar os recursos da biodiversidade. Ou seja, "realidades antípodas e complementares, na perspectiva da bioprospecção" (TRIGUEIRO, 2007, p. 6).

Nessa curiosa complementaridade histórica e ambiental, as chamadas parcerias norte-sul em bioprospecção surgem como novas possibilidades para a superação de antigos obstáculos estruturais e se materializam em associações e colaborações em que "todos os participantes têm a ganhar" (*win-win game*, na sua expressão inglesa). Assim, era esperado que, a partir da CBD, houvesse um crescimento acelerado dos acordos de bioprospecção envolvendo países do Norte e do Sul e que, por meio de tais acordos, os países do Norte contribuíssem para a capacitação científica e tecnológica daqueles do sul, como "moeda de troca" pelo acesso aos recursos da biodiversidade.

---

[1] A CBD reconhece explicitamente a importância dos conhecimentos, práticas e inovações que indígenas e comunidades locais incorporam (tradicionais estilos de vida) para o avanço da preservação da diversidade biológica, e convida os estados a encontrarem meios de proteger e compartilhar benefícios pelo seu uso — reconhecendo indígenas e "comunidades tradicionais" como "stakeholders" chave na negociação sobre o uso dos recursos genéticos (AMANI & COOMBE, 2005). Para aprofundar o entendimento a respeito da Convenção sobre a Biodiversidade, sugerem-se os seguintes textos: Artuso (2002), Berlin & Berlin (2003), Dalton (2004), Gollin (1993), Boisvert & Caron (2002), George & Van Stadeni (2000), Moran et al. (2001), Barber et al. (2002) e Zakri et al. (2005). Um bom resumo do tema é encontrado em Descola (2003).

[2] Nas palavras de Albagli (2003, p. 5), "ao mesmo tempo em que a biodiversidade é hoje uma questão ecológica (fator relevante ao equilíbrio ambiental e à reprodução da vida) e técnico-científica (como fonte de informação para a biotecnologia e a engenharia genética), caracteriza-se também como questão geopolítica, geoeconômica e geocultural (objeto de estratégias e conflitos que se projetam sobre o território). O território não se reduz então à sua dimensão material ou concreta; ele é igualmente um campo de forças, uma teia ou rede de relações e conflitos sociais".

É nesse contexto que se insere esse artigo. Ele tem como objetivo descrever e analisar a parceira estabelecida entre os Estados Unidos e o Suriname em bioprospecção, em linha com o espírito da CBD, e dentro dos Grupos Colaborativos Internacionais em Biodiversidade (International Cooperative Biodiversity Groups – ICBG), o mais importante programa norte-americano para estimular pesquisa e outras atividades de bioprospecção em colaboração com países do sul. A análise se baseia em dados secundários e, principalmente, em pesquisa de campo realizada no Suriname em que foram visitadas as instituições locais envolvidas na parceria e entrevistados 15 informantes-chave, sendo nove pesquisadores e técnicos e seis funcionários do governo.

A análise tem como foco o impacto do projeto no Suriname, com destaque para as capacidades técnica e científica locais. Essa questão é muito importante por duas razões. Por um lado, porque, de uma perspectiva mais geral dos acordos de bioprospecção norte-sul, ela permite confrontar a premissa de que projetos de bioprospecção foram desenhados para possibilitar que os países hospedeiros recebam uma gama diversa de benefícios (ROSENTHAL, 1998). Por outro lado, particularmente no caso do Suriname, que é um estado pequeno e com recursos humanos e financeiros limitados, a questão importa porque há urgente necessidade de criação de capacidades. Além disso, vale lembrar que o país tem uma longa história de expropriação de seus recursos biológicos e do conhecimento científico sobre eles, tendo sido colônia holandesa até 1975. Exemplo de tal expropriação é o fato de que o Jardim Botânico de Utrecht, na Holanda, possui uma coleção de mais de 100.000 espécimes de flora do Suriname, enquanto o Herbário Natural de Paramaribo conta com apenas 27.000.

Para atingir os objetivos, esse artigo está estruturado em quatro seções, que se seguem a essa introdutória. A próxima seção faz uma breve apresentação do programa de pesquisa denominado Grupos Colaborativos Internacionais em Biodiversidade (International Cooperative Biodiversity Groups – ICBG) para se possa entender sua concepção e objetivos, assim como o panorama geral em que se inseriu o projeto ICBG que teve lugar no Suriname. Este projeto, referido como ICBG no Suriname, é, então, apresentado na seção seguinte, em que se detalham a história do mesmo, seus objetivos e estrutura e, finalmente, seus resultados. A análise dos impactos do programa vem em seguida, contida numa outra seção. O artigo finaliza com uma seção de conclusões.

O Programa dos Grupos Colaborativos Internacionais em Biodiversidade (International Cooperative Biodiversity Groups) – ICBG

Em março de 1991, três instituições norte-americanas — a Agência Norte-americana para o Desenvolvimento Internacional (United States Agency for

International Development – USAID), a Fundação Nacional de Ciência (National Science Foundation – NSF) e os Institutos Nacionais de Saúde (National Institutes of Health – NIH) — promoveram uma conferência sobre Desenvolvimento de Medicamentos, Diversidade Biológica e Crescimento Econômico. Especialistas das diversas áreas relacionadas com as atividades de bioprospecção, da botânica e farmacologia e química de produtos naturais à antropologia e direito, de países desenvolvidos e em desenvolvimento, participaram da conferência para discutir como usar a diversidade biológica de forma a promover o desenvolvimento econômico sustentável e criar novos compostos químicos, particularmente fármacos. Como resultado desse encontro, e de uma série de outros encontros internos envolvendo a USAID, a NSF e os NIH, essas agências publicaram em 1992 um edital público convidando pesquisadores e instituições para constituir os Grupos Cooperativos Internacionais para Biodiversidade (daqui em diante referidos sempre pela sigla em inglês – ICBGs).

O edital oferecia financiamento para propostas de pesquisa envolvendo diversos tipos de instituições nos países do Norte e do Sul trabalhando em cooperação, para enfrentar, de forma adequada, questões relacionadas à conservação de biodiversidade, desenvolvimento sustentável e a descoberta de novas drogas e compostos químicos. As propostas deveriam, preferencialmente, incluir empresas privadas como parceiras e elaborar, cuidadosamente, mecanismos para compensar os países que hospedam a diversidade biológica e nos quais seria feita a coleta de material. Tais mecanismos eram sugeridos por documentos produzidos pelos gestores do programa,[3] com base na literatura disponível e nos preceitos da CBD, a despeito dos Estados Unidos não serem signatários desta Convenção. Os principais mecanismos sugeridos incluem:[4]

- pagamento de *royalties*: refere-se a uma porcentagem dos ganhos advindos de vendas comerciais pelo parceiro detentor da licença de uso do produto gerado pela atividade de bioprospecção, e pode ser negociada no acordo inicial, ou o acordo pode especificar uma faixa e determinar que as partes negociem a taxa final caso a caso. Algumas questões a serem consideradas nas estruturas de *royalties* incluem: a contribuição relativa dos parceiros na invenção e desenvolvimento; o conhecimento fornecido juntamente com espécimes; a novidade ou raridade dos recursos biológicos coletados. Geralmente existem expectativas elevadas dos países fonte com respeito à partilha de *royalties*, o que leva a uma série de controvérsias a respeito de acordos de *royalties*.

---

[3] O Centro Internacional Fogarty (The Fogarty International Center - FIC), que é o ponto focal e lócus organizacional das atividades do NIH, acolhe o projeto.

[4] A relação dos mecanismos de compensação foi baseada na leitura de Vogel (1996), Rosenthal (1998), Tobin et al. (2005).

A objeção mais elementar a tais acordos é a de que mesmo que o produto seja descoberto e comercializado como resultado de um projeto de bioprospecção e o país fonte obtenha uma parte justa dos *royalties*, isso aprofundará sua dependência de países desenvolvidos, ao tornar-se fornecedor de apenas outra *commodity*, seja esta a matéria prima, ou o saber nela embutido. Um segundo problema refere-se à natureza dos contratos e às relações assimétricas de poder entre as duas partes em negociação. Ricas empresas farmacêuticas e químicas possuem os recursos para pagar advogados de renome, que normalmente vão lidar com estados fracos e comunidades locais. Nessas condições, é fácil deixar lacunas nos acordos, que podem contrabalançar os benefícios esperados da bioprospecção. Em suma, essa é a forma de compensação mais desejada pelos países detentores da biodiversidade e também a que gera maiores conflitos e críticas;

- pagamentos adiantados: referem-se a taxas de acesso aos recursos da biodiversidade, que podem ser pagas de uma só vez ou em períodos pré-determinados. Podem incluir taxas por espécime, taxas para a reposição de espécimes, ou contribuições na forma de equipamentos, treinamento, medicamentos, etc. Pagamentos adiantados são valorizados para estabelecer fundos de investimento que podem oferecer benefícios imediatos às partes interessadas. É importante lembrar que quando se lida com países ou comunidades pobres, pagamentos adiantados modestos podem parecer muito atraentes e podem ajudar empresas a negociar acordos mais favoráveis de partilha de *royalties*;
- equipamentos, treinamento e infra-estrutura: as instituições parceiras dos países avançados podem oferecer recursos para capacitar o país fonte de biodiversidade a executar necessidades correntes ou futuras da pesquisa em bioprospecção. Esse é provavelmente o aspecto mais negligenciado dos acordos de bioprospecção existentes. Muitas vezes as expectativas otimistas sobre a renda advinda da bioprospecção na forma de *royalties* desviam a atenção dos países fonte da questão crucial da capacitação;
- áreas prioritárias de pesquisa: Acordos podem especificar que doenças localmente importantes, porém pouco estudadas, sejam investigadas pelos parceiros comerciais e outros. Além disso, eles podem restringir a coleta e identificação de espécimes a áreas geográficas ou grupos biológicos que são de alta prioridade para as necessidades da conservação.

Em resposta a esse primeiro edital, os gestores do programa receberam 73 cartas de intenção, que geraram 34 propostas e incluíam parceiros em 25 países. Um grupo de assessores provenientes de universidades, museus, empresas farmacêuticas, agências doadoras, organizações sem fins lucrativos e representantes de agências de fomento revisaram as propostas e selecionaram cinco Acordos Cooperativos. Cada uma das propostas contempladas tinha um orçamento anual de aproximadamente US$500.000, por um período de cinco anos, o que significa que cada projeto custou, para as agências de pesquisa Norte-Americanas, cerca de US$2,5 milhões. Ao invés de uma doação ou contrato, os ICBGs são acordos pelos quais as agências do governo entram com os recursos, mas possuem envolvimento programático substancial nas atividades do projeto. Cada projeto tem, assim, um coordenador americano, que possui responsabilidades científicas sobre o projeto (GRIFO, 1996).

Tabela 1
Resumo das propostas contempladas no primeiro edital para os ICBG

País fonte	Objetivos	Parceiros
Peru	Buscar novas drogas baseadas nas coleções etnobotânicas entre os Aguaruna e os Huambisa	• Museu de História Natural (Peru) • Universidade Cayetano (Peru) • Universidade de Washington (EUA) • Jardim Botânico de Missouri (EUA) • Monsanto (ETN)
Costa Rica	Uso de insetos tropicais como fontes para novas drogas	• Instituto Nacional de Biodiversidade (INBio, Costa Rica) • Universidade Cornell (EUA) • Brystol-Myèrs Squibb (ETN)
Argentina Chile México	Descobrir e desenvolver agentes farmacêuticos e de proteção agrícola de plantas de ecossistemas semi-áridos	• Universidade Católica do Chile • Universidade Nacional da Patagônia • Instituto de Recursos Biológicos (INTA – Argentina) • Universidade do Arizona (EUA)
Suriname	Buscar novas drogas usando coleções etnobotânicas e coleta aleatória de plantas nas comunidades Saramak Maroon	• Bedrijf Geneesmiddelen Voorziening (empresa estatal do Suriname) • Conservation International (ONG Int) • Instituto Politécnico e Universidade Estadual da Virgínia (EUA) • Jardim Botânico de Missouri (EUA) • Instituto do Exército Walter Reed (EUA) • Brystol-Myers Squibb (ETN) • Dow Agrochemical (ETN)
Camarões Nigéria	Uso de informação botânica para selecionar plantas e extratos para uso contra doenças infecciosas na África central	• Universidade de Yaounde (Camarões) • Instituto Smithsonian (EUA) • Instituto do Exército Walter Reed (EUA • Grupo de Apoio à Biodiversidade • Shaman Pharmaceuticals (Empresa EUA) • Brystol-Myers Squibb (ETN)

ETN: significa Empresa Trans-Nacional, neste caso, todas com atividade na indústria químico-farmacêutica
Fonte: página web do ICBG: <http://www.fic.nih.gov/programs/research_grants/icbg/>.

Após ter sido selecionado juntamente com outras quatro propostas no edital de 1992, o ICBG no Suriname foi renovado, por ocasião do segundo edital em 1998. A descrição e a análise deste projeto específico são o foco da seção que se segue.

O ICBG no Suriname

O Suriname é um ambiente fértil para projetos de bioprospecção, pois cerca de 90% de sua área (aproximadamente 164.600km^2) é coberta por florestas. Para que se possa ter uma idéia do que isso significa em termos comparativos, o Suriname tem nove vezes mais área coberta por floresta tropical que a Costa Rica, o mais conhecido paraíso centro-americano da biodiversidade. Além disso, áreas protegidas (11 reservas naturais, 1 parque natural e 4 áreas de manejo de múltiplo uso) cobrem 13% da sua área terrestre. O país conta ainda com um número significativo de zonas ecológicas, o que explica a sua riquíssima diversidade biológica. No Suriname, vivem aproximadamente 674 espécies de pássaros, 200 espécies de mamíferos, 130 espécies de répteis, 99 espécies de anfíbios e 5000 espécies de plantas (MITTERMEIER et al., 1990). A diversidade humana particular desse país é também muito atraente para estudantes de saberes tradicionais e etnobotânica. Grande parte dos maiores grupos étnicos, como os crioulos, os "negros do mato" (ou *maroons*), os ameríndios, os javaneses e os indostanos possuem práticas tradicionais de cura como parte da sua cultura, cada qual com seus próprios rituais, credos e medicamentos. Alguns destes grupos, como os *maroons*, guardam segredo de suas práticas e somente passam conhecimento para seus próprios descendentes; outros, como os ameríndios, permitem acesso livre às suas práticas. Apesar disso, as culturas são tão diferentes e as práticas têm significados tão próprios, que um grupo étnico desconhece totalmente a cultura dos outros, mesmo quando livremente acessível (WERKHOVEN & MALONE, 2000).

O projeto ICBG no Suriname teve início em 1992, numa iniciativa da organização não-governamental Conservation International (CI) e do Instituto Politécnico e Universidade Estadual da Virgínia (VPISU). Duas pessoas foram chave para o desenvolvimento dessa parceria: do lado da CI, Dr. Mark Plotkin[5] — um renomado etnobotânico, e do lado da VPISU, Dr. David Kingston — um professor de química e pesquisador bastante conhecido na área de produtos naturais. De acordo com os coordenadores do projeto, o Suriname foi escolhido como país hospedeiro com base em "várias considerações, tanto científicas quanto práticas" (KINGSTON et al., 1999, p. 22), incluindo a alta porcentagem de

---

[5] Mark Plotkin já foi vice-presidente para conservação da biodiversidade da Conservation International, depois de passar pela ONG também transnacional World Wildlife Fund.

cobertura de floresta, sua diversidade biológica e o conhecimento nativo sobre medicamentos naturais. No entanto, ficou claro nas entrevistas que o fator mais importante foi a experiência de campo prévia no país por parte de Dr. Plotkin e Dr. Russel Mittermeier (presidente da CI). Além disso, a CI já era muito ativa no Suriname, onde havia estabelecido um escritório e um Programa de País.

O Jardim Botânico de Missouri também se tornou parceiro a convite da CI, graças ao seu conhecimento em coleções e taxonomia de plantas tropicais. A empresa farmacêutica Bristol Myers-Squibb (BMS) era um parceiro de longa data do Dr. Kingston e foi por ele convidada a participar do projeto. Do lado norte-americano, estes foram os parceiros na primeira fase do projeto que respondeu ao edital de 1992. Por ocasião do segundo edital e aprovação da renovação do projeto em 1998, também se apresentaram como parceiros o Instituto de Pesquisa do Exército Walter Reed (WRAIR), dos Estados Unidos, com objetivo de avaliar plantas usadas pelo povo Saramaka para tratar a malária, e a empresa Dow Agrochemical. Nesta ocasião, Madagascar também foi incluído como sítio de pesquisa. De fato, no decorrer desta segunda fase do ICBG no Suriname, as atividades do grupo do Norte foram se deslocando para diversos sítios de floresta decídua seca no norte de Madagascar e o trabalho no Suriname foi sendo reduzido. Já no final, o professor Kingston da VPISU decidiu deixar o Suriname e concentrar-se apenas em Madagascar, onde, conforme se alegou, o Jardim Botânico do Missouri (MBG) possui uma presença mais forte e maior conhecimento para coletar plantas através de uma rota etnobotânica. Dados os pré-requisitos do ICBG e suas credenciais profissionais, Dr. Kingston era o líder do projeto nos EUA e tomava todas as decisões fundamentais relativas a ele. Em 2003, um novo projeto ICBG deste mesmo grupo de parceiros foi proposto e aprovado, mas o Suriname não mais fazia parte.[6]

A representação do ICBG no Suriname foi constituída por um grupo de instituições locais e pesquisadores potencialmente interessados. Segundo os entrevistados, tais interesses locais foram despertos e articulados pelo representante da CI no país, papel este que os representantes da ONG negam que tenham desempenhado. O grupo local era integrado pela BGVS (Bedrijf Geneesmiddelen Voorziening Suriname) uma empresa farmacêutica estatal, que representava oficialmente o governo do Suriname no projeto, incluindo as negociações a respeito da distribuição de *royalties* potenciais e outros benefícios,

---

[6] As razões para o deslocamento do grupo de parceiros norte-americanos, do Suriname para Madagascar, são motivo de debate. Alguns entrevistados alegam que a coleta no Suriname já havia completado seu ciclo; outros insistem que as razões foram políticas dado que outros projetos ICBG realizados em países latino-americanos, principalmente o do México, mas também o do Peru, tiveram sérios problemas com a questão da propriedade intelectual de conhecimentos tradicionais e a partição de benefícios. As populações locais na América Latina são vistas como muito politizadas e, por isso, envolvem negociações muito difíceis para projetos de bioprospecção. Sobre esse tema, ver Berlin & Berlin (2003), Greene (1998), Greene (2002), Greene (2004).

pelo Herbário Nacional do Suriname e pelo departamento de botânica da Universidade ADEK (Anton de Kom Universitat) do Suriname.

O Departamento de Medicina da ADEK também foi convidado para unir-se à iniciativa, mas recusou. Aparentemente, segundo os informantes, os professores não se sentiam confortáveis trabalhando com "medicina tradicional". Para compreender essa resistência é importante considerar um aspecto muito peculiar do setor de saúde do Suriname. Enquanto a maior parte dos médicos do país é treinada em outros países, particularmente na Holanda, dentro de um sistema "moderno/ocidental", uma grande parcela da população recorre a práticas medicinais tradicionais para lidar com problemas de saúde. Isso se deve, em parte, ao acesso difícil à medicina moderna, particularmente em áreas rurais remotas, assim como à já mencionada diversidade étnica do país, e à conseqüente riqueza de práticas tradicionais de medicina. No entanto, mesmo aqueles que vivem na capital e têm acesso a modernos hospitais e a médicos bem-treinados, recorrem de vez em quando à medicina tradicional, pois acreditam que esta pode ser mais eficaz em determinadas doenças. Como é de se esperar, muitos médicos desacreditam, ou mesmo desdenham da eficácia da etnomedicina, e esse conflito de paradigmas impede uma abordagem mais integradora.

Apesar do envolvimento de várias instituições do Suriname, inclusive do representante do serviço florestal para a análise e permissão formal do governo surinamês para coletar plantas e enviar espécimes para os EUA, apenas o IBGVS do lado surinamês é signatário do acordo de pesquisa (o International Cooperative Biodiversity Grant Research Agreement) que explicita as responsabilidades de cada parceiro e que inclui, do lado norte-americano, a BMS, a VPISU e o MBG. A CI também aparece como signatária do acordo e tinha como principal função representar os interesses do povo Saramaka (GUÉRIN-MCMANUS et al., 2004).

Os objetivos do projeto eram "integrar o processo de descoberta de drogas advindas de produtos naturais à conservação da biodiversidade e ao crescimento econômico sustentável, ao mesmo tempo promovendo benefícios técnicos e financeiros para o Suriname e seu povo" (KINGSTON et al., 1999, p. 24). Como objetivos específicos do projeto, Kingston e seus colaboradores mencionam:

- fazer um inventário da biodiversidade vegetal do Suriname;
- promover a educação e a conscientização a respeito dos valores da biodiversidade em nível local e governamental;
- oferecer um mecanismo para comparação entre as abordagens etnobotânica e aleatória, no tocante à bioprospecção;
- ajudar no desenvolvimento de microempresas entre os povos das florestas do Suriname;
- descobrir novos agentes potencialmente terapêuticos para combater o câncer e outras doenças humanas;

- desenvolver um programa cooperativo que poderia servir de modelo para outros esforços de descoberta de drogas em países em desenvolvimento;
- auxiliar na capacitação dos povos do Suriname para que desenvolvam seus próprios esforços em bioprospecção e em programas de desenvolvimento de drogas;
- oferecer treinamento para cidadãos surinameses.

Na prática, pode-se dizer que o projeto buscava bioprospectar a flora do Suriname para encontrar medicamentos de duas formas distintas: aleatoriamente, e seguindo uma rota etnobotânica, de acordo com os saberes tradicionais dos povos Saramaka. Os Saramaka são descendentes de escravos fugidos, também conhecidos como "negros do mato" ou maroons, que escaparam de plantações holandesas na costa há mais de 300 anos e estabeleceram-se na parte central do país, ao longo do Rio Suriname. Existem cerca de seis tribos distintas de maroons e todas elas dependem do conhecimento sobre os recursos da floresta para sua sobrevivência. Quando os maroons chegaram à floresta, eles tiveram que produzir conhecimento, através de tentativa e erro, usando as plantas locais. Eles basearam esses experimentos na memória das tradições de cura de seus povos na África e também em informações que obtiveram dos ameríndios do interior do Suriname. Esse processo resultou em uma compreensão rica das qualidades medicinais dos recursos biológicos locais (GUÉRIN-MCMANUS, 2004).

Para implementar essas duas estratégias e compará-las entre si, o projeto foi estruturado em dois grupos distintos: um time liderado pela CI-Suriname trabalhou com os Saramaka para conduzir as coletas etnobotânicas; um segundo grupo, liderado por pesquisadores do Jardim Botânico de Missouri, coletou plantas aleatoriamente. A BGVS recebeu todos os espécimes e preparou os extratos, que foram enviados para BMS, VPISU, Dow Agrochemical e WRAIR.

As coletas etnobotânicas, entretanto, não puderam começar até que um acordo entre o grupo e o povo Saramaka fosse alcançado, por isso o Fundo dos Povos da Floresta (Forest People's Fund – FPF) foi criado. O FPF é uma fundação que visa receber quaisquer pagamentos adiantados e rendas futuras que possam resultar do projeto ICBG. O objetivo principal do FPF é trazer esses recursos financeiros de volta para os povos indígenas e maroon do país. O Fundo é dirigido por uma diretoria, que possui dois representantes de comunidades locais, dois representantes da CI e um representante do BGVS (GUÉRIN-MCMANUS et al., 2004). Finalmente, a CI e o Granman — o principal chefe dos Saramaka, que representa mais de 17.000 maroons que vivem ao longo do Rio Suriname — assinaram um acordo formal dando permissão à CI para conduzir pesquisas etnobotânicas em vilas maroon e representar os interesses do projeto ICBG. Além do acordo guarda-chuva assinado pelo Granman, a CI fez acordos adicionais com representantes das 12 vilas nas quais trabalhava e acordos pessoais com curandeiros que participaram do projeto.

No início do projeto, os indígenas relutaram em dar acesso ao seu território, particularmente aos seus saberes, sem compensação concreta. Eles perceberam que mesmo que uma droga efetiva fosse descoberta e comercializada como resultado desse projeto, demoraria muitos anos até que os indígenas obtivessem quaisquer pagamentos resultantes do acordo de partilha de *royalties*. Sendo a maioria dos shamãs idosa, muitos estariam mortos até lá. Dessa forma, eles decidiram que pagamentos adiantados em espécie seriam apropriados. Novamente, a CI teve papel relevante nessa negociação, pois eles já estavam trabalhando com os Saramaka. Não obstante, deve-se ressaltar que os pagamentos por adiantamento no valor de US$60.000 que foram acordados são quase irrelevantes para uma gigante farmacêutica como a BMS. De fato, vários observadores apontam que as companhias farmacêuticas alocam recursos irrisórios para quaisquer atividades ligadas à bioprospecção, principalmente em comparação com os investimentos que fazem em pesquisa pela rota sintética, ou química combinatória (AYLWARD, 1995; ALBERS-SCHONBERG, 1995; GREENE, 2004).

As questões legais relativas aos direitos de propriedade no projeto ICBG no Suriname são relativamente complexas. Como reconhece o coordenador do projeto, ainda que seja bom, o acordo assinado entre as partes foi imperfeito, com alguns problemas muito claros (KINGSTON, et al., 1999). Primeiramente, como tem se tornado comum em acordos de bioprospecção, a parte da renda potencial que cabe a cada parceiro é confidencial. O que fica claro é que o contrato garante à BMS uma opção de obter uma licença mundial exclusiva para qualquer invenção produzida no contexto da colaboração do ICBG. No entanto, a BMS precisa exercer essa opção dentro de um ano da data em que BMS e/ou qualquer outro membro do ICBG depositar uma patente da descoberta. Se a descoberta for o resultado de um trabalho colaborativo com um ou mais shamãs, o(s) shamã(s) terão propriedade compartilhada da invenção e a contribuição do shamã precisa ser explicitada totalmente em qualquer pedido de patente (ARTUSO, 1999).

Apesar do mecanismo de partilha de *royalties* entre a BMS e os surinameses não ser público, os parceiros locais possuem um acordo mais transparente a respeito de como alocar sua parte das *royalties*, que leva em conta se os espécimes que deram origem às patentes são derivados das coletas aleatórias ou etnobotânicas (ver Tabela 2). Ainda que apenas a BGVS seja signatária do acordo com as instituições norte-americanas, no nível local o acordo reconhece a participação de vários outros atores na partilha de benefícios, tais como o FPF e a Fundação para Preservação da Natureza no Suriname (Foundation for Nature Preservation in Suriname – STINASU), uma ONG responsável pela gestão dos parques nacionais, conforme consta da Tabela 2.

Tabela 2

Alocação da renda advinda de *royalties* entre os parceiros surinameses no projeto ICBG

Derivadas de coleções etnobotânicas		Derivadas de coleções aleatórias	
FPF	50%	FPF	30%
BGVS	10%	BGVS	10%
STINASU	5%	STINASU	10%
Herbário Nacional	10%	Herbário Nacional	10%
Serviço florestal	5%	Serviço florestal	10%
CI-Suriname	10%	CI-Suriname	10%
Instituições futuras	10%	Instituições futuras	20%

Fonte: Guérin-McManus et al. 2004.

Juntas, BGVS e CI-Suriname trabalharam para proteger os interesses dos povos Saramaka contra BMS ou Dow Agrochemical, caso estas empresas decidissem buscar outro país fonte para um recurso biológico específico em que tivessem interesse. Para garantir essa proteção, os espécimes foram codificados, para que ninguém soubesse quais plantas estavam sendo testadas em determinado momento. Nesse sentido, outro aspecto importante do acordo está relacionado ao uso de espécimes e extratos de plantas para quaisquer outros objetivos ou por qualquer outra parte que não aquelas identificadas nos acordos assinados no início do projeto. Caso isso acontecesse, os Saramaka teriam que emitir uma permissão formal e reabrir as negociações para incluir novas demandas que eles considerassem adequadas. Um exemplo foi a inclusão do Instituto de Pesquisa do Exército Walter Reed (WRAIR) no projeto. O WRAIR foi convidado a unir-se ao projeto para selecionar os extratos vegetais com efeitos antimalária, uma linha de pesquisa que não era do interesse de BMS e VPISU. Ainda que tal demanda viesse dos surinameses, acordos adicionais específicos precisaram ser assinados para garantir que os donos do saber tradicional receberiam compensação adequada no caso de quaisquer drogas serem desenvolvidas a partir das plantas coletadas sob sua tutela. O mesmo procedimento foi seguido quando a segunda fase do projeto foi aprovada. Quando a Dow Agrochemical juntou-se ao ICBG, novos acordos tiveram que ser ratificados pelos Saramaka.

Quanto aos resultados produzidos pelo acordo, deve-se apontar que, a julgar pelos documentos e entrevistas, os números finais não estão disponíveis e dados sobre as realizações do projeto variam de acordo com a fonte. Até o fim da primeira fase (1998), o líder norte-americano do projeto afirma que a BMG havia coletado 1.200 espécimes de mais ou menos 500 espécies, e a CI havia coletado próximo de 900 espécimes de menos de 400 espécies. Afirma ainda que as coletas pelo MBG produziram 19 adições à flora do Suriname e a descoberta de apenas uma espécie totalmente nova para o mundo (KINGSTON et al., 1999).

De acordo com outra fonte, 158 espécies coletadas pela CI eram novas para a base de dados de plantas medicinais do herbário, e nunca haviam sido coletadas enquanto plantas medicinais (<http//runningman.tv/about/icbginfo.htm>. Acesso em: 14 nov. 2007).

A BGVS produziu 4834 extratos de espécimes e fez 3.400 exames antibacterianos, que resultaram em 54 resultados promissores e 44 espécimes coletados para fracionamento. A BMS realizou 96.000 testes, dos quais 439 foram registrados como tendo efeitos positivos. Como resultado desses testes, 106 espécimes foram selecionados para fracionamento, o que resultou no isolamento de 32 compostos. A Dow Agrochemical realizou exames em 2.050 espécimes, selecionando 215 promissoras, que resultaram na seleção de 16 espécimes para fracionamento (<http//runningman.tv/about/icbginfo.htm>. Acesso em: 14 nov. 2007). O WRAIR focou seu trabalho nos espécimes de plantas com efeitos sobre a malária já conhecidos. Eles testaram 10 espécimes que pareciam promissores e cinco que tiveram efeitos positivos claros (MONIZ, 2004, comunicação pessoal).

Apesar dos resultados apontados pelos participantes como promissores, até hoje não se tem notícia de qualquer novo produto comercializado a partir das coletas de recursos biológicos feitas no Suriname dentro no escopo deste projeto. E quanto a outros benefícios gerados pelo projeto para a população local? A próxima seção busca responder a essa questão.

Os impactos do programa ICBG no Suriname

Os coordenadores norte-americanos do ICBG no Suriname gostam de apontar o programa Aprendiz de Shamã como um importante impacto do projeto. Esse programa foi criado para difundir conhecimento tradicional entre os jovens das vilas nas quais a CI coletava espécimes. Ainda que o saber tradicional seja reconhecido como de alto valor, cada vez menos jovens estão interessados em usar seu tempo para aprender com seus parentes. O programa unia jovens membros da comunidade para trabalhar com shamãs e aprender seu conhecimento etnobotânico. Além disso, eles eram convidados a participar de encontros e recebiam treinamento em técnicas de coleta de plantas, prensagem, e secagem. Para alguns analistas, esse programa "trouxe um orgulho e interesse renovados nessa herança medicinal entre os jovens das comunidades, e um desejo de preservar tradições culturais" (GUÉRIN-MCMANUS et al., 2004: 17). Para alguns entrevistados locais, entretanto, esse impacto foi pífio e os jovens foram treinados mais como para-taxonomistas para trabalhar na coleta de interesse para os pesquisadores do que propriamente como shamãs.

Outro impacto freqüentemente apontado é o valor de US$60.000 feitos pela BMS ao FPF a título de pagamentos adiantados. Esse dinheiro foi suficiente para financiar alguns poucos projetos pequenos, como a compra de máquinas de costura para um grupo de mulheres numa vila, a compra de ferramentas agrícolas para outro grupo, a melhoria do transporte entre uma vila remota e a estrada mais próxima, e apoio para que líderes tribais participassem de uma reunião em Belém, Brasil. Ainda que importantes, todas essas ações parecem muito modestas para um projeto tão ambicioso, particularmente quando se consideram os benefícios esperados da bioprospecção.

Do ponto de vista da contribuição do projeto para a capacitação científica e técnica do país, é importante apontar que o Herbário Nacional de Paramaribo no Suriname enfrenta sérias dificuldades para expandir seu trabalho e até para manter sua coleção existente. O herbário possuía somente um botânico sênior, que liderou a instituição por 35 anos e aposentou-se em setembro de 2004. A Universidade ADEK não possui pós-graduação e é difícil pagar salários competitivos para aqueles poucos que conseguem ir ao exterior para obter graus de estudo avançados. Durante o curso do projeto ICBG, três membros da equipe do herbário passaram sete semanas no Jardim Botânico de Missouri, onde receberam treinamento técnico em moldagem de plantas. Apesar de parecer uma tarefa relativamente simples, o herbário não possuía pessoal qualificado e esse treinamento ajudou a resolver algumas das dificuldades pelas quais a instituição estava passando. Entretanto, algum tempo depois, dois desses funcionários treinados decidiram deixar o herbário. O terceiro conseguiu um mestrado em Botânica e estava seguindo carreira no herbário quando, por um infeliz incidente, faleceu em 2004. Além da perda de uma colaboradora querida, o herbário perdeu grande parte do investimento em recursos humanos que havia feito nos últimos 15 anos.

É importante que se entenda o quão difícil é construir capacidade local partindo de bases tão precárias como as existentes no Suriname. Um projeto colaborativo deveria fazer um levantamento prévio da situação e considerar seriamente prover ajuda financeira de longo prazo para treinar e reter alunos, pesquisadores e funcionários técnicos. Além do treinamento limitado oferecido pelo herbário aos funcionários neste projeto, as instituições também receberam uma modesta ajuda financeira para investir em infraestrutura. Quando o projeto começou, o teto do prédio estava em condições ruins e a coleção corria riscos. O telhado foi reformado, e um novo sistema de ar condicionado foi instalado. O herbário também comprou um novo computador para manter a sua base de dados. Ainda que essa ajuda financeira tenha sido essencial naquele momento, ela apenas tornou possível que o herbário continuasse funcionando durante o tempo do projeto. Atualmente, não existe espaço para ampliar a coleção e, apesar das melhorias do passado, o prédio não é apropriado para armazenar os espécimes coletados. Os curadores do Herbário Nacional e da Coleção Zoológica Nacional querem criar conjuntamente um Museu de História Natural. Para tal, eles precisam aproximadamente US$250.000, mas a universidade dispõe somente de US$50,000.

Parece que, de fato, o projeto ICBG não estava empenhado em contribuir para condições de infra-estrutura que permanecessem após o término do projeto.

Pode-se argumentar, como o fizeram alguns entrevistados, que as oportunidades de treinamento oferecidas aos funcionários do herbário eram limitadas em parte porque a instituição não era um dos parceiros formais do projeto ICBG. A BGVS, por outro lado, era parceira, e a ela foram oferecidas mais oportunidades de treinamento. Apesar das dificuldades que o herbário enfrenta, ele já possuía alguma capacidade de fazer as tarefas necessárias dentro do contexto do projeto ICBG — isto é, secar, montar, e classificar plantas. A BGVS, por outro lado, não possuía nenhum conhecimento de preparação de extratos de plantas e realização de exames biológicos. Toda a capacitação que a companhia necessitava para cumprir as suas tarefas no projeto foi criada do zero com recursos do projeto ICBG.

Sob a tutela do líder do projeto — Dr. David Kingston, da VPISU — a BGVS investiu cerca de US$150.000 para equipar um laboratório completo para a produção de extratos de plantas e realizar exames biológicos. Pesquisadores da BMG e da VPISU desenvolveram um sistema de extração de plantas e três funcionários da BGVS foram para a Virgínia receber treinamento sobre esse sistema. Durante o primeiro ano, a BGVS produziu somente os extratos. No segundo ano, a companhia já estava conduzindo exames biológicos. Todos os extratos foram selecionados na BGVS, assim como na BMS e VPISU, mas a BGVS conduziu apenas os exames mais simples, o que explica o fato da BMS ter realizado 96.000 exames, a VPISU ter feito 37.100, e a BGVS ter feito somente 3.400. Após o término das análises do projeto, em 2004, o laboratório da BGVS ficou praticamente desativado.

Além de treinamento técnico, até o fim do 5º ano do projeto, Dr. Kingston ofereceu à BGVS a oportunidade de mandar dois alunos para os EUA a fim de obter mestrados e doutorados em química, inteiramente financiados pela VPISU. A BGVS pediu à universidade que buscasse alunos qualificados, mas nenhum foi indicado e a oportunidade foi perdida. Se os surinameses tivessem enviado os alunos, o laboratório poderia ter atualmente pelo menos um PhD escrevendo projetos para obter mais recursos, a fim de manter o laboratório funcionando.

Talvez a maior conquista desse projeto do lado surinamês tenha sido o desenvolvimento de técnicas legais e de negociação; fruto da necessidade de acomodar os interesses de empresas americanas, poderosas e bem equipadas, e dos desconfiados e protetores Saramaka. Não obstante, é interessante notar que esse aprendizado teve uma natureza particular, e ocorreu somente nas comunidades maroon e na CI-Suriname. O estado surinamês ainda não possui políticas claras e pessoal qualificado para lidar com as negociações intricadas de acordos de bioprospecção e com a rotina de emissão de permissões de pesquisa e exportação.

Os arranjos legais e institucionais que regulam o acesso e uso da biodiversidade no Suriname são bastante complexos. Existem três leis diferentes que regulam a coleta de flora e fauna nativas no país. A lei de conservação natural de 1954 regula a coleta tanto de animais quanto de plantas dentro de reservas naturais. Fora dessas áreas, a lei de caça de 1954 regula a coleta e caça de animais selvagens, e a lei de florestas de 1992 regula a extração de madeiras de lei e outros produtos florestais para uso comercial e pesquisa, que inclui a bioprospecção. Essas leis dão ao Ministério de Recursos Naturais autoridade para emitir permissões e monitorar atividades de bioprospecção. Dependendo da natureza das permissões pedidas, tanto a chefia da Divisão de Conservação Natural ou o Diretor Geral da Fundação para Manejo de Florestas agem em nome do Ministério. A Divisão de Conservação Natural é assistida pela Fundação para a Preservação da Natureza no Suriname (STINASU). Recentemente, o governo criou uma agência — Instituto Nacional de Meio Ambiente e Desenvolvimento – NIMOS — para assistir o Conselho Nacional de Meio Ambiente na elaboração das políticas e legislação relacionadas ao meio ambiente do país. Surpreendentemente, na hierarquia governamental, o NIMOS é institucionalmente subordinado ao Ministério do Trabalho, Ciência e Tecnologia.

Apesar de todos os organismos e agências que afetam diretamente o uso e conservação da biodiversidade, existe muito pouco pessoal qualificado para lidar com a complexidade do assunto. O Governo do Suriname não possui pessoas treinadas que poderiam ser trazidas à mesa para negociar novos acordos colaborativos potenciais com parceiros interessados na biodiversidade do país, ou para emitir permissões e acompanhar projetos já aprovados. Além da capacidade técnica e científica, o país também carece de pessoas qualificadas nas áreas de comércio, direitos de propriedade intelectual e marketing, que são cruciais para que o país tome consciência dos riscos e oportunidades da bioprospecção, além de proteger seus interesses. As leis existentes são intricadas e contêm muitas brechas e zonas de indefinição. Os escritórios de burocracia e agências possuem papéis pouco definidos, muitas vezes sobrepostos. Tudo isso contribui para tornar o quadro institucional surinamês ainda mais frágil. Não é surpresa, assim, que o estado não tenha tido ele próprio um papel de liderança no projeto ICBG. E, obviamente, quem não lidera não tem como negociar benefícios que atendam aos seus interesses, esses mesmos difusos e pouco claros.

Conclusões

O projeto ICBG no Suriname começou em 1993 e terminou 10 anos depois. Alguns benefícios certamente foram gerados pelo projeto, mas eles não atendem às expectativas levantadas quando os primeiros acordos de bioprospecção foram assinados, particularmente aquele entre o Instituto Nacional de Biodiversidade

(INBio) da Costa Rica e a empresa farmacêutica Merck Sharpe e Dohme, que, na época, envolveu valor considerado significativo como pagamento adiantado. No caso do ICBG no Suriname, o pagamento adiantado foi extremamente baixo (US$60.000, em contraste com o pagamento de US$1.1 milhão pagos pela Merck ao INBio). Até hoje, nenhuma compensação foi feita ao Suriname, pois nenhum dos parceiros fez ainda, que se saiba, qualquer descoberta comercialmente viável. Claro, esse é um risco intrínseco à bioprospecção, que se torna mais evidente, ao ponto de muitas empresas farmacêuticas, incluindo a BMS, estarem abandonando seus projetos de bioprospecção.

O projeto ICBG não foi uma iniciativa liderada pelo governo surinamês ou qualquer outra instituição local. O país juntou-se ao projeto, mas nunca teve um papel de liderança no seu manejo. Mesmo dentro do Suriname, o ponto focal do projeto foi a CI. Aparentemente, essa ONG tinha objetivos bem definidos desde o início do projeto, e buscou-os com sucesso, enquanto as instituições do governo do Suriname uniram-se ao projeto sem tomar consciência das oportunidades que elas poderiam aproveitar. Isso não causa surpresa, no entanto, considerando que o Suriname é um país pequeno e pobre, com arranjos institucionais complexos na área ambiental, mas com baixa capacidade científica. Novamente, é importante ressaltar que o ICBG é uma iniciativa do governo norte-americano, e seus objetivos principais estão alinhados com políticas norte-americanas, particularmente no campo da saúde, mas também na área do comércio, ciência e tecnologia, e meio ambiente.

Apesar de o programa tocar na questão da capacitação local, é de responsabilidade do país sede definir e defender suas prioridades quando da negociação desse tipo de programa colaborativo de pesquisa. Claramente, o Suriname não estava preparado para fazê-lo no início do projeto, mas o que é mais preocupante é o fato de não ter havido muito aprendizado institucional durante o ciclo de vida do projeto. Os parceiros do Suriname poderiam ter sugerido mudanças substanciais ao projeto quando ele foi renovado, mas eles não o fizeram. De 1993 a 2003 os surinameses tiveram a oportunidade de trabalhar em contato próximo com instituições de pesquisa de ponta e pesquisadores renomados, o projeto tinha um orçamento anual próximo aos US$500.000, e ainda assim, o país não investiu dinheiro suficiente para treinar uma nova geração de botânicos para trabalhar no Herbário Nacional.

Fica a dúvida se o Suriname algum dia terá uma política de biodiversidade bem sucedida, se o país não tem a capacidade de enfrentar necessidades básicas de pesquisa, como a coleta e classificação de sua diversidade biológica. Os equipamentos sofisticados, comprados para a BGVS, provavelmente terão pouca utilidade, pois não houve investimento significativo na capacidade humana para efetivar pesquisas de forma autônoma a respeito de fitoquímicos. No tocante à conservação, a CI-Suriname fez um bom trabalho envolvendo a população local no projeto, protegendo seus saberes e interesses, que foi a parte mais inovadora do projeto. Trabalhar com comunidades locais poderia também ter aumentado a consciência da população a respeito da conservação e ajudado a fortalecer uma parte importante da cultura Saramaka. No entanto, não fica claro se os retornos financeiros modestos gerados por 10 anos de bioprospecção poderão satisfazer as expectativas de que o uso comercial da biodiversidade tornar-se-á mais atraente do que usos alternativos da floresta — por exemplo, extração de madeira, ou conversão para agricultura e pasto.

Pelo menos em países em que a capacitação local é tão pequena como é o caso do Suriname, os acordos convencionais de bioprospecção não parecem contribuir muito para o desenvolvimento do país.

Referências

ALBAGLI, S. Interesse global no saber local: geopolítica da biodiversidade. In: SEMINÁRIO "SABER LOCAL/INTERESSE GLOBAL: PROPRIEDADE INTELECTUAL, BIODIVERSIDADE E CONHECIMENTO TRADICIONAL NA AMAZÔNIA", Belém, 2003.

ALBERS-SCHONBERG, G. The pharmaceutical Discovery process. In: SWANSON, T. (Ed.). *Intellectual Property Rights and Biodiversity Conservation*: A multidisciplinary analysis of the value of medicinal plants. Cambridge: Cambridge University Press, 1995.

AMANI, B.; COOMBE, R. J. The Human Genome Diversity Project: The Politics of Patents at the Intersection of Race, Religion, and Research Ethics. *Law & Policy*, Oxford, v. 27, n. 1, 2005.

ARTUSO, A. Bioprospecting, Benefit Sharing, and Biotechnological Capacity Building. *World Development*, v. 30, n. 8, p. 1355-1368, 2002.

ARTUSO, A. *Enhancing the Capacity of Suriname to Conserve Biodiversity*. Report prepared as part of the Global Environment Facility Pre-Investment Facility (PRIF) project Enhancing the Capacity of Suriname to Conserve Biodiversity (SUR/94/G41), 1999.

AYLWARD, B. The role of plant screening and plant supply in plant conservation, drug development and health care. In: SWANSON, T. (Ed.). *Intellectual Property Rights and Biodiversity Conservation*: A multidisciplinary analysis of the value of medicinal plants. Cambridge: Cambridge University Press, 1995. p. 93-126.

BALAKRISHNA, P. Convention on Biological Diversity, Intellectual Property Rights and Voluntary Codes of Conduct: Facilitating Access and Benefit Sharing. In: SILVA, Lyle Glowka Balakrishna Pisupati Sanjiv de (Ed.). *Access to Genetic Resources and Traditional Knowledge*: Lessons from South and Southeast Asia. Proceedings of the South and Southeast Asia Regional Workshop on Access to Genetic Resources and Traditional Knowledge. February 1998 IUCN Regional Biodiversity Programme. Asia, 1998.

BARBER, C. V.; GLOWKA, L.; LA VINA, A. G. M. Developing and implementing national measures for genetic resources access regulation and benefit-sharing. In: *Biodiversity and Traditional Knowledge*. London: Earthscan, 2002.

BERLIN, B.; BERLIN, A. *NGOs and the process of prior informed consent in bioprospecting research*: the Maya ICBG project in Chiapas. UNESCO: México, 2003.

BOISVERT, V.; CARON, A. The Convention on Biological Diversity: An Institutionalist Perspective of the Debates. *Journal of Economic Issues*, v. 36, n. 1, 2002.

DALTON, R. Bioprospects Less Than Golden. *Nature*, v. 429, 10 jun. 2004.

DESCOLA, P. *The issue of consent*: a comment. UNESCO, 2003.

GEORGE, J.; VAN STADENI, J. Intellectual property rights: plants and phyto medicinals - past history, present scenario and future prospects in South Africa. *South Africa Journal of Science*, v. 96, Aug. 2000.

GOLLIN, M. A. An intellectual property rights framework for biodiversity prospecting". In: REID, W. V. *Biodiversity prospecting*: Using genetic resources for sustainable Development. Washington: World Resources Institute, 1993. 221 p.

GREEN, E. C. K. J.; GOODMAN, M. Ethnobotany. *IPR and benefit-sharing*: the Forest People's Fund in Suriname. Indigenous Knowledge and Development Monitor, mar. 1999. Disponível em: <http://www.nuffic.nl/ciran/ikdm/7-1/green.html>. Acesso em: 11 set. 2005.

GREENE, S. Indigenous People Incorporated? Culture as Politics, Culture as Property in Pharmaceutical Bioprospecting. *Current Anthropology*, v. 45, n. 2, 2004.

GREENE, S. Intellectual property, resources, or territory: Reframing the debate over indigenous rights, traditional knowledge, and pharmaceutical bioprospection. In: BRADLEY, M. P.; PETRO, P. (Org.). *Truth Claims*. New Brunswick: Rutgers University Press, 2002.

GREENE, S. The shaman's needle: development, shamanic agency, and intermedicality in Aguaruna Lands. *American Ethnologist*, Peru, v. 25, p. 634-658, 1998.

GRIFO, F. T. Chemical Prospecting: an overview of the International Cooperative Biodiversity Groups Program, in Biodiversity, Biotechnology and Sustainable Development In Health and Agriculture: Emerging Connections, Pan American Health Organization, pub, 1996. 560 p. Disponível em: <http://www.icbg.org/pub/documents/chempro.pdf>. Acesso em: 12 fev. 2009.

GUÉRIN-MCMANUS, M. et al. *Bioprospecting in Practice*: a case study of the Suriname ICBG Project and Benefits Sharing under the Convention of Biological Diversity, 2004. Disponível em: <www.cbdint/doc/case-studies/abs/cs-abs-sr.pdf>. Acesso em: 24 jan. 2009.

KINGSTON, D. G. I. et al. The Suriname International Cooperative Biodiversity Group Program: Lessons from the First Five Years. *Pharmaceutical Biology*, v. 37, p. 22-34, 1999.

MALONE, S. A. J.; MITTERMEIER, R. A.; ROSENFELD, A. B. *Bioprospecting in Practice*: A Case Study of the Suriname ICBG Project and Benefits Sharing under the Convention on Biological Diversity. Convention on Biological Diversity. Biological Diversity Case Studies, 1998. Disponível em: <http://www.biodiv.org/doc/case-studies/abs/cs-abs-sr.pdf>. Acesso em: 11 set. 2007.

MITTERMEIER, R. A. et al. *Conservation Action Plan for Suriname*. Paramaribo, Suriname: STINASU, Conservation International, LBB, World Wildlife Fund & University of Suriname, 1990.

MORAN, K.; KING, S. R.; CARLSON, T. J. Biodiversity prospecting: lessons and prospects. *Annual Review of Anthropology*, v. 30, p. 505-526, 2001.

ROSENTHAL, Joshua. The International Cooperative Biodiversity Groups (ICBG) Program, 1998. Disponível em: <http://www.cbd.int/doc/case-studies/abs/cs-abs-ibcg.pdf>. Acesso em: 02 fev. 2009.

SILVA, Lyle Glowka Balakrishna Pisupati Sanjiv de. Genetic Resources in Biodiversity Conservation and Sustainable Development in a Changing World Order. In: SILVA, Lyle Glowka Balakrishna Pisupati Sanjiv de (Ed.). *Access to Genetic Resources and Traditional Knowledge*: Lessons from South and Southeast Asia. IUCN Regional Biodiversity Programme, Asia Environmental Law Programme, IUCN Sri Lanka, 1998.

TOBIN, B.; ELLIOTT, W.; JOHNSTON, S.; RICHERZHAGEN, C. Towards an International Regime on Access and Benefit-Sharing for Genetic Resources and Associated Traditional Knowledge. In: TOBIN, B. Biodiplomacy: bringing "life" to international negotiations. *Work in Progress*, Tokyo, v. 17, n. 2, 2005.

TRIGUEIRO, M. G. S. Bioprospecção: uma nova fronteira da sociedade. Relatório de Pesquisa do projeto *The Nature and Impacts of North-South Partnerships in Bioprospecting*, coordenado por Léa Velho, com financiamento do IDRC, 2007. Mimeografado.

VOGEL, J. H. *The Successful Use of Economic Instruments to Foster Sustainable Use of Biodiversity*: Six Case Studies from Latin America and the Caribbean Case Study 6: Bioprospecting. Report commissioned by the Biodiversity Support Program on behalf of the Inter-American Commission on Biodiversity and Sustainable Development In preparation for the Summit of the Americas on Sustainable Development, Santa Cruz de la Sierra, Bolivia, Dec. 6-8, 1996.

WERKHOVEN, M. C. M.; MALONE, S. A. J. Ethnobotany in Suriname, Presentation for Board Meeting of the Caribbean Council of Higher Education In Agriculture (CACHE), Paramaribo, Suriname, 2000.

ZAKRI, A. H.; JOHNSTON, S.; TOBIN, B. The Biodiplomacy Initiative: Informing Equitable and Ethical Decision-Making for Present and Future Generations. In: TOBIN, B. Biodiplomacy: bringing "life" to international negotiations. *Work in Progress*, Tokyo, v. 17, n. 2, 2005.

> Informação bibliográfica deste texto, conforme a NBR 6023:2002 da Associação Brasileira de Normas Técnicas (ABNT):
>
> VELHO, Lea; TONI, Fabiano. Bioprospecção no Suriname: as parcerias norte-sul contribuem para a capacitação científica com vistas ao desenvolvimento sustentável?. In: KISHI, Sandra Akemi Shimada; KLEBA, John Bernhard (Coord.). *Dilemas do acesso à biodiversidade e aos conhecimentos tradicionais*: direito, política e sociedade. Belo Horizonte: Fórum, 2009. p. 87-107. ISBN 978-85-7700-240-5.

Problemas sociolegais do acesso ao conhecimento tradicional associado a recursos genéticos e estudo dos casos da fragrância do breu branco e de psicoativos indígenas[1]

John Bernhard Kleba

Abreviaturas

CGEN – Conselho de Gestão do Patrimônio Genético

CT – Conhecimento tradicional associado a recursos genéticos

CURB – Contrato de Utilização do Patrimônio Genético e de Repartição de Benefícios

RB – Repartição de Benefícios

RDS – Reserva de Desenvolvimento Sustentável

Sumário: Introdução - Pajés e etnofarmácia – Demarcando a titularidade dos conhecimentos médicos tradicionais no caso UNIFESP e Krahô - O que define se houve acesso ao conhecimento tradicional associado a recursos genéticos em casos controversos? A fragrância do *Protium pallidum* em questão - Natura e a comunidade ribeirinha do Iratapuru, Amapá - Erveiras, perfumes e direitos – Entrevistas da Natura no mercado do Ver-o-Peso, Pará - Que conhecimento foi acessado, conhecimento tradicional protegido legalmente ou conhecimento em domínio público? - Comerciantes urbanos podem ser titulares do conhecimento tradicional? - As formas disseminadas de conhecimento tradicional - O conhecimento tradicional disseminado de caráter nacional - Uma nova tipologia de formas de conhecimento tradicional - Notas finais - Referências

---

[1] Artigo revisado, publicado originalmente sob o título "A Socio-legal Inquiry into the Protection of Disseminated Traditional Knowledge – Learning from Brazilian Cases". In: KAMAU, Evanson C.; WINTER, Gerd (Ed.). *Genetic Resources, Traditional Knowledge and the Law*. London: Earthscan, 2009. Este trabalho está vinculado a dois projetos de pesquisa, um financiado pela DFG (Deutsche Forschungsgemeinschaft) e coordenado pelo Prof. Dr. Gerd Winter, *Research Center for European Environmental Law*, University of Bremen, Alemanha, intitulado "Access to Genetic Ressources and Benefit Sharing – Law and Praxis in Brazil, Germany and Kenya". Outro, de auxílio à pesquisa FAPESP (Fundação de Amparo à Pesquisa do Estado de São Paulo), intitulado "Acesso aos recursos genéticos, conhecimentos tradicionais associados e repartição de benefícios – Lei e prática no Brasil". Gostaríamos de agradecer a Cristina M. A. Azevedo, Gerd Winter, Evanson C. Kamau e Sandra A. Kishi pelos comentários perspicazes ao texto.

Introdução

Uma das funções modernas do direito é de impulsionar novos comportamentos sociais diante de um mundo em constante mudança. Neste artigo problematizo as dificuldades de implementação de um novo preceito legal, a proteção dos conhecimentos tradicionais associados a recursos genéticos[2] (CT). Embora parte de um corpo mais amplo de desenvolvimentos do direito internacional cobrindo os direitos humanos, a herança cultural e os direitos de minorias, a Convenção sobre a Diversidade Biológica[3] (CDB) é o instrumento com força legal mais relevante para proteger o CT (HAHN, 2004, p. 114). Há uma dupla vulnerabilidade a ser protegida, pois tanto a natureza quanto a cultura de populações tradicionais estão ameaçadas pela forma de expansão da economia moderna. Desta forma, a CDB reconhece a interdependência entre conservação da biodiversidade e a proteção de comunidades locais e populações indígenas (Preâmbulo). A Convenção propõe um caminho para superar-se uma situação histórica de apropriação aética do CT (KHOR, 2002), de atores diversos, por exemplo empresas multinacionais de áreas biotecnológicas, que se apropriam deste conhecimento sem consentimento nem retribuição. A CDB reconhece a natureza inovativa dos conhecimentos e práticas das comunidades tradicionais, recomenda sua *aprovação e envolvimento* na utilização deste mesmo conhecimento e exige uma repartição *justa e equitativa* dos benefícios comerciais derivados de sua utilização (art. 8j).

Para ter força legal, a CDB necessita ser implementada pela legislação nacional dos países que a ratificaram, e, como se trata de um corpo abstrato de conceitos e recomendações, ela deixa em aberto como legislações específicas virão a equacionar os diferentes interesses embutidos na Convenção. Como a legislação de acesso incide num campo de conflito: os interesses em facilitar o acesso, por parte de empresas biotecnológicas e da área de pesquisa, estão na direção oposta aos interesses em proteger os direitos de provedores dos recursos genéticos, no caso do CT, das populações tradicionais. Em xeque está a capacidade do legislador de buscar um ponto de consenso, mediante critérios de razoabilidade e de participação, que pudesse ser aceito pelas partes.

No Brasil o acesso ao CT para fins de pesquisa e comércio é regulamentado pela Medida Provisória (MP) nº 2.186-16/2001.[4] Em novembro de 2007 foi publicado pelo governo federal um projeto de lei para discussão pública, com modificações essenciais da matéria, mas, ainda em meados de 2009, conflitos

---

[2] Neste artigo somente consideramos esta modalidade de conhecimento tradicional, i. e., daquele "associado a recursos genéticos", dentro dos parâmetros estabelecidos pela Convenção da Diversidade Biológica.

[3] A CDB foi promulgada pela Conferência das Nações Unidas, UNCED, em 1992, no Rio de janeiro, e foi ratificada pelo Brasil em 1994.

[4] A primeira regulamentação da matéria foi instituída no Brasil pela MP nº 2.052/2000.

entre os Ministérios têm inviabilizado um consenso a respeito das alterações necessárias.[5] Segundo a MP nº 2.186-16, o acesso ao CT deverá ser autorizado pelo CGEN (Conselho de Gestão do Patrimônio Genético),[6] incluindo a apresentação de termo de anuência prévia (TAP) e um contrato de uso e repartição de benefícios (CURB), a serem assinados por ambos, provedores e usuários.

Há um consenso de que esta MP não atende aos anseios dos grupos afetados. O Brasil é um país conhecido pela magnitude de sua diversidade biológica e cultural, onde a expectativa de congregar o desenvolvimento biotecnológico com um tratamento justo e equitativo do CT tem enfrentado uma realidade sóbria. A primeira solicitação de acesso ao CT envolvendo uso comercial foi autorizada somente no final de 2007.[7] Segundo o CGEN, entre os anos de 2002 e 2008 foram autorizados somente dois processos de Bioprospecção com Patrimônio Genético e CT,[8] e 2 processos incluindo desenvolvimento tecnológico e CT estão sobrestados,[9] um dos quais, tema do presente artigo. Os processos sobrestados aguardam durante anos sua *regularização*.[10]

Especialmente no caso de pesquisas envolvendo CT com potencial comercial, há casos de projetos suspensos, acusações infundadas e um clima geral de incertezas, muitas vezes contrariando tanto o interesse de usuários quanto de provedores do CT (KLEBA, 2008). Há muitos problemas relacionados à temática: uma crítica ao processo de tomada de decisões legislativas e o espaço de participação dos atores envolvidos; os obstáculos à pesquisa biológica resultantes da MP; o significado da propriedade intelectual e a ameaça de mercantilização de culturas indígenas e tradicionais, entre outros.

Neste artigo me limitarei à investigação de controvérsias em torno do CT, em especial aos problemas postos pelas formas disseminadas de CT, um tema de pesquisa que carece na literatura.[11] Examino as dificuldades sociolegais da

---

[5] ESCOBAR, Herton. Lei de acesso a recursos genéticos da biodiversidade continua travada. *O Estado de S. Paulo*, 31 mar. 2009. Disponível em: <www.estadao.com.br/> (consulta em: abr. 2009); também: <http://www.planalto.gov.br/ccivil_03/consulta_publica/consulta_biologica.htm>. (consulta em: dez. 2007).

[6] O CGEN foi criado pela MP nº 2.186-16 (art. 10), no âmbito do Ministério do Meio Ambiente, tendo caráter deliberativo e normativo e sendo composto por representantes de órgãos da Administração Pública Federal.

[7] A pesquisa é da Universidade Federal do Rio de Janeiro e envolve o conhecimento médico de comunidades quilombolas no Município de Oriximiná, Pará, Deliberação CGEN nº 213, 06 de dezembro de 2007.

[8] Neste caso o boletim do CGEN acusa 2 processos em tramitação e 3 sobrestados. *Boletim Interno DPG/CGEN/MMA*, mar. 2009. Disponível em: <http://www.mma.gov.br/estruturas/sbf_dpg/_arquivos/boletim_abril_2009.pdf> (consulta em: 05 maio 2009).

[9] Para os quais somente o acesso ao patrimônio genético foi autorizado. *Boletim Interno DPG, CGEN, MMA*, mar. 2009. Disponível em: <http://www.mma.gov.br/estruturas/sbf_dpg/_arquivos/boletim_abril_2009.pdf> (consulta em: 05 maio 2009).

[10] Isto é, legalização de um acesso já realizado ou iniciado sem a devida autorização prévia. Inf. pessoal, Cristina Azevedo, CGEN.

[11] Consultado em 15.01.2009, o *Google Academic* apresentava somente um artigo contendo o conceito de "conhecimento tradicional disseminado", sendo que o mesmo cita o conceito apenas de forma marginal. Disponível em: <http://icrier.org/pdf/wp141.pdf>.

implementação deste conceito à luz de controvérsias empíricas. A primeira seção debate a quem pertence o CT, quando seu grau de disseminação não está claro. Na segunda seção, investiga-se uma disputa sobre se um CT particular é conhecimento protegido pela legislação ou conhecimento de livre acesso. A terceira seção trata do que define um detentor do CT. Na seção final, discuto as formas de CT, sistematizando suas variações empíricas numa tipologia e considerando suas implicações sociolegais.

Pajés e etnofarmácia – Demarcando a titularidade dos conhecimentos médicos tradicionais no caso UNIFESP e Krahô[12]

O caso aqui abordado coloca a seguinte questão: Como deve ser delimitada a fronteira entre titulares e não titulares do CT, quando não está claro quão disseminado é este conhecimento?

Em 1999 pesquisadores do Departamento de Psicobiologia da Universidade Federal de São Paulo (UNIFESP) iniciaram um projeto de bioprospecção sobre os usos rituais de plantas medicinais utilizadas pelos índios Krahô, com ênfase nas psicoativas (RODRIGUES, 2001). Os Krahô compreendem em torno de duas mil pessoas que vivem na reserva indígena da Kraholândia, Estado de Tocantins, no Cerrado, este último considerado um *hotspot* da biodiversidade. Os Krahô falam a língua Timbira, do tronco Jê.[13] Os registros da pesquisa da UNIFESP foram surpreendentemente ricos (RODRIGUES e CARLINI, 2006), ao todo: "Os resultados indicaram a utilização de 548 receitas, 164 espécies vegetais e 139 indicações terapêuticas, das quais (...) 51 (indicações terapêuticas) podem estar relacionadas a algum tipo de atividade sobre o Sistema Nervoso Central" (RODRIGUES, 2001, introdução e anexo III).

A maior parte das plantas indicadas são desconhecidas da farmacologia (RODRIGUES, 2001, p. 99), e seus nomes científicos foram intencionalmente não publicados para resguardar o CT associado.

O projeto como um todo estava planejado em duas fases. A primeira investigou o conhecimento médico tradicional krahô e coletou amostras das plantas. Esta fase foi concluída em 2001 com a defesa da tese de doutoramento de E. Rodrigues, que sintetiza os resultados de pesquisa (RODRIGUES, 2001). O final desta fase provocou acusações na mídia, concernentes aos procedimentos de anuência prévia, e demandas de compensação (ÁVILA, 2006). A segunda fase do projeto ensejava desenvolver medicamentos a partir do CT, mas não foi

---

[12] Este capítulo é baseado, sobretudo, em Kleba (2008) e nos Dossiês do acompanhamento administrativo do CGEN sobre o caso, doravante nomeados Dossiês CGEN Unifesp/Krahô.

[13] ENCICLOPÉDIA povos indígenas no Brasil. Disponível em: <www.socioambiental.org/pib/epienglish/kraho/kraho.shtm>. (consulta em: jan. 2008).

implementada em virtude de negociações fracassadas entre as partes (KLEBA, 2008, p. 8 et seq.).

Uma avaliação crítica do caso revela que a posse sobre o CT foi construída de forma que escolhas políticas pesaram mais do que o princípio da imparcialidade científica *e* jurídica. A cientista Rodrigues havia iniciado sua pesquisa em 1999, um ano antes da primeira legislação de acesso entrar em vigor no Brasil. De forma pragmática, a pesquisadora tomou uma anuência prévia da associação krahô Vyty-Cati (ou Wyty Katy) e organizou para tanto reuniões informativas com três aldeias krahô,[14] já que havia delimitado seu trabalho empírico aos sete *wajacás* (pajés krahô) pertencentes a estas três aldeias (RODRIGUES, 2001, p. 36). Entretanto, em maio de 2002 outra associação krahô, a Kapéy, tornou pública uma acusação de comportamento ilegal desta pesquisa, em uma "Carta Aberta do Povo Krahô".[15] A principal justificativa do protesto foi de que "o conhecimento associado ao uso dos recursos naturais pesquisados pela UNIFESP é de domínio de todo o povo Krahô e não apenas das três aldeias associadas à VYTY-CATI" (Carta Aberta, apud ÁVILA, 2006, p. 126). Desta forma, demandava-se que a anuência prévia e a repartição de benefícios deveriam ter sido negociadas com todas as aldeias krahô — 17 na época (hoje 18). Um processo de negociação foi iniciado com a participação de novos mediadores, entre eles o Ministério Público Federal (MPF).

Mas como se deveria definir uma representação legítima para o consentimento prévio neste caso? Na verdade ambas as associações, Kapéy e Vyti-Caty, demandavam ser uma representação legítima indígena, e mais tarde mais três associações foram fundadas entre os Krahô, cada qual representando certos grupos de vilas (ÁVILA, 2006, p. 149-150). Factualmente a Kapéy conseguiu aglutinar os interesses de todas as aldeias no momento político em torno da elaboração da Carta Aberta, todavia, ao início da pesquisa da UNIFESP em 1999, não havia uma representação uníssona e institucionalizada de todas as aldeias krahô (ÁVILA, 2006). Esta representação foi sendo construída nos anos decorrentes, estabelecendo um padrão de tomada de decisões através de reuniões deliberativas e abertas, combinando formas modernas de representação como as associações modernas, com seus líderes capacitados para negociar com as instituições dos brancos, com formas tradicionais de deliberação direta de *pahís* (caciques), idosos, *wajacás* e lideranças femininas (ÁVILA, 2006, p. 152 et seq.; CGEN, Dossiê Unifesp/Krahô 2003/2005).

Através de uma análise sociológica do caso pode-se detectar um processo de *naturalização* de preferências políticas, quando as interpretações dominantes

---

[14] Dossiês CGEN Unifesp/Krahô, fl. 275et seq.
[15] A Carta é de 25 e 26 de maio de 2002. Uma cópia da mesma está disponível em Ávila (2006).

se transformaram nas únicas possíveis. O fundamento desta escolha não é empírico, mas político. O ponto de partida foi o próprio ato político da Kapéy, primeiramente de se instituir como a representação legítima de todas as aldeias Krahô, e, em seguida, de reclamar os direitos titulares sobre o conhecimento dos sete *wajacás* para os Krahô como um todo, e, por implicação, reduzindo a tutela aos Krahô frente aos povos indígenas vizinhos. Mas em que base reside a justificação desta demanda?

A MP nº 2.186/16 define a titularidade do CT como de natureza coletiva: "(...), qualquer conhecimento tradicional associado ao patrimônio genético poderá ser de titularidade da comunidade, ainda que apenas um indivíduo, membro dessa comunidade, detenha esse conhecimento" (art. 9º, parágrafo único). Mas ela não define o procedimento para demarcar esta "comunidade". Uma observação cuidadosa deste campo revelará que não há um padrão uniforme para a demanda de titularidade do CT. Há grupos étnicos que reconhecem explicitamente a autonomia de suas aldeias para realizar contratos de repartição de benefícios.[16] Há líderes indígenas, por exemplo no caso dos usos medicinais da secreção do sapo Kambô (*Phyllomedusa bicolour*), que preferem atribuir um CT para um conjunto de povos de vizinhança lingüística e geográfica,[17] apesar do fato de que algumas etnias específicas deste conjunto usem o Kambô de forma mais intensiva em suas práticas, e que outras etnias, aparentemente, tenham inserido mais recentemente o Kambô em sua cultura (LIMA, 2008, p. 172-173). Desta forma, também no caso do Kambô, a titularidade do CT passa a constituir um novo campo de negociação e conflito entre os próprios povos indígenas, e entre estes e instituições de pesquisa (LIMA, 2009).

Aplicando a questão da origem do conhecimento médico tradicional dos *wajacás*, os pajés krahô, ele é parcialmente tradição familiar, pois os *wajacás* são instruídos pelos parentes mais próximos na arte médica (RODRIGUES, 2001, p. 51f); Ele é parcialmente individual, pois cada *wajacá* dispõe de seu guia espiritual (*pahi*), é especializado no tratamento de certas doenças e pesquisa individualmente novas fitoterapias (RODRIGUES, 2001); Ele é, ao menos em parte, conhecimento repartido entre os Krahô, mas também repartido entre os Krahô e os demais grupos de língua Timbira, os Apinajé, Canela, Krikati e Gavião, bem como entre seus vizinhos geográficos como os Xerente (RODRIGUES, 2001, p. 30; ÁVILA, 2002, p. 147). Desta forma a associação Vyty-Cati declara representar os povos de língua Timbira como um todo cultural. Por outro lado,

---

[16] Inf. pessoal, Cristina Azevedo, CGEN.
[17] Entrevista realizada pelo autor com o líder Katukina Fernando Katukina, Cruzeiro do Sul, Acre, 21 de julho de 2008.

a identidade Krahô parece ser homogênea mais para os brancos do que para os índios, já que rivalidades entre os Kenpocatêjê (hoje autodenominados Krahô) e os Mãkraré (Krahô com origem Mãkraré) persistem por dois séculos, cada qual ensejando ser o verdadeiro Krahô (ÁVILA, 2006, p. 144).

Espelhando esta complexidade, num debate com representantes Krahô, a pesquisadora Rodrigues reafirma que os ancestrais de muitos *wajacás* "pertencem a outras etnias timbira e não timbira (como os Xerente, por exemplo) (...)", o que teria justificado o acordo inicial com uma associação que representa os povos de língua timbira e não somente com os Krahô.[18] Não é justificável retrucar que neste caso "teremos que considerar todas as etnias brasileiras" ou mesmo "todas as etnias da América", como ocorreu na ocasião deste debate.[19] Esta objeção não passa de um recurso retórico, pois reconhecer uma certa disseminação do conhecimento não implica que esta seja, por conseqüência, ilimitada. Não a sofística, mas tão-somente a pesquisa empírica pode definir quão disseminado um conhecimento particular é, como a pesquisa etnofarmacêutica o tem demonstrado.[20]

Conclui-se que a reivindicação da associação Kapéy, de que o CT em questão seja de titularidade de todas as aldeias Krahô, envolve a exclusão de outros grupos indígenas, os quais não foram consultados, e que hipoteticamente podem partilhar do mesmo conhecimento. Esta demarcação de fronteiras sobre a titularidade foi legitimada por um ato político, a vontade expressa dos Krahô, e se tornou funcional para a implementação da lei, já que ocultou a dificultosa questão empírica de quais grupos efetivamente partilham quais conhecimentos fitoterápicos. Este resultado regulatório implica, entretanto, um risco legal. Suponha-se que a receita X adquirida do *wajacá* Z se torne um medicamento de demanda global, e que o contrato de repartição de benefícios tenha beneficiado exclusivamente os Krahô, de acordo com a posição do CGEN e do MPF sobre o caso. Ora, um indígena Apinajé, ou de qualquer etnia culturalmente próxima, poderia atestar com evidências nos tribunais que ele partilha o mesmo conhecimento médico intergeracional, demandando participação em um novo contrato a ser realizado, conforme seus direitos consagrados pela CDB e pela legislação brasileira de acesso.

Ao final do artigo debatem-se propostas de otimização regulatória com o objetivo de minimizar dificuldades como as apresentadas no caso da UNIFESP/Krahô.

---

[18] Dossiês CGEN Unifesp/Krahô, p. 459 et seq.
[19] Ibidem.
[20] HULTKRANTZ, Å. 'Medicine in native North and South America'. In: SELIN, H. (Ed.). *Encyclopaedia of the History of Science, Technology, and Medicine in Non-Western Cultures.* Berlin: Springer-Verlag, 2008. p. 1567 et seq.

O que define se houve acesso ao conhecimento tradicional associado a recursos genéticos em casos controversos? A fragrância do *Protium pallidum* em questão

Esta seção discute os critérios regulatórios utilizados para tomar a decisão, se um projeto de bioprospecção está acessando CT ou conhecimento em domínio público, no sentido de livre acesso. A companhia Natura Cosméticos S.A. é conhecida por seu engajamento empresarial de cunho socioambiental,[21] e também é citada como exemplar em questões de acesso a recursos genéticos e CT em documentos do próprio Secretariado da CDB (CBD, 2008). O presente artigo toma um outro foco, examinando as disputas sociolegais da empresa com dois detentores potenciais do CT, os ribeirinhos do Iratapuru e as erveiras de Belém, em primeira mão através de uma extensa documentação de dossiês administrativos e jurídicos.[22]

Natura e a comunidade ribeirinha do Iratapuru, Amapá

Natura Cosméticos S.A. é uma companhia brasileira de cosméticos com sede em Cajamar, São Paulo. Ela assumiu a liderança do setor cosmético brasileiro,[23] apresentando em 2008 uma receita bruta de R$4,6 bi no Brasil, sem contar suas participações em demais países.[24] Junto ao CGEN a empresa vem solicitando diversos contratos de acesso ao CT. Entre os produtos que a Natura desenvolveu a partir da biodiversidade brasileira como parte de sua linha *Ekos*, a essência de três plantas, Breu Branco (*Protium pallidum*), Priprioca (*Cyperus articulatus L*) e Cumaru (*Dipteryx Odorata*) estão no centro da presente controvérsia. Focaremos apenas no caso do *Breu Branco* (breu significa resina), já que cada uma destas plantas está conectada a uma história diferente.

No início de 2001 a empresa *IFF Essências e Fragrâncias Ltda.*, com sede em Barueri, SP, a pedido da Natura, realizou prospecção do Breu Branco engajando a comunidade extrativista e ribeirinha do São Francisco do Iratapuru, Município de Laranjal do Jarí, Amapá.[25] Esta comunidade reside em

---

[21] QUEZADA, Fernando. Status and potential of commercial bioprospecting activities in Latin America and the Caribbean. CEPAL, Serie Médio Ambiente e Desarrolo, Serie 132, May 2007. Veja também Natura Annual Report 2006, p. 36.

[22] Foram analisados dois Dossiês sobre o caso, o do DPG/SBF/MMA (Processo nº 02000.001608/2004-19), doravante Dossiê CGEN, 652 p., e o Dossiê do Ministério Público Federal, Dossiê MPF, 330 p., denominados aqui Dossiê CGEN *Protium* e Dossiê MPF *Protium*.

[23] Natura Annual Report 2007. p. 5.

[24] Relatório Anual Natura 2008. p. 30.

[25] Naquele momento a comunidade era composta de 27 famílias. Laudo Antropológico de Mary Helena Alegretti, 14 de julho de 2004, p. 9, Dossiê CGEN *Protium*, p. 34-74.

área da Reserva de Desenvolvimento Sustentável[26] (RDS) do rio Iratapuru.[27] A comunidade trabalha com a Natura desde 1999 na coleta e processamento do óleo da castanha-do-pará em colaboração com a empresa multinacional Cognis e atualmente fornece Copaíba, Castanha-do-Pará e resina do Breu Branco para a Natura (CBD, 2008, p. 80-82).

Em suas negociações com a Natura os ribeirinhos elegeram como sua representação a Cooperativa Mista dos Produtores e Extrativistas do Rio Iratapuru, COMARU. Em junho de 2004 a empresa assinou termo de anuência prévia e CURB com a COMARU. Em dezembro do mesmo ano firmou-se aditivo com a Secretaria do Meio Ambiente, SEMA, Amapá.[28] Legalmente a empresa teria necessitado afirmar a anuência e o contrato somente com este órgão, pois não requereu acesso ao CT, senão apenas acesso ao patrimônio genético, e neste caso a parte anuente é o administrador da propriedade pública, e a SEMA/AP é a administradora da RDS do Iratapuru.[29] Por que a empresa teria realizado, então, o termo de anuência prévia e CURB com a COMARU? Tudo indica que, tratando-se de um caso pioneiro de explorar RG envolvendo a participação de comunidades tradicionais na cadeia produtiva, a empresa quis se antecipar à morosidade regulatória, na expectativa de uma autorização rápida dentro da legalidade.

A repartição de benefícios para a comunidade extrativista incluiu um pagamento único antecipado, pagamentos regulares de meio por cento (0,5%) da receita líquida aferida através das vendas de produtos que contêm o Breu Branco,[30] bem como assessoria na certificação das atividades da COMARU pela FSC (Forest Stewardship Council).[31]

Em julho de 2004 foi autuado no CGEN a pedido da Natura processo de regularização do acesso ao Breu Branco e, em março de 2005, publicada a *Autorização de acesso à amostra de componente do patrimônio genético para fins de bioprospecção e desenvolvimento tecnológico*.[32] Entretanto, a Secretaria Executiva do CGEN afirma que "esta autorização não abrangeu o acesso ao conhecimento tradicional associado utilizado pela Empresa, uma vez

---

[26] Criada pela Lei nº 9.985/2000, art. 20, a *reserva de desenvolvimento sustentável* é uma área natural que abriga populações tradicionais, cuja existência baseia-se em sistemas sustentáveis de exploração dos recursos naturais, desenvolvidos ao longo de gerações (...).

[27] A reserva compreende 806.184 hectares. Lei nº 0392/1997, Amapá; Dossiê CGEN *Protium* (fls. 34-74).

[28] Dossiê MPF *Protium*, fls. 219-225.

[29] Dossiê CGEN *Protium*, fls. 249 et seq. A comunidade não dispunha de títulos de propriedade, fato comum na região.

[30] O valor antecipado pago foi de R$10.000 (dez mil reais), independentemente dos resultados da pesquisa. Referente à parte da receita líquida, para o exercício de 2003 o valor foi de R$101.222,00. Os valores serão repassados à comunidade via Fundo Natura para o Desenvolvimento Sustentável. CGEN *Protium*, p. 28 et seq.

[31] Os benefícios estipulados no contrato com o Estado do Amapá são de ordem não monetária pelo reconhecimento da promoção pela Natura de iniciativas associadas à RDS do Iratapuru e à COMARU. Dossiê CGEN *Protium*, p. 28 et seq.

[32] Del. CGEN nº 94/2005.

que o CGEN não possui regulamentação para a repartição de benefícios nesses casos".[33] Os casos aqui referidos se encontram na área legalmente nebulosa do CT disseminado. Pois, nos documentos do processo, a Natura havia reconhecido acessar *também* (além da literatura) um CT identificado como "difuso".[34] A questão foi postergada, e a Natura se prontificou a regularizar o acesso, assim que a matéria fosse regulamentada.

Erveiras, perfumes e direitos – Entrevistas da Natura no mercado do Ver-o-Peso, Pará

Em julho de 2003, funcionários da Natura realizaram entrevistas com feirantes, vendedoras de ervas e perfumes (*erveiras*), nas barracas do mercado do Ver-o-Peso em Belém do Pará, Amazônia.[35] O Ver-o-Peso é um mercado popular reputado por seu caráter histórico e cultural.[36] Entre as fragrâncias que as erveiras oferecem estão o "Cheiro-do-Pará", o "Banho de Amor" e o "Chora nos meus pés".[37] Nas entrevistas da Natura, as erveiras são filmadas e perguntadas sobre o uso das ervas, seu preparo e sobre os fornecedores. A empresa realiza um documentário a partir destes materiais e assina, para tanto, um contrato de uso da imagem e voz por dois anos com seis erveiras, com bonificação imediata.[38] Em abril de 2005, as erveiras, vindo a saber da comercialização pela Natura de produtos à base de algumas das ervas sobre as quais foram entrevistadas, sentem-se lesadas e recorrem à Comissão de Biodireito da Organização dos Advogados do Brasil, OAB/PA.[39] A acusação é de que teria havido acesso ao CT, sem atender aos dispositivos legais que exigem previamente o termo de anuência prévia e o CURB.[40]

Inicia-se um processo complexo de dissenso mediante atas de reuniões, relatórios de comissões, ofícios, pareceres, notas técnicas, processos administrativos e citações na mídia. Ponto decisivo na disputa é o fato de que há controvérsia sobre a alegação de que a empresa teria realizado consultas junto às erveiras já em 2001.[41] Pois, sem esta suposição de consulta prévia, não faria sentido a afirmação de que houve acesso ao CT das erveiras, já que, simultaneamente

---

[33] Ofício nº 256/2005/CTEC/DPG/SBF/MMA, 19.07.2005. Dossiê CGEN *Protium*.
[34] Ibidem.
[35] Dossiê MPF *Protium*, p. 160 et seq.
[36] *Folha de S.Paulo* (Online) 'Belém renasce com mistura de sabores, cultura popular e história', A. L. Busch and C. Vilela. 17 de junho de 2005.
[37] Jornal *O Liberal*, "Magia das ervas identifica o Ver-o-Peso", Anderson L. Araújo, 19.02.2006.
[38] O instrumento particular de licença de uso de imagem resultou em pagamento de R$500,00 para cada uma das seis feirantes participantes. Dossiê MPF *Protium*, fls. 160 et seq.
[39] Termos de declarações, Dossiê MPF *Protium*, fls. 152 et seq. Ata de reunião da Comissão de Biodireito da OAB/PA, 18.04.2005.
[40] Dossiê MPF *Protium*, fls 18-24.
[41] Disponível em: <www.reporterbrasil.org.br/exibe.php?id=605>. Acesso em: jun. 2008.

às entrevistas realizadas em 2003, a Natura estava lançando no mercado dois produtos à base do Breu Branco: *Perfume do Brasil* e *Água de Banho*.[42] No entanto, a referida alegação não chegou a ser esclarecida por meio de provas.

A posição favorável às erveiras é endossada pelos representantes da OAB/PA e do Ministério Público Federal. Na oposição, os advogados da empresa trazem uma bateria extensa de argumentos em sua defesa. O CGEN acaba por decidir que ouve acesso ao CT, com exigência de regularização do caso, mediante a necessidade de a Natura solicitar autorização de acesso ao CT ao órgão regulador. Finalmente, em reunião com todas as partes, em junho de 2006, formaliza-se um acordo,[43] no qual as erveiras do Ver-o-Peso são reconhecidas legalmente como provedoras do CT envolvendo o Breu Branco, a Priprioca e o Cumaru, da mesma forma que as três respectivas comunidades que forneceram para a empresa cada um destes materiais biológicos.[44] Em outubro de 2006 a empresa assina termo de anuência prévia e CURB com a associação Ver-as-Ervas, representante das erveiras e erveiros do Ver-O-Peso, e que emergiu da mobilização em torno do caso com a empresa Natura.[45] O termo de anuência prévia e o CURB celebrados entre a empresa e a Ver-as-Ervas previram, além de uma parcela única inicial, o pagamento de percentuais sobre o lucro líquido, quando ativos forem destacados junto ao nome do produto no rótulo (0,15% por ativo) ou, quando ativos forem apresentados na composição (0,05%).[46] Estes benefícios são destinados a projetos de uso e conservação da biodiversidade, bem como de caráter cultural, não se permitindo vantagens monetárias diretas aos associados.[47] O acordo realizado também comprometeu a empresa a negociar um novo CURB com os ribeirinhos do Iratapuru, por reconhecer neste caso também a realização de acesso ao CT.

Eu argumento que o processo que levou a Natura a aceitar as condições impostas no acordo com o órgão gestor e as instituições jurídicas favoráveis às erveiras foi um *acordo sem consenso*, i.e., a empresa não capitulou em virtude da razoabilidade dos argumentos, mas sim considerando um cálculo de perdas e ganhos envolvidos no possível desfecho da disputa.

---

[42] Dossiê CGEN *Protium*, p. 43.
[43] Dossiê MPF *Protium*, p. 186-189.
[44] Concernente à Priprioca, a comunidade está localizada em Boa Vista do Acará, Pará, e ao Cumaru, em Nova Califórnia, Roraima (projeto RECA). Dossiê CGEN 2, fls. 452, Ofício nº 257/2006/CTEC/DPG/SBF/MMA.
[45] A associação representa hoje 102 comerciantes de ervas e derivados (90 dos quais mulheres), trabalhando junto ao Ver-o-Peso. Disponível em: <http://belemhoje.blogspot.com/2008/01/vendedoras.html> (consulta em: jun. 2008).
[46] Os percentuais são mutuamente excludentes. Dossiê MPF, fls. 294-310.
[47] Atualmente as atividades da associação Ver-as-Ervas incluem cursos para a aprendizagem do trabalho com fitoterápicos e cosméticos e iniciativas ecológicas como a reciclagem e o treino de práticas sustentáveis para os fornecedores, entre outras. A Casa das Ervas, nova sede da associação, pretende oferecer infra-estrutura para a manufatura e conservação de matérias-primas e o processamento de cosméticos. <www.deputadozegeraldo.com.br/site/news.php?readmore=224> (consulta em: jun. 2008).

Tabela 1
Cronograma do caso Natura e *Protium pallidum*

- 2001 - Início da coleta para pesquisa bioprospectiva; acordos com COMARU, Amapá;
- 05.07.2003 - Instrumento particular de licença de uso de imagem/nome/voz/depoimento com erveiras do mercado Ver-o-Peso;
- 07.2003 - Natura lança dois produtos à base do Breu Branco: Perfume do Brasil e Água de Banho;
- 22.06.2004 - Assinatura de termo de anuência prévia e CURB da Natura com COMARU. Em 01.12.2004 é firmado aditivo ao contrato com a SEMA, Amapá;
- 18.03.2005 - CGEN emite Autorização *de acesso à amostra de componente do patrimônio genético para fins de bioprospecção e desenvolvimento tecnológico* para a Natura, Projeto "Perfume do Brasil", baseado no *Protium pallidum*;
- 18.04.2005 - Reclamação das erveiras junto à OAB/PA;
- 11.11.2005 - Mediante análise de documentário institucional, solicitação da Secretaria Executiva do CGEN à Natura de regulamentação do CT;
- 27.04.2006 - Procedimento administrativo do MPF;
- 08.06.2006 - Mudança de posição da Natura, reconhecendo *inspiração* no CT. Especificação de quatro fontes de CT: o Ver-o-Peso para o Breu Branco, a Priprioca e o Cumaru, e mais três comunidades, cada qual para um dos respectivos materiais biológicos;
- 30.06.2006 - Acordo em Reunião da Procuradoria da República, para realização do contrato (CURB) e termo de anuência sobre o CT no prazo de 90 dias;[1]
- 13.07.2006 - Criação da associação Ver-as-Ervas, como pessoa jurídica de direito privado sem fins econômicos, tendo como fins a valorização do CT e a proteção da biodiversidade;
- 17.10.2006 - Assinatura de termo de anuência prévia e CURB da Natura com Ver-as-Ervas;
- 11.2006 - Negociações e impasses com a Secretaria Executiva do CGEN da regularização do *acesso ao CT* referente aos três vegetais;[2]
- 04.09.2007 - A Secretaria Executiva do CGEN informa a decisão de sobrestamento de todos os processos de regularização até normatização específica.[3]

Fonte: Compilação do autor baseado nos dossiês do CGEN e do MPF sobre o caso.

[1] Dossiê MPF *Protium*, fls. 186-189.
[2] Mais tarde a empresa procura anular a idéia de uso de CT no processo BIO 1005 (Priprioca) bem como no caso do acesso ao Cumaru. Dossiê CGEN *Protium*, fls. 452, Ofício 257/2006/CTEC/DPG/SBF/MMA e fls. e 528-529, Ofício 415/2006/CTEC/DPG/SBF/MMA.
[3] Dossiê CGEN, fl. 652. Ofício nº 300/2007/CTEC.

Que conhecimento foi acessado, conhecimento tradicional protegido legalmente ou conhecimento em domínio público?

Quando o caso envolvendo o *Protium pallidum* se iniciou em 2001, as provisões legais deixavam muitas incertezas com relação à correta aplicação legal do conceito de conhecimento tradicional associado. Que tipo de conhecimento foi acessado? Para a Natura, tratava-se de um tipo de conhecimento *difuso*, pertencente ao domínio público no sentido da lei de patentes (*res nullius*). Para os procuradores pró-erveiras, tratava-se de CT legalmente protegido, cf. definido na MP nº 2.186-16/2001. Para terceiras interpretações, tratava-se de um *recurso de uso comum* (*common-pool*) (OSTROM, 2000), convertido *de jure* em recurso sob custódia governamental.

A MP nº 2.186-16/2001 define o "acesso ao conhecimento tradicional associado" como: "Obtenção de informação sobre conhecimento ou prática individual ou coletiva, associada ao patrimônio genético, de comunidade indígena ou de comunidade local, para fins de pesquisa científica, desenvolvimento tecnológico ou bioprospecção, visando sua aplicação industrial ou de outra natureza;" (art. 7º, V).

Na sua definição de "conhecimento tradicional associado", a MP acrescenta apenas "informação ou prática (...) com valor real ou potencial" (art. 7º, II). Considerando os dois conceitos, temos critérios como a origem da informação, sua relevância (valor) e sua finalidade. No caso analisado, a finalidade de aplicação industrial é explícita. Já a origem da informação é objeto de contestação. Natura declara em sua regularização do acesso ao Breu Branco no Amapá junto ao CGEN, no item *fonte da informação*, que "o potencial de perfumação de resinas em geral já está descrito na literatura técnica", não advindo da comunidade local.[48] Afirma ainda que o "potencial de perfumação do Breu Branco" é um "conhecimento difuso, também identificado na comunidade" em questão,[49] no sentido de que os direitos associados não seriam exclusivos.

Segundo Hahn (2004, p. 350), o domínio público é a totalidade dos conhecimentos comuns e dos bens intangíveis, que não podem ser removidos do uso comum por meios factuais ou contratuais. Para a Natura o domínio público da fragrância em questão seria atestado por ampla descrição na literatura, pelo uso comum da resina numa região extensa, do México até as Guianas e o Brasil.[50] Muitas destas publicações antecedem à legislação brasileira da matéria, por ex., a propriedade aromática do Breu Branco é citada em estudo da FAO publicado em 1995.[51] Para o CGEN a lei não retroage em tais casos.[52] Neste critério a prática legal brasileira difere da legislação peruana, que protege o CT retroativamente por vinte anos.[53] Apesar disto, como veremos, a evidência de publicações prévias no caso do Breu Branco não anulará a hipótese de que houve acesso ao CT legalmente protegido.

Por exemplo, poderia haver um valor potencial no *acesso* efetivado que não se encontra na literatura. Referente ao valor potencial a idéia central é a do CT enquanto atalho na procura de novas biossubstâncias de interesse

---

[48] Dossiê CGEN *Protium*, fl. 131.
[49] Ibidem, fls. 129 et seq. e 156-162.
[50] Ibidem, fl. 392.
[51] FAO. Memoria - Consulta de expertos sobre productos forestales no madereros para América Latina y el Caribe, Santiago, Chile, 1995. (Serie Forestal, n. 1). Disponível em: <http://www.fao.org/docrep/t2354s/t2354s08.htm> (consulta em: jan. 2009).
[52] AZEVEDO, Cristina. CGEN, Inf. pessoal. IV SEMINÁRIO DE ETNOBIOLOGIA E ETNOECOLOGIA DO SUDESTE, 8-9, nov. 2007, UNIFESP, Diadema, São Paulo.
[53] Lei Peruana nº 27811 de 2002, art. 13.

comercial. A literatura atesta que o atalho, ao contrário da procura do *alfinete no monte de feno*,⁵⁴ i.e., da busca randômica diretamente na natureza, é um dos meios decisivos para economizar tempo e dinheiro nesta prospecção de novos produtos (KATE e LAIRD, 1999). A simples consulta a detentores de CT pode justificar obrigações éticas e jurídicas de RB, para recompensar a colaboração na pesquisa dos provedores, independentemente da efetividade de prover fins comerciais. Mas para definir o escopo e o volume dos benefícios a serem repartidos, de forma justa e equitativa, devem-se considerar os custos de pesquisa e desenvolvimento e a utilidade real de um atalho, justificando que a parte mais significativa da RB estipulada em contrato seja diretamente vinculada ao sucesso mercadológico, na forma de porcentagens sobre lucros auferidos, como tem sido a prática contratual.

Os direitos de proteção do CT não se reduzem a valores econômicos, senão visam proteger a cultura enquanto totalidade, em seus aspectos materiais, intangíveis e mesmo espirituais. Apesar desta ressalva, a utilidade e o valor econômico relacionados ao CT têm desempenhado uma função crucial de legitimação de demandas na arena política em torno da matéria. Desta forma, uma das vozes em defesa das erveiras advoga que suas informações foram condição *sine qua non* para o desenvolvimento dos produtos em questão: "(...), sem a apropriação indevida dos conhecimentos das referidas feirantes, a empresa Natura não conseguiria desenvolver satisfatoriamente a sua linha de beleza".⁵⁵ Mas houve esta imprescritibilidade de fato?

Permitamo-nos avaliar este argumento baseados na pesquisa e desenvolvimento (P&D) do Breu Branco pela Natura. Em questão estão a novidade dos ingredientes, de sua função e do processamento tecnológico. Segundo a Natura, cf. acima mencionado, o ingrediente Breu Branco e sua qualidade aromática já eram conhecidos através de publicações. A técnica de processamento difere entre o preparo tradicional via substâncias alcoólicas e o processo industrial via tecnologia de arraste a vapor.⁵⁶ Concluindo, até este momento, aparentemente não há justificações fundamentadas capazes de embasarem a tese de ter havido aceso ao CT no sentido legal.

Entretanto, a decisão do órgão competente, o CGEN, foi de que a Natura de fato acessou CT em ambos os casos das erveiras do Ver-o-Peso e dos ribeirinhos do Iratapuru. A posição inicial do CGEN, de interpretar o acesso ao Breu Branco junto aos ribeirinhos do Iratapuru enquanto um CT *disseminado*, i. e., um

---

⁵⁴ Wissenschaftlicher Beirat der Bundesregierung Globale Umweltveränderungen (WBGU), Erhaltung und nachhaltige Nutzung der Biosphäre, Jahresgutachten 1999, Alfred-Wegener-Institut für Polar- und Meeresforschung, Bremerhaven, 2000.
⁵⁵ Dossiê MPF *Protium*, fls. 79-85.
⁵⁶ Dossiê MPF *Protium*, fl. 288.

conceito *diferenciado* do conceito de CT cf. definido na MP nº 2.186-16/2001, foi abandonada em favor da interpretação de que as interações entre empresa e provedores em torno do Breu Branco representariam sim um acesso ao CT em conformidade com a mesma MP. Eu vejo uma justificativa apoiada em três bases para esta reinterpretação do órgão regulamentador: houve evidência de que os provedores forneceram dicas do uso deste recurso genético (o *atalho*); os usos de qualquer informação adicional de valor potencial foram considerados plausíveis; e ambos os provedores foram identificados como detentores legais de CT.

Sobre qual lado pesa o ônus de prova? Na prática regulatória corrente ele recai sobre o usuário.[57] Desta forma, não se tornou dificultoso levantar provas suficientes. Entre estas, por exemplo, o CGEN analisou documentário institucional da Natura divulgando sua linha de produtos *Ekos*. Foram consideradas citações como a seguinte: "No desenvolvimento deste perfume, nós resgatamos um antigo segredo de sensualidade das mulheres das populações nativas, a água de banho".[58] Passagens da *website* da Natura atestam a consulta às erveiras, sugerindo uma relação de descoberta de segredos e aprendizagem de conhecimentos.[59] Pode-se questionar a qualidade destas evidências, considerando a prevalência de valores estéticos e simbólicos no *marketing* publicitário, diferenciando-se de uma descrição técnica precisa. Porém, descuidos retóricos ou não, registros escritos têm peso jurídico.

Paradoxalmente, a empresa também muda sua posição, afirmando ter acessado o CT (CBD, 2008, p. 81), argüindo sobre a utilidade das tradições populares na *concepção* de seus produtos:

> A Natura reconhece ter buscado nas tradições populares, (...), inspiração para desenvolver conceitos que integram os produtos "Perfumes do Brasil" e "Água de Banho".[60]
>
> Considerando que referido conhecimento tradicional é fonte de inspiração para o desenvolvimento de produtos, ou seja, para a criação de uma linha de perfumaria envolvendo as tradições de "Banho de Cheiro", (...) traduz-se unicamente como fonte de inspiração de um conceito mercadológico para uma linha de perfumação envolvendo os ativos Breu Branco, Priprioca e Cumaru, (...).[61]

Não fica claro para quais inspirações e conceitos mercadológicos a empresa faz alusão, e os requerimentos de confidencialidade mantidos no caso impedem um julgamento livre de suposições. Sugiro duas explicações possíveis para a mudança paradoxal de posição da empresa: a tese do *atalho oculto* e a tese do *reframing*.

---

[57] Inf. pessoal, Cristina Azevedo, CGEN.
[58] Dossiê MPF *Protium*, fls. 230-235. Nota informativa nº 13/2006/CTEC/DPG.
[59] Dossiê MPF *Protium*, fls. 36 et seq.
[60] Ofício da Natura de 08.06.2006, Dossiê CGEN *Protium*.
[61] Ofício da Natura, 01 dez. 2006, Dossiê MPF *Protium*, fls. 287-289.

A primeira suposição é de que o uso do *atalho* se encontrava obscuro, tornando-se apenas visível através do processo de conflitos. A empresa havia inicialmente percebido as informações obtidas através dos ribeirinhos e das erveiras como de livre acesso, mas foi se dando conta de que formas de acesso de fato ocorreram. Esta tese pode ser descrita da seguinte forma: o que a empresa sabia através da literatura sobre a fragrância potencial do gênero *Protieae* era especulativo e abstrato, considerando que este gênero compreende por volta de 135 espécies "with high degree of variability of resin composition" (LANGENHEIM, 2003, p. 358). Como a empresa já trabalhava com os ribeirinhos do Iratapuru desde 1999, pôde atestar *in loco* o real potencial da fragrância de uma espécie particular, do *Protium Pallidum*, experenciando empiricamente seu uso como incenso entre os ribeirinhos.

A favor desta primeira tese, conta o fato de que, no Laudo Antropológico oficial sobre o acesso ao Breu Branco junto aos ribeirinhos do Iratapuru, um representante da Natura relata que os usos tradicionais do Breu constituíram uma "dica" para se chegar ao potencial perfumístico.[62] O mesmo Laudo Antropológico versa que a resina é utilizada pela comunidade para fins diversos, como lacrar e calafetar barcos, ou como repelente contra mosquitos e incenso, mas: "O breu nunca tinha sido usado para perfumaria fina".[63] Entretanto, o uso como incenso observado *in loco* não deixa de ser uma indicação ou atalho para a confecção de novos perfumes finos. Neste mesmo cenário, os conhecimentos obtidos das erveiras, que teriam sido adquiridos antes da confecção do documentário em 2003, teriam "confirmado a viabilidade da produção comercial"[64] do breu, demonstrando-a na forma dos perfumes tradicionais confeccionados e comercializados no Ver-o-Peso.

Forma concorrente de explicação é a tese do *reframing*.[65] Neste caso, a defesa da empresa seria justificada: ela já teria a idéia, via literatura, de pesquisar o valor comercial especificamente do Breu Branco, antes de contatar os ribeirinhos e as erveiras. Mas, reconhecendo ter perdido a negociação pré-judicial, a empresa teria elaborado uma nova estória para manter sua imagem pública coerente, tornando plausível seu uso do CT. Supondo esta tese como a correta, todas as afirmações da empresa a respeito do uso de dicas ou no âmbito do *marketing* publicitário, acima mencionadas, teriam sido faltas retóricas, i. e, discursos ingênuos não correspondentes aos fatos.

---

[62] Dossiê CGEN *Protium*, fl. 72 (Laudo, p. 39).

[63] Laudo Antropológico, Mary H. Alegretti, 14 de julho de 2004, 41 p. (p. 38-39). Dossiê CGEN *Protium*, fls. 34-74.

[64] Esta é a definição do CGEN do *potencial de uso comercial*, Orientação Técnica nº 6, 28 de agosto de 2008.

[65] O conceito de *reframing* é aqui utilizado de forma similar à sua origem enquanto técnica na psicoterapia, em que, apesar de os fatos concretos permanecerem constantes, a percepção dos mesmos é alterada, de forma a tornar o significado de um problema mais acessível ao paciente, substituindo-se em nosso caso o paciente pelo ator social (WALROND-SKINNER, S. *A dictionary of Psychotherapy*. London; New York: Rotledge & Kegan Paul, 1986).

Pode-se mesmo argumentar que a "inspiração de um conceito mercadológico" poderia corresponder ao marketing, i. e, o uso pela Natura em sua linha *Ekos* de perfumaria de marcas publicitárias de origem tradicional como o "Banho de cheiro". Desta forma, agrega-se às fragrâncias *Ekos* a força simbólica dupla, de uma empresa que alia engajamento social e ecológico diante de uma floresta tropical ameaçada, junto à atratividade do exotismo dos segredos e da vida da mata e de seus nativos. Entretanto, embora esta estratégia mercadológica tenha vantagens óbvias, ela não se aplica à legislação de acesso a recursos genéticos, que trata da *informação* associada aos recursos genéticos.[66]

Sendo a explicação do *atalho oculto* a correta, a decisão do CGEN teria sido legalmente fundamentada para o acesso ao CT de ambos os provedores. Inversamente, sendo a tese do *reframing* a correta, a decisão regulatória pró-erveiras não estaria justificada. Independente destas interpretações concorrentes do caso, a decisão da empresa de não levar a disputa aos tribunais de justiça pode ser compreendida por motivos extralegais. Por exemplo, se evitou uma cobertura distorcida da mídia do caso, que poderia danificar a imagem da empresa[67] e se usou da cooperação com os provedores por razões de interesse próprio. Talvez *motivos* extralegais também tenham desempenhado um papel na opinião do CGEN a favor das erveiras e ribeirinhos, por ex., incorporando um compromisso ético na defesa dos mais fracos, diante de uma interação social expressivamente assimétrica.

Comerciantes urbanos podem ser titulares do conhecimento tradicional?

Neste bloco, debate-se o conceito de titulares do CT, i. e, de seus detentores legais. Advogados da Natura argumentaram que as erveiras do Ver-o-Peso não podem ser definidas como titulares do CT, por não conformarem uma *comunidade local*, cf. reza a legislação de acesso. Portanto, suas reivindicações não teriam base legal. As erveiras são urbanas e sua atividade econômica é o comércio. Um acesso ao CT no comércio não foi explicitado pela legislação. A MP nº 2.186/2001 define *comunidade local* como:

> Grupo humano, incluindo remanescentes de comunidades de quilombos, distinto por suas condições culturais, que se organiza, tradicionalmente, por gerações sucessivas e costumes próprios, e que conserva suas instituições sociais e econômicas; (art. 7º, III).

Uma versão mais ampla do conceito é fornecida pelo Decreto nº 6.040/2007, que institui a Política Nacional de Desenvolvimento Sustentável dos Povos e Comunidades Tradicionais, e cuja definição do Projeto de lei de acesso (art. 7º, XV) é idêntica:

---

[66] Veja artigo de Gerd Winter neste volume.
[67] Dossiê MPF *Protium*, p. 186-189.

Povos e Comunidades Tradicionais são grupos culturalmente diferenciados, que se reconhecem como tais, possuem formas próprias de organização social, ocupam e usam territórios e recursos naturais como condição para sua reprodução cultural, social, religiosa, ancestral e econômica, utilizando conhecimentos, inovações e práticas gerados e transmitidos pela tradição. (Decreto nº 6.040/2007, art. 3º, I)

Faço aqui o exercício de estipular e debater os critérios cruciais do conceito de comunidade ou povo tradicional e/ou local, na tentativa de aplicá-lo às erveiras do Ver-o-Peso.

O critério da distinção cultural[68] é tanto mais difícil de aplicar, quanto mais foge do *tipo ideal*. Somente este último corresponde de forma mais clara possível aos atributos de alteridade antropológica, contrastando com os estilos de vida modernos e ocidentais. A maioria das populações no hemisfério sul podem ser caracterizadas como tradicionais, desde que vivem fora do cerne do sistema social moderno caracterizado pela concentração de capital e poder, e por instituições especializadas (GIDDENS, 1991). Há diversas linhas de continuidade e de hibridizações entre o tradicional e o moderno[69] e no Brasil se vive numa sociedade de modo algum homogênea em termos culturais e socioinstitucionais. A CDB reivindica a proteção de formas culturais particulares que persistem contra os processos de erosão cultural e aculturação, em especial daquelas mais frágeis frente à expansão do capitalismo e da globalização. As erveiras do Ver-o-Peso vivem num meio urbano e trabalham num mercado popular no coração de Belém do Pará, um gigantesco conglomerado urbano. Definido de forma mais estrita, elas não representam uma minoria ameaçada de aculturação. Mas, em sentido lato, elas satisfazem a definição legal mantendo formas de reprodução econômica vinculadas à sua herança cultural.

A *auto-identificação e identificação por terceiros* é fundamental na constituição de identidades sociais na antropologia e na ciência política. A identificação por terceiros é necessária para evitar reclamações sem fundamento, para auferir vantagens ancoradas na lei. Neste ponto, as erveiras do Ver-o-Peso são um ícone reconhecido da cultura tradicional e popular amazônica.[70]

Em contraste com a MP nº 2.186/2001, o novo texto legal em debate destaca o uso de territórios e recursos naturais, essenciais para a reprodução sociocultural destes grupos. De forma similar, o conceito de *traditional ecological knowledge* alude a um vínculo inextricável, de longa data, de populações a territórios ancestrais e a recursos naturais e um manejo de baixo impacto dos

---

[68] A Convenção nº 169 da OIT, art. 1º dispõe de um critério similar.
[69] KLEBA, J. B. *Modernidade, tradição e conhecimento*: reconfigurações. II SIMPÓSIO NACIONAL DE TECNOLOGIA E SOCIEDADE. Curitiba, PR: UTFPR, 05-08 nov. 2007 (submetido à publicação para a *Revista Tecnologia e Sociedade*).
[70] Seria o maior mercado ao ar livre da América Latina. *Folha de S.Paulo* (Online), Belém renasce com mistura de sabores, cultura popular e história, Ana L. Busch e Caio Vilela. 17.06.2005.

recursos naturais (BERKES, 1999; JOHNSON, 1992). A grande variedade de populações tradicionais no Brasil é bem representada mediante categorias profissionais e de inserção ecológica em estudo do NUBAUB, USP, incluindo pantaneiros, ribeirinhos, babaçueiros, caiçaras e indígenas, entre outros (DIEGUES e ARRUDA, 2001). Este conceito não se aplica a comerciantes vivendo num contexto urbano. Por outro lado, as erveiras utilizam recursos naturais como condição para sua reprodução cultural, social e econômica (Decreto nº 6.040/2007). Conseqüentemente, suas atividades podem estimular a produção e manejo de certas espécies, ou não. No caso das erveiras do Ver-o-Peso, seu contrato de RB com a Natura garante medidas para a implementação de diversas práticas ambientalmente sustentáveis, por ex., relacionadas a seus fornecedores que cultivam e coletam os recursos biológicos.

Finalmente, as erveiras afirmam a preservação intergeracional das tradições nos usos e preparos das ervas. Como foi publicado sobre Beth Cheirosinha, uma das entrevistadas pela Natura, e uma das líderes das erveiras: "A avó dela, que morreu com 115 anos, apreendeu tudo com os índios. Sua mãe, conhecida por Cheirosa, morreu no ano passado, com 90 anos".[71] Trata-se de conhecimentos mantidos e práticas desenvolvidas para sua sobrevivência no pequeno comércio.

Em suma, a justificação sedimentada para a inclusão das erveiras como titulares legais é seu reconhecimento na preservação de conhecimentos intergeracionais e nos usos do patrimônio genético regional, como condição para sua reprodução social, cultural e econômica.

Tabela 2
A disputa Natura *versus* erveiras

Critérios	Visão da Natura	Visão pró Ver-as-Ervas
Fonte de informações	Literatura técnica, também CT disseminado	Acesso ao CT cf. legislação
Conhecimento tradicional acessado	Domínio público (sentido de uso livre)	Direitos protegidos pela MP nº 2.186-16
Relevância do conhecimento tradicional	Redundante	Plausível
É correto ampliar o sujeito de direito para os mercados populares?	Não	Sim
Apelo político	Defesa do domínio público; *ethos* empresarial substitui *ethos* legal; bem-estar via desenvolvimento econômico	Implementação fortalecida de um direito emergente; justiça distributiva; preservação do direito das minorias

Fonte: Compilação do autor.

---

[71] Jornal *O Liberal*, "Aroma do Pará gera polêmica", Carlos Mendes, 23.04.2006.

As formas disseminadas de conhecimento tradicional
O conhecimento tradicional disseminado de caráter nacional

O Projeto de lei de acesso no Brasil define o conhecimento tradicional disseminado como um: "conhecimento difundido na sociedade brasileira, de uso livre de todos, não reconhecido como sendo associado diretamente à cultura de comunidades indígenas, quilombolas ou tradicionais identificadas" (art. 7º, XIX). O sentido de *uso livre de todos* aqui não é global, mas nacional, pois se resguarda a tutela e os direitos de repartição de benefícios ao governo, sempre que um CT disseminado brasileiro venha a ser utilizado no exterior para fins comerciais (art. 48, §4º). De acordo com esta definição o conceito deve ser compreendido como *CT de tutela ou custódia nacional*.

A aplicabilidade do conceito reserva algumas dificuldades, e a primeira é que ele permite a duplicidade de interpretações. Pois um conhecimento pode ser "difundido na sociedade brasileira" e simultaneamente "associado diretamente à cultura de comunidades indígenas, quilombolas ou tradicionais." A segunda dificuldade é que não fica claro qual o critério predominante para a distinção em casos não evidentes: Sendo suficientemente disseminado na sociedade, ele perde seu caráter de associação direta? Ou inversamente, sendo associado de forma direta a grupos tradicionais identificados, ele perde seu caráter de uso livre na sociedade?

No caso do Breu Branco, alguns de seus usos na Amazônia são amplamente repartidos, enquanto outros não. O uso do Breu para perfumaria pessoal não parece ser tão disseminado quanto outros usos.[72] Entretanto, apesar de que seu uso como incenso seja claramente disseminado, o atalho do incenso para os perfumes no caso concreto dos ribeirinhos do rio Iratapuru pode ser visto como acesso ao CT, sendo uma fonte particular de conhecimento com valor. Em casos de CT disseminado como a fragrância do Breu Branco, uma crítica relevante à legislação brasileira corrente é por ela excluir os demais detentores do mesmo conhecimento de qualquer repartição de benefícios. Talvez entre estes excluídos se encontrem os inventores originais dos usos do Breu Branco, como alguns povos indígenas poderiam configurar:

> Os índios Tembé e Ka'apor da Amazônia ocidental usam o Breu como dispositivo de ignição, incenso, medicina, e para calafetagem de barcos de madeira. Estes índios também dependem da coleta do Breu como um dos seus principais produtos econômicos (...) Para fins comerciais os índios Tembé reconhecem dois tipos principais: breu branco, (...), e breu sarara, (...). *Protium pallidum* e *P. trifoliatum* são considerados como produtores de Breu Branco (...). (trad. do autor) (LANGENHEIM, 2003, p. 358)

---

[72] Veja a respeito: BARATA, Lauro E. S. Mania de limpeza e o mercado de perfumes & domissanitários. Ver. *Comciência*. Disponível em: <www.comciencia.br/> (consulta em: 05 mar. 2009).

O conceito de CT disseminado não contribui para claras distinções porque o CT é usualmente repartido (DUTFIELD, 2002), e a maior parte do CT, por consequência, tende a ser disseminado até certo grau. Por exemplo, o uso da secreção do sapo *Phyllomedusa bicolor* como medicina tem se disseminado crescentemente entre seringueiros e populações locais no Acre e na fronteira peruana (MARTINS, 2006, p. 60). Mas sua origem remonta a alguns povos indígenas, vinculados ao grupo lingüístico *pano*, mas não somente, na região em torno do Acre e na adjacência no Peru, vistos como seus detentores legítimos (LIMA, 2009). Crucial é o fato de que a disseminação *per se* não nos revela o *status* legal de formas de CT específicas. Sugere-se, em oposição à proposta de Kamau (2009), que a distinção se realize não entre o CT localizado (por isolamento geográfico e cultural ou por prática de segredo) e o CT disseminado. Uma distinção legal e sociológica mais clara seria sim entre o CT protegido, de propriedade comum e titularidade comunitária (ou de comunidades ou grupos coletivos), e o CT de livre acesso, ou em domínio público.

Uma nova tipologia de formas de conhecimento tradicional

O CT associado aos recursos genéticos pode expressar diversas formas com relação ao seu grau de disseminação. Eu distinguirei quatro tipos, propondo uma tipologia que se inicia junto ao conhecimento vinculado a um território natural e a uma cultura local e se desenvolve em direção a vários graus de desencaixe de sua origem local até o nível global. Os primeiros dois tipos, o *CT de base comunitária* e o *CT urbano e de serviços* podem ser disseminados até certo ponto ou não. Os dois subseqüentes, o *CT de tutela nacional* e o *CT no domínio público global* sempre são disseminados, mas no primeiro caso os direitos relacionados podem ser reivindicados pelo Estado de origem.

Tipo I. O conhecimento tradicional de base comunitária é o modelo padrão no contexto político e legal (WIPO, 2002). Sociologicamente esta forma de CT está presa a uma comunidade circunscrita, com instituições particulares, enraizada profundamente num território. Estas comunidades são culturalmente diferenciadas do estilo de vida ocidental num sentido etnológico, por ex., as populações indígenas (legislação peruana, ELVIN-LEWIS, 2006, p. 85) e os quilombolas (incluídos na legislação brasileira). De acordo com o conceito de *conhecimento ecológico tradicional*, o critério ecológico liga a reprodução social da comunidade com formas sustentáveis e inteligentes de manejo da biodiversidade, sendo economias de baixo impacto ambiental. Características adicionais são as diferenças epistêmicas entre o CT e o sistema científico moderno (JOHNSON, 1992). Concernente à esfera do direito, há correspondência do CT à propriedade comum (*common property*) — em contraste ao direito privado (SOUZA FILHO, 2002), bem como ao domínio público. Como Elinor Ostrom (citando Ciriacy-Wantrup e Bishop) expõe:

(...) a diferença entre regimes de propriedade que são de *acesso aberto*, onde ninguém tem o direito legal de excluir qualquer um de usar um recurso, de *propriedade comum*, onde os membros de um grupo claramente demarcado têm o direito legal de excluir não-membros deste grupo de usar um recurso (...). [ênfase original; trad. do autor] (OSTROM, 2000, p. 335-336)

O tipo I de CT varia daquele localmente restrito para o conhecimento disseminado em âmbito transnacional. Este último pode ser ilustrado pelo caso do Hoodia (WYNBERG, 2004). O acesso do CT dos ribeirinhos do Iratapuru pela Natura pode ser considerado como do tipo I.

Tipo II. O conhecimento tradicional urbano e de serviços emerge do reconhecimento empírico de que o CT pode ser desatado de comunidades tradicionais e de territórios e preservado no estilo de vida urbano. As práticas econômicas deste tipo II são usualmente o comércio e os serviços. Exemplos são os vendedores em mercados populares, comerciantes de ervas medicinais e curandeiros urbanos, distribuídos nos mais diversos continentes (WHO, 2003). Como as erveiras, muitos destes detentores são migrantes originários de comunidades tradicionais. Eles revelam uma conexão mais frágil com o manejo da biodiversidade que o tipo I, mas desempenham um papel essencial em manter práticas intergeracionais vivas, e por valorizar o CT, trazendo este para os consumidores urbanos. Na África até 80% da população utiliza a medicina tradicional para os cuidados de saúde primários (WHO, 2003). Imigrantes podem preservar seu CT, adaptando-se ao mesmo tempo em novos ambientes sociais, como um estudo sobre o CT de imigrantes da República Dominicana em Nova Iorque demonstra (VANDEBROEK et al., 2007).

O tipo II de detentores pode concorrer com o tipo I, oferecendo um caminho mais fácil de adquirir valiosas informações sobre RG, sendo mais acessíveis e simplificando o acesso, pois tornam possível atender às obrigações legais mediante negociações individuais, em lugar de comunitárias (KAMAU, 2009). Entretanto, também o tipo II apresenta *comunidades de interesse*, como no caso das erveiras, no sentido de categorias profissionais em defesa de seus interesses organizadas em associações (SEILER et al., 2003, p. 21). Deve a legislação incluir na proteção do CT estes grupos sociais? A reação do CGEN para o caso das erveiras responde a esta inclusão positivamente. De fato, há muitos elementos em comum entre os tipos I e II de detentores do CT, já que também o tipo II pratica CT intergeracional associado à biodiversidade como forma de sua reprodução social, cultural e econômica, e mantêm vivas práticas que estão paulatinamente desaparecendo.

Com relação aos tipos I e II, o Projeto de lei sobre a matéria no Brasil advoga a expansão do conceito de CT para incorporar modalidades de conhecimento, inovação e prática externalizados de seus contextos de origem: "(...) tais como em bancos de dados, inventários culturais, publicações e no comércio;" (art. 7º, XVIII). Diversamente da propriedade intelectual, um conhecimento tornado público neste âmbito não se tornaria de domínio público, e teria a vantagem de permitir que o CT fosse utilizado para fins públicos e científicos, sem infringir os direitos relacionados, em casos de exploração comercial associada. Segundo esta proposta do projeto de lei, seria razoável interpretar que as fontes escritas são protegidas desde a primeira legislação brasileira ter entrado em vigor no ano 2000. Para publicações anteriores um compromisso ético poderia ser demandado, baseado no bom senso e nas particularidades de cada caso. Com relação ao comércio o artigo inova ao expandir o conceito original de detentores do CT, incluindo o *CT urbano e de serviços.*

Tipo III. O *conhecimento tradicional em custódia nacional* abrange um conhecimento distribuído no tempo e no espaço em um grau, que o descole da exclusividade de grupos particulares, mas ao mesmo tempo o embutindo nas práticas tradicionais de culturas nacionais. Segundo a MP nº 2.186-16/2001, o governo é parte contratual em casos de acesso a recursos genéticos em terras públicas, mas não o é em casos de CT.[73] Alguns Estados têm se engajado na proteção defensiva do CT, por ex. no caso da Livraria Digital do CT da Índia (TKDL)[74] e no caso do Cupuaçu pelo governo brasileiro (KLEBA, 2005). Entretanto, o enfoque se torna outro, quando o próprio governo passa a desempenhar o papel de detentor do CT.

Como já exposto acima, o Projeto de lei de acesso propõe estabelecer legalmente o conceito de *CT em custódia nacional.* Aplicando esta proposta legislativa ao exemplo do breu branco, se fosse considerado pelo legislador que a Natura tivesse acessado CT do tipo III, a empresa estaria livre de obrigações concernentes ao consentimento prévio e à RB, enquanto fosse uma empresa estrangeira a beneficiária, esta deveria negociar ambos com os órgãos governamentais competentes.

Tipo IV. Finalmente há o *conhecimento tradicional no domínio público global.* Aqui o *link* particular com um direito coletivo foi desatado no tempo e no espaço através de usos de longa data, atravessando culturas e nações. Trata-se de um conhecimento comum repartido mundialmente, como as "farmacopéias com séculos de idade da Europa, as medicinas grega e árabe e os tratados acadêmicos publicados principalmente nos séc. XIX e XX sobre as farmacopéias autóctones africana e norte-americana" (trad. do autor; ELVIN-LEWIS, 2006, p. 79).

---

[73] Art. 27, art. 33. Em casos de acesso a CT em terras indígenas a FUNAI também deve ser consultada, mas não é beneficiária.

[74] Presentation on TKDL at The Third Session of Inter-Governmental Committee, *World Intellectual Property Organisation* at Geneva, June 17th, 2002, by V. K. Gupta, Director of the National Institute of Science Communication (Council of Scientific & Industrial Research).

Relativas a esta tipologia muitas questões permanecem abertas, para as quais teço a seguir uma breve introdução. Primeiramente, as demandas políticas para implementar os tipos II e III descritos acima na arena nacional e internacional podem ser altamente controversas. Por exemplo, são bases de dados como a TKDL um compêndio para o tipo III ou elas devem pertencer ao tipo IV? Seria a expansão da proteção ao CT associado ao tipo urbano e de serviços ilegítima nos termos da CDB? Ameaçaria seu reconhecimento, como no caso das erveiras do Ver-o-Peso, jogar por terra a proteção de detentores mais legítimos, os de base comunitária (tipo I), cf. aponta Kamau (2009)?

Segundo, os tipos podem se sobrepor. Havendo sobreposições, haverá conflitos potenciais sobre a legitimidade e o escopo de detentores do CT. Poderá haver dissenso entre os interesses de diferentes grupos de interesse. Os usos da Ayahuasca (*Banisteriopsis caapi*), por ex., enraizados nas tradições indígenas sul-americanas e objeto de ações contra pedidos de patente vistos como biopiratria (HANSEN e VAN FLEET, 2003, p. 14), foram disseminados via práticas religiosas no Brasil e estão se tornando crescentemente globais.[75] Estaria o *status* legal da Ayahuasca se deslocando da titularidade comum, protegida pela lei de acesso, para o domínio público global?

Terceiro, há uma tensão entre as opções do CT disseminado a ser protegido pelo dispositivo de *prior art* (lei de patentes, "estado da técnica") ou a ser protegido por uma legislação *sui generis*, como a MP nº 2.186/16. O Sistema de Patentes Europeu inclui na *prior art*: "everything made available to the public by the means of a written or oral description, by use or by any other way, anytime before the date of filing of the patent application" (HANSEN e VAN FLEET, 2003, p. 36). Muitos casos de proteção defensiva do CT disseminado se apóiam na identificação deste conhecimento como *prior art*, como os conhecidos processos contra depósitos de patentes sobre o Nim (*Azadirachta indica*) e a Cúrcuma (*Curcuma longa*) (HAHN, 2004), ou no Brasil, referente ao caso do chocolate de cupuaçu (*Theobroma grandiflorum*), o Cupulate (KLEBA, 2005). De forma oposta, a proteção positiva do CT disseminado requer sua distinção do "estado da arte", no sentido de que é propriedade comum de titulares identificáveis e não de acesso aberto. Por exemplo, se uma "publicação num jornal altamente especializado não constituísse evidência que um pedaço do conhecimento tradicional se tornou domínio público no sentido da lei de patentes" (trad. do autor, SEILER et al., 2003, p. 13), isto desoneraria cientistas preocupados do fardo

---

[75] Veja LABATE, B. *Ayahuasca Mamancuna merci beaucoup*: diversificação e internacionalização do vegetalismo ayahuasqueiro peruano. Tese (Doutorado) - Universidade de Campinas (UNICAMP), Brasil, 2004.; e *Workshop: The globalization of Ayahuasca - An Amazonian psychoactive and its users*. University of Heidelberg, Institute of Medical Psychology, (org. H. Jungaberle, J. Weinhold, R. Verres, B. Labate). May 16-18, 2007, <www.ritualdynamik.uni-hd.de>.

de não poderem publicar informações sobre o CT no intuito de protegê-las de apropriações indevidas. Mas o mesmo dispositivo também facilitaria o acesso, preservando ao mesmo tempo as obrigações relativas ao consentimento prévio e à repartição de benefícios.

Finalmente, o CT disseminado apresenta desafios particulares concernentes ao consentimento prévio informado e à RB. Obviamente critérios de confiabilidade de efetivo consentimento prévio, cf. Kishi (neste volume) e Firestone (2003), devem ser resguardados. Por outro lado, excessivas exigências podem atuar contra os interesses dos próprios detentores do CT. Altos custos de transação envolvidos na pesquisa, relativos ao tempo, aos custos, ao deslocamento, e às inseguranças para detectar e consultar uma multiplicidade de comunidades, podem afastar definitivamente potenciais beneficiários. Critérios de razoabilidade devem ser estipulados. Tratando-se de um CT amplamente disseminado, não faz sentido quantificar e localizar todos os detentores de forma exaustiva. Nestes casos, o estabelecimento de inventários públicos de CT e a simplificação de procedimentos podem ir ao encontro das demandas de ambas as partes. O ideal de consultar todos não é praticável para o CT disseminado, até mesmo porque em regra não se sabe quem está incluído neste conjunto de detentores de difícil demarcação. Por ex., adquirir consentimento prévio informado de somente uma comunidade poderia ser suficiente no caso de CT acessado a partir de fontes escritas, cf. o Projeto de lei de acesso prevê (art. 48). Concernente ao caso Unifesp/Krahô acima explicitado, uma otimização legislativa deveria exigir dos laudos antropológicos, que já vêm sendo requeridos em casos de acesso ao CT, indicações sobre a disseminação empírica do CT a ser pesquisado.

O mesmo problema se aplica à repartição de benefícios. Em casos de CT disseminado no âmbito transnacional, acordos de cooperação mútua entre países devem ser elaborados para evitar uma corrida para os padrões de regulação inferiores, e aqui há avanços a serem exigidos da Organização do Tratado de Cooperação Amazônica (OTCA),[76] e também no âmbito dos demais tratados de cooperação entre o Brasil e seus vizinhos, como o Mercosul. Para tanto, a busca de novos mecanismos de gestão deve ser fomentada, a exemplo dos *pools genéticos regionais* (WINTER, 2009).

Um problema especial é expresso em arranjos legais, como a MP n° 2.186/16, que não evita o benefício exclusivo dos provedores diretos do CT, favorecidos pelas circunstâncias e pela boa fortuna. O Projeto de lei de acesso corrige este desequilíbrio provendo um modo de benefícios para ambos, provedores e detentores do CT (art. 73). Enquanto os primeiros são beneficiados diretamente via contratos de RB com os usuários, os últimos são recompensados através de

---

[76] A exemplo da declaração de Auckland de 2004, M. Elvin-Lewis, 2006, p. 78.

um fundo de RB (art. 98 e art. 99, §2º), a ser utilizado para fins ambientais e culturais na região de origem do CT. Mesmo que os benefícios sejam indiretos, eles preservam a qualidade coletiva essencial do CT e conferem maior legitimidade ao processo. Claro está que as expectativas em torno de projetos de acesso ao CT associado aos recursos genéticos têm fomentado uma série de conflitos entre as próprias populações tradicionais, como no caso dos Aguaruna (COSTA e DIAS, neste volume), da secreção do Kampô (LIMA, 2009), e entre os Krahô. Novos mecanismos de RB, pensados regionalmente, podem auxiliar na atenuação destes conflitos, que acabam por ter conseqüências nefastas nas práticas de compartilhamento entre os próprios detentores do CT, semeando a desconfiança e a concorrência.

Um facilitador fundamental para o setor de pesquisa é evitar o requerimento de CURB antes da ocorrência de acesso ao CT, como a MP nº 2.186 tem exigido (art. 16, §4º), demandando negociações dificultosas e em geral desnecessárias — considerando que a maior parte das pesquisas não redunda em produto comercial. O Projeto de lei de acesso avança neste sentido e facilita o acesso, prevendo que os contratos possam ser assinados justamente antes do pedido de patente ou da comercialização, desde que o consentimento prévio informado o permita (art. 86).

Notas finais

A partir do exame do conceito de CT disseminado com o auxílio de casos empíricos, propõe-se que a legislação de acesso a recursos genéticos seja otimizada nos seguintes pontos:
- A definição de detentores e não detentores do CT deve ser amparada em laudo antropológico, o mesmo devendo incluir a questão de sua disseminação. O laudo deveria ser alvo de revisão de pares, bem como deveria ser acessível ao público, de forma que possa ser alvo de eventual revisão e atualização pela comunidade científica e pela sociedade civil;
- Fundos de RB devem ser implementados e os benefícios de um CT particular orientados para sua região de origem. Um fundo garante maior equidade para os participantes de um saber compartilhado e diminui o risco de ações legais movidas por detentores excluídos das recompensas;
- No caso da aquisição de consentimento prévio informado relativo ao CT disseminado, o processo deve ser simplificado para os usuários, se restringindo aos provedores diretos. Comunidades tradicionais devem tornar públicos os procedimentos de consentimento prévio informado de sua preferência para facilitar a transparência do processo;

- Contratos de repartição de benefícios devem ser realizados diretamente antes de pedidos de patente ou do lançamento no mercado dos produtos derivados, eximindo a pesquisa meramente prospectiva do fardo burocrático, e colocando o peso do controle legislativo sobre aplicações realmente comerciais. Esta opção deve ser condicionada pelo consentimento dos provedores e pela garantia de seus direitos assegurados contratualmente no consentimento prévio informado. Esta reivindicação não exime a obrigação ética de pesquisadores e empresas em negociar formas de retribuição mais imediatas e independentes de aplicações comerciais;
- Em controvérsias sobre o CT acessado, ambos os critérios do atalho (consulta direta de detentores de CT) e da plausibilidade do uso de valor comercial potencial devem apresentar provas de evidência;
- Provedores de *CT urbano e de serviços* são detentores potenciais de CT e devem receber proteção legal, quando atenderem a critérios estabelecidos legalmente, como a preservação intergeracional de práticas relacionadas à biodiversidade. Os critérios devem ser claros e restritos, de modo a não inflacionar o risco de comportamento dissonante da legalidade por parte de beneficiários potenciais na prospecção da biodiversidade;
- Novos conceitos, como o *CT em custódia nacional*, permitem desatar um nó que vem bloqueando avanços na regulação da matéria. Este conceito legal reconhece e dá novo tratamento ao CT disseminado. Sendo de titularidade difusa, o CT regional e aquele nacional devem ser administrados por grêmios representativos do poder público e das partes interessadas. Além disto, os fundos regionais garantem uma repartição mais justa e equitativa dos benefícios, conforme preconiza a CDB. Controversa é, entretanto, a proposta do anteprojeto de lei de acesso (art. 73, §2º e art. 48 §4º), que obriga somente a pessoas jurídicas estrangeiras a garantia de repartir os benefícios em caso de acesso ao CT amplamente disseminado.

Referências

ÁVILA, T. A. M. Não é do jeito que eles quer, é do jeito que nós quer: biotecnologia e o acesso aos conhecimentos tradicionais dos Krahô. In: GROSSI, M. P.; HEIBORN, M. L.; MACHADO, L. Z. (Org.). *Antropologia e direitos humanos 4*. Blumenau: Nova Letra, 2006. p. 121-183.

BERKES, F. *Sacred Ecology*: Traditional Ecological Knowledge and Resource Management. Philadelphia: Taylor & Francis, 1999.

CBD (Secretariat of the Convention on Biological Diversity). Access and benefit-sharing in practice: Trends in partnerships across sectors. *Technical Series*, n. 38, Montreal, 2008, 140 p.

CGEN. *Dossiês Processo Natura/Protium Pallidum*, (DPG/SBF/MMA). Brasília: Ministério do Meio Ambiente, 2004/2006.

CGEN. *Dossiês Processo Unifesp/Krahô*, (DPG/SBF/MMA). Brasília: Ministério do Meio Ambiente, 2003/2005.

DIEGUES, A. C.; ARRUDA, R. S. V. Saberes tradicionais e biodiversidade no Brasil. Ministério do Meio Ambiente, Núcleo de Pesquisas sobre Populações Humanas e Áreas Úmidas do Brasil – NUBAUB. São Paulo: USP, 2001. (Série biodiversidade, v. 4).

DUTFIELD, G. *Protecting Traditional Knowledge and Folklore*: A Review of Progress in Diplomacy and Policy Formulation (Draft), UNCTAD/ICTSD, 2002. p. 09-19.

ELVIN-LEWIS, M. Evolving concepts related to achieving benefit sharing for custodians of traditional knowledge. *Ethnobotany Research & Applications*, v. 4, p. 75-96, 2006. Disponível em: <www.ethnobotanyjournal.org/vol4/i1547-3465-04-071.pdf>. Acesso em: 30 maio 2008.

FAO. Memoria - Consulta de expertos sobre productos forestales no madereros para América Latina y el Caribe. Santiago, Chile, 1995. (Serie Forestal, n. 1). Disponível em: <http://www.fao.org/docrep/t2354s/t2354s08.htm>. Acesso em: jan. 2009.

FIRESTONE, Laurel. Consentimento prévio informado: princípios orientadores e modelos concretos. In: LIMA, André; BENSUSAN, Nurit (Org.). *Quem cala consente*: subsídios para proteção aos conhecimentos tradicionais. São Paulo: ISA, 2003. p. 23-52. (Série Documentos do ISA; 8).

GIDDENS, A. *As conseqüências da modernidade*. São Paulo: UNESP, 1991.

HAHN, A. V. Traditionelles Wissen indigener und lokaler Gemeinschaften zwischen geistigen Eigentumsrechten und der public domain. *Beitraege zum auslaendischen oeffentlichen Recht und Voelkerrecht* (Max-Planck-Institut). Berlin: Springer, 2004. v. 170.

HANSEN, S. A.; VAN FLEET, J. W. *A Handbook on Issues and Options for Traditional Knowledge Holders in Protecting their Intellectual Property and Maintaining Biological Diversity*. AAAS Science and Human Rights Program, Washington DC: American Association for the Advancement of Science, 2003. 36 p.

JOHNSON, M. Research on traditional environmental knowledge: Its development and its role. In: JOHNSON, M. (Org.). *Lore*: Capturing Traditional Environmental Knowledge. Ottawa: IDRC, 1992.

KAMAU, E. C. A implementação do artigo 8j da CDB, o problema do conhecimento tradicional disseminado e a experiência do Quênia. In: KISHI, Sandra Akemi Shimada; KLEBA, John Bernhard (Coord.). *Dilemas do acesso à biodiversidade e aos conhecimentos tradicionais*: direito, política e sociedade. Belo Horizonte: Fórum, 2009.

KATE, K. T.; LAIRD, S. A. *The Commercial Use of Biodiversity*. London: Earthscan, 1999.

KHOR, M. *Intellectual Property, Biodiversity and Sustainable Development*. Penang, Malaysia: Third World Network/UNEP, 2002.

KLEBA, J. B. *Pajés, etnofarmácia e direitos tortuosos*: o caso Krahô/UNIFESP. VII JORNADAS LATINOAMERICANAS DE ESTUDIOS SOCIALES DE LA CIENCIA - ESOCITE, Rio de Janeiro, 28/30 maio 2008. Disponível em: <www.necso.ufrj.br/esocite2008/trabalhos/35972.doc>.

KLEBA, J. B. *Propriedade intelectual e biopirataria*: o caso do cupuaçu. XIII CONGRESSO NACIONAL DE SOCIÓLOGOS, Belém do Pará, 08-11 nov. 2005.

LANGENHEIM, J. H. *Plant Resins Chemistry, Evolution, Ecology, and Ethnobotany*. Portland; Cambridge: Timber Press, 2003. 586 p.

LIMA, E. C. As novas formas do kampô: elementos de uma sociologia da disseminação urbana dos saberes nativos. In: LENAERTS, M.; SPADAFORA, A. M. (Org.). *Pueblos Indígenas, Plantas y Mercados - Amazonía y Gran Chaco*. V CONGRESO CEISAL DE LATINOAMERICANISTAS, Zeta Series in Anthropology & Sociology, FLACSO (Argentina), 2008. v. 3, p. 169-197.

LIMA, Edilene C. Entre o mercado esotérico e os direitos de propriedade intelectual: o caso do Kampô (*Phyllomedusa bicolor*). In: KISHI, Sandra Akemi Shimada; KLEBA, John Bernhard (Coord.). *Dilemas do acesso à biodiversidade e aos conhecimentos tradicionais*: direito, política e sociedade. Belo Horizonte: Fórum, 2009.

MARTINS, H. M. *Os Katukina e o Kampô*: aspectos etnográficos da construção de um projeto de acesso a conhecimentos tradicionais. Dissertação (Mestrado) - Programa de Pós-Graduação em Antropologia Social da Universidade de Brasília, Brasília, 2006.

MOURA, F. B. P. *Conhecimento tradicional e estratégias de sobrevivência de populações brasileiras*. Maceió: EDUFAL, 2007.

OSTROM, E. *Private and common property rights*, 2000. p. 332-379. Disponível em: <http://encyclo.findlaw.com/2000book.pdf>. Acesso em: 10 jun. 2008.

RODRIGUES, E. *Usos rituais de plantas que indicam ações sobre o sistema nervoso central pelos índios Krahô, com ênfase nas psicoativas*. Tese (Doutorado) - Universidade Federal de São Paulo, Escola Paulista de Medicina, São Paulo, 2001.

RODRIGUES, E.; CARLINI, E. A. Plants with possible psychoactive effects used by the Krahô Indians. *Rev. Bras. Psiquiatria*, v. 28, n. 4, p. 277-282, 2006.

SEILER, A.; DAELE, W. V.; DÖBERT, R. *Protection of Traditional Knowledge - Deliberations from a Transnational Stakeholder Dialogue Between Pharmaceutical Companies and Civil Society Organizations*. Discussion Paper nº SP IV 2003-102. Berlim: Wissenschaftszentrum Berlin für Sozialforschung, 2003.

SOUZA FILHO, C. F. M. Introdução ao direito socioambiental. In: LIMA, A. O. (Ed.). *Direito para o Brasil socioambiental*. Porto Alegre: Sergio A. Fabris Ed., 2002. p. 21-48.

VANDEBROEK, I. et al. Use of medicinal plants by Dominican immigrants in New York City for the treatment of common health conditions. A comparative analysis with literature data from the Dominican Republic. In: PIERONI, A.; VANDEBROEK, I. (Ed.). *Traveling Cultures and Plants*: The Ethnobiology and Ethnopharmacy of Human Migrations. New York: Bergahn Books, 2007. p. 39-63.

WBGU – Wissenschaftlicher Beirat der Bundesregierung Globale Umweltveränderungen. Erhaltung und nachhaltige Nutzung der Biosphäre, *Jahresgutachten 1999*, Alfred-Wegener-Institut für Polar- und Meeresforschung, Bremerhaven, Germany, 2000.

WHO. Neurosciences. *WHO fact sheet*, v. 8, n. 4, p. 257, 2003.

WINTER, G. Towards Regional Common Pools of GRs – Improving the Effectiveness and Justice of ABS. In: KAMAU, Evanson C.; WINTER, Gerd (Org.). *Genetic Resources, Traditional Knowledge and the Law*. London: Earthscan, 2009. cap. 2.

WIPO. Traditional knowledge – Operational terms and definitions. *Document WIPO/GRTKF/IC/3/9*, Geneva, 2002.

WYNBERG, R. Rhetoric, realism and benefit-sharing. Use of traditional knowledge of hoodia species in the development of an appetite suppressant. *Journal of World Intellectual Property*, v. 7, Issue 6, p. 851-876, nov. 2004.

Informação bibliográfica deste texto, conforme a NBR 6023:2002 da Associação Brasileira de Normas Técnicas (ABNT):

KLEBA, John Bernhard. Problemas sociolegais do acesso ao conhecimento tradicional associado a recursos genéticos e estudo dos casos da fragrância do breu branco e de psicoativos indígenas. In: KISHI, Sandra Akemi Shimada; KLEBA, John Bernhard (Coord.). *Dilemas do acesso à biodiversidade e aos conhecimentos tradicionais*: direito, política e sociedade. Belo Horizonte: Fórum, 2009. p. 109-137. ISBN 978-85-7700-240-5.

Parte II
O direito em nível interno e internacional

Os impasses da abordagem contratualista da política de repartição de benefícios no Brasil: algumas lições aprendidas no CGEN e caminhos para sua superação

Fernando Mathias Baptista

Sumário: **1** Repartição de benefícios: como a CDB foi reduzida ao contrato privado civil - **1.1** Como funciona o acesso e repartição de benefícios na CDB? - **1.2** A redução da política de repartição de benefícios ao contrato civil - **2** Aterrissando no Brasil: o CGEN como vigilante "tutor" dos conhecimentos tradicionais e como cego avalista de arranjos comerciais - **2.1** A atropelada gênese da legislação brasileira de ARB: o acordo Bioamazônia-Novartis - **2.2** Os "furos" do CGEN - **2.2.1** A regra do provedor do recurso genético como titular da área - **2.2.2** A regra do consentimento prévio informado do detentor de conhecimentos tradicionais - **2.2.3** A (ausência de) regra sobre justiça e equidade nos contratos - **2.3** O paradigma pós-CGEN: o caso FZRS-GBF - **3** Outra perspectiva da política de ARB: uma abordagem de acesso livre

1 Repartição de benefícios: como a CDB foi reduzida ao contrato privado civil

A apropriação de informação associada a recursos genéticos e conhecimentos tradicionais pela indústria de biotecnologia permitiu o intenso desenvolvimento desse ramo de atividade nas últimas décadas. Tal desenvolvimento surgiu em dois ambientes jurídico-regulatórios de diferente natureza: o *status* jurídico do patrimônio genético como bem da humanidade,[1] de livre acesso por qualquer pessoa para qualquer finalidade; e o sistema de propriedade intelectual, cuja premissa é diametralmente oposta: conhecimento e informação como

---
[1] O Compromisso Internacional da FAO (1982) declarava que os recursos genéticos de plantas eram patrimônio da humanidade e deveriam estar disponíveis sem restrições.

propriedade privada, com todos os elementos inerentes a esse direito (usar, gozar, fruir, dispor, impedir o acesso) aplicados ao campo do intangível.

A tecno-indústria da biodiversidade prosperou nesse ambiente de acesso livre à "matéria prima", por um lado, e acumulação de informação como propriedade privada de acesso restrito por outro. Esta tendência global de privatização (*enclosure*) de bens e patrimônios comuns à humanidade se refletiu nos diferentes tratados internacionais sobre meio ambiente e comércio que foram negociados durante a década de 90.

Assim foi que a Convenção sobre Diversidade Biológica (CDB)[2] surgiu para, derrogando o *status* de patrimônio da humanidade, reconhecer a *soberania* nacional dos Estados sobre o patrimônio genético situado em seus territórios, "estatizando-o" e reconhecendo os regimes de propriedade intelectual (regidos por outros tratados, especialmente o Trips/OMC) sobre a biodiversidade.

Durante as discussões que levaram à criação da CDB, ainda durante a ECO-92, países alcançaram o entendimento de que o uso sustentável da biodiversidade — para fins de pesquisa científica ou desenvolvimento biotecnológico — e a repartição de benefícios obtidos a partir desse uso seriam meios capazes de impedir a perda acelerada de biodiversidade no planeta, ao mesmo tempo em que possibilitariam uma maior e melhor distribuição de riquezas entre países pobres e ricos.

Esta meta de "justiça social global" partiu da constatação de que, via de regra, a diversidade biológica no mundo está distribuída de forma inversamente proporcional ao acúmulo de capital financeiro e tecnológico: países pobres mantêm grande parte da biodiversidade do planeta, sem contar com recursos financeiros e humanos capazes de otimizar a exploração de sua biodiversidade de forma sustentável, o que indiretamente representaria uma ameaça à sua integridade. De outro lado, países ricos contam com recursos e biotecnologia de ponta, mas apenas chegaram a este estágio evolutivo às custas da devastação de sua própria biodiversidade, tornando-se pobres sob este prisma, e da apropriação da biodiversidade nos países pobres, o que se convencionou chamar de "biopirataria".

Posta a situação nestes termos, a diplomacia internacional passou então a se preocupar cada vez mais com o acesso e a repartição de benefícios derivados do uso sustentável das "biodiversidades nacionais", dois dos principais objetivos da Convenção.

1.1 Como funciona o acesso e repartição de benefícios na CDB?

Os dois objetivos — acesso e repartição de benefícios (ARB) — estão espelhados principalmente no artigo 15 da CDB, que estabelece algumas diretrizes

---

[2] <http://www.cbd.int/convention/>.

a serem seguidas pelos países signatários. Entre elas, a de que os países, soberanos sobre seu patrimônio genético, devem criar condições para facilitar o acesso a seus recursos genéticos por outros países, visando usos ambientalmente adequados. Diz o art. 15 ainda que esse acesso está sujeito ao *consentimento prévio e informado* do país detentor do recurso genético, e que, quando autorizado, deverá ser estabelecido através de *termos mutuamente acordados*.

Por fim, o referido artigo estabelece diretriz instando os países signatários a tomar medidas internas visando repartir, de forma justa e eqüitativa, os resultados de pesquisas e os benefícios advindos do uso comercial dos recursos genéticos com o país provedor de tais recursos. Ao mencionar a necessidade de *justiça* e *equidade* na relação de repartição de benefícios, a CDB reconhece que até então tais benefícios não vinham — como até hoje não vêm — sendo compartilhados entre os países usuários e detentores de biodiversidade.

Embora a CDB tenha sido adotada desde 1992, o tema de ARB não entrou na pauta prioritária da CDB até meados de 1999, quando um grupo de especialistas criado para discutir o artigo 15 da CDB passou a se reunir para discutir os parâmetros gerais de um sistema de acesso e repartição de benefícios. Este esforço resultou na criação de um Grupo de Trabalho Ad Hoc (GT) permanente com o objetivo de aprofundar o trabalho do grupo de especialistas. O resultado do primeiro trabalho do GT foi a aprovação das chamadas Diretrizes de Bonn durante a COP[3] VI, em Haia, Holanda, em 2002, onde o tema foi considerado prioritário. Posteriormente, o debate evoluiu no sentido da necessidade de discussão de um regime internacional para reger a matéria, que seja capaz de harmonizar e nivelar os direitos e deveres de todos os países signatários da CDB conforme suas metas e princípios. Até hoje não há consenso entre os países sequer sobre a natureza desse regime.

1.2 A redução da política de repartição de benefícios ao contrato civil

Como vimos, os dois pilares básicos sobre os quais os países devem construir suas políticas de ARB são o *consentimento prévio e informado* e os *termos mutuamente acordados*. No âmbito de cada Estado nacional, isso se traduz em regras de acesso, modalidades de repartição, definição da tipologia de benefícios que regerão as relações entre governos, universidades, instituições de pesquisa, empresas de biotecnologia, povos indígenas e comunidades locais.[4]

---

[3] Decisão CDB/COPVI/24, as diretrizes se destinam a orientar governos a elaborar suas próprias legislações internas de acesso e repartição de benefícios.
[4] No Brasil o tema é regulado pela Medida Provisória 2.186/01.

Essa embocadura, quando traduzida em norma jurídica, lança o debate sob as luzes da lógica contratual privada, pautada pelo princípio da autonomia da vontade das partes, e regulada extensivamente pelo campo civil do Direito, focado no estudo das relações inter-pessoais, e portanto, de espectro individualista.

O primeiro pilar sobre o qual se sustenta o regime de repartição de benefícios é o *consentimento prévio informado* do provedor do recurso genético e/ou conhecimento tradicional. Dentro da leitura contratualista que sugere a CDB, ele pode ser visto como a conformação de uma espécie de *pré-contrato* cujo conteúdo, na doutrina civilista, consiste basicamente em obrigar as partes a celebrar outro contrato futuro (no caso, eventual contrato de repartição de benefícios). O consentimento dado pelo provedor às condições de acesso e repartição de benefícios pactuadas junto ao usuário obriga as duas partes a celebrar contrato futuro detalhando como se concretizarão essas condições, sejam as partes Estados nacionais ou atores sociais dentro de um Estado nacional — empresas, instituições de pesquisa, detentores de conhecimentos tradicionais.

O segundo pilar sobre o qual repousa o regime de acesso e repartição de benefícios são os chamados *termos mutuamente acordados*, sobre os quais os países signatários da CDB deverão construir seus acordos de ARB. A Convenção ressalta a importância, portanto, da negociação de *acordos formais* de ARB. Elege assim o contrato como o instrumento chave para a efetivação da meta de "justiça social global" preconizada pela CDB.

Na diplomacia internacional, a escolha pela abordagem individual civilista é fruto de pressão do setor privado, que se faz representar especialmente pelos países ricos em biotecnologia, pela *segurança jurídica* das relações de acesso ao longo da cadeia de pesquisa e desenvolvimento biotecnológico, regulada por ferramentas de propriedade intelectual. Além da segurança jurídica, é de interesse do setor privado que as relações de acesso e repartição de benefícios sejam *livremente negociadas*, com a menor intervenção possível do Estado, cujo papel é visto apenas como custo de transação. O meio mais eficaz para atingir isso é submeter a política de ARB ao esquadro legal do contrato privado civil, em que a vontade das partes é soberana e a intervenção real do Estado no âmbito doméstico é limitada.

Este é o contexto diplomático que dá azo à discussão do regime internacional de ARB: como estabelecer um mecanismo de rastreamento do recurso genético que seja capaz de conferir legitimidade de "provedor-parte" a um país, e como essa legitimidade deve ser reconhecida por legislações de outros países considerados "usuários-parte". O reconhecimento, pelo país usuário, da legislação do país de origem do recurso genético é que constrói o fundamento para a concretização de arranjos de ARB entre países.

Como atualmente não há qualquer mecanismo capaz de obrigar os países usuários a cumprirem as legislações de acesso de países provedores de recursos genéticos, e como o avanço tecnológico tem tornado diversas e fluidas as formas de circulação dos recursos genéticos — e mais importante, da *informação* neles agregada —, a situação do setor privado biotecnológico é confortável: continua tendo acesso a "matéria-prima" (leia-se informação associada a recurso genético) livremente, sem a obrigação legal de repartir benefício com outros países.

2 Aterrisando no Brasil: o CGEN como vigilante "tutor" dos conhecimentos tradicionais e como cego avalista de arranjos comerciais

2.1 A atropelada gênese da legislação brasileira de ARB: o acordo Bioamazônia-Novartis

Quando as primeiras propostas ainda estavam em discussão no Congresso brasileiro, no ano 2000 um episódio particular precipitou a criação da primeira legislação sobre Acesso e Repartição de Benefícios (ARB), através de uma medida do Poder Executivo com força de lei, atropelando o processo legislativo que se iniciara em 1995.

Este episódio foi o contrato de bioprospecção entre a organização social Bioamazônia, responsável por gerir um programa governamental de incentivo a bioprospecção, e a Novartis AG, empresa do setor farmacêutico criada em 1996 através da fusão entre as empresas Ciba-Geigy e Sandoz.

O contrato Bioamazônia-Novartis gerou grande polêmica na sociedade brasileira e no governo. Seus termos previam o envio de até 10 mil cepas de bactérias pela Bioamazônia à empresa suíça, para posterior pesquisa e desenvolvimento de potenciais medicamentos. Os compostos originais seriam de propriedade conjunta das duas partes, mas à Novartis caberia o direito perpétuo e exclusivo, com a possibilidade de licenciamento a terceiros, de produzir, usar e vender quaisquer produtos contendo o composto original ou compostos derivados, bem como quaisquer patentes ou *know-how* relevantes.

Em troca, a Novartis oferecia pagamento, a partir do momento em que declarasse estar fazendo um estudo clínico com um produto derivado da biodiversidade brasileira até o lançamento do produto. Além disso, o contrato previa capacitação e treinamento, ou seja, a Novartis ensinaria técnicos a colher microorganismos, fermentar e analisar a presença de produtos interessantes. Depois as cepas, os extratos e os compostos isolados pela Bioamazônia seriam enviados à transnacional.

A crítica da sociedade e de parte do governo era de que o acordo era entreguista, pois o governo brasileiro estava permitindo a privatização de um patrimônio de uso comum do povo (conforme a Constituição brasileira), o patrimônio genético; pior ainda, em mãos de uma corporação transnacional.

O então ministro de meio ambiente chegou a afirmar à época que não permitiria que a farmacêutica obtivesse patentes de microorganismos da floresta amazônica. As preocupações do ministro ecoaram também em vários setores da comunidade científica nacional, que temia que o acordo não permitisse um efetivo controle da ação da multinacional uma vez que o material fosse enviado.

A repercussão do caso resultou na suspensão do contrato e precipitou uma sucessão de medidas provisórias editadas pelo poder executivo, da qual a MP nº 2.186-16, de 23 de agosto de 2001 é a última versão.

Nesse marco foi criado o Conselho de Gestão do Patrimônio Genético (CGEN), um colegiado governamental sem participação formal da sociedade civil, de caráter normativo e deliberativo, responsável por estabelecer as regras e regular o acesso ao patrimônio genético brasileiro e aos conhecimentos tradicionais a este associados.

2.2 Os "furos" do CGEN

O marco regulatório brasileiro reproduziu as balizas estabelecidas pela CDB, estabelecendo o chamado Contrato de Utilização do Patrimônio Genético e de Repartição de Benefícios[5] (Curb) entre provedores e usuários como o único mecanismo de repartição de benefícios. Nele cabem discutir *royalties*, divisão de lucros, transferência de tecnologia, licenciamentos de produtos ou capacitação. O Curb deve, de acordo com a norma brasileira, "indicar e qualificar com clareza as partes contratantes, sendo, de um lado, o proprietário da área pública ou privada, ou o representante da comunidade indígena e do órgão indigenista oficial, ou o representante da comunidade local e, de outro, a instituição nacional autorizada a efetuar o acesso e a instituição destinatária".[6] A União, mesmo quando não for parte contratante, tem também direito a parcela dos benefícios.[7]

A adesão da regra brasileira ao modelo contratual de ARB obedeceu a todos os pressupostos do direito civil privado: identificação dos sujeitos de direito, soberania da autonomia das partes em negociar as regras de acesso, zelo pela segurança jurídica da relação regulada, participação mínima do Estado.

---

[5] Art. 7º, XIII. Contrato de Utilização do Patrimônio Genético e de Repartição de Benefícios: instrumento jurídico multilateral, que qualifica as partes, o objeto e as condições de acesso e de remessa de componente do patrimônio genético e de conhecimento tradicional associado, bem como as condições para repartição de benefícios.

[6] Art. 27.

[7] Art. 24, parágrafo único.

No entanto, a realidade que bateu à porta do CGEN permite uma interessante reflexão sobre a insuficiência do modelo privado civilista de ARB para lidar com a diversidade de situações envolvidas dentro do esquema lógico de acesso e repartição de benefícios concebido pela CDB.

2.2.1 A regra do provedor do recurso genético como titular da área

De acordo com a norma brasileira, o provedor de recurso genético, que tem direito a receber benefícios, é o proprietário da área pública ou privada onde incorrer o recurso natural (planta ou animal), onde está por sua vez inscrito o recurso genético. Pode ser um fazendeiro, um posseiro, os estados ou a União (se áreas públicas); pode ser o dono de um apartamento na cidade? Se o recurso natural estiver em terra indígena ou terras que pertençam a comunidades locais, são elas as provedoras do recurso genético, para fins de acesso.

Essa regra toma como critério um fator geograficamente estanque, qual seja o dono do lugar onde estiver a planta de onde se acessou o recurso genético. Há pelo menos dois problemas nisso: diante da natureza fluida da informação genética e das tecnologias existentes hoje para manipula-la, barreiras geográficas já foram há muito suprimidas, estando uma mesma informação genética contida em uma planta no jardim, depositada em uma extratoteca ou inscrita em uma sequência de genes em qualquer lugar do mundo, simultaneamente. Ademais, a legislação acaba confundindo a atividade de coleta de plantas em campo com a de acesso ao recurso genético propriamente dito, feito em laboratórios. Com isso, acaba errando o alvo, elegendo o indivíduo como beneficiário da política de ARB, com base em critérios territorializados estanques que não guardam relação com a cadeia de circulação, pesquisa e desenvolvimento por onde transita o patrimônio genético.

Tomemos alguns casos que tramitaram no CGEN para analisar quão bizarras podem ser as situações que essa norma causa. Em um deles, uma empresa cuja missão era criar uma coleção de extratos de princípios ativos (extratoteca) para disponibilizá-la a outras empresas de desenvolvimento solicitou *a posteriori* autorização do CGEN para ARB. No entanto, como a empresa havia coletado plantas em dezenas de diferentes propriedades em uma região, viu-se diante da obrigação de comprovar o consentimento e celebrar um Curb com cada um dos proprietários das áreas em que estivera. Resultado: a empresa passou anos em uma *via crucis* burocrática procurando proprietários de áreas que não tinham situação fundiária regular, e mesmo onde conseguiu, tentou em vão convencê-los a celebrar um contrato pela coleta realizada em suas áreas. Diante do total desconhecimento das pessoas, a notícia foi recebida com desconfiança, e muitos se negaram a celebrar o Curb por receio daquilo acarretar riscos sobre suas terras. Se a norma obriga a celebrar o Curb, o que acontece nesses casos? Não há resposta burocrática possível, nos limites da norma vigente.

Em Curitiba (PR), uma das principais causas de intoxicação na população é a picada de uma pequena aranha venenosa comum de se encontrar em casas e apartamentos urbanos. Uma universidade veio ao CGEN solicitar autorização para acesso a recurso genético, buscando desenvolver a partir do veneno da aranha marrom medicamento antídoto para disponibilizar à população. Apliquemos o conceito de provedor ao caso: quem é o proprietário da área privada onde se encontra a aranha? Todos os donos de apartamentos, quitinetes, oficinas ou escritórios de Curitiba (ou onde mais) onde for encontrado o aracnídeo? Com quem se deve celebrar o tal Curb? Quantos contratos seriam necessários?

É evidente que nesse caso não importa quem seja o "proprietário da área privada" onde se encontra o recurso genético; o bom senso comum indicaria que o beneficiário do acesso deveria ser toda a população afligida pelo problema, e não apenas alguns particulares que encontraram aranhas em suas casas. Afinal, esse é justamente o objetivo da CDB: permitir que os benefícios gerados pela pesquisa e desenvolvimento de recursos genéticos possam atingir o maior número possível de pessoas no mundo, melhorando a situação especialmente nos países pobres. Neste caso concreto, o CGEN decidiu não exigir o contrato e determinou que o mesmo seja feito com a União, após a regulamentação dessa matéria.[8] Na prática, a universidade pode desenvolver a pesquisa sem qualquer preocupação em disponibilizar os resultados à população, se quiser.

Vale a pena destacar um último caso: o Centro de Biotecnologia da Amazônia (CBA), através da Superintendência da Zona Franca (Suframa, ligada ao Ministério da Indústria e Comércio), entrou com pedido de autorização especial de acesso a patrimônio genético para constituir extratoteca visando atividade de potencial uso econômico. O CBA[9] é gerido pela Bioamazônia, mesma organização pivô do criticado arranjo de repartição com a empresa Novartis, à época da edição da primeira MP sobre o tema no Brasil, em 2000.

O CBA afirma que a área de coleta de plantas será restrita à propriedade da Suframa — dispensando assim o consentimento prévio e a repartição de benefícios, já que o usuário e o provedor são a mesma pessoa. Ao mesmo tempo, o modelo de contrato submetido ao CGEN contém cláusula conferindo ao CBA todos os direitos patentários sobre produtos ou processos desenvolvidos em decorrência do contrato, indicando claramente que os benefícios serão canalizados ao próprio usuário. Nesses casos, a regra permite que os usuários

---

[8] O que também é uma questão em aberto, na medida em que alguns advogam que a prerrogativa da União de receber benefícios independentemente de ser 'parte' no contrato teria natureza jurídica de tributo, e portanto dependeria de lei específica para cria-lo, o que escaparia da esfera do Executivo e portanto do CGEN.

[9] O centro é uma iniciativa do Programa Brasileiro de Ecologia Molecular para o Uso Sustentável da Amazônia (Probem), do Ministério de Meio Ambiente (MMA).

facilmente contornem a obrigação de repartir benefícios com qualquer pessoa ou grupo da sociedade, legalizando a apropriação exclusiva dos benefícios a si mesmos; exatamente o oposto do que quer a CDB.

2.2.2 A regra do consentimento prévio informado do detentor de conhecimentos tradicionais

A norma brasileira de ARB estabelece que o acesso a conhecimentos tradicionais para fins de pesquisa, bioprospecção ou desenvolvimento tecnológico depende do consentimento prévio informado dos seus provedores. Considera-se provedor de conhecimento tradicional a comunidade indígena ou local que detém o conhecimento ou prática individual ou coletiva, associada ao patrimônio genético, e o disponibiliza para terceiros, mediante anuência prévia. O CGEN estabeleceu regras detalhadas[10] para o interessado no acesso — pesquisador ou empresa — comprovar a obtenção do consentimento dos provedores de conhecimentos tradicionais. E passou a controlar com rigor os procedimentos de obtenção de consentimento prévio das comunidades provedoras.

No entanto, sabe-se — e muito já se escreveu sobre isso — que o conhecimento chamado "tradicional" é em si um conhecimento compartilhado, em maior ou menor grau, entre diversas pessoas ou coletividades. Como aliás todo o conhecimento, inclusive o científico; trata-se de condição de sua própria existência. O sistema de propriedade intelectual é que incluiu a noção de exclusividade sobre o acesso ao conhecimento científico, dirigindo o sentido da discussão a um viés proprietário.

Essa natureza não rival do conhecimento suscita insolúveis dilemas em relação a quem teria legitimidade para autorizar acesso a um determinado conhecimento tradicional: havendo múltiplos detentores, quem tem legitimidade para autorizar? Qual a representatividade dessa pessoa/organização?

O Projeto *Etnobiologia, conservação de recursos genéticos e bem-estar alimentar da comunidade indígena Krahô*, coordenado pela Embrapa, foi suspenso por uma contestação promovida por lideranças de duas das vinte comunidades Krahôs envolvidas no projeto. Segundo o entendimento do CGEN, enquanto o dissenso interno não fosse resolvido o projeto permaneceria

---

[10] Que incluem: a) esclarecimento à comunidade anuente, em linguagem a ela acessível, sobre o objetivo da pesquisa, a metodologia, a duração e o orçamento do projeto, o uso que se pretende dar ao conhecimento tradicional a ser acessado, a área geográfica abrangida pelo projeto e as comunidades envolvidas; b) respeito às formas de organização social e de representação política tradicional das comunidades envolvidas, durante o processo de consulta; c) esclarecimento à comunidade sobre os impactos sociais, culturais e ambientais decorrentes do projeto; d) esclarecimento à comunidade sobre os direitos e as responsabilidades de cada uma das partes na execução do projeto e em seus resultados, e estabelecimento, em conjunto com a comunidade, das modalidades e formas de repartição de benefícios; e) garantia de respeito ao direito da comunidade de recusar o acesso ao conhecimento tradicional associado, durante o processo de anuência prévia.

suspenso. O dissenso fora resultado de uma briga interna entre associações que representam o povo Krahô. As comunidades de Aldeia Nova e Bacuri, que contestaram a anuência, alegaram que a associação Vitikatty ou Vyty Kati era a representante legal dos Krahô, enquanto as demais comunidades reconheciam apenas a associação Capey ou Kapey como tal. O dissenso foi resolvido através de um novo consentimento realizado pela Embrapa com representante de 18 das 20 aldeias (os representantes das duas dissidentes não compareceram), onde estes concordaram ser a Capey ou Kapey a única associação a representar o povo Krahô em sua totalidade. O processo de anuência foi gravado em vídeo e reapresentado ao CGEN, que levantou a suspensão e autorizou o projeto a retomar suas atividades.

A empresa Natura, fabricante de cosméticos, se viu envolvida em polêmica com vendedoras de ervas do tradicional mercado Ver-o-peso, em Belém, Pará. A empresa entrevistou algumas ervateiras sobre manipulação de ervas que contêm essências aromáticas, e o material gravado em vídeo foi utilizado pela empresa para promoção de seus produtos. As vendedoras afirmam que foram pagas na ocasião pelo "uso da imagem", mas não pelo conhecimento acessado. Como fazer quando o conhecimento sobre uso de plantas é difuso a ponto de não ser possível identificar todos os seus detentores? A legislação não prevê qualquer exceção referente a "conhecimento tradicional difuso" ou de "domínio público". Portanto, a empresa estava obrigada a obter o consentimento prévio e estabelecer uma negociação de repartição de benefícios com as vendedoras de ervas, o que fez. Por outro lado, o acordo da Natura com as ervateiras foi depois criticado por cooperativas produtoras de ervas medicinais, que consideram as beneficiárias do acordo apenas como intermediárias na cadeia produtiva.

Em outro caso tramitado no CGEN, a comunidade consultada, embora tenha consentido com a pesquisa, recusou-se a assinar o Termo de Anuência. A recusa da comunidade devia-se ao fato de estarem vivendo no interior de unidade de conservação de proteção integral, em situação de conflito com o órgão ambiental, não estando relacionada ao objeto da pesquisa. Como não foi apresentado qualquer meio de prova hábil a confirmar a afirmação, o processo foi retirado de pauta e a pesquisa ficou em suspenso.

O zelo do CGEN em atestar a legitimidade dos processos de consentimento prévio de comunidades provedoras de conhecimentos tradicionais, em que pese ter criado várias dificuldades para determinadas pesquisas, não deixa de ser um aprendizado para setores acadêmicos e empresariais pouco acostumados ou dispostos a estabelecer uma relação justa e equitativa com as comunidades com quem querem trabalhar.

Por outro lado, este mesmo zelo não se verifica quando olhamos para a forma como o CGEN atesta a justiça e equidade dos contratos de repartição de benefícios, o que indica a adoção de dois pesos e duas medidas.

2.2.3 A (ausência de) regra sobre justiça e equidade nos contratos

Entre as competências do CGEN estão as de estabelecer diretrizes para a elaboração e dar anuência aos Curb quanto ao atendimento dos requisitos previstos na legislação.[11] Em 2004, o CGEN aprovou a Resolução nº 10 que "estabelece regra de transição para aferição da justiça e eqüidade da repartição de benefícios na anuência aos Contratos de Utilização do Patrimônio Genético e Repartição de Benefícios". Essa resolução surgiu da preocupação do conselho em definir parâmetros e critérios para avaliar se os contratos de repartição de benefícios são justos e eqüitativos. Para que o CGEN pudesse decidir com base em parâmetros objetivos, estudos especializados que levantassem práticas e padrões de mercado foram encomendados. Entrementes, como o CGEN não podia se furtar da avaliação de contratos por imposição legal, resolveu adotar uma regra de transição, que pudesse ser aplicada enquanto tais estudos fossem elaborados. Nesse sentido, aprovou a seguinte resolução:

> Art. 1º. Enquanto não forem estabelecidos, em nova resolução, os parâmetros técnicos para análise objetiva do atendimento à justiça e eqüidade, a repartição de benefícios será objeto de livre negociação entre as partes, assegurando-se o equilíbrio na relação entre ambas.
>
> Parágrafo único: Deverá constar do contrato uma cláusula de compromisso, onde as partes acordam em rever os termos contratados, sempre que os valores acordados estiverem abaixo dos parâmetros mínimos definidos pelo CGEN.

No entanto, após a aprovação da resolução, instado a se manifestar o Ministério do Meio Ambiente considerou-a ilegal, alegando que a norma seria inconstitucional, por ferir o ato jurídico perfeito, "ao impor às partes a obrigação de reverem o pactuado, restringindo, deste modo, a liberdade contratual garantida por lei, com o inevitável prejuízo ao princípio da segurança jurídica". Por fim, a resolução acabou sendo anulada.

O pressuposto assumido foi que a liberdade contratual seria um princípio jurídico que não comportaria exceções ou mitigações. Essa é, no entanto, uma visão superada do conceito de liberdade contratual. Hoje vive-se sob um regime jurídico em que a liberdade contratual não é mais compreendida de maneira absoluta. Pelo contrário, em questões afetas ao interesse público ou em que se verifica relações entre partes desiguais, vige o regime do *dirigismo contratual*, que atenua o princípio da liberdade irrestrita de contratar e estabelece regras que devem necessariamente ser observadas pelas partes na relação contratual. Isso é o que ocorre, por exemplo, nos contratos de trabalho ou nos contratos

---

[11] Art. 11, incisos II, *c* e V.

de consumo regulados pelo Código de Defesa do Consumidor,[12] nos quais as partes devem observar limitações ao direito de contratar, ou seja, não podem estabelecer livremente toda e qualquer obrigação que entenderem conveniente, pois o pressuposto é que, em relações desiguais como essas, uma das partes sempre acabará impondo seus interesses e sujeitando a parte hipossuficiente a obrigações injustas e desiguais. É justamente o caso dos contratos de repartição de benefícios, em que via de regra estão presentes na relação contratual, de um lado, empresas muitas vezes transnacionais de base biotecnológica, e, de outro, comunidades locais, povos indígenas ou posseiros. Esse é um exemplo claro de desigualdade entre partes. Uma é detentora de amplo conhecimento legal e científico, de meios de produção e principalmente do poder econômico, enquanto a outra carece desses atributos, estando assim em posição de hipossuficiência e vulnerabilidade na relação jurídica.

Daí a razão da legislação brasileira conferir ao CGEN a competência de analisar os contratos. No entanto, a supressão dessa competência é sinal claro das diretrizes contratualistas que balizaram as discussões na CDB e inspiraram a legislação brasileira, fazendo do CGEN um cego avalista de arranjos contratuais muitas vezes desvantajosos e até entreguistas.

2.3 O paradigma pós-CGEN: o caso FZRS-GBF

A experiência que o CGEN trilhou dentro do quadro conceitual contratualista levou à construção de precedentes que ignoram a complexidade de atores envolvidos na cadeia de P&D e a geopolítica mundial que orienta a tendência de privatização da informação genética por empresas ou institutos de pesquisa de países ricos. Consolida portanto justamente o quadro que a CDB pretendia originalmente mudar.

Tomemos um caso que ilustra bem esse processo. Em 2006, o CGEN concedeu à Fundação Zoobotânica do Rio Grande do Sul (FZBRS) autorização de acesso a recurso genético para bioprospecção. Tratava-se de uma parceria entre a FZBRS e o GBF – *Gesellschaft für Biotechnologische Forschung* (Centro de Pesquisa Alemão para Biotecnologia) com o objetivo de coletar esponjas marinhas na Reserva Biológica Marinha do Arvoredo (Estado de Santa Catarina) para identificar organismos visando o potencial desenvolvimento de medicamentos antibióticos. A parceria integra o acordo de cooperação científica entre Brasil e Alemanha.

É o primeiro caso em que o CGEN autorizou acesso a recurso genético para uma instituição que não vai realizar acesso. De acordo com o projeto, a

---

[12] Lei nº 8.078/90.

FZBRS apenas realizava a coleta e identificação taxonômica das esponjas. Todo o trabalho posterior de identificação e isolamento de moléculas, sequenciamento e isolamento de genes com potencial antibiótico seria feito pela instituição alemã. De acordo com a legislação, somente instituições brasileiras podem realizar atividades de acesso a recurso genético no Brasil.

O contrato de repartição de benefícios aprovado pelo CGEN foi celebrado entre a União Federal, como contratante, e a FZBRS e o GBF, como contratadas. O contrato estabelece que todos os direitos de propriedade intelectual derivados do projeto pertencem às "contratadas". Embora o contrato não seja claro quanto à propriedade intelectual dos resultados entre o GBF e a FZBRS, é provável que a instituição alemã, sendo a executora de toda a atividade de acesso, detenha os direitos sobre patentes, especialmente fora do Brasil. Instado pela sociedade civil, o CGEN sequer esclareceu este ponto durante a plenária em que o projeto foi aprovado. O pesquisador alemão responsável pelo projeto detinha, à época em que o projeto foi apreciado, 14 patentes em seu currículo.

Outra curiosidade: a posição do GBF como "contratado" supõe que o instituto alemão seja uma espécie de "prestador de serviços" ao Brasil, dando a entender que a propriedade intelectual dos resultados seriam nada mais do que uma remuneração ao serviço prestado. Aliás, essa é justamente a forma como a bioprospecção vem sendo considerada nos tratados multilaterais de livre comércio (TLCs): como serviços científicos prestados, o que parece indicar que os padrões estabelecidos pelos TLC já vêm sendo incorporados na prática, embora o Brasil não seja signatário do Acordo de Livre Comércio das Américas (Alca).

A repartição de benefícios monetária acontecerá somente quando os resultados do projeto forem utilizados na perspectiva de elaboração de um produto passível de exploração econômica. Se isso acontecer, o contrato sequer estabelece os critérios para a definição de uma quantia a ser paga, indicando apenas a necessidade de um novo termo aditivo para tanto. A título de repartição não monetária, até 50% dos valores — se e quando forem definidos — deverão ser revertidos em bens ou serviços para a gestão da Reserva Biológica Marinha do Arvoredo, pelo Ibama. O CGEN aprovou por quase unanimidade o projeto.

Quais arranjos de repartição de benefícios deveriam ser estabelecidos? Recursos para gerir apenas uma unidade de conservação? E os eventuais medicamentos desenvolvidos a partir desse acesso? Estarão disponíveis à população pelo sistema único de saúde? Ou deverão ser comprados a preços exorbitantes nas farmácias?

Esse caso guarda inquietante semelhança com o caso da Bioamazônia-Novartis, contado no início. No entanto, ao invés de causar indignação como ocorreu em 2000, o caso foi considerado um paradigma positivo de repartição de benefícios pelo CGEN. Por quê? Ao que parece, na esteira do paradigma contratualista do CGEN, naturalizaram-se arranjos de privatização dos recursos genéticos, sem qualquer preocupação com uma política pública de repartição e difusão dos benefícios advindos do uso do patrimônio genético à sociedade brasileira.

3 Outra perspectiva da política de ARB: uma abordagem de acesso livre

Para superarmos os impasses e armadilhas da política de repartição de benefícios incubada na CDB e vigente no Brasil, é preciso uma outra abordagem para além do que hoje prevê a legislação contratualista de acesso. É preciso incorporar definitivamente noções de direitos coletivos sobre o patrimônio genético enquanto bem de uso comum do povo, conforme estabelece a Constituição Federal. Da mesma forma, reconhecer conhecimentos tradicionais enquanto patrimônio cultural imaterial, compartilhado e coletivamente construído.

Esse patrimônio socioambiental genético/cultural, enquanto tal, não deve ser passível de privatização por meio de patentes ou outras ferramentas; deve ser cuidado e gerido para propiciar o maior benefício ao maior número possível de pessoas, da forma mais ampla possível. Esse deve ser o princípio orientador de qualquer política de ARB.

O desafio é criar instrumentos para repartir benefícios a partir desses princípios. Sem prejuízo de negociações bilaterais entre comunidades, pesquisadores ou empresas, políticas públicas como a garantia do livre acesso aos recursos genéticos para uso e desenvolvimento dariam uma dimensão de universalidade que falta ao debate.

Seria possível estabelecer mecanismos jurídicos para construir esse novo ambiente, inspirados em experiências bem sucedidas em outros campos da propriedade intelectual, como a licença pública geral para softwares (*copyleft*, ou GNU/GPL)[13] ou o cardápio de licenças autorais abertas batizado de *creative commons*.[14]

No campo da biotecnologia, seria possível estabelecer um princípio de ARB que crie uma rede protegida contra a privatização, dentro da qual seria possível a pesquisadores e usuários transitar livremente, dentro do escopo de uma licença que permita o livre uso sob a condição do compartilhamento compulsório dos processos e produtos desenvolvidos.

Exemplo disso já ocorre no campo da produção literária científica, como os repositórios abertos de literatura científica,[15] baseados em uma licença autoral aberta, onde artigos científicos estão disponíveis gratuitamente.

---

[13] <http://www.gnu.org/copyleft/gpl.html>.
[14] <http://www.creativecommons.org.br/>.
[15] Por exemplo o *Scientific Electronic Library Online* (SciELO, <www.scielo.org>), ou o Public Library of Science (PloS, <www.plos.org>).

Outra possibilidade seria estabelecer uma cláusula compulsória de acesso livre (para uso e desenvolvimento) e compartilhamento compulsório ("share-alike") sobre patentes ou cultivares desenvolvidas a partir de recursos genéticos acessados no país, o que cobriria vacinas, medicamentos, sementes entre outros produtos essenciais para a sociedade.

A experiência acumulada pelo CGEN até agora indica que é preciso criatividade jurídica para superar o beco sem saída da visão contratual que contamina a discussão sobre políticas de ARB; caso contrário, estamos fadados a assistir a institucionalização da privatização dos recursos genéticos por atores econômicos hegemônicos no mundo e no Brasil.

> Informação bibliográfica deste texto, conforme a NBR 6023:2002 da Associação Brasileira de Normas Técnicas (ABNT):
>
> BAPTISTA, Fernando Mathias. Os impasses da abordagem contratualista da política de repartição de benefícios no Brasil: algumas lições aprendidas no CGEN e caminhos para sua superação. In: KISHI, Sandra Akemi Shimada; KLEBA, John Bernhard (Coord.). *Dilemas do acesso à biodiversidade e aos conhecimentos tradicionais*: direito, política e sociedade. Belo Horizonte: Fórum, 2009. p. 141-155. ISBN 978-85-7700-240-5.

A implementação do artigo 8j da CDB, o problema do conhecimento tradicional disseminado e a experiência do Quênia[1]

Evanson Chege Kamau*

Abreviaturas
ARB – Acesso e repartição de benefícios
CDB – Convenção sobre diversidade biológica
CT – Conhecimento tradicional
CTD – Conhecimento tradicional disseminado

Resumo: O artigo 8j da Convenção sobre Diversidade Biológica recomenda a suas partes contratantes a respeitar, preservar e manter o conhecimento tradicional das comunidades locais e indígenas, bem como a promover sua ampla aplicação com a aprovação e envolvimento destas comunidades. Ao mesmo tempo, a Convenção encoraja uma repartição eqüitativa dos benefícios provenientes da utilização dos conhecimentos. Focando no objetivo da repartição de benefícios, eu identifico e discuto o "conhecimento tradicional disseminado" como um fenômeno que apresenta novos desafios para uma implementação efetiva deste objetivo. Eu sugiro também modos de reduzir os impactos negativos sobre a repartição de benefícios.

Palavras-chave: Convenção da Biodiversidade. Conhecimento tradicional disseminado. Artigo 8j. Comunidades indígenas e locais. Consentimento prévio informado. Acesso e repartição de benefícios. Propriedade intelectual.

Sumário: **1** Introdução - **2** Definindo o conhecimento tradicional - **3** Qualificando o direito a benefícios baseados na posse e no valor - **3.1** Aquisição, transmissão, acúmulo, armazenamento e disseminação - **3.2** Definições e descrições - **3.3** Obrigações relacionadas ao artigo 8j - **4** Classificando o Conhecimento Tradicional Disseminado - **4.1** O conceito de Conhecimento Tradicional Disseminado - **4.2** Critérios para a demarcação do conhecimento tradicional disseminado daquele não disseminado - **4.3** Níveis nos quais o conhecimento tradicional disseminado é mantido nacionalmente - **4.4** Agrupando o CTD - **5** Recompensando os detentores do conhecimento tradicional disseminado mediante exclusão dos custódios do conhecimento tradicional – Injustiça justa? - **5.1** Por exclusão ou com inclusão? O quebra-cabeça - **5.2** Obstáculos criados pela exclusão da proteção e repartição de benefícios -

---
[1] Tradução de Natalia Cerqueira Henriques Alvarez e John Bernhard Kleba e revisão de John Bernhard Kleba.
* Os pontos de vista expressos neste ato são exclusivamente do autor. Quaisquer defasagens, obviamente, são de responsabilidade do mesmo.

6 Novas tarefas para os sistemas de acesso e repartição de benefícios, possíveis antídotos e lições para o conhecimento tradicional intacto - **6.1** Novas tarefas para os sistemas de acesso e repartição de benefícios e possíveis antídotos - **6.1.1** Proteção via segredos comerciais? - **6.1.2** Idéias para um regime de direitos de propriedade intelectual *sui generis* - **6.1.3** Lei de propriedade intelectual amigável ao conhecimento tradicional - **6.1.4** Fundos - **6.1.5** Revisão da definição de CT - **6.1.6** Medidas auxiliares - **6.2** Lições para o CT intacto - **7** Conclusão - Referências

1 Introdução

O artigo 8j da Convenção sobre Diversidade Biológica (CDB) exorta suas partes contratantes a respeitar, preservar e manter o conhecimento tradicional das comunidades locais e indígenas, bem como a promover a ampla implementação deste princípio, com a aprovação e envolvimento destas comunidades. Além disto, a Convenção encoraja uma repartição eqüitativa dos benefícios provenientes da utilização destes conhecimentos. O presente artigo focará na repartição dos benefícios.

Numerosos esforços têm sido empreendidos para realizar estas recomendações desde que a CDB entrou em vigor, num processo em que ambos os Estados nacionais e a comunidade internacional vêm encontrando muitos desafios. O autor identifica um novo desafio, ainda não abordado pela literatura, embora seja um desafio que pode impedir gravemente a implementação efetiva do artigo 8j, ou seja, a existência do "conhecimento tradicional disseminado" (CTD). Muitos conhecimentos e inovações tradicionais apresentam a característica de um CTD que está fora da capacidade de controle das comunidades locais e indígenas devido à sua natureza dispersa. Isto dificulta fortalecer o sistema de consentimento prévio informado e assegurar que as comunidades locais e indígenas colham os benefícios a que fazem jus pela utilização de seu conhecimento tradicional (CT) por terceiros. O perigo criado por este cenário é que, após todo o trabalho legislativo, as leis criadas podem apenas garantir-lhes meramente direitos artificiais, incapazes de serem implementados. O autor acredita que este perigo é iminente enquanto todas as lacunas existentes referentes à disseminação e à desapropriação do conhecimento persistirem.

Este artigo advoga a redução e/ou regulação de todos os canais atualmente incontrolados de disseminação e desapropriação do conhecimento tradicional, bem como o redirecionamento da repartição dos benefícios colhidos pela utilização privada de tais conhecimentos de volta para as comunidades locais e indígenas.

É relevante apontar que as comunidades locais e indígenas no Quênia são ricas em conhecimentos tradicionais, em parte atribuível também à rica biodiversidade do país.[2] A regulação do acesso ao CT é, entretanto, complicada,

---

[2] Para a composição da biodiversidade queniana e o estado de implementação do regime de acesso veja KAMAU, Evanson Chege. Sovereignty over genetic resources: Right to regulate access in a balance. The case of Kenya. *Revista Internacional de Direito e Cidadania*, n. 3, p. 73-88, fev. 2009.

pela forma de distribuição destes conhecimentos. As comunidades estão em geral agrupadas em torno de tribos e há mais de 40 tribos no Quênia. Ademais há uma longa história de trocas culturais, por exemplo entre os povos vizinhos dos Maasai, Dorobo e Kalenjin. Desta forma, a pesquisa recente tem revelado que muitos CT, que eram usualmente atribuídos a um grupo, parecem ter sido originais em outro, sendo muitas vezes impossível estabelecer uma origem do CT. Algumas tribos ocupam extensas áreas e mantêm relações de vínculo com outras via linguagem, cultura e práticas (por ex., os Kikuyu e Meru). Infelizmente, pouco trabalho tem sido realizado para documentar o CT, este trabalho foi iniciado recentemente.[3] Além disto, a regulamentação de acesso do Quênia ainda não foi capaz de incluir a temática do acesso ao CT.[4]

O autor inicia pesquisando uma definição do CT através da análise de definições e descrições existentes. A terminologia comum e seus elementos e idéias serão identificados e a seguir compilados em uma nova definição. Procura-se assim conceptualizar o termo "conhecimento tradicional disseminado" e estabelecer seu modo de conexão com o conceito central de "conhecimento tradicional". Conclui-se definindo o que seria uma custódia legalmente correta, baseada no modo de criação do CT, nas definições e descrições existentes, bem como no artigo 8(j) da CDB. O valor do CT, como um produto de atividade inovadora real que merece uma retribuição, também é destacado nesta seção.

A próxima parte questiona a justiça envolvida em permitir que detentores do CTD comercializem seus conhecimentos de forma livre e incontrolada, assim como em deixar-se auferir os benefícios decorrentes com a total exclusão das comunidades locais e indígenas, os reais custodiantes do CT. Justifica-se porque isto seria uma tendência adversa aos interesses das comunidades indígenas e locais, bem como ao processo de acesso e repartição de benefícios, e porque os regimes de acesso e repartição de benefícios (ARB) deveriam dar conta deste problema.

A seção final sugere formas de minimizar as barreiras criadas (para o processo de ARB) através do CTD.

2 Definindo o conhecimento tradicional

Até o presente momento, não há uma definição de CT universalmente reconhecida.[5] No artigo 8(j) da CDB, o CT é descrito como "(...) conhecimento,

---

[3] Entrevista com Peris Kariuki, KENRIK/NMK, March 2007.
[4] Uma força tarefa encomendada pelo Procurador-Geral para realizar um levantamento do estado do CT deveria entregar suas conclusões no início de 2008, mas não o fez até o momento (fevereiro de 2009) (Gazette Notice No. 1415 – Task Force On The Development Of Laws For The Protection Of Traditional Knowledge, Genetic Resources And Folklore).
[5] Também DUTFIELD, Graham. *Developing and implementing national systems for protecting traditional knowledge*: A review of experiences in selected developing countries, UNCTAD expert meeting on systems

inovações e práticas das comunidades locais e populações indígenas com estilo de vida tradicionais relevantes à conservação e à utilização sustentável da diversidade biológica" (trad. oficial). Esta não foi a primeira tentativa de definir o CT. Contudo, após a CDB reconhecê-la formalmente, divulgando seu valor, tiveram início trabalhos mais sérios sobre os assuntos pertinentes, incluindo definições conceituais.

Há um certo número de interpretações acadêmicas, institucionais e de organizações ativas na área que são freqüentemente utilizadas como definições do CT. A maior parte delas é descritiva, baseada nas características principais do CT, incluindo como este é adquirido, transmitido, acumulado, armazenado e disseminado.[6] Apesar de suas disparidades, as definições parecem concordar na maior parte dos aspectos do CT. Tais aspectos podem nos auxiliar a descrever o que se compreende por CT, assim como mostrar como este se relaciona com aqueles conhecimentos aqui denominados "disseminados".

Os seguintes elementos para caracterizar o CT, cf. Kihwelo,[7] são:

(...) uma coleção de ideais e pressupostos que tendem a enfatizar o conhecimento interno a uma determinada configuração, se diferenciando do conhecimento local, que se centra na localidade em que o conhecimento é utilizado e abarca o conhecimento exógeno que foi introduzido na comunidade ao longo do tempo.[8]

(...) a informação sistemática que se mantém no sector informal, geralmente não escrita e preservada na tradição oral em vez de textos... [Ela] é a cultura específica, enquanto o conhecimento é aculturado.[9]

(...) o conjunto de todos os saberes e práticas, quer explícitas ou implícitas, que são utilizados na gestão das facetas sócio-económicas e ecológicas da vida.[10]

(...) a soma de experiências e conhecimento de um determinado grupo étnico que constitui a base para a tomada de decisões em face da resolução de problemas familiares. É uma mistura de conhecimentos criados de forma endógena no seio da sociedade e aqueles que vêm de fora, mas são integrados dentro da sociedade, e esse conhecimento é

---

and national experiences for protecting traditional knowledge, innovations and practices, 30 de outubro – 1 de novembro 2000, Genebra.

[6] Algumas definições são citadas em KIHWELO. *Indigenous knowledge*: What is it?, 2005. p. 347f. Nos Anexos II e III do relatório da Terceira sessão (2002) do *Comitê* Intergovernamental sobre Propriedade Intelectual, Recursos Genéticos, *Conhecimento Tradicional e Folclore*, (IGC), um órgão constituído na WIPO em 2000 para tratar das questões referentes ao acesso aos recursos genéticos e repartição de benefícios, há definições detalhadas sobre os conceitos aqui tratados incluindo descrições contidas em propostas governamentais, declarações relacionadas à propriedade intelectual e conhecimento tradicional, assim como publicações de organizações não-governamentais, declarações de povos indígenas e literatura acadêmica. WIPO/GRTKF/IC/3/9, <http://www.wipo.int/edocs/mdocs/tk/en/wipo_grtkf_ic_3/wipo_grtkf_ic_3_9.pdf>.

[7] Ibidem.

[8] H. van Vlaenderen (1999), Local Knowledge: What is it, Why and do we capture it?, as quoted in Kihwelo, Indigenous knowledge: What is it?

[9] BRUSH, S. B.; STABINSKY, D. (Ed.). *Valuing local knowledge – indigenous peoples and intellectual.* Property rights, Island Press, Covelo, California, 1996.

[10] MUGABE, J. Intellectual property protection and traditional knowledge – An international policy discourse. *Biopiracy International Series*, n. 21, p. 3, 1999.

constante mudado e tem uma capacidade intrínseca de absorção de novos conhecimentos relevantes a partir do exterior.[11]

(...) o conhecimento único, tradicional e local, existente dentro e desenvolvido em torno das condições específicas das mulheres e dos homens numa determinada área geográfica.[12]

Mugabe[13] define também o conhecimento indígena como o conhecimento "(...) que é detido e utilizado por pessoas que se identificam como indígenas em relação a um local com base em uma combinação de distinção cultural e ocupação territorial prévia em relação a populações vindas mais recentemente, estas com sua própria cultura distinta e posteriormente dominante."

O CT, por vezes, também é utilizado para designar o conhecimento medicinal indígena, que é definido como "(...) um sistema coerente ligando comportamento social, seres sobrenaturais, fisiologia humana, e observações botânicas".[14]

Algumas instituições e organizações têm também realizado propostas para uma definição de CT. O Instituto Cultural Dene, por exemplo, o define como "(...) um corpo de conhecimento construído por um grupo de pessoas através de gerações, que vivem próximas à natureza. Ele inclui um sistema de classificação, um conjunto de observações empíricas sobre o ambiente local e um sistema de auto-gestão que rege sua utilização."[15]

Existem muitas outras definições e descrições publicadas no anexo II e III do relatório da terceira sessão do Comitê Intergovernamental sobre Propriedade Intelectual e Recursos Genéticos, Conhecimentos Tradicionais e Folclore (IGC) (2002).[16] Abaixo listam-se os elementos e idéias sobre CT partilhados pela maior parte destas propostas, derivadas de diversos atores governamentais e não-governamentais, incluindo declarações indígenas. Eles concordam que o CT é:

- um corpo (estoque) de conhecimentos e crenças;
- conhecimento sobre o relacionamento ou interação de seres vivos (vivendo em contato próximo com a natureza) entre si e com seu ambiente;
- conhecimento sobre o uso específico de plantas e suas partes, identificação de suas propriedades medicinais e práticas de colheita;

---

[11] S. Lugeye (1994), The role of farmers' indigenous knowledge in natural resources management, as quoted in Kihwelo, Indigenous knowledge: What is it?.

[12] Louis Grenier (1998), Working with traditional knowledge: A guide for researchers, as quoted in Kihwelo, ibidem.

[13] MUGABE, J. Intellectual property protection and traditional knowledge – An international policy discourse. *Biopiracy International Series*, n. 21, 1999.

[14] REID, Janice. *Sorcerers and healing spirits*: continuity and change in an aboriginal medical system, Australian National University Press, Canberra, as quoted in Kihwelo, Indigenous knowledge: What is it?, 1983.

[15] JOHNSON, M. (Ed.). *Lore*: Capturing traditional environmental knowledge. Dene Cultural Institute and International Development Research Centre. Ottawa, Canada, 1992.

[16] Veja WIPO/GRTKF/IC/3/9, available online at <http://www.wipo.int/edocs/mdocs/tk/en/wipo_grtkf_ic_3/wipo_grtkf_ic_3_9.pdf>.

- conhecimento relevante para a conservação e uso sustentável da diversidade biológica;
- conhecimento, inovações e práticas que incorporam estilos de vida tradicionais;
- trabalhos literários, artísticos ou científicos baseados na tradição; performances; invenções e descobertas científicas; design; marcas, nomes e símbolos; informações não publicadas.
- todas as inovações e criações baseadas em tradições resultantes de atividade intelectual no campo das artes, literatura, ciência e indústria;
- conhecimento cultural específico; conhecimento que é único a uma dada comunidade ou sociedade;
- conhecimento de pessoas que se identificam como indígenas de uma localidade, baseados na distinção cultural e na ocupação territorial prévia;
- construído por um grupo de pessoas através de gerações e do conhecimento das comunidades indígenas e locais;
- propriedade coletiva de uma sociedade; propriedade intelectual de comunidades indígenas e dos detentores deste conhecimento;
- agregação de contribuições de muitos membros (gerações) de uma sociedade em particular;
- estabelecido em experiências passadas e observações avaliadas à luz do que indivíduos aprenderam de seus ascendentes;
- obtido de forma oral, freqüentemente não escrito e preservado via tradições orais;
- modificado e aumentado através do tempo, de acordo com seus usos;
- dinâmico em sua natureza e modificando seu caráter conforme as necessidades das pessoas mudam;
- informação sistemática/coerente;
- mantido, evoluído e transmitido por povos indígenas através de gerações.

A partir destas características, a definição do CT pode ser resumida da seguinte forma:

- A propriedade intelectual coletiva de uma sociedade baseada em um estoque ou corpo sistemático e coerente de conhecimentos culturalmente específicos de comunidades indígenas e locais, ocupando um território geográfico específico, estoque este condizente ao relacionamento dos seres vivos entre si e com seus ambientes. Ele também inclui as inovações e criações resultantes das atividades intelectuais no campo artístico, científico, literário e industrial, e também a suas práticas e crenças baseadas em observações e experiências passadas de gerações, preservadas oralmente, e que são mantidas, e constantemente ampliadas e em evolução no tempo, através de sua utilização e adaptação para novas demandas, e transmitidas culturalmente através das gerações pelas comunidades locais e indígenas.

3 Qualificando o direito a benefícios baseados na posse e no valor

Os argumentos abaixo devem ser baseados na maneira de aquisição, transmissão, acúmulo, armazenamento e disseminação do CT; nas definições e descrições do CT; e nas obrigações contidas no artigo 8(j) da CDB.

3.1 Aquisição, transmissão, acúmulo, armazenamento e disseminação

O CT freqüentemente é adquirido de forma intuitiva em um cenário tradicional através de experimentos e observações. Kenneth Ruddle[17] nota a partir da sociologia do conhecimento que em particular a transmissão de conhecimento entre gerações permanece um campo de pesquisa negligenciado, apesar de constituir a fundação da vida social. Ruddle diz que pouco se sabe, por exemplo, a respeito da contribuição que crianças e jovens fornecem para a vida comunitária no terceiro mundo, ou sobre a socialização e transmissão do conhecimento (tradicional) — especialmente de habilidades específicas — para estas faixas etárias, incluindo os processos que eventualmente os transformam em membros plenamente produtivos da sociedade.[18] Nos estudos existentes a maioria dos etnógrafos tende a representar a transmissão das habilidades através de formas de aprendizagem social e cultural como desorganizada, desestruturada e como um processo individualista.[19] Entretanto, há estudos que mostram que a aprendizagem nestes padrões gerais é estruturada e culturalmente específica.[20]

Observações realizadas por pesquisadores de diversas disciplinas produzem generalizações notavelmente consistentes sobre certas características estruturais e processuais de transmissão do CT. Estas características foram

---

[17] RUDDLE, Kenneth. The transmission of traditional ecological knowledge. In: INGLIS, Julian T., *Traditional ecological knowledge*. Concepts and cases, International Program on Traditional Ecological Knowledge and International Development Research Centre, 1993. p. 17-31. Disponível também em: <http://www.idrc.ca/openbooks/683-6/>.

[18] Ibidem.

[19] Ibidem, p. 17f.

[20] RAUM, Otto F. *Chaga childhood, a description of indigenous education in an East African tribe*. London: OUP, 1940; RAUM, M. *Growing up in New Guinea*: A comparative study of primitive education. New York: William Morrow and Co., 1930; HOLMBERG, A. Nomads of the long bow. *Smithsonian Social Anthropology Publication 10*, Washington D.C., 1950; READ, M. *Children of their fathers, growing up among the Ngoni of Nyasaland*. New Haven: Yale University Press, 1960.

exemplificadas, por exemplo, em um estudo de caso sobre uma economia camponesa híbrida no delta do rio Orinoco, Venezuela, por Ruddle and Chesterfield.[21] Elas são resumidas em Ruddle[22] da seguinte forma:

> 1) Há divisões específicas de idade para treinamento para a *maioria* das atividades *(ênfase em itálico do autor)*;
>
> 2) Tarefas diferentes são ensinadas por adultos de maneira similar e sistemática;
>
> 3) Dentro de um complexo particular de tarefas (...) tarefas individuais são ensinadas em uma seqüência abrangendo do mais simples até o mais complexo;
>
> 4) As tarefas são específicas de acordo com o sexo e a idade, e são ensinadas por membros do sexo apropriado;
>
> 5) As tarefas são inseridas em locais específicos, e são ensinadas em locais aonde devem ser realizadas;
>
> 6) Períodos fixos são especificamente reservados para o ensino;
>
> 7) As tarefas são ensinadas por parentes, usualmente por um dos pais dos aprendizes;
>
> 8) Formas de recompensa ou punição estão associadas com certas tarefas ou complexos de tarefas.

Um vasto levantamento relativo às práticas de CT em diversas regiões do mundo, incluindo África, Ásia e Canadá, revelam que, tal como com outros tipos de CT, a aquisição de conhecimento em medicina fitoterápica é rigorosa e sua transmissão organizada de forma acurada. Segundo referências da literatura utilizadas abaixo e entrevistas, estas práticas demandam uma identificação perspicaz de plantas, habilidades de coleta e preparo das composições, bem como a aquisição apropriada de capacidade para diagnósticos e conhecimento na administração de remédios.[23] Isto exige tempo e sacrifícios substanciais, o que faz da família a instituição mais conveniente de treinamento.[24] A maioria dos ervatários (fitoterapeutas tradicionais), por exemplo, receberam suas primeiras lições de parentes mais próximos e mais velhos, na maioria das vezes pais ou avós.[25] Em casos execpionais, os curandeiros populares não recebem somente o treinamento de seus parentes, mas também de curandeiros especialistas sem relação de parentesco.[26]

---

[21] RUDDLE, K.; CHESTERFIELD, R. Education for traditional food procurement in the Orinoco Delta. *Ibero-Americana 53*, Berkeley, 1977.

[22] RUDDLE. *The transmission of traditional ecological knowledge*, p. 18.

[23] KAMAU, Evanson Chege. *A hard patent system*: An impediment to technological (economic) development in less developed countries. Nomos Verlag, Baden-Baden, 2004. p. 166.

[24] Ibidem.

[25] Ibidem. Cf. RUDDLE, p. 22; TAKAKO, p. 114; OHMAGARI, Kayo; BERKES, Fikret. Transmission of indigenous knowledge and bush skills among the western James Bay Cree women of subarctic Canada. *Human Ecology*, v. 25, n. 2, p. 197-222, 1977; TABUTI et al. Traditional medicine in Bulamogi county, Uganda: Its practitioners, users and viability. *Journal of Ethnopharmacology* 85, p. 119-129, 2003.

[26] TAKAKO, ibidem: ex. em Tebing Tinnggi na Sumatra do Norte, Indonésia.

O treinamento em medicina fitoterápica começa geralmente na infância. Alguns ervatários dizem ter sido iniciados no ofício com apenas 12 anos.[27] De acordo com Valentine Nde Fru[28] de Camarões, sua avó de 63 anos, Mama Lum Sonia Neh, foi iniciada na prática aos 13 anos.[29]

A aprendizagem da medicina fitoterápica toma a forma de treinamento em trabalho, ou seja, através do aprender-se na prática (aprendizagem).[30] Em geral, a transmissão do CT começa com a familiarização do aprendiz verbalmente e visualmente com os elementos físicos da localização apropriada.[31] Os aprendizes da medicina herbal acompanham seus pais ou avós na coleta de ervas.[32] No campo, eles aprendem a como identificar as plantas, seus nomes e os melhores métodos para colher as partes relevantes das plantas.[33] Sendo pequenas, as plantas geralmente são coletadas em sua totalidade.[34] A utilização de algumas ervas é determinada puramente pela natureza de sua casca, pela forma das folhas ou frutas, etc.[35] Os ervatários têm a capacidade de agrupar as ervas medicinais de acordo com as enfermidades correspondentes a partes do corpo.[36] Em casa, o aprendiz aprende a como preparar as ervas e preparar e armazenar as formulações.[37] Em grande parte dos preparados combinam-se extratos de um certo número de diferentes ervas.[38]

Os pacientes são freqüentemente tratados na residência dos ervatários.[39] Neste processo, os aprendizes adquirem experiência em como diagnosticar doenças e administrar os medicamentos.[40]

---

[27] KAMAU. *A hard patent system*, p. 166, rodapé 737.

[28] LL.M. Eur.-Candidate (2007), University of Bremen.

[29] Entrevista na FEU, University of Bremen, 23 de novembro de 2007.

[30] NDE FRU, entrevista, ibidem. Ver também RUDDLE, p. 20; OHMAGARI; BERKES. Transmission of indigenous knowledge and bush skills, p. 206; TABUTI et al. Traditional medicine in Bulamogi county, p. 122f. Cf. TABUTI et al. Traditional herbal drugs of Bulamogi, Uganda: Plants, use and administration. *Journal of Ethnopharmacology* 88, p. 19-44, 2003.

[31] RUDDLE. The transmission of traditional ecological knowledge.

[32] KAMAU. *A hard patent system*, p. 166. também NDE FRU, ibidem.

[33] Ibidem. Cf. NJOROGE; BUSSMANN, p. 334. Cf. TABUTI et al. Traditional herbal drugs of Bulamogi, p. 21: Uma proporção significativa de preparos é feita utilizando folhas (37,3%) e raízes (34,3%). O uso de outras partes é geralmente abaixo de 5%. Em alguns casos a planta inteira é utilizada (8,2%). Acima de tudo, o uso de partes permanentes e reprodutoras (flores, frutas, sementes) é substancial em 42,4 e 6,8%, respectivamente. Cf. TABUTI et al. Ethnoveterinary medicines for cattle (*Bos indicus*) in Bulamogi county, Uganda: Plants species and mode of use. *Journal of Ethnopharmacology* 88, p. 279-286, 2003: Plant parts most frequently used for treating cattle are roots (37.5%) and leaves (27.5%).

[34] NJOROGE; BUSSMANN, ibidem; TABUTI et al. Traditional herbal drugs of Bulamogi, p. 21.

[35] KAMAU. *A hard patent system*, p. 167.

[36] Ibidem.

[37] NDE FRU; TABUTI et al. Traditional herbal drugs of Bulamogi, p. 40f.

[38] KAMAU. *A hard patent system*, p. 167; TABUTI et al. Traditional herbal drugs of Bulamogi, p. 40.

[39] Ibidem.

[40] Ibidem.

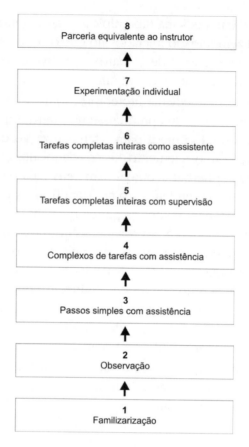

FIGURA 1 - Seqüência de aprendizagem identificada de habilidades e conhecimentos
Fonte: Ohmagari & Berkes (1997)[41] apud Ruddle & Chesterfield (1977).

Em cada nível de aprendizagem, lições antigas são revisadas (repetidas), antes que uma nova lição seja introduzida.[42] A aprendizagem, como resultado, consiste em procedimentos aditivos e seqüenciais (Fig. 1) de tarefas simples às mais complicadas, até que uma tarefa completa esteja dominada.[43] Quando o aprendiz adquire competências suficientes, eles estão autorizados a auxiliar o instrutor na realização da tarefa, bem como a realizar experiências independentes e usar de iniciativa pessoal.[44] No próximo passo, a eles é confiado o

---

[41] OHMAGARI; BERKES. Transmission of indigenous knowledge and bush skills, p. 205.
[42] RUDDLE. The transmission of traditional ecological knowledge.
[43] Ibidem.
[44] Ibidem.

tratamento de doenças simples, mesmo na ausência de seus tutores.[45] Doenças mais sérias requerem um alto nível de proficiência e, assim, treinamentos mais completos e duradouros.[46]

O termo "tradicional" é frequentemente enganoso. É interpretado com frequência pelos significados de primitivo, sem técnica, desatualizado ou arcaico e inferior, entre outros. Isto causa a impressão de que o processo de aquisição do conhecimento em uma estrutura tradicional também seria pobre e lasso. Em contraste,[47] o CT é organizado de forma altamente estruturada, é sistemático, disciplinado, exigente e vivenciado ou evolucionário. "Tradicional" indica somente que é baseado em tradições.[48] É criado, preservado e disseminado de modo que reflita as tradições das comunidades que o criou.[49]

Em geral, os ervatários acumulam seu conhecimento através de aquisição constante e contínua de informações das comunidades[50] em sua vizinhança.[51] De acordo com um estudo conduzido no Quênia por Chege,[52] mais de 95% dos ervatários apropriam um conhecimento gerado na comunidade geral. Não obstante, alguns ervatários realizam inovações contínuas a partir destes conhecimentos comunitários,[53] assim como adquirem informações não locais.[54] Para tanto, eles viajam para outras partes do país, e por vezes para além das fronteiras nacionais.[55] Alguns ervatários não são dogmáticos na

---

[45] Nde Fru: recebeu treinamento de medicina fitoterápica de sua avó, explicou que a prática inicial envolve o tratamento de doenças simples tais como dores de estômago, diarréia, sífilis, hemofilia, a doença de pele conhecida como *cam no go* em Camarões e também a obstetrícia.

[46] Nde Fru: Composições fitoterápicas contra doenças como a malária (ex. De folhas de eucaliptos e do mamão) e tifóide (do eucalipto) são muito concentradas (fortes) e requerem administração cuidadosa. Elas também oferecem efeitos colaterais. O remédio fitoterápico anti-malária de folhas de mamão, por exemplo, causa extrema coceira especialmente em estágios iniciais da doença. Algumas misturas causam febre alta. Esses efeitos colaterais são combatidos utilizando métodos não-convencionais, ou às vezes medicamentos convencionais. A febre alta é contida, por exemplo, cobrindo o paciente com um cobertor grosso para induzi-lo a suar de forma que abaixe a temperatura corporal. Por outro lado, o medicamento convencional, ex. *clorfeniramina* ou cloroquina é administrado em conjunto com as práticas tradicionais.

[47] NJOROGE, Grace N.; BUSSMANN, Rainer W. Herbal usage and informant consensus in ethnoveterinary management of cattle diseases among the Kikuyus (Central Kenya). *Journal of Ethnopharmacology* 108, p. 332-339, 2006: Observe que o uso de plantas tradicionais para administração de doenças tanto em animais como humanos não é aleatório.

[48] HANSEN, Stephen A.; VANFLEET, Justin W. *Traditional knowledge and intellectual property*. A handbook on issues and options for traditional knowledge holders in protecting their intellectual property and maintaining biological diversity. AAAS, Washington DC, 2003. p. 3.

[49] Ibidem.

[50] Conhecido como conhecimento coletivo. Cf. O'CONNOR, Bernard. Protecting traditional knowledge. An overview of a developing area of intellectual property law. *JWIP*, v. 6, n. 5, p. 677-698, 2003.

[51] OTIENO-ODEK, James. The Kenya patent law: Promoting local inventiveness or promoting foreign patentees?. *JAL*, p. 79-103, 1994.

[52] Paul Chege conforme citado em KAMAU. *A hard patent system*, rodapé 735.

[53] KAMAU, ibidem, p. 175.

[54] Ibidem, p. 166.

[55] Ibidem.

aplicação do conhecimento existente, realizando experimentos extensivos em suas práticas, e apreendendo por tentativas e erros, e desta forma, adquirem experiências através do tempo a ponto de descobrirem novos usos e fórmulas inexistentes no conhecimento geral da comunidade.[56] Portanto, embora o CT é freqüentemente referido como conhecimento "comum" ou "coletivo", ele nem sempre é comum, ou comumente distribuído em uma comunidade. Entre os Kadazan/Dusun, povos de Sabah no leste da Malásia, a eficácia e o uso particular de plantas medicinais são conhecidos por todos.[57] Entretanto, as *Bobohizan*, sacerdotisas maiores, detém habilidades e conhecimentos excepcionais e especializados, necessários pra o tratamento dos pacientes.[58] Por vezes esses conhecimentos são mesmo confidenciais e suas práticas restritas a especialistas.[59]

A disseminação do conhecimento médico tradicional é determinada pelo nível em que ele é mantido. O conhecimento mantido em nível geral da comunidade é livremente disseminado através da troca entre indivíduos da comunidade ou de comunidades vizinhas.[60] O conhecimento mantido em nível individual é considerado secreto, e compartilhado apenas por um círculo restrito de proximidade e confiança mútua.[61] Este padrão de difusão do conhecimento médico tradicional é mantido por gerações, conforme os membros mais velhos da comunidade o passam informalmente para os membros mais jovens.[62]

Das informações postas acima, conclui-se fatos claros e óbvios. Em primeiro lugar, grande parte do CT sobre as propriedades medicinais de fontes biológicas é uma propriedade de comunidades regionais ou tribais. Segundo, uma parte do conhecimento em medicina fitoterápica, não importando quão aparentemente marginal, é uma inovação de ervatários individuais. Terceiro, o conhecimento geral médico da comunidade age como uma trilha que orienta a formação e a administração dos novos conhecimentos mantidos por indivíduos. Quarto, a disseminação do CT por qualquer membro de uma comunidade específica para o uso não tradicional, sem o consentimento prévio informado da comunidade, é uma violação contra os direitos da comunidade.

---

[56] Ibidem, p. 167.

[57] TAKAKO, Haruyama. Transmission mechanism of traditional ecological knowledge. 11-1, p. 109-118, set. 2003.

[58] Ibidem. *Bobohizan* são especialistas de rituais e praticantes da medicina tradicional.

[59] TAKAKO, ibidem. The practice of community knowledge is also sometimes restricted to individual experts. Cf. TABUTI et al. Traditional medicine in Bulamogi county, p. 123.

[60] KAMAU. *A hard patent system*, 167f.

[61] Ibidem, 167; TABUTI et al. Traditional medicine in Bulamogi county, p. 123.

[62] O'CONNOR. Protecting traditional knowledge, p. 678. KAMAU, Also. *A hard patent system*, p. 166f; NJOROGE; BUSSMANN, p. 333; TABUTI et al. Ethnoveterinary medicines for cattle, p. 279; EVANS, Sue. Chilean stories: Exploring herbal medicine in South America. *Aust J Med Herbalism* 14(1), 2002.

Estes fatos apontam para a verdade nua, baseada na moral e na justiça, que a comunidade geral deve repartir os benefícios derivados direta e indiretamente do conhecimento (tradicional) comum. Este credo não deve ser somente honrado pelos apropriadores estrangeiros, mas também por médicos privados locais e canais que transferem o conhecimento comum para apropriação comercial privada. Além disso, muitos detentores do CT acreditam que, independente de ser este conhecimento comumente ou individualmente adquirido, o CT não pode ser apropriado por qualquer um, pois todo o conhecimento e todas as fontes advêm de Deus.[63] Desta forma, eles nunca se consideram proprietários exclusivos do CT. Tabuti et al. identificam os médicos tradicionais como depositários (vitais) do CT de cura.[64] As comunidades se beneficiam do conhecimento individual de especialistas ou curandeiros locais, os retribuindo com reverências especiais.[65] Não obstante, os especialistas podem também cobrar uma taxa pelos serviços oferecidos, os quais são retidos como propriedade privada, não necessariamente porque eles desenvolveram o conhecimento ou o mantiveram em sigilo, mas porque eles preenchem certos requisitos culturais e espirituais[66] e fornecem certos serviços para a comunidade. Além disso, como já mencionado, eles inovam o CT, dando-lhes qualidades únicas, merecendo algum tipo de recompensa.

Seja na medicina, cosmética, ou alimentação, o CT é conhecido como tradicional devido às seguintes características: 1. Comunidades indígenas e locais são as fontes genuínas de CT; 2. O CT não pode ser separado de seus proprietários legítimos por estar fortemente entrelaçado em sua cultura; 3. Estas comunidades investiram muito trabalho na criação do CT; 4. A criação do CT envolve atividade inventiva genuína e vigorosa; 5. O CT é dinâmico; 6. Sendo o CT baseado na tradição de compartilhar saberes, nenhuma pessoa é intitulada à exclusividade de seu monopólio ou de seus benefícios resultantes. Os itens 3, 4 e 5 advogam por uma ampla recompensa das comunidades locais e nativas.

3.2 Definições e descrições

O segundo argumento, que mostra que as comunidades locais e indígenas usufruem do direito à repartição dos benefícios a partir do uso do CT é baseado nas definições e descrições existentes do CT. Elas não diferem no que é referente

---

[63] SWIDERSKA, Krystyna. Banishing the biopirates: A new approach to protecting traditional knowledge. *Gatekeeper series 129*, IIED, p. 12, 2006.
[64] TABUTI et al. Traditional medicine in Bulamogi county, p. 119.
[65] VIVEKANANDAN, P. et al. Protecting Traditional Knowledge of small, scattered and disadvantaged grassroots innovators and traditional knowledge holders: Honey Bee perspective. Disponível em: <http://r0.unctad.org/trade_env/test1/meetings/tk2/honeybee.pdf>. Acesso em: 21 jan. 2008.
[66] KOOPMAN, Jerzy. Biotechnology, patent law and piracy: Mirroring the interests in resources of life and culture. *Electronic Journal of Comparative Law*, v. 75, dez. 2003, <http://www.ejcl.org/ejcl/75/art75-7.html>. Acesso em: 21 jan. 2008.

à propriedade e ao valor, como já visto. A partir dos elementos e idéias do CT encontrados nas definições e descrições sumarizadas acima, os termos "conhecimento", "inovações", "relevante", "científico", "dinâmico", "intelectual", etc., descrevem seu valor, que é provado através da contribuição do CT para o crescimento da ciência moderna. Os termos também atribuem a propriedade deste CT para comunidades locais e indígenas: um povo considerado nativo em um local, ocupando um território específico e vivendo próximo à natureza, que preserva um conhecimento passado de geração a geração, o qual é relevante para a conservação e sustentabilidade do uso de seu ambiente, etc. Quase todos os detentores do CTD não possuem estas qualidades e, por conseqüência, não podem requerer a legitimidade da propriedade do CT.[67]

3.3 Obrigações relacionadas ao artigo 8j

> (...) com a aprovação e a participação dos detentores desse conhecimento, inovações e práticas; (CDB, art. 8j)

Além de identificar explicitamente as comunidades indígenas e locais como os proprietários do CT ["(...) conhecimento, inovações e práticas das comunidades locais e populações indígenas"], o artigo 8j coloca a obrigação para as partes contratantes da CDB de buscar a aprovação dos proprietários do CT, referidos como "detentores", na promoção de sua aplicação mais ampla. O termo "detentor", não obstante, parece causar algum tipo de confusão, dependendo de como é interpretado. Se for interpretado de forma ampla, incluiria qualquer um que possui algum CT em sua posse. Tal interpretação poderia reconhecer o CTD como um corpo separado e independente de conhecimento em relação ao conceito essencial de CT. Também reconheceria os detentores de tal conhecimento como proprietários legítimos do CT, outorgando-lhes o direito de dispor deste CT conforme desejarem, bem como de monopolizar os benefícios de sua comercialização. Uma interpretação mais restrita, por outro lado, faria referência às comunidades indígenas e locais. O WIPO parece preferir a definição mais moderna e, portanto, usa o termo "detentor do CT" para se referir a todos que criam, originam, desenvolvem e praticam o CT em um contexto tradicional.[68] Esta interpretação aponta implicitamente as comunidades locais e indígenas como os detentores do CT por direito.

Além disso, o artigo 8j é específico com relação à obrigação daqueles que utilizam o CT para repartir os benefícios deste com as comunidades locais e indígenas: "Cada parte contratante deve (...) encorajar a repartição eqüitativa dos benefícios (...)" (CDB, Art.8j).

---

[67] Para uma abordagem divergente veja Kleba neste volume.
[68] WIPO/GRTKF/IC/3/9, §37 (ii) (b).

4 Classificando o Conhecimento Tradicional Disseminado

4.1 O conceito de Conhecimento Tradicional Disseminado

O conceito de "Conhecimento Tradicional Disseminado" (CTD) e as idéias usadas para formulá-lo são inspiradas em sua maioria no atual estado de distribuição do CT no Quênia. Entretanto, a situação descrita abaixo pode ser similar também para outros países.

Como resultado da disseminação irrestrita e livre do CT sobre um longo período de tempo, uma porção significativa de conhecimentos tradicionais não está mais sob o controle das populações indígenas e comunidades locais. Existem três níveis identificáveis nos quais o CT é mantido. Primeiro, o CT intacto ainda mantido nas comunidades locais e indígenas. Segundo, o conhecimento disseminado em âmbito nacional. Terceiro, o CT disseminado em âmbito mundial. O CT mantido no segundo e no terceiro nível é mantido de forma privada por numerosas entidades que são apartadas das comunidades locais e indígenas e, portanto, é referido como CTD. No presente estudo, o foco é limitado somente ao segundo nível e seu impacto na proteção efetiva dos direitos das comunidades indígenas e locais, bem como a repartição de benefícios. Uma definição tentativa do CTD seria: "CT mantido de forma privada por entidades isoladas ou alienadas de comunidades locais ou indígenas que utilizam o CT para auferir ganhos de maneira privada sem o reconhecimento das comunidades indígenas e locais e sua total exclusão na repartição de benefícios".

4.2 Critérios para a demarcação do conhecimento tradicional disseminado daquele não disseminado

- Conhecimento tradicional mantido por entidades não ligadas a qualquer comunidade indígena ou local.[69]
- Conhecimento tradicional não possuído coletivamente.
- Conhecimento tradicional praticado e desenvolvido em um cenário e contexo não tradicional.
- Conhecimento tradicional mantido por entidades que não são ocupantes ou nativas em um território específico relacionado ao uso do CT.
- Conhecimento tradicional mantido por entidades que não necessariamente vivem em estreita relação com a natureza.

---

[69] No contexto do Quênia, refiro-me aos vendedores, a praticantes da medicina tradicional e a instituições como sendo essas entidades, desde que seus empreendimentos são individualistas. A situação, o enfoque e a opinião parecem diferir em relação à situação brasileira, onde a situação de certos grupos, como, por exemplo, o das erveiras vendedoras de perfumes, que passou a ser legalmente regulamentada. Para mais informações, ver Kleba neste volume.

- Conhecimento tradicional mantido por entidades que não vêem como sua atribuição a transmissão deste para as próximas gerações.
- Conhecimento tradicional que não possui relação direta à conservação e às atividades de uso sustentável de ambientes onde as matérias-primas são adquiridas.
- A prática do CT que não possui prova de proficiência na aprendizagem ou no treinamento em um cenário tradicional.

4.3 Níveis nos quais o conhecimento tradicional disseminado é mantido nacionalmente

Nacionalmente, o CTD é mantido por médicos especialistas em medicina tradicional com ervas e seus assistentes, ervatários tradicionais autônomos, pesquisadores e institutos de pesquisas, acadêmicos, parataxonomistas, etc. Além disso, existe uma profusão de publicações que podem ser obtidas livremente, algumas das quais não somente listam as plantas medicinais e as doenças que são aplicadas como tratamento,[70] mas também mostram suas estruturas químicas,[71] bem como a descrição do processo da fabricação de drogas a partir das ervas tradicionais.[72] O acesso ao CT de comunidades indígenas e locais, bem como aos recursos genéticos associados, a partir destas fontes de CTD, criam muitos obstáculos para a proteção própria do CT e a repartição dos benefícios.

4.4 Agrupando o CTD

O status do CTD e como ele se relaciona com a essência do CT necessita ser determinado. Existem duas possibilidades de abordagens. A primeira seria colocar todo o conhecimento baseado em CT sob um guarda-chuva comum de conhecimentos tradicionais e, assim, criar ligações diretas ou indiretas com as comunidades indígenas ou locais. A segunda abordagem consiste em desligá-lo de sua origem, para reconhecer a existência de um corpo de conhecimento pertencente à nação, ignorando quaisquer efeitos que isto possa ter nos direitos dos povos indígenas e locais, incluindo o direito de repartir os benefícios gerados pelo CTD. O argumento de que é difícil traçar a real origem do CTD e assim classificá-lo sob qualquer comunidade indígena ou local favorece mais

---

[70] KAGOMBE, J. K. et al. Socio-economic and natural resources vaseline survey in Mukogondo landscape, Laikipia District, FORREMS-KEFRI project report number 6, June 2006; MUKONYI, K. W.; GACHATHI, N. F. *Survey on utilization of non-wood forest products in Mukogondo district*. FORREMS-KEFRI project report number 4, out. 2004; TABUTI et al. Ethnoveterinary medicines for cattle (*Bos indicus*) in Bulamogi county. Uganda: plant species and mode of use. *Journal of Ethnopharmacology* 88, p. 279-286, 2003.

[71] MUKONYI; GACHATHI. Survey on utilization of non-wood forest products, ibidem.

[72] TABUTI et al., ibidem.

o desligamento. Contudo, como visto acima, existem fortes argumentos, que são a favor da ligação. Na minha opinião, o CTD deve ser vinculado ao CT na medida em que se deixe rastrear sua origem em comunidades locais e indígenas. O CTD que não deixa atribuir para qualquer uma dessas comunidades — ou porque sua origem não pode ser claramente rastreada, ou porque é amplamente usado nacionalmente, tendo se tornado conhecido parte relevante do público — deve ser considerado como herança nacional (domínio público), utilizável livremente por todos os cidadãos.

Observações interinas

As definições de CT expostas até aqui não deixam claro a posição do CTD. Entretanto, o exame realizado do processo de criação do CT resulta num acordo sobre os assuntos vitais, considerando o valor, a propriedade e o dinamismo, entre outros aspectos do CT. Poder-se-ia concluir que as comunidades locais e indígenas possuem o direito de repartição dos benefícios em qualquer um dos três blocos do CT. Contudo, carece-se de um critério substancioso e de bases legais sobre as quais estes direitos possam ser fundamentados. A definição funcional do WIPO para o termo "detentor de conhecimento tradicional", por exemplo, implicitamente ignora ou omite os assuntos referentes a todos os conhecimentos tradicionais detidos e utilizados fora de um cenário e contexto tradicional. Esta lacuna parece excluir o CTD do escopo da regulamentação do CT, tendo como conseqüência que se negue a custódia das comunidades indígenas e locais sobre este CTD, assim como o direito de se beneficiar da repartição de benefícios provenientes de sua utilização. As definições e termos pertinentes como "detentor" devem ser ampliadas e interpretadas cautelosamente, respectivamente, para tratar deste assunto.

5 Recompensando os detentores do conhecimento tradicional disseminado mediante exclusão dos custódios do conhecimento tradicional – Injustiça justa?

5.1 Por exclusão ou com inclusão? O quebra-cabeça

Um forte argumento existe para a proteção e recompensa do CT. Mas não está claro se isto deveria proceder de forma separada para ambos o CT e o CTD. Se sim, a seguinte questão surge: é justo permitir que os detentores do CTD usufruam dos benefícios do CT mediante exclusão das comunidades indígenas? Como argumentado anteriormente, qualquer CT, seja intacto ou de domínio público, tem sua origem nas comunidades indígenas e locais. Em qualquer caso, a lei consuetudinária não demanda uma não-divulgação (novidade) como uma *conditio sine quo non* na requisição dos direitos ou propriedade sobre o CT.⁷³ Excluir os custodiantes do CT totalmente dos benefícios ganhos pelos detentores do CTD é, portanto, incorreto e injusto: é equivalente a uma busca oportunística de levar vantagem. Isto estimularia e permitiria a biopirataria às custas das comunidades indígenas e locais. Do mesmo modo, isto contradiz e enfraquece os esforços que estão em andamento para regulamentar o acesso e a repartição de benefícios.

Por outro lado, pode ser impossível traçar a fonte legítima do CT na maioria dos casos de conhecimento disseminado, como é difícil classificá-lo sob qualquer comunidade. Também pode-se argumentar que os detentores do conhecimento disseminado não deveriam ser obstruídos em suas práticas, já que ajudam a manter o CT (sem o qual alguns destes conhecimentos estariam provavelmente perdidos) e também tornar público seu valor. Contudo, se a tendência atual de disseminação extremamente livre do CT continuar sem ser freada, o esforço de reconhecer as comunidades indígenas e locais por sua contribuição à ciência e à inovação será gravemente debilitado.

5.2 Obstáculos criados pela exclusão da proteção e repartição de benefícios

O conhecimento disseminado estará propenso a continuar promovendo desvantagens aos verdadeiros custodiantes do CT devido às seguintes razões:
- Os detentores do conhecimento disseminado estão preparados para ganhar dinheiro rápido e fácil. Muitos deles fabricam e comercializam produtos baseados no CT, bem como recursos biológicos da região como forma de ganhar a vida.⁷⁴ Eles não possuem uma visão a longo prazo de empreendimento, nem dão importância aos direitos dos custodiantes originais e aos problemas ambientais. Para o usuário, é do

---

⁷³ A lei costumeira das tribos da costa do Quênia é baseada no princípio da reciprocidade e da dualidade, entre outros. De acordo com o princípio da reciprocidade, o que é recebido deve ser devolvido na mesma medida. Equidade fornece a base para a negociação, a partilha e o intercâmbio entre os indivíduos. O conhecimento é compartilhado inteiramente. De acordo com a dualidade, tudo tem um oposto, que complementa, assim não pode haver um comportamento individualista. De acordo com Jack Githae (Potencial do conhecimento tradicional para a terapia convencional: perspectivas e limites. In: KAMAU, Evanson Chege; WINTER, Gerd. *Genetic Resources, Traditional Knowledge and the Law*. Earthscan, ago. 2009. No prelo) "... nenhum indivíduo, família ou clã pode possuir conhecimentos suficientes para agir sozinho." No entanto, ele observa que "... os povos indígenas possuem os seus próprios sistemas específicos de jurisprudência localmente...", que possuem procedimentos de aquisição e partilha de conhecimentos e que colocam pesada responsabilidade aos que possuem conhecimentos: "O desvio de conhecimento equivale a um ato de guerra."

⁷⁴ Devido à frustração econômica, até os verdadeiros custodiantes do conhecimento tradicional são forçados a sucumbir às pressões das necessidades básicas e renderem seu conhecimento aos usuários por um preço mínimo. Em uma entrevista (mencionada acima), Nde Fru descreveu a situação desta forma: "(...) [C]omo um curandeiro tradicional, minha avó possui certas capacidades que são individualmente desenvolvidas e não conhecidas por todos na comunidade. Entretanto, se a Bayer ou um pesquisador que deseja desenvolver um produto com base no conhecimento dela (tradicional) oferecer a ela um bode, porco ou vaca, ela divulgaria o seu segredo."

mesmo modo mais fácil imaginar uma recompensa para apenas uma pessoa, ou algumas pessoas. Há também uma tendência geral de uma comunidade demandar benefícios baseando-se no seu tamanho ou suas necessidades. Isto afugenta usuários potenciais, dando preferência para os detentores do conhecimento disseminado.[75]

- É provável que os usuários prefiram consultar os detentores do conhecimento disseminado evitando procedimentos de acesso embaraçosos.[76] É mais fácil lidar com provedores face-a-face, escapando dos procedimentos de consentimento prévio e dos termos acordados mutuamente e/ou dos contratos complexos.[77]
- Um usuário que já acessou o CT de um detentor de conhecimento disseminado estaria mais propenso a obter recursos biológicos da mesma fonte, ou de algum dos muitos paratoxonomistas ou fornecedores locais (biopiratas). Isto gravemente enfraquece o sistema de consentimento prévio informado.
- Os detentores do CTD estão aptos para localizar mercados de forte demanda pelo CT. Eles não estão restritos a áreas remotas, mas se encontram em melhor posição para expor e divulgar seus produtos. A maioria dos proprietários genuínos do CT está localizada em áreas remotas. No caso da medicina, eles dependem dos mesmos pacientes, e raramente de novos pacientes via recomendações orais.
- Quanto mais os reais custodiantes do CT são excluídos de mercados potenciais para os produtos de seu conhecimento, menos lucros podem ser auferidos por estes, desestimulando as gerações mais jovens a aprender e continuar as práticas do CT. Isto, é claro, causa maior erosão e maior desaparecimento gradual do CT. A morte de um ancião é, às vezes, comparada com a queima de uma biblioteca, entretanto, se para uma biblioteca perdida é possível de se localizar cópias de materiais em outras bibliotecas, no caso da morte de um ancião, seus conhecimentos nunca poderão ser recuperados, se estes não foram repassados.
- Os especialistas em CT que desenvolvem novos métodos, drogas e/ou produtos podem resolver manter seu conhecimento secreto, obstruindo sua disseminação e o crescimento deste conhecimento. Este conhecimento e os problemas que este é capaz de resolver originalmente vêm a desaparecer com sua morte.

---

[75] Isso não implica que os detentores do conhecimento disseminado devam sair com as mãos vazias. Eles, ou seus representantes, precisam ser instruídos sobre como fazer uma barganha construtiva e exigir recompensas que tenham benefícios duradouros.
[76] Possíveis restrições de acesso criadas no Quênia são discutidas por Evanson Chege Kamau, *Restraining or facilitating access to genetic resources? Kenyan regulations 2006 and practical implementation*, no prelo.
[77] KAMAU. *A hard patent system*, p. 169f. Também o rodapé 746.

- Muitos detentores do conhecimento disseminado não estão propriamente treinados e lhes falta a proficiência necessária para efetuar as práticas do CT de forma segura.[78] Um novo ceticismo tem sido expresso referente à eficácia e a segurança da saúde nas práticas, por exemplo, de clínicas médicas itinerantes (*móbile-jerican*).[79] Tais práticas prejudicam a reputação do CT. Há um perigo real que, com a disseminação de publicações de plantas e seus usos, mais auto-intitulados médicos da medicina tradicional venham a se proliferar em detrimento de ambos, os pacientes e os legítimos custodiantes do CT.

Em resumo, as conseqüências das práticas do conhecimento disseminado estão relacionadas com formas de injustiça, de competição incorreta e de proteção inefetiva, que resultam em uma regulação enfraquecida do acesso ao CT, colaborando para deteriorar a reputação do CT e para erodir sua manutenção. Estes problemas colocam novos desafios para os sistemas de regulação do acesso.

6 Novas tarefas para os sistemas de acesso e repartição de benefícios, possíveis antídotos e lições para o conhecimento tradicional intacto

6.1 Novas tarefas para os sistemas de acesso e repartição de benefícios e possíveis antídotos

Em meio a todas estas ameaças para uma proteção efetiva, se colocam as seguintes questões: haveria um mecanismo de proteção via propriedade intelectual para o CT? Se não há, qual regime seria o mais adequado? Há outros modos para diminuir os efeitos negativos causados pelo CTD?

---

[78] Entrevistado, anônimo (abril de 2007, Kiambu-Kenya): De acordo com o entrevistado, muitos que se dizem curandeiros medicinais tradicionais acessam conhecimento limitado e superficial referente a plantas e seu uso tanto na comunidade geral quanto praticantes genuínos e então usam humanos através de ensaio e erro como laboratórios em uma missão para criar para eles próprios uma profissão. O entrevistado deu um exemplo de uso de aloés para tratamento de vermes intestinais e citou exemplos de numerosos casos de overdose resultando em diversos efeitos colaterais, *a saber* câncer de estômago. O entrevistado admitiu que, embora ele também tenha tratado pacientes, ele sequer é de uma família com um passado pertinente, ou nem foi submetido a nenhum treinamento tradicional. Ele é graduado como químico pela Universidade e foi empregado em uma clínica de ervas bastante antiga aonde ele ajudou a estabelecer as doses corretas para as drogas. Embora o proprietário da clínica fosse bastante sigiloso no que consiste aos métodos de preparo das misturas, o entrevistado foi levado à clínica para aprender sobre as plantas ali utilizadas e sobre os seus usos. Ele também disse que o proprietário da clínica não coleta as ervas, mas emprega coletores locais. É também muito provável que o coletor realize as práticas em menor escala para sobrevivência. O entrevistado se justificou dizendo que é improvável que seus pacientes sofram qualquer efeito colateral. Não obstante, este cenário claramente ilustra como o conhecimento tradicional deixa o domínio de seus custodiantes genuínos e se dissemina de uma pessoa para outra, sendo utilizado para ganhos pessoais sem a devida repartição de benefícios. Mesmo a maior eficácia e segurança no tratamento não podem justificar tal injustiça. Mesmo clínicas que existem há mais tempo possuem problemas de fixar a dosagem correta, assim como agregam pouco valor às receitas tradicionais originais.

[79] Este termo faz referências aos vendedores da medicina tradicional que realizam seu transporte em recipientes de plástico.

6.1.1 Proteção via segredos comerciais?

Entre as formas de propriedade intelectual existentes, os segredos comerciais parecem estar próximos ao CT. O que são segredos comerciais? De acordo com Cornish e Llewelyn[80] sua definição deriva de três características principais, sendo estas: 1) informação de valor; 2) não conhecida em geral para uma parte relevante do público, e 3) são submetidos a esforços razoáveis para que seu sigilo seja mantido.[81] Assim, certos fatores determinariam "o que é e o que não é um segredo comercial". Isso incluiria: em que extensão a informação é conhecida fora do negócio em segredo; em que extensão que a mesma é conhecida aos que estão dentro dos negócios, ou seja, pelos empregados; as precauções tomadas pelo detentor do segredo para guardar a informação contra concorrentes e o valor resultante para este; a quantidade de esforços ou dinheiro empregados para adquirir e desenvolver a informação; e a quantidade de tempo e investimento exigida para que outros possam adquirir e duplicar a informação.[82] Portanto, o segredo comercial é qualquer informação de valor sobre negócios, que não é conhecida em geral, e é submetida a esforços razoáveis para que sua confidencialidade seja preservada.[83]

A lei de patentes não oferece proteção para segredos comerciais, pois eles não preenchem uma de suas condições, a divulgação. Além disso, segredos comerciais não requerem o mesmo nível de exigência da patenteabilidade com relação à inventividade.[84]

Abaixo, veremos as condições necessárias para a quebra de sigilo (a respeito de informações técnicas, comerciais, pessoais e outras) para serem acionáveis nas Cortes Americana e Inglesa.

1) A informação em si mesma deve ter a qualidade necessária de confidência.[85] Não há direito de ação judicial se o objeto de litígio estiver disponível em mercado aberto e um interessado está apto a analisá-la de forma a descobrir seu conteúdo secreto.[86] Isso se aplica também tratando-se de informações que são parcialmente públicas e parcialmente privadas, ou se a informação foi tornada pública inteira e livremente antes de ser comunicada ao réu, ou no intervalo entre este momento

---

[80] CORNISH, William; LLEWELYN, David. *Intellectual property*: Patents, copyright, trade marks and allied rights. London: Sweet & Maxwell, 2007.

[81] CORNISH; LLEWELYN, ibidem, p. 308; FRANCIS, William H. et al. *Cases and materials on patent law including trade secrets-copyrights-trademarks*. 6. ed. Thomson West, 2007. p. 30f.

[82] <http://law.freeadvice.com/intellectual_property/trade_secrets/>. Acesso em: 3 jun. 2008.

[83] Cf. U.S. Trade Secrets Act (UTSA), Seção 1 (4).

[84] Cornish e Llewelyn (§8-10): uma muda de uma nova variedade de planta, que é um objeto físico, por exemplo, pode incorporar segredos. Ver também FRANCIS, William H. et al. *Cases and materials on patent law including trade secrets-copyrights-trademarks*. 6. ed. Thomson West, 2007. p. 10, 22.

[85] Ibidem, §8-09.

[86] Cf. FRANCIS et al. *Cases and materials on patent law*, p. 9.

e o julgamento da ação, se a quebra de sigilo pelo acusado não foi a causa desta divulgação.[87]

2) A informação deve ter sido comunicada em circunstâncias que indicam uma obrigação de confidência.[88] O fornecedor dá a informação ao adquirente sob a condição de que este a manterá em segredo. As circunstâncias sob as quais a informação é fornecida e adquirida pode implicar no dever de mantê-la em segredo,[89] ou seja, em situações de emprego[90] ou comissão.

3) Deve haver um uso não autorizado de informação[91] em detrimento da parte que comunicou a mesma.[92]

A coibição da quebra de confidência é gerada a partir da equidade, que muito freqüentemente garante injunção como um remédio contra a quebra.[93] A ordem legal pode incidir tanto sobre o abuso real de segredos comerciais quanto na ameaça de abuso, mas não exclui o desenvolvimento de tecnologia por meios justos e honestos,[94] como observado abaixo. Assim, o tribunal pode emitir uma injunção restringindo ou instruindo a pessoa que obteve o segredo por meios impróprios de (continuar a) divulgá-lo.[95]

Em geral, o tipo de solução dependerá se o dever de sigilo foi imposto a outra parte involuntariamente pela operação da lei (lesividade, que resultará em

---

[87] Cornish and Llewelyn, §§8-10 – 8-12.

[88] Ibidem. *Coco v Clark* [1969] R.P.C. 41 at 47: approved and relied upon in subsequent cases. FRANCIS, William H. et al. *Cases and materials on patent law including trade secrets-copyrights-trademarks*. 6. ed. Thomson West, 2007. p. 10.

[89] Em *Att-Gen v Guardian Newspapers* (n. 2) [1990] 1 A.C. 109, 281 foi dito que "[Uma]obrigação de confidencialidade surge quando uma informação confidencial vem a conhecimento de uma pessoa (...) em circunstâncias aonde ela percebeu, ou entrou em acordo, que a informação é confidencial, com o efeito de que em todas as circunstâncias ela poderia ser impedida de divulgar a informação." Isso pode ser suficiente para mostrar que a pessoa deve saber que a informação é sigilosa. Em outras palavras, a restrição para não-divulgação e não-uso deve ser expressa ou subentendida.

[90] Embora a prática entre os países varie, a regra dominante diz que o dever de fidelidade de um empregado seja expresso ou implícito em um contrato de emprego, e requer ações do empregado nos melhores interesses do empregador durante o tempo do emprego. Isto inclui a proteção de trocas e comércio de segredos, bem como qualquer informação dada a ele pelo empregador e que ele gera no curso do emprego. Em algumas circunstâncias o empregado seria restringido de deliberadamente ou secretamente entrar em trabalho competitivo com seu empregador ou outro empregador. Para uma análise comparativa de práticas em 13 países veja LAGESSE, Pascale; NORRBOM, Mariann (Ed.). *Restrictive covenants in employment contracts and other mechanisms for protection of corporate confidential information*. Kluwer Law International and International Bar Association, 2006.

[91] A informação divulgada, seja parcialmente ou totalmente, deve ser parte do dado em confiança e não de outra fonte.

[92] Cornish e Llewelyn, §§8-10 – 8-12.

[93] De acordo com Cornish e Llewelyn (§8-06), o escopo do direito moderno começou a se formar em 1850 com dois casos, um dos quais envolvia uma receita de medicamento (*Morison v Moat* (1851) 9 Hare 241), em que foram garantidas injunções contra os receptores de informação confidencial, e a jurisdição baseou-se em virtude da propriedade, acordo, fé, confiança e comodato.

[94] FRANCIS, William H. et al. *Cases and materials on patent law including trade secrets-copyrights-trademarks*. 6. ed. Thomson West, 2007. p. 8.

[95] Ibidem, p. 10.

injunção) ou assumido voluntariamente (contratual, que resultará em danos).[96] Mas mesmo responsabilidade criminal pode ser imposta em alguns países, como nos Estados Unidos.[97] Este é o caso, por exemplo, sob muitos estatutos de Estados norte-americanos, assim como a Lei Federal de Espionagem Econômica (FEEA) de 1996.[98] Mas não se deixou claro sobre quais circunstâncias receptores diretos ou indiretos da informação sigilosa poderiam ser responsabilizados.[99]

A lei de segredos comerciais não oferece proteção contra descobertas realizadas de forma correta e honesta, ou seja, por invenção independente, divulgação acidental ou engenharia reversa.[100]

Pode-se atribuir ao CT a proteção de sigilo comercial? Para responder a tal questão é eminente descobrir se o CT possui características que o qualificam como segredo comercial. Considerando que o CT é mantido em vários níveis, em quais níveis seria qualificado?

Para qualificar uma informação como segredo comercial, esta deve apresentar valor. Este critério corresponde ao CT em todos os seus níveis. Segundo, a informação não deve ser de conhecimento geral. Aqui começamos a ter dúvidas a respeito de todos os níveis do CT, devido a sua ampla disseminação. Contudo, como já mencionado, parte do CT é restrito a especialistas. Tal conhecimento se qualifica como segredo comercial, mas todos os demais conhecimentos tradicionais no domínio público não o fazem. Não obstante, a relação entre domínio público e CT é objeto de debate. Além das habilidades específicas restritas aos especialistas, o CT é geralmente um conhecimento de caráter comunitário. Portanto, em minha opinião, qualquer CT que ainda permanece restrito a uma comunidade não pode ser referido como de domínio público e assim deve se qualificar ao segredo comercial. Terceiro, a informação deve ser submetida a esforços razoáveis para ser mantida em sigilo. Novamente, isso dependerá do nível em que o conhecimento é mantido e presumidamente apenas aquele que é mantido por especialistas e trocado somente entre os que são confidentes se qualificaria.[101] O conhecimento da comunidade é trocado livremente dentro da comunidade, bem como entre as comunidades. Não é protegido contra o risco de vir ao domínio público e desta forma, não passa por este terceiro critério.

---

[96] Ibidem, p. 19.
[97] Ibidem, p. 8. Cornish e Llewelyn (§8-56) pensam que isso é também propenso a ser o caso da legislação da Comunidade Européia.
[98] 18 U.S.C. §1831 et seq.
[99] Cornish e Llewelyn (§8-06).
[100] Isto foi citado, como exemplo, em uma decisão da corte dos Estados Unidos no caso National Tube Co. v Eastern Tube Co., 3 Ohio Cir.Ct.R., N.S., 459, 462 (1902), aff'd, 69 Ohio St. 560, 70 N.E. 1127 (1903): como citado em FRANCIS et al. *Cases and materials on patent law*, p. 10.
[101] KAMAU. *A hard patent system*, p. 167; TABUTI et al. Traditional medicine in Bulamogi county, p. 123.

Algumas literaturas parecem sugerir que é possível dar ao CT a proteção do segredo comercial[102] e, por exemplo, no Quênia há ensejos de médicos tradicionais para que isso aconteça.[103] É verdade que o segredo comercial é favorável à proteção do CT pois a informação a ser protegida não necessita ser nova. Ela também oferece proteção perpétua desde que o sigilo seja mantido. Além disso, oportuniza ao detentor do CT de fornecer informações que não atingem o nível de patenteabilidade a um empresário, com a esperança de desenvolver um produto comercial, sem o receio de divulgação indesejada. Mas estas observações não garantem uma proteção efetiva deste conhecimento. Portanto, a questão decisiva é: pode a lei de segredos comerciais oferecer proteção efetiva ao CT?

Concluo tentativamente que o CT intacto é qualificado para o segredo comercial, mas expresso dúvidas quanto à efetividade desta proteção. Primeiro, os direitos das comunidades indígenas e locais sobre o CT são considerados perpétuos, e embora a proteção do segredo comercial permita a propriedade de direitos perpétua, ela garante isto somente sob a condição de que o sigilo seja mantido. Segundo, esta forma de proteção não previne a engenharia reversa e não oferece nenhuma solução contra a divulgação acidental. As duas colocações mostram que é praticamente impossível garantir os direitos perpétuos sobre o CT sob a legislação do segredo comercial. Terceiro, é extremamente difícil para as comunidades indígenas estabelecer uma quebra de confidência, especialmente após o conhecimento ser transmitido para fora de seu território. Esta dificuldade é agravada pela possível existência de conhecimento similar. Quarto, as soluções garantidas pela legislação de segredo comercial não são permanentes: na prática, injunções têm duração limitada e os danos não podem reparar o valor dos direitos das comunidades indígenas/locais sobre o CT. O litígio em casos envolvendo quebras de confidencialidade é complicado e representa custos inacessíveis para tais comunidades.

Conclui-se que, embora uma categoria específica do CT seja qualificada para a proteção via sigilo comercial, esta forma de proteção não é apropriada para a proteção do CT como um todo. Se a opção é proteger CTs intactos, esta forma de proteção deveria ser aplicada cautelosamente, implicando que suas condições fossem aceitáveis pelas comunidades locais. Um sistema de proteção *sui generis*, levando em consideração as especificidades do CT, permanece necessário para garantir uma proteção efetiva.

---

[102] Ver, por exemplo, DUTFIELD, Graham. *Intellectual property rights, trade and biodiversity*. IUCN, Earthscan, 2000. 86f; GOLLIN, Michael. An intellectual property rights framework for biodiversity prospecting. In: REID, W. V. et al. (Ed.). *Biodiversity prospecting*: Using genetic resources for sustainable development. WRI, INBio, Rainforest Alliance, ACTS, Washington DC, 1993. p. 159-197; AXT, J. R. et al. (Ed.). *Biotechnology, indigenous peoples and intellectual property rights*. Congressional Research Service, Washington DC, 1993. Disponível em: <http://www.ipmall.fplc.edu/hosted_resources/crs/93-478.pdf>, p. 62f. Último acesso em: 03 nov. 2008.

[103] Entrevistas realizadas pelo autor com os médicos tradicionais no Quênia entre julho e agosto de 2008. Confirmado em entrevistas no Instituto de Propriedade Industrial do Quênia (agosto de 2008).

6.1.2 Idéias para um regime de direitos de propriedade intelectual *sui generis*

O conhecimento a ser protegido deve cumprir os seguintes critérios:
- a posse de certos níveis de novidade (possuindo valor real ou potencial): examinando de acordo com o princípio de identidade completa de solução técnica;
- envolvendo um passo inventivo: características substantivas proeminentes e progresso notável ao se comparar com a tecnologia existente;
- aplicável na prática: produtos e métodos que podem ser úteis na indústria;
- pertencente a uma ou mais comunidades indígenas ou locais identificáveis, ou a indivíduos especialistas que vivem nas mesmas: deve haver alguma prova de que o CT foi criado, desenvolvido, mantido ou preservado por tais comunidades ou indivíduos se a reivindicação dos direitos é disputada;
- não é conhecido em geral por parte relevante do público;
- deve ter sido submetida a esforços razoáveis para manter seu sigilo, mesmo através de normas escritas ou não de leis consuetudinárias, ou códigos de conduta;
- associados a fontes genéticas.

Procedimento de acesso, repartição de benefícios e litígio proposto para o Quênia

- *Passo 1*: obter o consentimento prévio informado da(s) comunidade(s) locai(s)/indígena(s) ou indivíduo(s) devidamente identificados como proprietário(s) do CT a ser acessado. O consentimento prévio informado deve ser na forma de um documento escrito com os nomes e endereços ou localização das partes de ambos os lados, e afiliação do requerente, quando for o caso. Havendo uma estrutura administrativa ou um conselho dos mais velhos representando a comunidade ou comunidades, estes devem fornecer o consentimento prévio informado. Este deve conter os nomes de todos os membros do conselho e da(s) comunidade(s) a que pertencem. Um dos representantes de cada lado deve assinar o documento.
- *Passo 2*: as partes ou representante das partes (provedor e usuário) levam o consentimento prévio informado à agência de autorização de acesso no departamento ambiental mais próximo, que examinará o consentimento prévio informado, processará a autorização oficial do

acesso e testemunhará entre ambas as partes, colocando seu carimbo no consentimento prévio informado. A agência recolhe a taxa administrativa, encaminha uma cópia da autorização e do consentimento prévio informado para a agência central e arquiva uma cópia dos originais. Cada uma das partes recebe uma cópia dos originais.

- *Passo 3*: preparar o acordo/contrato baseado em termos acordados mutuamente. O conteúdo dos contratos pode incluir: os deveres do provedor em divulgar o CT ao usuário em termos exclusivos ou não exclusivos; uma breve descrição do CT a ser acessado baseado no presente uso; deveres do usuário em realizar um pagamento adiantado (75% de uma remuneração de patente de direitos exclusivos e 50% para não exclusivos); obrigação do usuário de divulgar a fonte na aplicação da patente; direitos do provedor de ter co-propriedade dos direitos de propriedade intelectual; dever do usuário de não licenciar a terceiros sem o consentimento do provedor; direito do provedor sobre a repartição de benefícios comerciais e não-comerciais da utilização, incluindo licenças de terceiros; direitos do provedor de repartir os benefícios de todos os procedimentos de uso do CT, mesmo depois que a patente expirou; direito do provedor de continuar a utilizar o CT em um contexto tradicional e o dever de manter sigilo, penalidades pela violação (como danos e sanções criminais) e escolha do direito (preferencialmente a lei do país do provedor).

Maneiras de repartir os benefícios do CT utilizado

- O usuário deve retribuir aos provedores com 25% dos benefícios monetários.
- 75% (dos 25%) devem ir para o provedor e 25% para o fundo nacional depositário para conservação ambiental e restauração.
- Se o provedor é um indivíduo pertencente a uma comunidade indígena/local, 25% (dos 25%) dos benefícios devem ir para o indivíduo, 50% para o fundo da comunidade e 25% para o fundo depositário nacional.
- O usuário deve repartir os resultados de pesquisas com o provedor para que assim possa assistir o aprimoramento do uso tradicional.
- O usuário deve transferir a tecnologia utilizada no CT ao provedor para assistir a aquisição de formas modernas de manufatura.
- O usuário deve assistir o desenvolvimento de competências.

Outras medidas úteis na construção de uma proteção efetiva do CT incluem tornar as leis de propriedade intelectual amigáveis ao CT, o uso de fundos para benefícios do uso do CTD e a revisão da definição existente de CT.

6.1.3 Lei de propriedade intelectual amigável ao conhecimento tradicional

A atual Lei de Propriedade Industrial (Kenya Industrial Property Act – IPA)[104] no Quênia é bastante insensível com relação ao CT. Mesmo em casos em que a invenção é baseada em fontes genéticas e CT, não são requeridas nem a divulgação da fonte nem a prova de consentimento prévio informado na aplicação da patente. Sugere-se uma emenda a esta lei através da inserção de uma subseção sob a seção 34, que define o que uma aplicação de patente deve conter. A subseção poderia ser lida da seguinte forma: "Aonde a invenção é baseada em recursos genéticos e/ou CT, o aplicador deve divulgar a origem de tais recursos genéticos e/ou CT na aplicação da patente e prover uma prova válida do consentimento prévio informado autorizando o acesso".

O IPA deveria possuir também uma seção ou subseção sobre a remoção e/ou transferência de direitos no caso de violação de requerimento de divulgação.

Do mesmo modo, o IPA deveria construir uma doutrina sobre novidade e definir categorias para imunidade[105] na seção 23 (novidade) para que o domínio público para o CT seja restrito ou diminuído. Por que isso deveria ser importante se o CT não pode ser patenteado? O fato é que primeiro, existem casos em que o CT acessado está próximo ao "domínio público", enquanto conhecimento normalmente compartilhado entre comunidades. Segundo, os conhecimentos de povos tradicionais acessados livremente e utilizados em invenções são conhecimentos com valor, sem o qual a invenção não poderia ter alcançado sua estatura. Uma vez que uma patente foi concedida para uma invenção, o CT está patenteado indiretamente e o conhecimento que foi e ainda está na área tradicional de trocas culturais passa a ser monopolizado. Terceiro, há CT em segredo ou sendo desenvolvido, que pode ser útil em invenções com o auxílio da tecnologia moderna, e patenteado. Seria o assunto de direitos perpétuos sobre o CT por conseqüência um impedimento?

Eu penso que o debate sobre repartição de benefícios do CT utilizado perde seu caminho se os direitos perpétuos forem requisitados com base em uma patente de invenção. De acordo com a lei das patentes, a invenção passa a ser livre no domínio público após um período fixo de tempo expirado.

---

[104] <http://www.kipi.go.ke/patents/ipa/ipact2001.pdf>. Acesso em: 1º out. 2008.

[105] A lei das patentes conhece, em geral, três casos sob os quais a divulgação anterior ao depósito do pedido de patente não danifica a novidade. Primeiro, a divulgação realizada por um inventor ou seu predecessor em título dentro de um "período de carência" limitado, previsto em lei. Segundo, a divulgação realizada pelo inventor ou seu predecessor em título, em amostras. Terceiro, a divulgação realizada através de um abuso evidente em relação ao candidato ou seu predecessor em título. (Para detalhes e sobre como alguns sistemas legais lidam com este assunto, ver KAMAU. *A hard patent system*, p. 40f. Note que a nova seção é o número 23 de acordo com a versão com emendas da IPA).

Nestas circunstâncias, o que seria deixado aos custodiantes do CT sobre este CT? Na minha opinião, uma vez que tais custodiantes aceitaram a patente de invenções baseada em seu CT, a requisição por direitos perpétuos caduca. É mais razoável ampliar a reivindicação da propriedade do CT na área de domínio público, como um resultado de uma forma tradicional usual de troca de conhecimentos.

É imaginável que a lei possa incluir emendas como uma subseção sob a seção 23, que permitiria um longo período de carência excepcionalmente para o CT. De acordo com o IPA, a imunidade para todas as categorias de divulgação prévia dura 12 meses. Minha proposta é que ao CT seja garantida uma imunidade de 20 anos dentro da qual, qualquer reclamação feita por comunidades indígenas/locais em seu pleno direito atestado, deva resultar nos direitos completos transferidos eles e nos danos reparados.

6.1.4 Fundos

Os fundos são propostos como um modo apropriado de repartir os benefícios do uso do CT com seus custodiantes aonde não existe o termo mutuamente acordado. Há algum método razoável de realizar isto, lembrando que uma grande parte do CT é disseminada? Em minha opinião, há. Inicialmente precisa-se categorizar o CT de acordo com sua fonte identificável ou não.

Abaixo são sugeridos três tipos de fundos e como deve ser seu funcionamento:

Fundo 1 ("*Fundo da Comunidade X*"): para conhecimentos tradicionais originados de uma comunidade indígena/local específica.

Os médicos que usam os CT adquiridos a partir de uma comunidade específica devem pagar 75% dos benefícios para a comunidade e 25% para seu fundo depositário nacional.

Fundo 2 ("*Fundo das Comunidades Y e Z*"): para conhecimentos tradicionais originários de muitas comunidades indígenas ou locais.

Os médicos que utilizam CT, cuja propriedade é requerida por mais de uma comunidade, devem pagar 75% dos benefícios para os fundos das comunidades e 25% para o fundo depositário nacional.

Fundo 3 (*Fundo Fiduciário Nacional*): para conhecimentos tradicionais não reivindicados.

Se for impossível estabelecer a fonte de CT, os benefícios devem ser pagos para um fundo geral de CT (fundo fiduciário nacional) administrado pelo governo para a conservação ambiental e restauração, bem como voltado para a realização de projetos comunitários como clínicas, saneamento, educação e infra-estrutura.

Os benefícios pagos para os fundos pelos praticantes da medicina tradicional devem incluir um percentual de seus ganhos mensais com o tratamento de pacientes e quaisquer outros benefícios,[106] incluindo benefícios de contratos de utilização do CT com terceiros. O percentual dos contratos com usuários estrangeiros deve ser determinado com base no tamanho dos benefícios, bem como o escopo e os termos do contrato. O percentual dos benefícios deve, não obstante, depender da inovação individual sobre o CT coletivo e da agregação de valor: quanto maior for a inovação individual e a agregação de valor, menor serão os benefícios a serem depositados no fundo.[107] Os praticantes da medicina tradicional devem reconhecer as comunidades indígenas e locais, das quais os conhecimentos são utilizados, como partes nos contratos com os usuários. Estas condições devem ser também aplicadas à instituições locais e/ou indústrias que manufaturam produtos baseados no CT.

6.1.5 Revisão da definição de CT

Acima, foi estabelecido que as presentes definições do CT excluem os conhecimentos mantidos por indivíduos ou entidades que não possuem nenhum relacionamento com comunidades locais ou indígenas. Isto parece remover tais conhecimentos de sua custódia e sugere que não possuem nenhum direito sobre eles. Propõe-se adicionar estas preocupações à definição de CT que realizamos acima (seção 2): "Isso inclui o conhecimento baseado em tradições detido por entidades que são alienadas das comunidades indígenas e locais e que usam o CT para auferir ganhos de forma privativa sem o reconhecimento destas comunidades e em sua total exclusão na repartição de benefícios".

6.1.6 Medidas auxiliares

Medidas de caráter mais voluntário podem incluir:
- Instituições locais e indústrias devem prover o consentimento prévio para produtos manufaturados baseados no CT. Isso auxiliaria a evitar uma comercialização barata do CT pertencente a comunidades locais ou indígenas, bem como a redirecionar os benefícios a seu beneficiários de direito.

---

[106] Para isso, os médicos tradicionais precisam aprender a como administrar o registro de seus pacientes, assim como agendamentos.

[107] Os médicos que desenvolveram habilidades especiais através do conhecimento tradicional inovador, irão, assim, ter a oportunidade de obter ganhos por sua contribuição intelectual que está acima e além do conhecimento coletivo. Os médicos com proficiência em conhecimento tradicional genuína, ganhariam desta forma por seus serviços, mas redirecionariam uma grande parte dos ganhos aos fundos da comunidade. Isso pode auxiliar na controvérsia de que "todo mundo é um curandeiro tradicional" e tornar o negócio rentável para clínicas baseadas na proficiência e legalidade estabelecida, assim como encorajar a inovação.

- O Estado deve estabelecer padrões de eficácia e segurança. Isto resultaria em validação, confiança, agregação de valores e potencial aumentado para a repartição de benefícios.[108] Isso também incentivaria a conservação da biodiversidade.
- Praticantes da medicina tradicional no ramo de negócios seculares devem se registrar como requerido pela legislação e honrar os impostos. Isso auxiliaria o governo a aprimorar seus serviços, incluindo a aquisição de equipamentos laboratoriais, onde praticantes da fitoterapia poderiam testar suas drogas e doses, e apoiar o desenvolvimento de capacidades. Os curandeiros tradicionais sob condições tradicionais e reconhecidos pelas comunidades locais e indígenas devem ser isentos de registro. O processo de registro deve também abranger a prova de proficiência. Isso poderia ser um meio de filtrar práticas não saudáveis e perigosas, bem como de traçar uma divisória entre serviços legais e ilegais. Isto pode também auxiliar no combate da biopirataria[109] local e da degradação dos recursos genéticas e do meio ambiente.
- Um Código de Conduta (CoC) deve ser estabelecido para pesquisadores básicos, incluindo aqueles que prestam serviço ou são afiliados a instituições públicas locais, restringindo-os de trazer ao domínio público qualquer informação que ainda não foi capturada em bancos de dados. As comunidades locais ou indígenas devem ser sensibilizadas sobre a necessidade de demandar por autorizações devidamente identificadas com o logotipo da autoridade de licença pertinente, neste caso o Conselho Nacional de Ciência e Tecnologia (National Council of Science and Technology – NCST), antes de prover qualquer informação.

Resumidamente, os regimes de acesso e repartição de benefícios necessitam realizar as alterações necessárias para tratar dos desafios do conhecimento disseminado. Isso deveria incluir uma revisão *inter alia* da definição atual de CT, o estabelecimento de fundos de benefícios para as comunidades, um método concreto para o cálculo dos benefícios a serem pagos para os fundos comunitários, a categorização dos custodiantes do CT, o estabelecimento de condições para acesso e uso do CT por instituições públicas locais e a publicação de materiais contendo informações do CT.

---

[108] Também TABUTI et al., 2003b, p. 45.

[109] De acordo com o entrevistado citado na nota 62, alguns biopiratas locais coletam plantas secretamente, até mesmo durante a noite, de terras privadas. Outro entrevistado, Mr. Bernard Kamondo do KEFRI, Centro Regional de Pesquisa Muguga, em uma visita à floresta localizada na área da instituição, mostrou espécies de árvores reabilitadas, incluindo a *Prunus Africana*, que foi degradada como resultado de roubo e colheita excessiva pelo povo local.

6.2 Lições para o CT intacto

Os desafios mencionados acima e o enorme trabalho para enfrentá-los faz-nos sugerir as seguintes metas: 1) Os detentores de um CT, que possa ser provido com a proteção da propriedade intelectual (PPI),[110] devem procurar proteção para seu conhecimento antes de que este se torne domínio público. Isso será especialmente aplicável para conhecimentos individuais de curandeiros tradicionais mantidos em sigilo. 2) A troca mútua de conhecimentos secretos deve ser regulamentada através de códigos de conduta, mas o direito consuetudinário deve estar apto para regulamentar estas práticas. Alternativamente, ao CT deve ser concedido um longo período de carência, no qual suas inovações continuem a ser consideradas novidade.

7 Conclusão

O CT é um conhecimento valoroso. Ele envolve em boa parte atividades rigorosamente inventivas. Como para as invenções convencionais, há amplas razões pelas quais ele deve ser protegido e recompensado.

Há atualmente um amplo consenso de que os custodiantes do CT mereçam ser recompensados por seus esforços, por aqueles que utilizam e lucram com tais conhecimentos. Definições e descrições disponíveis do CT, a Convenção pela Diversidade Biológica e muitos documentos de organizações nacionais e internacionais, instituições e ONGs identificam as comunidades indígenas e locais como os reais custodiantes do CT, reconhecendo seu valor. Porém, a questão de quem deveria ter a custódia sobre o conhecimento disseminado, e se as comunidades locais ou indígenas devem ter parte na repartição dos benefícios de sua utilização, ainda não foi devidamente abordada.

Esforços para uma proteção e um reconhecimento efetivos do CT são dificultados seriamente pela existência do conhecimento disseminado. Muitos fatores, incluindo a proximidade a mercados e a usuários e consumidores, os procedimentos de acesso menos embaraçosos, o baixo custo nas transações, etc., colocam os proprietários do CT em vantagem sobre os legítimos custodiantes do CT, prejudicando os direitos destes quanto à retribuição pelo CT. Os detentores do CTD estão propensos a diluir as medidas de proteção sob o regime jurídico do acesso e repartição de benefícios, pois eles agem como forma de disseminação irrestrita do CT. Sob estas circunstâncias torna-se importante

---

[110] Alguns dos povos indígenas não desejam comercializar o conhecimento tradicional e consideram os direitos de propriedade intelectual como culturalmente inapropriado em algumas circunstâncias — eles enfatizam o desenvolvimento das soluções não-baseadas no direito de propriedade intelectual, que eles vêem como mais respeitosas ao conhecimento tradicional (ver exemplo em MONAGLE, Catherine. *Biodiversity and Intellectual Property Rights*: Reviewing Intellectual Property Rights in Light of the Objectives of the Convention on Biological Diversity. Joint Discussion Paper, WWF/CIEL, Geneva, 2001. p. 15).

direcionar os problemas criados pela existência do conhecimento disseminado. Em minha opinião, as comunidades indígenas e locais não devem ser totalmente excluídas da repartição dos benefícios derivados total ou parcialmente do uso do conhecimento destas comunidades pelos detentores do CTD. Possíveis abordagens de regulamentação desta área conflitante podem incluir a revisão das definições existentes, as máximas da propriedade intelectual, as doutrinas e leis, a criação de um direito *sui-generis* de propriedade intelectual para o CT; a criação de fundos de acordo com as categorias do CT; a introdução de códigos de conduta, entre outros.

Referências

AXT, J. R. et al. (Ed.). *Biotechnology, indigenous peoples and intellectual property rights*. Congressional Research Service, Washington DC, 1993. Available online at: <http://www.ipmall.fplc.edu/hosted_resources/crs/93-478.pdf>, p. 62f. (Acesso em: 3 nov. 2008).

CORNISH, William; LLEWELYN, David. *Intellectual property*: Patents, copyright, trade marks and allied rights. London: Sweet & Maxwell, 2007.

DUTFIELD, Graham. *Developing and implementing national systems for protecting traditional knowledge*: A review of experiences in selected developing countries, UNCTAD expert meeting on systems and national experiences for protecting traditional knowledge, innovations and practices, Geneva, 30 October – 1 November 2000.

DUTFIELD, Graham. *Intellectual property rights, trade and biodiversity*. IUCN, Earthscan, 2000.

EVANS, Sue. Chilean stories: Exploring herbal medicine in South America. *Aust J Med Herbalism* 14 (1), 2002. Commentary.

FRANCIS, William H. et al. *Cases and materials on patent law including trade secrets-copyrights-trademarks*. 6. ed. West Publishing Co., Thomson West, 2007.

GOLLIN, Michael. An intellectual property rights framework for biodiversity prospecting. In: REID, W. V. et al. (Ed.). *Biodiversity prospecting*: Using genetic resources for sustainable development. WRI, INBio, Rainforest Alliance, ACTS, Washington DC, 1993. p. 159-197.

HANSEN, Stephen A.; VANFLEET, Justin W. *Traditional knowledge and intellectual property*. A handbook on issues and options for traditional knowledge holders in protecting their intellectual property and maintaining biological diversity. AAAS, Washington DC, 2003.

JOHNSON, M. (Ed.). *Lore*: Capturing traditional environmental knowledge. Dene Cultural Institute and International Development Research Centre. Ottawa, Canada, 1992.

KAGOMBE, J. K. et al. *Socio-economic and natural resources vaseline survey in Mukogondo landscape*. Laikipia District, FORREMS-KEFRI project report number 6, June 2006.

KAMAU, Evanson C. *A hard patent system*: An impediment to technological (economic) development in less developed countries. Nomos Verlag, Baden-Baden, 2004.

KAMAU, Evanson C. Facilitating or restraining access to genetic resources? Kenyan regulations 2006 and practical implementation, Forthcoming.

KIHWELO, P. F. Indigenous knowledge: What is it? How and why do we protect it?. *Journal of World Intellectual Property*, v. 8, n. 3, p. 345-359, 2005.

KOOPMAN, Jerzy. Biotechnology, patent law and piracy: Mirroring the interests in resources of life and culture. 5 *Electronic Journal of Comparative Law*, v. 7, dec. 2003. <http://www.ejcl.org/ejcl/75/art75-7.html> (Acesso em: 21 jan. 2008).

LAGESSE, Pascale; NORRBOM, Mariann (Ed.). Restrictive covenants in employment contracts and other mechanisms for protection of corporate confidential information. Kluwer Law International and International Bar Association, 2006.

MONAGLE, Catherine. *Biodiversity and intellectual property rights*: Reviewing intellectual property rights in light of the objectives of the Convention on Biological Diversity. Joint Discussion Paper. WWF/CIEL, Geneva, 2001.

MUGABE, J. Intellectual property protection and traditional knowledge – An international policy discourse. *Biopiracy International Series*, n. 21, 1999.

MUKONYI, K. W.; GACHATHI, N. F. Survey on utilization of non-wood forest products in Mukogondo district, FORREMS-KEFRI project report number 4, Oct. 2004.

NJOROGE, Grace N.; BUSSMANN, Rainer W. Herbal usage and informant consensus in ethnoveterinary management of cattle diseases among the Kikuyus (Central Kenya). *Journal of Ethnopharmacology* 108, p. 332-339, 2006.

O'CONNOR, Bernard. Protecting traditional knowledge. An overview of a developing area of intellectual property law. *Journal of World Intellectual Property*, v. 6, n. 5, p. 677-698, 2003.

OHMAGARI, Kayo; BERKES, Fikret. Transmission of indigenous knowledge and bush skills among the western James Bay Cree women of subarctic Canada. *Human Ecology*, v. 25, n. 2, p. 197-222, 1977.

OTIENO-ODEK, James. The Kenya patent law: Promoting local inventiveness or promoting foreign patentees?. *Journal of African Law* 38, p. 79-103, 1994.

RUDDLE, K.; CHESTERFIELD, R. Education for traditional food procurement in the Orinoco Delta. *Ibero-Americana 53*, Berkeley, 1977.

RUDDLE, Kenneth. The transmission of traditional ecological knowledge. In: INGLIS, Julian T. *Traditional ecological knowledge*. Concepts and cases, International Program on raditional Ecological Knowledge and International Development Research Centre, 1993. p. 17-31. Disponível em: <http://www.idrc.ca/openebooks/683-6/>.

SWIDERSKA, Krystyna. *Banishing the biopirates*: A new approach to protecting traditional knowledge. Gatekeeper series 129, IIED, 2006.

TABUTI, J. R. S. et al. Ethnoveterinary medicines for cattle (*Bos indicus*) in Bulamogi county, Uganda: Plants species and mode of use. *Journal of Ethnopharmacology* 88, p. 279-286, 2003.

TABUTI, J. R. S. et al. Traditional herbal drugs of Bulamogi, Uganda: Plants, use and administration. *Journal of Ethnopharmacology* 88, p. 19-44, 2003.

TABUTI, J. R. S. et al. Traditional medicine in Bulamogi county, Uganda: Its practitioners, users and viability. *Journal of Ethnopharmacology* 85, p. 119-129, 2003.

TAKAKO, Haruyama. Transmission mechanism of traditional ecological knowledge. *Policy Science* 11-2, p. 109-118, sept. 2003.

VIVEKANANDAN, P. et al. *Protecting traditional knowledge of small scattered and disadvantaged grassroots innovators and traditional knowledge holders*: Honey Bee perspective. Agenda for policy and institutional change. Disponível em: <http://r0.unctad.org/trade_env/test1/meetings/tk2/honeybee.pdf>. (accessed 21 January 2008).

WIPO. WIPO/GRTKF/IC/3/9. Disponível em: <http://www.wipo.int/edocs/mdocs/tk/en/wipo_grtkf_ic_3/wipo_grtkf_ic_3_9.pdf>.

> Informação bibliográfica deste texto, conforme a NBR 6023:2002 da Associação Brasileira de Normas Técnicas (ABNT):
>
> KAMAU, Evanson Chege. A implementação do artigo 8j da CDB, o problema do conhecimento tradicional disseminado e a experiência do Quênia. In: KISHI, Sandra Akemi Shimada; KLEBA, John Bernhard (Coord.). *Dilemas do acesso à biodiversidade e aos conhecimentos tradicionais*: direito, política e sociedade. Belo Horizonte: Fórum, 2009. p. 157-190. ISBN 978-85-7700-240-5.

Consentimento prévio informado no Brasil[1]

Sandra Akemi Shimada Kishi

Resumo: O artigo enfoca o instrumento do consentimento prévio informado (CPI ou PIC — do inglês: *prior informed consent*) das comunidades tradicionais em suas dimensões práticas e teórico-jurídicas no Brasil. Visa reflexões da exata noção de consentimento prévio informado como garantia da ampla participação das comunidades envolvidas. Muito além de uma simples anuência de um representante da comunidade, trata-se de um processo, no qual o estudo antropológico independente e interdisciplinar, pode ser crucial na busca de uma efetiva, justa e equitativa repartição de benefícios, na medida em que reconhece e valoriza a cultura e a organização sociopolítica da comunidade envolvida.

Sumário: Introdução - **1** Princípio do consentimento prévio fundamentado - **2** Representatividade no CPI - **2.1** Capacidade das comunidades tradicionais no Brasil - **2.2** Capacidade das comunidades em nível internacional - **2.3** Representatividade das comunidades para o CPI e o caso prático da tribo Krahô - **2.4** Representatividade e a intercomunicação entre os povos no conhecimento tradicional compartilhado - **2.5** Representatividade e falta de prévio estudo antropológico independente – Conseqüências - **2.6** Representatividade e a divergência no consentimento entre as comunidades provedoras - **2.7** Estrutura e finalidade do prévio estudo antropológico independente - **2.7.1** Estudo antropológico independente e a elucidação do *iter* de transmissão do conhecimento tradicional - **2.7.1.1** Elucidação do *iter* do conhecimento tradicional e a identificação dos legítimos provedores - **2.7.1.2** Elucidação do *iter* do conhecimento tradicional e a verificação do "atalho" inventivo para o produto com fins comerciais - **2.7.2** Outra aplicação do prévio estudo antropológico independente: a verificação do *plus* inovador - **2.7.3** Estudo antropológico independente e estudo prévio de impacto ambiental - **2.8** O caso prático da comunidade quilombola "Oriximiná": resultados positivos - **3** Regime de propriedade do conhecimento tradicional - **3.1** Regime de propriedade comunitário das minorias e outras regras - **3.2** Titulares do conhecimento e as regras de autorização coletiva para a sua transmissão e reprodução no direito comunitário dos povos tradicionais - **3.3** O direito comunitário das comunidades tradicionais e o direito positivo da sociedade envolvente - **3.4** Conhecimento tradicional disseminado no anteprojeto de lei brasileiro sobre acesso - **4** Natureza jurídica do CPI

---

[1] Artigo revisado, publicado originalmente em KAMAU, Evanson C.; WINTER, Gerd (Ed.). *Genetic Resources, Traditional Knowledge and the Law*. London: Earthscan, 2009. Trata-se de texto relacionado ao projeto de pesquisa "Access to Genetic Ressources and Benefit Sharing – Law and Práxis in Brazil, Germany and Kenya", sob os auspícios do DFG – Deutsche Forschungsgemeinschaft, coordenado pelo Prof. Gerd Winter, da Universidade de Bremen, Alemanha. Sou muito grata a Gerd Winter, Evanson Chege Kamau e John Bernhard Kleba pelos profícuos comentários ao presente artigo.

- **5** Procedimento do CPI - **6** Conteúdo do CPI - **6.1** Conteúdo material - **6.2** Formalidades e conteúdo jurídico do CPI - **7** Conclusões - Referências

Introdução

A doutrina consente que o consentimento prévio informado (CPI) é a questão-chave do art. 15 da Convenção da Diversidade Biológica (CDB).[2] Com um estudo detalhado sobre a matéria, estruturada por normas-princípios com força cogente e delimitando a natureza jurídica e os conteúdos material e jurídico do CPI, chegar-se-á à inevitável conclusão de que, no sistema jurídico brasileiro, o CPI, além de um direito fundamental, é pressuposto de validade da autorização e do procedimento de acesso ao conhecimento tradicional associado. Através do CPI, como se verá adiante, a autodeterminação dos povos tradicionais restará garantida e será possível a prévia identificação dos detentores do conhecimento e dos representantes da comunidade tradicional, segundo sua própria forma de organização social, assim como a determinação da origem geográfica do conhecimento e do estado da arte no momento do acesso. Bem por isso, o procedimento do CPI no acesso ao conhecimento tradicional e ao patrimônio genético quando envolver terras ou comunidades tradicionais constitui o link jurídico entre o direito indígena e das minorias com o direito da sociedade envolvente, desdobrando-os com efetividade e ligando todo o sistema jurídico de modo suficientemente elástico e eficaz. Assim, compatibiliza-se o direito consuetudinário, na prática, com o direito positivo vigente.

1 Princípio do consentimento prévio fundamentado

O CPI, como garantia e pressuposto de validade do acesso ao conhecimento tradicional, propiciará efetivas condições de se programar em base justa a repartição de benefícios, como resultado de um processo de intensa e contínua informação e participação envolvendo as comunidades tradicionais. O CPI é um verdadeiro princípio que norteia e dá lastro ao devido acesso à sociobiodiversidade. Este princípio previsto na CDB, que foi incorporada ao ordenamento jurídico pátrio, além da função diretiva, tem força cogente.[3]

---

[2] HENRICKS, F.; DOESTER, V; PRIP, C. Convention on Biological Diversity Access to Genetic Resources: A Legal Analysis. *Environmental policy and Law*, 23/6, p. 252, 1993; FIRESTONE, Laurel. Consentimento prévio informado: princípios orientadores e modelos concretos. In: LIMA, André; BENSUSAN, Nurit (Org.). *Quem cala consente?*, 2003. p. 25.

[3] A despeito, leiam-se: ROTHENBURG, Walter. *Princípios constitucionais*, Porto Alegre: Sérgio Antonio Fabris Ed., 2003. p. 13, 88; e BOBBIO, Norberto, apud BONAVIDES, Paulo. *Curso de direito constitucional*. São Paulo: Malheiros, 1996. p. 236.

E tem natureza jurídica de regra,[4] porquanto foi repetido pelo ordenamento jurídico interno.[5]

A Convenção da Biodiversidade, ratificada pelo nosso Congresso Nacional,[6] foi incorporada no nosso ordenamento jurídico constitucional, no rol dos direitos fundamentais constitucionalmente consagrados. Portanto, tem aplicabilidade imediata, não consistindo em mera via de orientação da legislação infraconstitucional. No item 5, do artigo 15, da CDB há a expressão consentimento prévio fundamentado (procedimento) e não anuência prévia (ato), como previsto na MP nº 2.186-16/01. A expressão "aprovação" dos detentores do conhecimento tradicional (art. 8º, "j", CDB) fornece a base estrutural do CPI.

A lei brasileira de regência da matéria,[7] à luz da CDB, exige o consentimento prévio fundamentado[8] da comunidade indígena envolvida,[9] ouvido o órgão indigenista,[10] quando o acesso ocorrer em terra indígena. Significa dizer que o CPI é exigido das comunidades tradicionais, seja para o acesso ao conhecimento tradicional associado ao patrimônio genético (CTA) de que é titular,[11] seja para o acesso de material biológico em terras tradicionalmente por elas ocupadas. A MP nº 2.186-16/2001 equivocadamente usa o termo "anuência prévia" ao invés da devida nomenclatura "consentimento prévio informado". O art. 17 da MP nº 2.186-16/01 c.c. art. 1º da Res. nº 8/2003 do

---

[4] Já Gerd Winter, ao tratar da natureza jurídica dos princípios ambientais, considera que "deve-se compreender *princípio* como um valor legal. (...) *Princípios* devem ser distinguidos de *regras*. (...) Princípios ajudam a interpretar as regras, preencher lacunas e desenvolver novas regras. (...) Princípios podem servir como um elo entre a experiência comum, o bom senso e as regras.", In: *A natureza jurídica dos princípios ambientais em direito internacional, direito da Comunidade Européia e direito nacional*. In: KISHI, Sandra Akemi Shimada, SILVA, Solange Teles da, SOARES, Inês Virgínia P. (Org.). *Desafios do direito ambiental no séc. XXI*: estudos em homenagem a Paulo Affonso Leme Machado. São Paulo: Malheiros, 2005. p. 120-150.

[5] Constituição da República Federativa do Brasil art. 215, *caput* e §1º e art. 232, Decreto nº 6.040/2007, Medida Provisória nº 2.186-16/2001, Res. CGEN nº 8/2003 e Convenção da Diversidade Biológica (preâmbulo, art. 1º, 8º, "j" e art. 15, que no Brasil foi incorporado no ordenamento jurídico como lei ordinária ou mesmo como norma constitucional, conforme a posição doutrinária e jurisprudencial que se adote).

[6] A Convenção da Diversidade Biológica passou a integrar o ordenamento jurídico pátrio, eis que ratificada pelo nosso Congresso Nacional a 03.02.94, pelo Decreto Legislativo nº 2, tendo entrado em vigor para o Brasil em 29.05.94.

[7] Medida Provisória nº 2.186-16/2001, art. 16, §9º, I.

[8] A MP nº 2.186-16/01 exige o PIC (anuência prévia) do órgão competente ambiental para acesso a componente do patrimônio genético de espécie de endemismo estrito ou ameaçada de extinção; de órgão competente, quando o acesso ocorrer em área protegida; do titular de área privada, quando o acesso nela ocorrer; do conselho de Defesa Nacional, quando o acesso se der em área indispensável à segurança nacional; da autoridade marítima, quando o acesso se der em águas jurisdicionais brasileiras, na plataforma continental e na zona econômica exclusiva.

[9] O art. 16, §9º, I, da MP nº 2.186-16/01, que trata da anuência prévia, deixou de referir-se à "comunidade local", mas se trata de um equívoco meramente material pois pela interpretação sistemática na norma entende-se por implícita a referência, expressamente prevista nos artigos 4º, 7º, II e III, 8º, *caput* e §1º, 9º e principalmente, art. 17, §1º, que também trata de anuência prévia.

[10] FUNAI (órgão indigenista oficial).

[11] Art. 11, IV, b, da MP nº 2.186-16/2001.

CGEN[12] prevêem uma excepcional dispensa da "anuência prévia", em caso de relevante interesse público, apenas na hipótese de acesso a componente do patrimônio genético existente em área privada, destinado à realização de pesquisa científica sem potencial de uso econômico previamente identificado. Destarte, se a pesquisa envolver acesso a conhecimento tradicional associado, será exigido o CPI.

2 Representatividade no CPI

Uma das principais problemáticas que a *praxis* revela é a dificuldade em se identificar quem representa a(s) comunidade(s) no CPI. No Brasil, inexiste lei especial que eficazmente regule sobre a capacidade dos índios. O Estatuto do Índio (Lei nº 6.001/73) elege a FUNAI (Fundação Nacional do Índio) como o órgão federal de proteção dos direitos indigenistas, sob regime tutelar estatal. O Código Civil de 2002 (parágrafo único, do art. 4º) andou bem em reconhecer que a representação, via regime tutelar estatal dos índios tal como expresso no Estatuto do Índio,[13] não mais se presta a legitimamente representar seus interesses. Reza o parágrafo único do artigo 4º do novo Código Civil que: "A capacidade dos índios será regulada por legislação especial". Apesar de não ter avançado na mesma linha do comando constitucional do art. 232, certo é que o atual Código Civil abandonou aquela visão etnocêntrica da antiga incapacidade transitória dos índios. Ora, se, por comando constitucional do art. 232, os índios têm legitimidade para ingressar em juízo em defesa de seus direitos e interesses, então possuem legitimidade para consentir e para contratar.

O direito à autodeterminação dos povos consolidado na Constituição Federal (artigo 4º, III) leva à inevitável conclusão de que tanto as comunidades indígenas quanto as demais comunidades tradicionais têm legitimidade para fornecer o consentimento prévio informado.

Com relação à autodeterminação desses povos, Cristiane Derani pondera que a "liberdade de iniciativa é um princípio constitucional presente no seu art. 1º, que traduz a liberdade de qualquer cidadão desenvolver sua atividade

---

[12] Órgão criado no âmbito do Ministério do Meio Ambiente, pela MP nº 2.186-16/2001, de caráter deliberativo e normativo, ao qual compete, dentre outras funções, coordenar a implementação de políticas para a gestão do patrimônio genético, estabelecer critérios para as autorizações de acesso e de remessa e as diretrizes para elaboração de contrato de utilização do patrimônio genético e de repartição de benefícios (art. 10 da MP nº 2.186-16/01 e art. 3º do Decreto nº 3.945/2001, na redação dada pelo Decreto nº 5.439/2005).

[13] O regime de tutelar da Lei nº 5.484, de 27 de junho de 1928, foi recriado pela Lei nº 6.001/73. Conforme o texto integral do Capítulo II, do Título III, da Lei nº 6.001/73, Estatuto do Índio: "Art. 7º. Os índios e as comunidades indígenas ainda não integrados à comunhão nacional ficam sujeitos ao regime tutelar estabelecido nesta lei. 1º. Ao regime tutelar estabelecido nesta Lei aplicam-se no que couber os princípios de direito comum, independendo, todavia, o exercício da tutela da especialização de bens imóveis em hipoteca legal, bem como da prestação de caução real ou fidejussória. 2º. Incumbe a tutela à União, que a exercerá através do competente órgão federal de assistência aos silvícolas.

produtiva, com independência, inclusive manter-se fora do sistema de mercado se assim o desejar".[14]

2.1 Capacidade das comunidades tradicionais no Brasil

A representatividade das comunidades tradicionais no CPI deve ser realizada por elas mesmas, no exercício do direito fundamental à autodeterminação. Este princípio previsto no artigo 4º da Constituição Federal dota as comunidades tradicionais de personalidade jurídica para o exercício do direito ao consentimento prévio informado à luz de seus valores culturais e suas próprias formas de organização sociopolíticas.

Assim, as comunidades tradicionais devem ser representadas por elas próprias ou por suas organizações, sempre segundo seus valores culturais e tradições, porquanto a CF/88 (art. 232) prescreve ao povo indígena um sistema próprio de representação, *munus* que não deve ser ocupado por órgão do poder público, especialmente do Poder Executivo, em razão das freqüentes contraposições de interesses.

Se a Constituição da República Federativa do Brasil de 1988 expressamente reconheceu aos índios, suas comunidades e organizações, legitimidade para postularem judicialmente em defesa de seus direitos e interesses (art. 232), então detêm legitimidade para figurarem como partes no CPI e no contrato de acesso e repartição de benefícios, prescindindo de serem representados por nenhum órgão tutor ou curador, respeitando-se seus próprios métodos tradicionais de escolha de seus representantes. Como concebe Luciano Mariz Maia, "somente os membros da comunidade indígena, portanto, é que podem decidir quanto à legitimidade do modo de conquista e manutenção do poder social tribal, e quanto à legitimidade do modo de escolha dos seus representantes".[15]

2.2 Capacidade das comunidades em nível internacional

Fabio Konder Comparato, quando analisa a Carta Africana dos Direitos Humanos dos Direitos dos Povos, de 1981, afirma que os povos também são titulares de direitos humanos, tanto no plano interno quanto no internacional. Acrescenta este autor que o Comitê de Direitos Humanos, criado pelo Pacto Internacional de 1966, sobre Direitos Civis e Políticos, admite que terceiros lhe apresentem denúncias, em razão de indivíduos cujos direitos foram ofendidos,

---
[14] DERANI, Cristiane. Patrimônio genético e conhecimento tradicional associado: considerações jurídicas sobre o seu acesso. In: LIMA, André. *O direito para o Brasil socioambiental*. Porto Alegre: Instituto Socioambiental; Sérgio Antônio Fabris Ed., 2002. p. 167.
[15] MAIA, Luciano Mariz. Comunidades e organizações indígenas: natureza jurídica, legitimidade processual e outros aspectos jurídicos. In: *Direitos indígenas e a Constituição*. Porto Alegre: Sergio Antonio Fabris Ed., 1993. p. 290.

sendo que o mesmo mecanismo deveria ser instituído para o exercício de um direito do povo tradicional, no âmbito internacional.[16] Os direitos das pessoas que pertencem a minorias diferem do direito dos povos à autodeterminação, que está consolidado no direito internacional, já que previsto em dois Pactos Internacionais de Direitos Humanos — Pacto Internacional dos Direitos Civis e Políticos (art. 1º) e Pacto Internacional dos Direitos Econômicos, Sociais e Culturais (art. 1º). Segundo Juliana Santilli, isso não exclui a possibilidade de que as pessoas que pertencem a grupos nacionais e étnicos possam, em certos contextos, formular demandas fundamentadas nos direitos (individuais) e, em outros contextos, atuando coletivamente, basear as suas reivindicações no direito à autodeterminação.[17] Por conseguinte, verifica-se a possibilidade da representatividade adequada, através do fenômeno da substituição, através de pessoas ou um grupo de pessoas de determinada comunidade tradicional, agrupados ou eleitos segundo suas formas tradicionais de organização político-social, atuando em nome próprio, no interesse geral da comunidade.[18]

2.3 Representatividade das comunidades para o CPI e o caso prático da tribo Krahô

É interessante analisar como a falha na participação de todas as organizações representativas das etnias detentoras do conhecimento tradicional a ser acessado pode prejudicar a formalização do contrato e a repartição de benefícios. Isso fica nítido no caso prático do acesso pela Universidade Federal de São Paulo (UNIFESP) às plantas usadas em ritos de cura e práticas tradicionais dos povos krahôs, no Estado de Tocantins, em que, das 400 espécies coletadas, 138 foram identificadas cientificamente apresentando potencial de ação neurológica e, destas, 11 já foram alvos de estudos farmacológicos e fitoquímicos. A falha na representatividade dos detentores do conhecimento tradicional foi determinante para a interrupção das negociações visando ao contrato de uso e repartição de benefícios. No procedimento de acesso, duas das associações manifestaram-se como representativas dos povos krahôs — Wyty Katy ou Vyty-Cati (associação composta por 2 aldeias krahôs e outros povos timbiras) e a Kapey (associação que compreende várias outras aldeias Krahôs), mas apenas uma delas, Wyty Katy ou Vyty-Cati, foi inicialmente consultada. Trata-se, portanto, de conhecimento tradicional compartilhado por várias etnias krahôs. Por não terem participado

---

[16] COMPARATO, Fábio Konder. *A afirmação histórica dos direitos humanos.* São Paulo: Saraiva, 2003. p. 394.
[17] SANTILLI, Juliana. As minorias étnicas e nacionais e os sistemas regionais (Europeu e Interamericano) de proteção dos direitos humanos. *Revista Internacional de Direito e Cidadania*, São Paulo, n. 1, p. 143, jun./set. 2008.
[18] KISHI, Sandra Akemi Shimada. *Tutela jurídica do acesso à biodiversidade e ao conhecimento tradicional no Brasil.* Dissertação (mestrado) - Programa de Pós-Graduação em direito da Faculdade de Direito da Universidade Metodista de Piracicaba – UNIMEP, 2003. p. 203.

desde o início do procedimento do CPI e concordado com o uso do material genético pela UNIFESP coletado com base nos seus usos e costumes, a Kapey, em maio de 2002, decidiu não autorizar a continuidade da pesquisa, condicionando a retomada das discussões ao prévio pagamento de uma indenização de cinco milhões de reais a título de danos morais e da taxa de prospecção de vinte milhões de reais.[19] Após imediatas reprovações, novas negociações resultaram na concordância em substituir os 25 milhões de reais por um posto de saúde e uma viatura no território do povo krahô. O acesso ao conhecimento tradicional que já havia ocorrido foi convalidado pelo consentimento prévio das aldeias representadas pela Kapey, que também concordou com a continuidade das pesquisas, em conjunto com etnias krahôs com outras amostras de material genético coletadas. No entanto, o procedimento foi suspenso e não se logrou formalizar o contrato de uso e repartição de benefício. Essa experiência evidencia que, além da falta de debates,[20] da intensa troca de informações no procedimento do CPI e da insuficiência de legislação nacional para a proteção destes conhecimentos tradicionais dos krahôs, faltaram instrumentos de proteção do conhecimento, como o inventário[21] e o estudo antropológico independente,[22] que poderiam ter ajudado na identificação de todos os povos detentores do conhecimento tradicional logo no início do procedimento do CPI, previamente ao acesso, sem alijar nenhuma aldeia da troca de informações e mútuos acordos e protegendo as práticas xamânicas na coleta e uso dos recursos biológicos. Neste caso do acesso aos conhecimentos tradicionais dos krahôs, não houve um prévio estudo antropológico independente, houve um relatório antropológico de técnico do Ministério Público Federal. Pouco depois disso, o CGEN criou o estudo antropológico independente, através da Res. nº 6, de 26.6.2003, e da Res. nº 12, de 25.3.2004, um instrumento que, aplicado previamente ao CPI, pode contribuir para a adequada representatividade no processo de consentimento, através dos detentores do conhecimento tradicional identificados nesse estudo.

2.4 Representatividade e a intercomunicação entre os povos no conhecimento tradicional compartilhado

No acesso ao conhecimento tradicional dos krahôs, as aldeias detentoras do conhecimento tradicional compartilhado, distribuídas em territórios

---

[19] CASTILHO, Ela Wiecko V. Parâmetros para o regime jurídico sui generis de proteção ao conhecimento tradicional associado a recursos biológicos e genéticos. In: MEZZAROBA, Orides (Org.). *Humanismo latino e Estado no Brasil*. Florianópolis: Fundação Boiteux: Treviso: Fondazione Cassamarca, 2003. p. 467-470.

[20] Art. 11, VI, da MP nº 2.186-16/2001.

[21] Art. 215, §1º, e art. 216, §1º CF/88; art. 7º, CBD e art. 11, II, d, art. 14, III, b, e art. 15, IX, b, da MP nº 2.186-16/2001.

[22] Art. 4º, Res. nº 6/2003 e art. 2º c.c. art. 6º, §2º da Res. nº 12/2004, do CGEN.

indígenas nos Estados do Tocantins e Mato Grosso, por seus representantes, escolhidos por consenso de cada povo à luz de sua cultura e forma de organização sociopolítica, assinaram o CPI, por concordarem com o posto de saúde na aldeia Krahô, ao invés dos vinte e cinco milhões de reais, a título de taxa de prospecção e de indenização pelo acesso à revelia da anuência da Kapey e pela coleta do material genético alheia aos seus usos e costumes. O CPI foi realizado, mas as negociações foram suspensas e não foi formalizado o contrato. Foram realizadas quatro reuniões com as etnias Krahôs. Na última reunião, que contou com acompanhamento de órgãos do Ministério Público Federal, foi assinado o CPI por 18 caciques e quatro associações representativas dos krahôs. Por livre deliberação, a associação Wyty Katy ou Vyty-Cati foi excluída do CPI. Expressamente, neste CPI foi convalidada a coleta praticada sem o consentimento de 400 amostras de recursos genéticos e o acesso aos conhecimentos tradicionais associados, através do fornecimento de 548 receitas. O CPI estabeleceu prazo de dois anos de estudos e atividades conjuntas como uma das etnias Krahôs, com 25 espécies daquelas 400.[23] Verifica-se, deste caso prático, que um mínimo de trocas de informações já garantiu efetividade na formação do CPI, uma vez propiciada a conscientização sobre regimes monetários, muitas vezes, distintos de seus regimes simples de trocas e as negociações que culminaram na concordância da troca da primeira proposta de indenização pecuniária por um posto de saúde na aldeia. Vislumbra-se ainda mais um resultado profícuo: que um prévio estudo antropológico e multidisciplinar no procedimento do CPI pode propiciar a conscientização das partes envolvidas sobre seus respectivos sistemas de organização econômica, facilitando as negociações entre partes tão díspares em seus modos de organização político-social.

Este mesmo povo Krahô, pela Kapey, também desenvolve até hoje, desde o início da década de 90, um profícuo projeto de acesso para pesquisa pela Embrapa (Empresa Brasileira de Pesquisa Agropecuária) com o escopo de restaurar e manter seu banco genético de variedades de sementes de milho originais e tradicionais, visando a garantir a segurança alimentícia e nutricional do povo Krahô.

2.5 Representatividade e falta de prévio estudo antropológico independente – Consequências

Se, na prática, algum povo tradicional detentor do conhecimento não tenha participado do CPI, por ação ou omissão que viole as normas da MP

---

[23] Dados extraídos dos autos do procedimento administrativo nº 1.00.000.003458/2000-73 e dos autos da Representação nº 1.34.001.000223/2002-01 (assunto: bioprospecção em Terra Indígena Krahô mediante projeto de pesquisa da Universidade Federal de São Paulo – UNIFESP), instaurados no âmbito da 6ª Câmara de Coordenação e Revisão do Ministério Público Federal.

nº 2.186-16/01 e outras disposições legais, a questão tende a ser solucionada através de renovações do CPI, da autorização de acesso e com aditamento ao contrato, sem prejuízo da multa administrativa, prevista na MP nº 2.186-16/01 (art. 30). Por exemplo, se a não participação de um povo tradicional que deveria ter participado do CPI decorrer da falta de estudo antropológico independente, quando havia dúvida sanável sobre quem seriam os detentores do conhecimento, então, a questão poderia resultar em indenizações, além das renovações do CPI, autorização e contrato, pois a identificação dos detentores do conhecimento seria plenamente possível através do estudo antropológico. Frise-se que não é este estudo, que deve contar com a participação inclusive da comunidade tradicional, que definirá a posição do grupo para o acesso. Este laudo não substitui esse processo de consenso e formação da representação, apenas ajuda a identificar quais povos compartilham do mesmo conhecimento tradicional e quais seus sistemas costumeiros de organização político-social para que sejam reconhecidos e aplicados no CPI.

2.6 Representatividade e a divergência no consentimento entre as comunidades provedoras

Uma vez detectadas as comunidades detentoras de um mesmo CTA, e se uma consentir e outra(s), não? Qual posição predominaria? O estudo antropológico independente e outros meios de prova (tais como relatórios circunstanciados), agregados ao procedimento do CPI, segundo as Resoluções nº 6 (art. 4º) e nº 12 (arts. 2º e 6º) do CGEN, servirão para estruturar um devido processo, dotado de intensas trocas de informações e participação para o livre e prévio consentimento. Tal estudo antropológico independente é prévio, ou seja, deve ser elaborado no contexto do CPI, por conta de sua função finalística de comprovar a observância do direito à alteridade e à autodeterminação, reconhecendo os direitos originários dos povos tradicionais no devido processo do CPI, respeitando suas formas próprias de organização social e informando-os em linguagem a eles acessível sobre os impactos sociais e culturais decorrentes do acesso.[24] São esses direitos à alteridade e à autodeterminação que fundamentam

---

[24] *Art. 6º, §2º da Res. nº 12/2004*: "O Termo de Anuência Prévia firmado pelos provedores do componente do patrimônio genético deverá ser apresentado ao Conselho de Gestão do Patrimônio Genético, juntamente com as solicitações a que se refere o art. 8º do Decreto nº 2.945, de 28 de setembro de 2001, alterado pelo Decreto 4.946, de 31 de dezembro de 2003. §2º. Quando se tratar de anuência prévia obtida junto a comunidades locais ou indígenas, o requerente deverá apresentar, juntamente com o Termo de Anuência Prévia, laudo antropológico independente, relativo ao acompanhamento do processo de Anuência Prévia, demonstrando o atendimento do art. 2º, o qual deverá conter: I - indicação das formas de organização social e de representação política da comunidade; II - avaliação do grau de esclarecimento da comunidade sobre o conteúdo da proposta e suas conseqüências; III - avaliação dos impactos sócio-culturais decorrentes do processo; IV - descrição detalhada do procedimento utilizado para obtenção da anuência prévia; V - avaliação do grau de respeito do processo de obtenção de anuência prévia às diretrizes estabelecidas nesta Resolução." E *Art. 2º, da Res. nº 12/2004*:

o não-acesso quando houver divergência no consentimento por parte de um dos povos detentores do conhecimento tradicional.

2.7 Estrutura e finalidade do prévio estudo antropológico independente

O estudo antropológico, em verdade, há de consistir num prévio estudo cooperativo das várias interciências: sociologia, etnologia, etnobotânica, biologia, parataxonomia, engenharia genética, etnofarmacologia, bioquímica, direito, economia ambiental[25] e de outras de interface à matéria, contando ainda com a participação das comunidades tradicionais envolvidas. É o estudo antropológico que ajudará a determinar se é o pajé, o cacique, toda a comunidade ou parte dela, que detêm o conhecimento tradicional, elucidando a detenção do conhecimento no tempo e no espaço.

Assim, o direito ao consentimento prévio fundamentado, o estudo antropológico independente, o inventário e todos os demais instrumentos de proteção do conhecimento tradicional devem operar como mecanismos que propiciam, inclusive aos povos tradicionais, ter uma visão tanto local quanto holística do estado da arte do conhecimento tradicional, ajudando na estruturação e efetivação de políticas públicas dirigidas a ações sustentáveis de preservação e de proteção de uma técnica ou um saber tradicional. Tais garantias e mecanismos jurídicos visam a tornar efetivas as normas da CDB e à salvaguarda dos direitos de propriedade intelectual coletivo, e, por serem voltados ao reconhecimento, à valorização e à preservação dos conhecimentos tradicionais, à luz de políticas de desenvolvimento sustentáveis dos povos tradicionais, os conhecimentos tradicionais protegidos por tais mecanismos de salvaguarda seriam passíveis de sigilo, poderiam sofrer restrições de acesso e não poderiam cair no domínio público.

"O processo de obtenção de anuência prévia a que se refere o art. 1º desta Resolução pautar-se-á pelas seguintes diretrizes, sem prejuízo de outras exigências previstas na legislação vigente: I - esclarecimento aos anuentes, em linguagem a eles acessível, sobre o objetivo do projeto, a metodologia, a duração, o orçamento, os possíveis benefícios, fontes de financiamento, o uso que se pretende dar ao componente do patrimônio genético a ser acessado, a área abrangida pelo projeto e *as comunidades envolvidas*; II - esclarecimento aos anuentes, em linguagem a eles acessível, sobre os impactos ambientais decorrentes do projeto; III - esclarecimento aos anuentes, em linguagem a eles acessível, sobre os direitos e as responsabilidades de cada uma das partes na execução do projeto e em seus resultados; IV - estabelecimento, em conjunto com os anuentes, das modalidades e formas de repartição de benefícios; V - informação aos anuentes, em linguagem a eles acessível, sobre o direito de recusarem o acesso a componente do patrimônio genético durante o processo de anuência prévia. Parágrafo único. Quando se tratar de acesso a componente do patrimônio genético provido por comunidades indígenas e locais, o processo de obtenção da anuência prévia deverá observar, além dos incisos do caput deste artigo, as seguintes diretrizes: I - respeito às formas de organização social e de representação política tradicional das comunidades envolvidas, durante o processo de consulta; II - o esclarecimento à comunidade sobre os impactos sociais e culturais decorrentes do projeto."

[25] A despeito dessa especializada disciplina, v. PARAÍSO, Maria Letícia de Souza. Metodologia de avaliação econômica dos recursos naturais. *Revista de Direito Ambiental*, São Paulo, ano 2, n. 6, p. 97-107, abr./jun. 1997.

2.7.1 Estudo antropológico independente e a elucidação do *iter* de transmissão do conhecimento tradicional

Há o exemplo do acesso ao conhecimento tradicional de algumas erveiras do Mercado Ver-o-Peso que repassaram as informações sobre a manipulação da erva do breu branco para a empresa de cosméticos Natura, em que se questionou quem seriam seus efetivos detentores, evidencia-se a finalidade do estudo antropológico independente como instrumento a ajudar na identificação não apenas dos detentores, mas também para indicar a origem do conhecimento, revelando o nexo referencial entre a fonte e as detentoras (as erveiras, naquele caso prático) e o *iter* ou da linha de transmissão desse saber tradicional. As sucessivas transmissões do conhecimento tradicional não podem apagar a linha de sucessão do saber ancestral com sua fonte, até a identificação de uma origem próxima, ainda que se prescinda de investigar sua origem remota. Se for desprezado o *iter* de transmissão deste conhecimento com sua origem pode-se correr o risco de futuramente inexistir conhecimento tradicional associado ou hipótese de incidência do CPI, pois, com os contínuos processos de desenvolvimento e transmissão dos conhecimentos e as progressivas publicações acadêmico-científicas sobre esses saberes, somente haverá conhecimentos tradicionais *ex situ*. Embora, em nenhum momento, a MP nº 2.186-16/2001 refira-se a condições *ex situ* para conhecimento tradicional, de forma restritiva, define "condições *ex situ*" como amostras de componentes do patrimônio genético.[26]

2.7.1.1 Elucidação do *iter* do conhecimento tradicional e a identificação dos legítimos provedores

A proteção jurídica acompanha o conhecimento tradicional ao longo de sua reprodução e transmissões. Segundo Dutfield,[27] "prática" sugere que técnicas e práticas rotineiras, estabelecidas há muito tempo, podem continuar dinâmicas e adaptadas e merecedoras de proteção. Naquele caso do acesso ao conhecimento tradicional das erveiras de um Mercado de Ervas, não há segurança jurídica em se exigir, pura e simplesmente, a anuência das erveiras, sem um estudo antropológico que as vincule a uma comunidade e a um conhecimento tradicionais. A dispensa pura e simples do CPI, neste caso, também não seria a melhor saída, pois persistiria a insegurança jurídica. Há minorias que desenvolvem relações com territórios específicos, fundamentais para sua identidade cultural coletiva. Conforme Juliana Santilli, "defini-las a partir de uma territorialidade específica apenas é insuficiente, pois há minorias étnicas e nacionais (como o povo cigano

---

[26] Art. 7º, XIV, da MP nº 2.186-16/2001.
[27] <http://bibliotecavirtual.clacso.org.ar/ar/libros/brasil/cpda/estudos/dezenove/pierina19.htm>.

e alguns povos indígenas nômades) que estão dispersas geograficamente".[28] Pouco importa, na determinação de um conhecimento tradicional, se o acesso ocorreu ou não em um território tradicional, importa saber se ele se presta à manutenção da memória coletiva, para a garantia da preservação do desenvolvimento de seus usos e costumes. A leitura de "território tradicional" faz-se, portanto, sob a ótica antropológica, que nele pode ser capaz de reconhecer um espaço necessário à preservação e reprodução de práticas tradicionais. Outrossim, no conhecimento tradicional disseminado, o significado de "disseminado" não diz respeito à territorialidade, numa suposta relação com o distanciamento físico de sua origem geográfica. Destarte, o laudo antropológico independente traria segurança jurídica ao ajudar a esclarecer, inclusive, situações de detenção legítima ou ilegítima de um conhecimento tradicional, dentro ou fora da concepção antropológica de território. Sem o estudo antropológico independente um ilegítimo detentor poderia ser confundido com um legítimo provedor.

2.7.1.2 Elucidação do *iter* do conhecimento tradicional e a verificação do "atalho" inventivo para o produto com fins comerciais

É possível acreditar na manutenção de um sistema de trocas de informações, valores econômicos e tecnologias, entre pólos e interesses tão distintos, sem um prévio mútuo acordo entre legítimos detentores e usuários? Nestes casos em que pairam dúvidas, o estudo antropológico independente seria útil no procedimento do CPI, não propriamente para prova da existência da comunidade indígena, que "são sociedades suficientemente notórias, e em cujo favor milita presunção legal de existência",[29] mas para aclarar o link com a fonte primária do conhecimento. No caso prático do acesso ao conhecimento tradicional das erveiras do Mercado Ver-o-Peso, no Pará, dos potenciais da erva *breu branco* a elucidação do link com a fonte primária do conhecimento foi útil para se concluir que houve um "atalho", ou seja, a elucidação de "um caminho mais curto e rápido" para se chegar a um produto com aplicação industrial. Eficientes instrumentos de controle do conhecimento tradicional hão de ser implementados para proteção do acesso nessas condições, mesmo porque o mais recente anteprojeto de lei amplia o conceito de CTA, abrangendo os acessos a partir de "bancos de dados, inventários, publicações e no comércio" (art. 7º, XVIII). Esta noção de CTA *ex situ* inexiste na atual legislação brasileira (MP nº 2.186-16/2001).

---

[28] SANTILLI, op. cit., p. 138.
[29] MAIA, Luciano Mariz. Comunidades e organizações indígenas: natureza jurídica, legitimidade processual e outros aspectos jurídicos. In: *Direitos indígenas e a Constituição*. Porto Alegre: Sergio Antonio Fabris Ed., 1993. p. 291.

2.7.2 Outra aplicação do prévio estudo antropológico independente: a verificação do *plus* inovador

A capacitação da equipe multidisciplinar no estudo antropológico ajudará, *a posteriori*, também na melhor verificação da existência ou não do plus de inovação tecnológica ensejador de eventual proteção da propriedade intelectual, facilitando as comparações detalhadas de estado da arte, à luz de diversos ramos da ciência.

2.7.3 Estudo antropológico independente e estudo prévio de impacto ambiental

Não se confunde esse estudo antropológico independente com o prévio estudo de impacto ambiental[30] por suas especiais características voltadas à proteção do conhecimento tradicional e não própria e diretamente à avaliação de impactos socioambientais decorrentes do acesso.

2.8 O caso prático da comunidade quilombola "Oriximiná": resultados positivos

Um caso que tem sido considerado como referência no Brasil é o do acesso aos conhecimentos tradicionais da comunidade quilombola Oriximiná, no Estado do Pará, pela Universidade Federal Fluminense-RJ, pois contou com um bom laudo antropológico, um CPI com trocas de informações e um contrato de utilização e repartição de benefícios. Neste caso, o procedimento de CPI não se resumiu a uma anuência curta e simples, mas englobou intensas trocas de informações para a elucidação do projeto através de reuniões e palestras.

O laudo antropológico no caso "Oriximiná" fez uma leitura dos dados etnográficos e da visão antropológica a partir de pesquisas de campo, identificou formas de organização social e de representação política, e, ainda, o grau de esclarecimento dos membros das comunidades sobre o conteúdo do projeto e suas conseqüências. Foram 4 meses de telefonemas, e-mails, reuniões

---

[30] Como o prévio estudo antropológico independente deve esclarecer as partes sobre os impactos ambientais decorrentes do projeto (art. 2º, II, Res. nº 12/2004 CGEN). No entanto, isto não dispensa o Poder Público de exigir o prévio estudo de impacto ambiental para obra ou atividade potencialmente causadora de significativa degradação ao meio ambiente. O Decreto nº 4.339, de 22.8.2002 expressamente prevê o prévio estudo de impacto ambiental como princípio geral da política nacional da biodiversidade. Além disso, a Res. nº 237/97 do CONAMA relaciona em seu anexo as atividades relacionadas ao uso da biodiversidade — "uso de recursos naturais, subdividido em silvicultura, exploração econômica da madeira ou lenha e subprodutos florestais, atividade de manejo de fauna exótica e criadouro de fauna silvestre, *utilização do patrimônio genético natural*, manejo de recursos aquáticos vivos, introdução de espécies exóticas e/ou geneticamente modificadas e *uso da diversidade biológica pela biotecnologia*" — como atividades sujeitas ao licenciamento ambiental e portanto, sujeitas ao prévio EIA/RIMA.

e palestras até a decisão coletiva das comunidades Oriximiná aprovando o acesso. As trocas de informações deram-se em nível dos seguintes dizeres pelo pesquisador: "De repente, a gente possa vir a gerar medicamentos que os quilombolas seriam autores também" e, pelas comunidades Oriximiná: "a gente acha que vai ser bom... porque está tentando ajudar a resgatar a cultura. O que a gente aprendeu mas estava esquecendo...". Mas, neste caso, os CPIs e o contrato não trataram de formas de repartição de benefícios, que foram deixadas para serem consideradas posteriormente em termos aditivos, se identificados na pesquisa os potenciais de uso comercial, apesar de desde o início das tratativas a finalidade comercial do acesso ter sido destacada pelo pesquisador-usuário. Os 2 CPIs limitaram-se a estipular a publicação da tese de doutorado do pesquisador e a realização de um filme com todas as fases da pesquisa. A garantia do CPI poderia diante da sua conformação de pré-contrato estipular sobre alguma forma de antecipação de repartição de benefícios, taxa de bioprospecção ou facilitação do acesso à biotecnologia, mas nada foi previsto nesse sentido. Tanto os CPIs e o contrato deixaram as formas de repartição para aditamentos contratuais futuros.

3 Regime de propriedade do conhecimento tradicional

3.1 Regime de propriedade comunitário das minorias e outras regras

Ainda que apenas uma pessoa na comunidade detenha o conhecimento tradicional, como o pajé ou o cacique, por exemplo, qualquer conhecimento tradicional poderá ser de titularidade da comunidade, consoante o parágrafo único do art. 9º da MP nº 2.186-16/2001. Destarte, ainda que só o pajé detenha o conhecimento tradicional, toda a tribo deve ser consultada sobre o uso de um bem considerado como pertencente a todos, se a forma de organização político-social dessa etnia assim recomendar. Isso por conta do regime de propriedade comum, em base comunitária, do direito indígena ou das minorias, em que o conhecimento tradicional associado pertence a várias etnias ou grupos delas. Esse regime comum de propriedade pode ser identificado como "os arranjos de direitos de propriedade nos quais os grupos de usuários dividem direitos e responsabilidades sobre os recursos".[31] Nesse regime de propriedade comum, os grupos étnicos seguem regras gerais, quais sejam: direito de organizar suas atividades, demarcar as fronteiras territoriais, desenvolver regras claras e de fácil

---

[31] MKEAN, Margaret; OSTROM, Elionor. Regimes de propriedade comum em florestas: somente uma relíquia do passado?. Tradução de André de Castro C. Moreira. In: DIEGUES, Antonio Carlos Sant'Ana; MOREIRA, André de Castro C. (Org.). *Espaços e recursos naturais de uso comum*. São Paulo: Núcleo de Apoio a Pesquisa sobre Populações Humanas e Áreas Úmidas Brasileiras, USP, 2001. p. 80.

aplicação, punir as atitudes que infringem as regras, respeitar a natureza, aplicar métodos baratos e rápidos para a solução de conflitos menores, dentre outros critérios.[32] Regras claras e de fácil aplicação na utilização do bem submetido ao regime comum de propriedade do direito dos povos tradicionais "tornam a vida mais fácil para os usuários, além de reduzirem mal-entendidos e conflitos".[33] A Convenção nº 169, da OIT – Organização Internacional do Trabalho sobre Povos Indígenas e Tribais em Países Independentes, ratificada pelo Brasil, garante a tais povos o poder de decidir e gerir sobre as suas prioridades em seu processo de desenvolvimento econômico, social e cultural. Quanto às minorias, o Conselho da Europa adotou a Convenção-Quadro para a Proteção das Minorias Nacionais, em vigor desde 1998. Embora não defina "minoria", prevê obrigações aos Estados-partes, tais como propiciar as condições necessárias para o desenvolvimento e a participação efetiva de minorias nacionais na vida econômica, social e cultural, e nas questões públicas que lhes digam respeito. A Convenção Americana de Direitos Humanos, de 1969, conhecida como Pacto de San José da Costa Rica, em vigor desde 1978, prevê a liberdade de associação dos integrantes de minorias étnicas ou nacionais para a promoção e o desenvolvimento dos interesses políticos, econômicos, sociais, religiosos, culturais e outros. Como os critérios para o uso e requisitos do usuário do bem comum devem ser submetidos a comum acordo entre os membros da comunidade, geralmente, no CPI toda a comunidade se faz representada, segundo critérios próprios de elegibilidade, diferentes da sociedade ocidental.

3.2 Titulares do conhecimento e as regras de autorização coletiva para a sua transmissão e reprodução no direito comunitário dos povos tradicionais

Usualmente, nos povos indígenas, o conhecimento medicinal tradicional pertence a toda a comunidade ou está restrito ao pajé, mas, para a reprodução para além dos membros da tribo, ele também pode necessitar de uma autorização do povo que detém o conhecimento.[34] Ou seja, há regras de consentimento coletivo para a reprodução de um conhecimento tradicional mesmo no âmbito interno da tribo. Graham Dutfield observa que "à luz da lei aborígene, os direitos dos trabalhos artísticos são de propriedade coletiva. Somente certos artistas são permitidos dentro da tribo a retratar certos desenhos, com muitos desses direitos sendo baseados no status na comunidade. O direito para retratar um desenho não significa que o artista pode permitir a sua reprodução. O direito

---

[32] MCKEAN; OSTROM, op. cit., p. 87-91.
[33] Ibidem, p. 90.
[34] WANDSCHEER, Clarissa Bueno. *Patentes & conhecimento tradicional.* Curitiba: Juruá, 2004. p. 107.

para reproduzir ou redesenhar depende da permissão a ser concedida pelos titulares tribais dos direitos artísticos".[35]

3.3 O direito comunitário das comunidades tradicionais e o direito positivo da sociedade envolvente

O direito indígena refere-se ao conjunto de normas que regulam condutas internas de cada povo indígena no Brasil, e não se confunde com o direito indígena positivo que o Estado brasileiro reconhece aos índios e às comunidades tradicionais.

Em nível internacional, houve o reconhecimento da diversidade sociocultural, rompendo com a noção de integração e homogeneização dos povos, conforme a Convenção nº 107 da OIT, que foi substituída pela Convenção nº 169 da OIT (Decreto nº 5.051/2004), que defende o convívio entre os povos e suas diferentes culturas.

A Constituição Federal brasileira em seu preâmbulo destaca que o país busca "uma sociedade fraterna, pluralista", sendo que seu art. 3º prescreve o objetivo da sociedade livre, justa e solidária na busca da redução das desigualdades sociais. O art. 215, §1º, da CF/88 diz que "O Estado protegerá as manifestações das culturas populares, indígenas e afro-brasileiras, e das de outros grupos participantes do processo civilizatório nacional". Está reconhecida a diversidade cultural nacional, sendo que as culturas dos povos indígenas e locais subsumem-se à proteção constitucional veiculada naquele artigo. O art. 216 da CF esclarece o conteúdo do patrimônio cultural brasileiro, que engloba as formas de expressão, os modos de viver, de criar e pensar dos diferentes grupos formadores da sociedade brasileira e dos povos indígenas (art. 231). Rompeu-se com a Constituição Federal de 1988 a visão incorporativista dos índios para consagrar a proteção e o respeito às diferenças e ao multiculturalismo.

No Brasil, o conhecimento tradicional associado consiste na informação ou prática individual ou coletiva[36] de comunidade indígena ou de comunidade local, com valor real ou potencial, associada ao patrimônio genético,[37] integrante do patrimônio cultural brasileiro,[38] sendo reconhecido o direito das comunidades indígenas e das comunidades locais para decidir sobre o seu uso.[39]

---

[35] DUTFIELD, Graham, apud WANDSCHEER, Clarissa Bueno. *Patentes & conhecimento tradicional*. Curitiba: Juruá, 2004. p. 107. Tradução livre da autora.
[36] Art. 216, da Constituição Federal de 1988.
[37] Art. 7º, II, da MP nº 2.186-16/01.
[38] Art. 8º, §2º, da MP nº 2.186-16/01 e art. 215, §1º, e art. 216, I e II, da Constituição Federal de 1988.
[39] Art. 8º, §1º, da MP nº 2.186-16/01.

O art. 127[40] e o art. 129, III e V,[41] da Constituição Federal sobre as atribuições constitucionais do Ministério Público trazem luzes para a definição do regime jurídico do conhecimento tradicional. A interpretação sistematizada dos comandos constitucionais supracitados leva à conclusão de que os direitos relacionados ao conhecimento tradicional associado têm a natureza jurídica de direitos coletivos ou interesses difusos. Em comentários ao art. 232 da Constituição Federal, Luciano Mariz Maia anota que "os índios individualmente, ou suas comunidades e organizações, têm legitimidade para ingressar em juízo quanto à defesa de direito individual ou coletivo, ou interesses difusos, que digam respeito àqueles índios, àquelas comunidades ou organizações".[42]

Os interesses transindividuais, consoante Hugo Nigro Mazzilli, "dizem respeito a titulares dispersos na coletividade" e "atingem uma categoria determinada de pessoas (ou, pelo menos, determinável)" ou podem atingir "um grupo indeterminado de indivíduos (ou de difícil determinação)".[43] Baseando-se nessa linha de raciocínio, o conhecimento tradicional associado ao patrimônio genético é bem de interesse difuso, cujos interesses podem ser: coletivos, se baseados numa relação jurídica, com grupos de detentores determináveis; difusos, se o conhecimento tradicional tiver uma origem fática e pertencer a grupos indeterminados ou não identificáveis de pessoas; ou, ainda, individuais homogêneos, se atinentes a grupos determináveis de pessoas, forem de extensão variável e divisível e tiverem uma origem comum. A classificação do conhecimento tradicional em uma ou mais dessas 3 categorias de interesses decorrerá da práxis, mas, qualquer que seja a situação prática de acesso ao conhecimento tradicional associado, subsumida em uma ou mais de uma dessas três categorias de interesses transindividuais, sempre será coletiva a tutela jurídica a ser aplicada.[44] Também comunga desse entendimento Eliane Moreira, conforme artigo publicado nesta coletânea.

A titularidade desses interesses metaindividuias é reconhecida juridicamente, gerando uma tutela coletiva, que os distingue totalmente da noção de *res nullius* (coisa de ninguém), de livre acesso e também da idéia de *res publica* (coisa do Estado). Assim, sob a ótica da tutela jurídica coletiva

---

[40] Art. 127, *caput*, da CF: "O Ministério Público é instituição permanente, essencial à função jurisdicional do Estado, incumbindo-lhe a defesa da ordem jurídica, do regime democrático e dos interesses sociais e individuais indisponíveis".

[41] Art. 129, III, CF: "São funções institucionais do Ministério Público: II - promover o inquérito civil e a ação civil pública, para a proteção do patrimônio público e social, do meio ambiente e de outros interesses difusos e coletivos; V - defender judicialmente os direitos e interesses das populações indígenas."

[42] MAIA, Luciano Mariz. Comunidades e organizações indígenas: natureza Jurídica, legitimidade processual e outros aspectos jurídicos. In: *Direitos indígenas e a Constituição*. Porto Alegre: Sergio Antonio Fabris Ed., 1993. p. 290.

[43] MAZZILLI, op. cit., p. 19.

[44] Art. 129, III, CF/88 c.c. art. 1º, IV, art. 5º e art. 8º, §1º, da Lei nº 7.347/85.

aplicável ao conhecimento tradicional associado, é absolutamente incompatível a sua proteção via patente, que somente admite a apropriação individual do conhecimento.

3.4 Conhecimento tradicional disseminado no anteprojeto de lei brasileiro sobre acesso

Bem por isso, também não há que se cogitar do regime jurídico de "bem de domínio público" do direito comercial para o CTA, pelo qual se dispensa o consentimento após vencido o prazo do privilégio provisório das patentes, como parece considerar o atual Anteprojeto de lei de acesso no Brasil (art. 7º, XIX),[45] ao prever como "de uso livre de todos" o conhecimento tradicional disseminado na sociedade brasileira, ou seja, "não reconhecido como sendo associado diretamente à cultura de comunidades indígenas, quilombolas ou tradicionais identificadas". Trata-se de um dispositivo legal aberto que gera insegurança jurídica, pois o que seria exatamente na prática "difundido" ou "disseminado" na sociedade brasileira e não "diretamente" associado à cultura tradicional? Parece com isso que este recente anteprojeto de lei de acesso refere-se a uma modalidade ou categoria mais ampla de conhecimentos relativos à cultura brasileira disseminada na sociedade, tais como as manifestações folclóricas, que são manifestações de cultura tradicional e popular, definidas, na Recomendação sobre a Salvaguarda da Cultura Tradicional e Popular aprovada pela Conferência-Geral da UNESCO (1989), como o conjunto de criações que emanam de uma comunidade cultural fundadas na tradição, expressas por um grupo ou por indivíduos e que reconhecidamente correspondem às expectativas da comunidade. Estes conhecimentos culturais difundidos na sociedade brasileira não se confundem com o conhecimento tradicional associado ao patrimônio genético, merecedor de proteção à luz da CDB. Demais disso, tal previsão foge do escopo da CDB de afastar hipóteses de livre uso, sem contrapartidas, na medida em que estabelece a repartição justa e eqüitativa dos benefícios.

Nesta situação, o estudo antropológico independente poderia ser útil para clarificar o link com a fonte primária do conhecimento. Ou até para esclarecer se realmente houve um atalho, isto é, utilização de um caminho mais rápido e curto para se chegar a um produto de uso industrial ou comercial. Evanson C. Kamau[46] vislumbra a possibilidade de se ligar o CT disseminado com uma origem.

---

[45] <www.mma.org.br/cgen>.
[46] KAMAU, Evanson Chege. A implementação do artigo 8j da CDB, o problema do conhecimento tradicional disseminado e a experiência do Quênia. In: KLEBA, John B.; KISHI, Sandra Akemi Shimada (Coord.). *Dilemas do acesso à biodiversidade e ao conhecimento tradicional*: direito, política e sociedade. Belo Horizonte: Fórum, 2009.

O anteprojeto de lei de acesso não faz nenhuma menção de disseminação do conhecimento por várias comunidades tradicionais. Então, para se avaliar se o conhecimento tradicional é ou não disseminado, não importa se três ou mais comunidades detêm o mesmo conhecimento. Trata-se neste caso de conhecimento tradicional compartilhado e não disseminado.

John B. Kleba anota que "uma otimização legislativa deveria exigir dos laudos antropológicos, que já vem sendo requeridos em casos de acesso ao CT, indicações sobre a disseminação empírica do CT a ser pesquisado".[47]

4 Natureza jurídica do CPI

No Brasil, o consentimento prévio informado é regra e não um mandamento de ordem moral ou político, seja porque previsto no art. 15 da CDB, que foi incorporado como norma jurídica no direito brasileiro, seja porque o consentimento foi estabelecido como pressuposto para a autorização de acesso pela MP nº 2.186-16/01 (art. 16, §§8º e 9º), embora com a equivocada nomenclatura de anuência prévia, em dissonância com a previsão na CDB. O consentimento deve ser informado ou fundamentado. Uma simples anuência prévia (ato que compõe o procedimento do CPI) dos detentores do CTA, desprovida de intensas e contínuas trocas de informações e de um estudo antropológico independente,[48] que esclareça, em caso de dúvidas, sobre as formas de organização social das etnias envolvidas, quem ou que grupo representa a comunidade tradicional ou quais etnias detêm o conhecimento tradicional, fatalmente poderia impedir a autorização do acesso ou poderia gerar o cancelamento de eventual autorização concedida pelo próprio CGEN.

De acordo com a doutrina clássica do direito civil,[49] o consentimento das partes é um dos requisitos subjetivos do contrato. Atualmente, como previsto no novo Código Civil brasileiro (art. 421), o regime jurídico dos contratos é dotado de função social e orientado pelo princípio da boa-fé objetiva.[50] Portanto, essa regra

---

[47] KLEBA, John Bernhard. Problemas sociolegais do acesso ao conhecimento tradicional associado a recursos genéticos e estudo dos casos da fragrância do Breu Branco e de psicoativos indígenas. In: KLEBA, John B.; KISHI, Sandra Akemi Shimada (Coord.). *Dilemas do acesso à biodiversidade e ao conhecimento tradicional*: direito, política e sociedade. Belo Horizonte: Fórum, 2009.

[48] O estudo antropológico independente está previsto no art. 4º, II, da Res. nº 6/2003 e art. 6º, §2º, da Res. nº 12/2004, do CGEN e deve contemplar, no mínimo, as seguintes informações: I) indicação das formas de organização social e de representação política da comunidade; II) avaliação do grau de esclarecimento da comunidade sobre o conteúdo da proposta e suas conseqüências; III) avaliação dos impactos socioculturais decorrentes do projeto; IV) descrição detalhada do procedimento utilizado para obtenção da anuência; V) avaliação sobre o grau de respeito do processo de obtenção do PIC.

[49] DINIZ, Maria Helena. *Curso de direito civil*. 9. ed. São Paulo: Saraiva, 1994. v. 3, p. 25.

[50] NERY JUNIOR, Nelson; NERY, Rosa Maria de Andrade. *Novo Código Civil legislação extravagante anotados*. São Paulo: Revista dos Tribunais, 2002. p. 181.

da função social dos contratos[51] permeia-os de fins sociais, através da valoração da probidade e da boa-fé, essenciais à segurança das relações jurídicas.

O CPI instaura um mecanismo formal de facilitação de troca de informações entre todos os diversos atores envolvidos (comunidade tradicional, usuário, proprietários da área do acesso, Estado, Ministério Público, FUNAI ...), contribuindo para o devido processo de formalização do contrato de acesso. Seria uma espécie de pré-contrato de concessão em âmbito administrativo, na medida em que funciona como a base regulamentar de controle do acesso, permitindo ao provedor negociar, em melhores condições, os termos do futuro contrato, consoante Márcia Bertoldi.[52] Em verdade, como previsto na MP nº 2.186-16/2001 (art. 11, IV, "b"), trata-se de uma condição para a autorização de acesso. Com efeito, o consentimento informado é prévio à concessão de autorização de acesso, que se constituirá através de um contrato.

Bem manejado, o CPI, como um procedimento de trocas de informações, dados e estudos à luz de instrumentos da política nacional de desenvolvimento dos povos tradicionais,[53] tais como o estudo antropológico independente,[54] assegurará o direito à autodeterminação, o direito a negar o acesso,[55] o direito de ter suas tradições e valores culturais reconhecidos, o direito dos povos ao desenvolvimento, o direito de serem representados segundo suas próprias vontades e organizações e o direito à prevalência de suas diferenças como direito humano fundamental, em atenção ao comando constitucional do art. 1º, III. Diante disso, ao CPI não deve ser dada a roupagem de simples anuência, em que um "sim" ou um "não", infundados, viriam apenas para superar uma etapa procedimental, esquecendo-se do termo "fundamentado ou informado" que integra o instituto jurídico, sob pena de terem-se excluídas a legitimidade do procedimento de acesso e a eqüitativa repartição de benefícios. A implementação da garantia do CPI, à luz de instrumentos de proteção do conhecimento tradicional e de seus princípios fundamentais, já citados, torna-o um instrumento catalisador das diferenças de interesses envolvidos, perfazendo o verdadeiro link normativo do direito indígena ou das minorias com o direito positivo.

5 Procedimento do CPI

As características formais do consentimento prévio fundamentado devem garantir o acesso às informações à comunidade tradicional e facilitar sua efetiva

---

[51] Brasil, Lei nº 10.406, de 10 de janeiro de 2002, que institui o Código Civil, artigo 421.
[52] BERTOLDI, Márcia Rodrigues. Regulação internacional do acesso aos recursos genéticos que integram a biodiversidade. *Revista de Direito Ambiental*, São Paulo, n. 39, p. 137, 2005, e Doc. UNEP/CDB/COP/4/23, de 19.02.1998.
[53] Decreto nº 6.040/2007, que institui a Política Nacional de Desenvolvimento Sustentável dos Povos e Comunidades Tradicionais.
[54] V. nota de rodapé 11.
[55] O art. 15, §2º, do CBD não reconhece ou cria, por si só, um direito de livre acesso.

participação, o que logicamente pressupõe intensos e longos debates na língua ou dialeto indígena, com cooperação de profissionais habilitados das multiciências de interface, antropólogos, etno-biólogos, etno-botânicos, etno-farmacólogos, biólogos, contando, ainda, com a presença do Ministério Público Federal e de associações indigenistas ou ONGs que atuem na defesa dos interesses do povo indígena. Na prática, certamente todo esse processo demanda tempo e interações numa dinâmica própria, na medida em que valores culturais e tradicionais desses povos devam ser respeitados, sendo que, quase sempre, não nomeiam ou elegem representantes para falar em seus nomes, tudo decidindo por consenso.[56] Não há uma forma procedimental padrão. Há um conteúdo jurídico e material mínimo, mas não padrão e uniforme. Cada CPI, dependendo das comunidades tradicionais envolvidas, terá um procedimento próprio. Caberá ao CGEN, como vem tentando executar, legislar sobre as adaptações diante dos casos em concreto, como nas situações em que, respeitadas as formas de organização das comunidades envolvidas, seus usos e costumes e ainda que concordem em participar do projeto, não queiram ou não possam por algum motivo assinar o CPI. Neste caso, segundo regulamentou o CGEN, outros meios de prova serão aceitos, como o estudo antropológico independente, por exemplo, juntamente com relatório circunstanciado sobre a forma de obtenção do consentimento, termo de responsabilidade do requerente e parecer do órgão indigenista oficial, a FUNAI, conforme Res. nº 5/2003 (art. 4º) e Res. nº 9/2003 (art. 6º) com as redações dadas pelo art. 1º da Res. nº 19/2005, todos do CGEN.

As despesas com o processo de consentimento prévio fundamentado devem ficar a cargo da instituição interessada no acesso ao patrimônio genético ou ao conhecimento tradicional a ele relacionado.

Daí que o CPI deve constituir-se num devido processo participativo e retroalimentado, não num simples termo de anuência, mas com cláusulas detalhadas amplamente discutidas, e mutuamente acordadas, resguardado o direito de negar o acesso, sem ônus para o detentor do conhecimento tradicional.

6 Conteúdo do CPI

6.1 Conteúdo material

Laurel Firestone[57] idealizou um modelo estrutural de PIC, que deve conter informações básicas por parte do interessado no acesso que deve divulgar a

---

[56] KISHI, Sandra Akemi Shimada. Principiologia do acesso ao patrimônio genético e ao conhecimento tradicional associado. In: BARROS-PLATIAU, Ana Flávia; VARELLA, Marcelo Dias (Org.). *Diversidade biológica e conhecimentos tradicionais*. Belo Horizonte: Del Rey, 2004. v. 2, p. 334.

[57] FIRESTONE, Laurel. Consentimento prévio informado, princípios orientadores e modelos concretos. LIMA, André; BENSUSAN, Nurit (Org.), *Quem cala consente?*: subsídios para a proteção aos conhecimentos tradicionais. São Paulo, 2003. p. 28-48. (Documentos ISA; 8)

natureza e o objeto da atividade e explicar todos os riscos em potencial que podem resultar da atividade. Tais exigências corresponderiam à: 1) revelação da metodologia de pesquisa; as conseqüências previsíveis, a completa identificação, com todos os dados, da pessoa física ou jurídica interessada no acesso, bem assim, dos seus patrocinadores, dos órgãos públicos ou privados, ONGs e associações civis em parceria para a colaboração na pesquisa e possível desenvolvimento do bem acessado; 2) identificação dos benefícios para o povo ou pessoa, cujo consentimento está sendo solicitado, com demonstração de mecanismos e acordos propostos para a repartição dos resultados do acesso e indicação dos *royalties* que o provedor receberá pelo uso do bem acessado; 3) indicação de procedimentos e atividades alternativas possíveis; 4) garantia de informação e participação do provedor do recurso genético ou do conhecimento tradicional, compartilhando principalmente as descobertas durante a condução da atividade de acesso, considerando a predisposição da comunidade em continuar a colaborar ou não, numa nova etapa de uso do bem acessado, caso em que se cogita de um consentimento prévio fundamentado adicional; 5) informação precisa sobre o uso pretendido e sobre qualquer interesse comercial na atividade de coleta do material pretendido, bem como a finalidade da coleta dos recursos da biodiversidade e os usos possíveis, atuais e potenciais do bem a ser acessado; 6) as diretrizes seguidas pelo pesquisador, com indicação de eventuais experiências anteriores em projetos semelhantes; 7) avaliação dos riscos do acesso e de eventuais impactos ambientais e socioeconômicos, considerando inclusive as gerações futuras.

6.2 Formalidades e conteúdo jurídico do CPI

Adiciono a tais elementos: a) a ampla publicidade ao consentimento prévio fundamentado, a toda a comunidade tradicional, facilitando o acesso a qualquer pessoa do povo que queira consultá-lo em tempo hábil; b) constituição por instrumento formal e escrito, se necessário, nas duas línguas das partes interessadas; c) durante o processo de informação aos povos tradicionais no PIC, serão promovidas as discussões e debates em sede de audiências públicas, ficando, primordialmente, a cargo da parte interessada no acesso dos recursos genéticos ou dos conhecimentos tradicionais a eles associados a devida organização e efetivação desses fóruns ou espaços de decisões, de modo a resguardar a plena participação de todas as comunidades interessadas, detentoras do conhecimento tradicional a ser acessado, no país de origem; d) a necessidade da presença de interlocutores, que assegurem a interação das partes interessadas, à luz da língua local ou da etnia envolvida, e de profissionais habilitados e independentes das áreas de interface à matéria (antropólogo familiarizado com a cultura local, biólogos, agrônomos, etno-botânicos, advogado especialista em propriedade intelectual ...), aí incluídos o Ministério Público Federal e a FUNAI; e) o CPI deve ser depositado em órgão público de proteção dos direitos da comunidade tradicional e no órgão público responsável pela concessão da autorização do acesso; f) o CPI deve partir do consenso tomado da comunidade tradicional, segundo suas próprias regras e valores, com vistas a efetivar sua representatividade;[58] g) reconhecimento, através de registro ou alguma modalidade de certificação que declare a fonte e as especificações do recurso genético ou do conhecimento tradicional a ser acessado, com vistas a resguardar a análise da evolução do estado da arte em posteriores pedidos de patenteamento ou de reconhecimento de direito de propriedade intelectual, garantindo-se o sigilo das informações quanto ao conteúdo do conhecimento tradicional; h) a não observância de algum desses pressupostos gera a nulidade do CPI, passível de ser requerido em juízo pela comunidade indígena ou pelo Ministério Público, que, se não for parte, deve atuar em todos os atos do processo como *custos legis*, conforme comando constitucional do art. 232, da Constituição Federal.

7 Conclusões

As normas constitucionais, as normas da CBD e a força cogente dos princípios fundamentais do acesso ao conhecimento tradicional como os do consentimento prévio informado, da alteridade e da autodeterminação dos povos, enfocados neste trabalho, fundamentam a imediata adoção de um sistema *sui generis* a partir dos instrumentos legais já previstos na legislação brasileira, que reconhece o caráter coletivo do direito de propriedade intelectual, ainda que apenas um indivíduo detenha o conhecimento tradicional. Os regimes tradicionais de proteção da propriedade intelectual, por suas peculiaridades — tais como o princípio da novidade absoluta das patentes que impede qualquer divulgação escrita ou oral; a manutenção do sigilo sob pena de sanções civis e penais, no segredo comercial; a originalidade ou a criatividade do direito do autor; a proteção do nome pela marca —, são inadaptáveis e não se coadunam à natureza do conhecimento tradicional, que é bem de interesse difuso, inalienável, imprescritível, irrenunciável e indivisível.

O *sistema sui generis* de proteção do conhecimento tradicional leva a que se considere no CPI toda a gama de garantias e instrumentos de proteção

---

[58] Enquanto se aguarda a regulamentação da Convenção da Biodiversidade, através de normas eficazes de proteção ao acesso aos recursos genéticos e ao conhecimento tradicional a eles associado, o que não se logrou com a Medida Provisória nº 2.186-16/01, que nada previu quanto à devida representatividade dos povos tradicionais nos contratos de acesso e repartição de benefícios, a FUNAI necessariamente deve representar a comunidade indígena no consentimento prévio fundamentado, à luz das regras de direito civil vigentes e do Estatuto do Índio (Lei nº 6.001/73).

do conhecimento tradicional e das comunidades indígenas ou locais, com atuação em nível de gestão e não de domínio, do Poder Público, através do Conselho de Gestão do Patrimônio Genético (CGEN), permitido o acompanhamento por entidades interessadas no acesso, como Ministério Público, ONGs e sociedade civil.

Com o fito de assegurar o caráter coletivo do direito de propriedade intelectual, a indicação da fonte e da origem geográfica do bem acessado pode constar do CPI. Com isso também se afasta a possibilidade do direito coletivo de propriedade intelectual passar a ser de domínio público, depois de um determinado período, como nas patentes.

No CPI deve ser assegurada a representatividade das comunidades tradicionais, por suas próprias formas de organização, segundo seus usos e costumes. Neste regime de proteção, o consentimento prévio informado e o estudo antropológico independente visam a preservar a devida representatividade das comunidades tradicionais envolvidas e o caráter não estático do conhecimento tradicional, agregando dados etno-sócio-antropológicos relevantes para identificar e proteger a peculiar dinâmica desse conhecimento vivo, levando inevitavelmente à preservação da biodiversidade, à utilização sustentável de seus componentes e à repartição justa e eqüitativa dos benefícios, mediante o acesso adequado, objetivos preconizados na CDB. O direito ambiental deve estabelecer normas que indiquem como constatar as necessidades comuns de uso dos recursos da natureza, de forma dirigida ao bem estar social. Garante-se, com isso, a proteção do uso comum. Daí porque não basta a vontade de usar os recursos naturais ou a possibilidade tecnológica de explorá-los, como observa o autor do prefácio desta coletânea, Paulo Affonso Leme Machado.[59] A eficiência do procedimento do consentimento prévio informado resultará de forma inarredável nas tão almejadas justiça e equidade na repartição dos benefícios, tendo em vista as experiências já vividas em casos emblemáticos no Brasil.

Referências

BERTOLDI, Márcia Rodrigues. Regulação internacional do acesso aos recursos genéticos que integram a biodiversidade. *Revista de Direito Ambiental*, São Paulo, n. 39, 2005.

BONAVIDES, Paulo. *Curso de direito constitucional*. 5. ed. São Paulo: Malheiros, 1994. p. 262.

GRAU, Eros Roberto. *A ordem econômica na Constituição de 1988*: interpretação e crítica. São Paulo: Revista dos Tribunais, 1990.

CASTILHO, Ela Wiecko V. Parâmetros para o regime jurídico sui generis de proteção ao conhecimento tradicional associado a recursos biológicos e genéticos. In: MEZZAROBA, Orides (Org.). *Humanismo latino e Estado no Brasil*. Florianópolis: Fundação Boiteux: Treviso: Fondazione Cassamarca, 2003.

---

[59] MACHADO, Paulo Affonso Leme. *Direito Ambiental Brasileiro*. 17. ed. São Paulo: Malheiros, 2009. p. 62.

COMPARATO, Fábio Konder. *A afirmação histórica dos direitos humanos*. São Paulo: Saraiva, 2003.

DERANI, Cristiane. Patrimônio genético e conhecimento tradicional associado: considerações jurídicas sobre o seu acesso. In: LIMA, André. *O direito para o Brasil socioambiental*. Porto Alegre: Instituto Socioambiental; Sérgio Antônio Fabris Ed., 2002.

DINIZ, Maria Helena. *Curso de direito civil*. 9. ed. São Paulo: Saraiva, 1994. v. 3.

FIRESTONE, Laurel. Consentimento prévio informado: princípios orientadores e modelos concretos. In: LIMA, André; BENSUSAN, Nurit (Org.). *Quem cala consente?*, 2003.

HENRICKS, F.; DOESTER, V; PRIP, C. Convention on Biological Diversity Access to Genetic Resources: A Legal Analysis. *Environmental policy and Law*, 23/6, 1993.

KAMAU, Evanson Chege. A implementação do artigo 8j da CDB, o problema do conhecimento tradicional disseminado e a experiência do Quênia. In: KLEBA, John B.; KISHI, Sandra Akemi Shimada (Coord.). *Dilemas do acesso à biodiversidade e ao conhecimento tradicional*: direito, política e sociedade. Belo Horizonte: Fórum, 2009.

KLEBA, John Bernhard. Problemas sociolegais do acesso ao conhecimento tradicional associado a recursos genéticos e estudo dos casos da fragrância do Breu Branco e de psicoativos indígenas. In: KLEBA, John B.; KISHI, Sandra Akemi Shimada (Coord.). *Dilemas do acesso à biodiversidade e ao conhecimento tradicional*: direito, política e sociedade. Belo Horizonte: Fórum, 2009.

KISHI, Sandra Akemi Shimada. *Tutela jurídica do acesso ao patrimônio genético e ao conhecimento tradicional associado no Brasil*. Dissertação (mestrado) - Programa de Pós-Graduação em Direito da Universidade Metodista de Piracicaba-UNIMEP, 2003.

KISHI, Sandra Akemi Shimada. Principiologia do acesso ao patrimônio genético e ao conhecimento tradicional associado. In: BARROS-PLATIAU, Ana Flávia; VARELLA, Marcelo Dias (Org.). *Diversidade biológica e conhecimentos tradicionais*. Belo Horizonte: Del Rey, 2004. v. 2.

LEITE, José Rubens Morato. *Dano ambiental*: do individual ao coletivo extrapatrimonial. 2. ed. São Paulo: Revista dos Tribunais, 2003.

MACHADO, Paulo Affonso Leme. *Direito ambiental brasileiro*. 17. ed. São Paulo: Malheiros, 2009.

MAIA, Luciano Mariz. Comunidades e organizações indígenas: natureza jurídica, legitimidade processual e outros aspectos jurídicos. In: *Direitos indígenas e a Constituição*. Porto Alegre: Sergio Antonio Fabris Editor, 1993.

MKEAN, Margaret; OSTROM, Elionor. Regimes de propriedade comum em florestas: somente uma relíquia do passado?. Tradução de André de Castro C. Moreira. In: DIEGUES, Antonio Carlos Sant'Ana; MOREIRA, André de Castro C (Org.). *Espaços e recursos naturais de uso comum*. São Paulo: Núcleo de Apoio a Pesquisa sobre Populações Humanas e Áreas Úmidas Brasileiras, USP, 2001.

MAZZILLI, Hugo Nigro. *A defesa dos interesses difusos em juízo*. 4. ed. São Paulo: Revista dos Tribunais, 1992

ROTHENBURG, Walter. *Princípios constitucionais*. Porto Alegre: Sérgio Antonio Fabris Ed., 2003.

SOUZA FILHO, Carlos Frederico Marés de. *Bens culturais e sua proteção jurídica*. 3. ed., 2. tir. Curitiba: Juruá, 2006.

SOUZA, Maria Letícia de. Metodologia de avaliação econômica dos recursos naturais. *Revista de Direito Ambiental*, São Paulo, ano 2, n. 6, abr./jun. 1997.

WANDSCHEER, Clarissa Bueno. *Patentes & conhecimento tradicional*. Curitiba: Juruá, 2004.

Informação bibliográfica deste texto, conforme a NBR 6023:2002 da Associação Brasileira de Normas Técnicas (ABNT):

KISHI, Sandra Akemi Shimada. Consentimento prévio informado no Brasil. In: KISHI, Sandra Akemi Shimada; KLEBA, John Bernhard (Coord.). *Dilemas do acesso à biodiversidade e aos conhecimentos tradicionais*: direito, política e sociedade. Belo Horizonte: Fórum, 2009. p. 191-216. ISBN 978-85-7700-240-5.

Populações tradicionais e conhecimentos associados aos recursos genéticos: conceitos, características e peculiaridades

Márcia Dieguez Leuzinger

Resumo: Este texto buscou determinar a extensão do conceito de população tradicional, para os fins da proteção conferida pela legislação ambiental, apontando quais as características que devem ser atendidas por esses grupos para serem assim classificados, bem como discutir, no que tange aos conhecimentos tradicionais associados, os contornos da territorialidade e o acesso a conhecimentos compartilhados por diferentes populações tradicionais.
Palavras-chave: Populações tradicionais. Conhecimentos tradicionais. Recursos genéticos.
Sumário: Introdução - **1** Conceitos legais - **2** Características das populações tradicionais - **3** Conhecimentos tradicionais associados ao patrimônio genético – Conclusões - Referências

Introdução

Muito embora diversas leis ambientais tratem de populações tradicionais, conferindo-lhes, inclusive, direitos específicos, não há consenso sobre a sua definição, sendo muitos os grupos que se inserem nessa categoria. Desse modo, uma incursão nos diferentes conceitos de população tradicional conferidos pela legislação em vigor, aliada a uma busca em definições e características traçadas por autores que se debruçaram sobre o tema, são necessárias para que se possa, diante dos direitos e das garantias que lhes são conferidos, estabelecer-se quem são, efetivamente, seus destinatários.

Se o conceito for muito amplo, praticamente todos os brasileiros acabarão nele inseridos, o que retiraria a efetividade dos direitos e das garantias previstos pela legislação aos grupos tradicionais. Se, ao contrário, for demasiadamente estreito, não abrigará todas as populações tradicionais que demandam proteção legal específica.

Além disso, os conhecimentos tradicionais produzidos por esses grupos, que integram o patrimônio cultural brasileiro, para serem acessados, impõem, dependendo do caso, atendimento a requisitos determinados pela legislação. Desse modo, traçar as características que deverão ser preenchidas por determinada população para que, diante das normas ambientais, possa ser considerada tradicional e determinar no que consistem os conhecimentos tradicionais associados ao patrimônio genético, abordando algumas peculiaridades sobre o acesso a eles, são os objetivos deste trabalho.

1 Conceitos legais

Quando o Deputado Fernando Gabeira assumiu a relatoria do Projeto de Lei do Sistema Nacional de Unidades de Conservação (SNUC), em 1995, apresentou um substitutivo que continha a seguinte definição de população tradicional: "população vivendo há pelo menos duas gerações em um determinado ecossistema, em estreita relação com o ambiente natural, dependendo de seus recursos naturais para a sua reprodução sociocultural, por meio de atividades de baixo-impacto ambiental". O texto final, aprovado na Câmara, aumentou o tempo de permanência para três gerações. Encaminhado ao Senado Federal, o Projeto de Lei foi autuado como PL nº 27/99, tendo sido rejeitadas as emendas apresentadas, a fim de impedir que tivesse o mesmo que retornar à Câmara para sua análise, bem como negociado o veto presidencial a alguns dispositivos, dentre os quais a definição de populações tradicionais (art. 2º, XV). As razões para o veto presidencial, expressas na Mensagem nº 967, de 18/07/2000,[1] apontavam uma demasiada abrangência do conceito, que acabaria por englobar praticamente toda a população brasileira. Interessante destacar que também os socioambientalistas e os representantes de comunidades tradicionais, como os seringueiros, não estavam satisfeitos com o conceito apresentado pelo Projeto, por entendê-lo demasiadamente restritivo, em virtude do caráter temporal de permanência na área, fixado em três gerações.

De qualquer forma, ao tratar de reservas de desenvolvimento sustentável, a Lei nº 9.985/00 (Lei do SNUC), em seu art. 20, acaba utilizando as bases do conceito insertas no dispositivo vetado, exceto no que diz respeito ao tempo de permanência no local, que são: a estreita relação com o ambiente natural; a dependência dos recursos naturais para a sua reprodução sociocultural; a prática de atividades de baixo-impacto ambiental.

---

[1] Razões do veto, expressas na Mensagem nº 967/00: "o conteúdo da disposição é tão abrangente que nela, com pouco esforço de imaginação, caberia toda a população do Brasil. De fato, determinados grupos humanos, apenas por habitarem continuamente em um mesmo ecossistema, não podem ser definidos como população tradicional, para os fins do Sistema Nacional de Unidades de Conservação da Natureza. O conceito de ecossistema não se presta para delimitar espaços para concessão de benefícios, assim como o número de gerações não deve ser considerado para definir se a população é tradicional ou não, haja vista não trazer consigo, necessariamente, a noção de tempo de permanência em determinado local, caso contrário, o conceito de populações tradicionais se ampliaria de tal forma que alcançaria, praticamente, toda a população rural de baixa renda, impossibilitando a proteção especial que se pretende dar às populações verdadeiramente tradicionais".

Art. 20 - A reserva de desenvolvimento sustentável é uma área natural que abriga populações tradicionais, cuja existência baseia-se em sistemas sustentáveis de exploração de recursos naturais, desenvolvidos ao longo de gerações e adaptados às condições ecológicas locais e que desempenham um papel fundamental na proteção da natureza e na manutenção da diversidade biológica.

O conceito de população tradicional contido no dispositivo transcrito, portanto, além de tratar da relação dessas populações com o ambiente natural e de sua dependência dos recursos naturais, foi além do disposto no inciso vetado, no que tange aos impactos causados pelas atividades por elas praticadas, pois não é suficiente, para caracterizá-las, que produzam baixo-impacto, sendo essencial que desempenhem papel fundamental na proteção da natureza e na manutenção da biodiversidade.

Essa constatação é extremamente relevante porque é esse o sentido que será conferido por outras normas que versam sobre a matéria. Somente será considerada população tradicional, para os fins de proteção especial conferida pela maior parte dos diplomas ambientais, aquela cujas ações produzam baixo impacto e/ou contribuam para a proteção da biodiversidade.[2]

Isso se confirma com a definição de comunidades locais estabelecida pela Lei nº 11.284/06, que dispõe sobre a gestão de florestas públicas para a utilização sustentável: "populações tradicionais e outros grupos humanos, organizados por gerações sucessivas, com estilo de vida relevante à conservação e à utilização sustentável da diversidade biológica" (art. 3º, X). Este diploma legal trata as comunidades locais como gênero, que engloba as populações tradicionais. Todavia, para os efeitos da Lei de gestão de florestas públicas, que abarcam a destinação das florestas públicas por elas ocupadas, somente serão consideradas populações tradicionais aquelas cujo estilo de vida seja relevante à conservação e à utilização sustentável da biodiversidade.

A tradução do texto da Convenção sobre a Diversidade Biológica (CDB), ratificada pelo Brasil e em vigor, no âmbito interno, desde 28.05.1994, em seu art. 8º, que trata da conservação *in situ*, alínea *j*, determina, a cada Parte Contratante:

> em conformidade com sua legislação nacional, respeitar, preservar e manter o conhecimento, inovações e práticas das comunidades locais e populações indígenas com estilo de vida tradicionais relevantes à conservação e à utilização sustentável da diversidade

---

[2] Um exemplo de população tradicional que atenderia a tais requisitos, embora, por se tratar de população indígena, esteja sob a proteção de dispositivos legais distintos, seria a dos Kayapós, estudados por Balée (1994, p. 116). Diz o autor que, ainda que de maneira inconsciente, os Kayapós vivem em equilíbrio com a natureza, em função de contarem com uma pequena população; praticarem economia de subsistência; serem auto-suficientes por causa do uso de recursos naturais locais; utilizarem tecnologias cujas fontes de energia são: solar, fogo e força humana. Ao manejarem o meio ambiente, manipulam componentes orgânicos e inorgânicos, alcançando uma diversidade ambiental líquida maior do que existiria em condições prístinas, sem a presença humana. No mesmo sentido: POSEY (1986); DIEGUES (2004).

biológica e incentivar sua mais ampla aplicação com a aprovação e a participação desse conhecimento, inovações e práticas; e encorajar a repartição equitativa dos benefícios oriundos da utilização desse conhecimento, inovações e práticas.

O texto internalizado, portanto, utiliza o termo população local como sinônimo de população tradicional, eis que exige estilo de vida tradicional, impondo, no entanto, para que lhes sejam conferidos os direitos previstos pelo dispositivo, que este estilo de vida tradicional seja relevante à conservação e à utilização sustentável da biodiversidade.

A Medida Provisória nº 2.186/01, que dispõe sobre o acesso ao patrimônio genético e a proteção e o acesso ao conhecimento tradicional associado, em seu art. 7º, III, define comunidade local como o "grupo humano, incluindo remanescentes de comunidades de quilombos, distintos por suas condições culturais, que se organiza tradicionalmente, por gerações sucessivas e costumes próprios, e que conserva suas instituições sociais e econômicas". Neste caso, assim como ocorre na CDB, a expressão comunidade local é utilizada como sinônima de população tradicional, na medida em que o texto faz referência à organização tradicional, com costumes próprios, o que significa costumes diferentes da sociedade envolvente, e à conservação de instituições sociais e econômicas também distintas. O caráter temporal de ocupação é considerado pela MP, assim como ocorre com a Lei nº 11.284/06, ao utilizar a expressão "gerações sucessivas". Embora não seja delimitado um prazo mínimo de ocupação para caracterizar dada população como tradicional / local, deverá estar na área há, no mínimo, duas gerações, pois uma geração deverá ter sucedido à outra.

A Portaria IBAMA nº 22/92, que instituiu o Centro Nacional de Desenvolvimento Sustentado das Populações Tradicionais, define-as como: "comunidades que tradicional e culturalmente têm sua subsistência baseada no extrativismo de bens naturais renováveis". O ato administrativo normativo restringe bastante o conceito, eis que apenas caracteriza como tradicionais as populações extrativistas.

Neste trabalho, apesar das disposições constantes da CDB e da MP nº 2.186/01, as expressões população tradicional e comunidade local não serão utilizadas como sinônimas. O adjetivo local, acrescentado ao termo comunidade, conduz ao entendimento de tratar-se de comunidade situada em dado município, vilarejo, cidade. A legislação pátria, inclusive, faz diversas alusões a "interesse local", "lei local", dentre outros, referindo-se ao interesse do município ou à legislação municipal.[3] Por isso, como são conferidos às populações tradicionais

---

[3] A propósito, ver art. 30, I e II da CF/88, que trata da competência municipal, material e legislativa, cujo critério de repartição reside, justamente, na existência de interesse local, que, neste caso, significa interesse predominante do município.

alguns direitos específicos, deve ficar bastante clara a sua caracterização, evitando-se interpretação demasiadamente extensiva das normas, que conduza à sua inefetividade. Estender, por exemplo, as garantias previstas no art. 42 da Lei do SNUC a todos os integrantes de comunidades locais inviabilizaria a sua aplicação, condenando a norma a se tornar "letra morta".

A Lei nº 11.428/06, que trata da utilização e da proteção da vegetação nativa do bioma Mata Atlântica, em seu art. 3º, II, também apresenta uma definição de população tradicional, nos seguintes termos: "população vivendo em estreita relação com o ambiente natural, dependendo de seus recursos naturais para sua reprodução sociocultural, por meio de atividades de baixo impacto ambiental".[4] Nesse caso, não há menção à relevância de sua atuação para a preservação da diversidade biológica, muito embora os aspectos de estreita relação com o ambiente natural e dependência de seus recursos para sua sobrevivência física e cultural, encontrados em outras normas, estejam presentes.

Em novembro de 2006, foi encaminhada pela Ministra do Meio Ambiente e pelo Ministro do Desenvolvimento Social e Combate à Fome, ao Presidente da República, Minuta de Decreto, acompanhada de Exposição de Motivos, versando sobre a instituição de uma Política Nacional de Desenvolvimento Sustentável dos Povos e Comunidades Tradicionais. Em 07 de fevereiro de 2007, foi, então, publicado o Decreto federal nº 6.040. Apesar de a Exposição de Motivos encaminhada pelos Ministros destacar, como características das populações tradicionais, a importância do território, a relevância do papel por elas desempenhado na conservação da biodiversidade, a partir dos conhecimentos tradicionais desenvolvidos, e os processos produtivos marcados pela economia de subsistência, o Decreto, em seu art. 3º, I, ao definir povos e comunidades tradicionais, diz apenas o seguinte:

> Art. 3º - Para fins deste Decreto e do seu anexo, compreende-se por:
>
> I - Povos e Comunidades Tradicionais: grupos culturalmente diferenciados e que se reconhecem como tais; que possuem formas próprias de organização social, que ocupam e usam territórios e recursos naturais como condição para sua reprodução cultural, social, religiosa, ancestral e econômica, utilizando conhecimentos, inovações e práticas gerados e transmitidos pela tradição.

Essa definição foi também utilizada pela IN nº 03/07, do Instituto Chico Mendes de Biodiversidade (ICMBio), ao disciplinar o procedimento de criação de Reservas Extrativistas e de Reservas de Desenvolvimento Sustentável.

Como se pode perceber, não consta da definição a relevância das atividades por eles praticadas para a conservação da biodiversidade, embora esteja tal

---

[4] Esse dispositivo constitui praticamente uma reprodução do artigo do SNUC que fora vetado, tendo sido apenas retirado o tempo de permanência da população tradicional no local.

característica, como dito, expressa na Exposição de Motivos. Outras condições relevantes, como a reduzida acumulação de capital e a prática de atividades de subsistência e de baixo-impacto também não integram a definição, apesar de estarem igualmente contidas naquele ato. Definições amplas de população tradicional, como esta, posta no Decreto, podem conduzir a sérios desvios na Política de Meio Ambiente, na medida em que grupos que praticam atividades degradadoras, como, por exemplo, o de garimpeiros, podem vir a ser considerados tradicionais, em face das limitadas exigências contidas no instrumento normativo. Todavia, por constituir o Decreto nº 6.040/07 mero ato administrativo, sujeito ao princípio da legalidade, para fins de garantia dos direitos dessas populações em virtude de ações ambientais, como a criação de unidades de conservação, deverá ser interpretado em harmonia com as leis que versam sobre a matéria, acima mencionadas. Ou seja, para tais finalidades, a relevância de suas atividades para a conservação da diversidade biológica e a prática de atividades de baixo impacto continuam a ser requisitos essenciais para que dada população possa ser considerada tradicional.

No plano estritamente doutrinário, o conceito de população tradicional vem sendo construído a partir de variados prismas. Como as normas oscilam no que tange aos requisitos necessários para que uma população seja considerada tradicional, o operador do Direito deverá, obrigatoriamente, buscar subsídios em outros ramos do saber, a fim de complementar/integrar o comando normativo. Entretanto, deverão ser observados, para os fins de interpretação, os requisitos mínimos encontrados nas leis em vigor que tratam do tema, em especial a característica de adotarem práticas ou possuírem essas populações estilos de vida relevantes para a proteção da natureza e para a manutenção da diversidade biológica, praticando, para tanto, atividades de baixo-impacto. Assim, ainda que determinados grupos possam ser considerados tradicionais em função de características traçadas por autores diversos, não o serão, para o efeito de reconhecimento de direitos contidos nas citadas normas, se não atenderem a tais condições.

2 Características das populações tradicionais

Dentre os juristas que abraçaram o tema, Souza Filho define populações tradicionais como

> aquelas que vivem vida coletiva e solidária e que conhecem e praticam seus processos comunitários e suas tradições, convivem com as plantas e dialogam com os animais, dominam os segredos das pedras e se encontram com seus antepassados nos sonhos e deles recebem informações e ensinamentos. Por isso têm ainda, e diariamente reproduzem, um conhecimento não sabido pela culta, sábia, e não raras vezes pedante civilização ocidental.[5]

---

[5] SOUZA FILHO (2005, p. 28).

O principal requisito apontado pelo autor para que uma população seja considerada tradicional é a vida coletiva e solidária, que permite a reprodução de tradições que irão diferenciá-la da sociedade envolvente. Não menciona, contudo, a territorialidade, aspecto considerado fundamental para a maior parte dos autores, nem a prática de atividades de baixo impacto ambiental, que contribuam para a conservação da biodiversidade, essencial às normas ambientais que abordam a questão.

Derani, ao tratar da matéria, enumera cinco elementos identificadores de uma comunidade tradicional:

> 1. propriedade comunal; 2. produção voltada para dentro (valor de uso); 3. distribuição comunitária do trabalho não assalariado; 4. tecnologia desenvolvida e transmitida por processo comunitário, a partir da disposição de adaptação ao meio em que se estabelecem; 5. transmissão da propriedade, conhecimento, pela tradição comunitária intergeracional.[6]

A primeira característica traçada pela autora é a propriedade comunal, o que deve ser interpretado com cautela, tendo em vista que, em geral, não possuem essas comunidades, ou seus integrantes, títulos de propriedade das terras que ocupam. Tal afirmação, contudo, remete a um requisito bastante importante para a caracterização de populações tradicionais, como já mencionado, que é o da territorialidade. A noção de pertencimento a determinado território, em função das relações que travam com o ambiente que as cerca, responsável, em grande parte, pela produção e reprodução de seus mitos, conhecimentos, tecnologias, formas de criar e de viver, é que irá distingui-las seja das comunidades não-tradicionais, rurais ou urbanas, seja de outras populações tradicionais.

Também a idéia de produção voltada para dentro (valor de uso), esboçada pela autora, é bastante contestada, por ser difícil, atualmente, encontrar comunidades fora do mercado, como advertem Cunha e Almeida.[7] Por outro lado, Derani, assim como Souza Filho, não enfatiza a prática de atividades que contribuam para a proteção do ambiente natural, especialmente em relação aos recursos renováveis, afastando-se do contorno normativo.

No plano antropológico, Diegues e Arruda traçam alguns parâmetros para nortear a identificação de determinado grupo como tradicional, traduzidos:

> - pela dependência da relação de simbiose entre a natureza, os ciclos e os recursos naturais renováveis com os quais se constrói um modo de vida;
> - pelo conhecimento aprofundado da natureza e de seus ciclos, que se reflete na elaboração das estratégias de uso e de manejo dos recursos naturais. Esse conhecimento é transferido por oralidade de geração em geração;

---

[6] DERANI (2002, p. 153).
[7] CUNHA; ALMEIDA (2004).

- pela noção de território ou espaço onde o grupo social se reproduz econômica e socialmente;

- pela moradia e ocupação do território por várias gerações, ainda que alguns membros individuais possam ter-se deslocado para os centros urbanos e voltado para a terra dos seus antepassados;

- pela importância das atividades de subsistência, ainda que a produção de mercadorias possa estar mais ou menos desenvolvida, o que implicaria uma relação com o mercado;

- pela reduzida acumulação de capital;

- pela importância dada à unidade familiar, doméstica ou comunal e ás relações de parentesco ou compadrio para o exercício das atividades econômicas, sociais e culturais;

- pela importância das simbologias, mitos e rituais associados à caça, pesca e atividades extrativistas;

- pela tecnologia utilizada, que é relativamente simples, de impacto limitado sobre o meio ambiente. Há uma reduzida divisão técnica e social do trabalho, sobressaindo o artesanal, cujo produtor e sua família dominam todo o processo até o produto final;

- pelo fraco poder político, que em geral reside nos grupos de poder dos centros urbanos;

- pela auto-identificação ou identificação por outros de pertencer a uma cultura distinta.[8]

As principais características apontadas pelos autores relacionam-se ao conhecimento e à dependência do ambiente natural, à territorialidade, ao modo de produção, à importância do núcleo familiar e à auto-identificação e identificação pela sociedade envolvente. Não há, mais uma vez, a imposição de possuírem um *estilo de vida tradicional relevante para a conservação e utilização sustentável da diversidade biológica ou prática de atividades de baixo impacto,* como requerido pela maioria dos textos normativos ambientais, fazendo referência apenas a 'impacto limitado', o que possui sentido diferente. Quando os autores falam em dependência da relação de simbiose entre a natureza, os ciclos e os recursos naturais renováveis com os quais constrói um modo de vida, além do conhecimento aprofundado do ambiente natural, não estão condicionando a caracterização de determinada sociedade como tradicional à adoção de formas de relacionamento com o ambiente que conduzam à proteção da biodiversidade. Uma comunidade de garimpeiros, exemplo já mencionado, poderia se enquadrar dentro das características traçadas, sendo, assim, definida como tradicional, embora jamais o pudesse ser para os efeitos das leis ambientais. É possível, portanto, a utilização das características apresentadas pelos autores, para fins de integração das normas ambientais que versam sobre população tradicional, sem, contudo, ignorar a determinação de que suas atividades sejam relevantes para a conservação dos recursos renováveis e produzam baixo-impacto.

---

[8] DIEGUES; ARRUDA (2001, p. 26).

Por sua vez, os antropólogos Cunha e Almeida, ao tratarem do tema, questionam quem seriam as populações tradicionais, assinalando que a abrangência do termo não deve ser entendida como confusão conceitual:

> No momento, o termo 'populações tradicionais' ainda está na fase inicial de sua vida. É uma categoria pouco habitada, mas já conta com alguns membros e candidatos à porta. Para começar, tem existência administrativa: o Centro Nacional de Populações Tradicionais, uma unidade dentro do Ibama. No início, a categoria congregava seringueiros e castanheiros da região amazônica. Desde então, expandiu-se, abrangendo outros grupos, que vão de coletores de berbigão de Santa Catarina a babaçueiras do sul do Maranhão e quilombolas do Tocantins. O que todos esses grupos possuem em comum é o fato de que tiveram, pelo menos em parte, uma história de baixo impacto ambiental e de que têm no presente interesses em manter ou em recuperar o controle sobre o território que exploram. E, acima de tudo, estão dispostos a negociar: em troca do controle sobre o território, comprometem-se a prestar serviços ambientais.
>
> (...)
>
> Pelo que foi visto, podemos dar alguns passos nesta direção e argumentar que populações tradicionais são grupos que conquistaram ou estão lutando para conquistar (através de meios práticos e simbólicos) uma identidade pública que inclui algumas, mas não necessariamente todas, as seguintes características: o uso de técnicas ambientais de baixo impacto, formas equitativas de organização social, a presença de instituições com legitimidade para fazer cumprir suas leis, liderança local e, finalmente, traços culturais que são seletivamente reafirmados e reelaborados.

Por isso, continuam os autores, não é errado dizer que determinado grupo é ou se tornou tradicional uma vez que se está lidando com um processo de autoconstituição, que requer o estabelecimento de normas de conservação, assim como líderes e instituições.[9]

Está presente, neste conceito, a utilização de técnicas ambientais de baixo impacto, o que o aproxima dos comandos legais, bem como a existência de traços culturais que as diferenciam da sociedade envolvente. A territorialidade, apesar de não ter sido inserida dentre as características que os autores traçam para definir populações tradicionais, encontra-se na sua argumentação, quando afirmam que os diferentes grupos têm em comum, *no presente, interesse em manter ou em recuperar o controle sobre o território que exploram.*

Dada a sua importância, o art. 3º, II, do recém-editado Decreto nº 6.040/07, define territórios tradicionais como: "os espaços necessários à reprodução cultural, social e econômica dos povos e comunidades tradicionais, sejam eles utilizados de forma permanente ou temporária, observado, no que diz respeito aos povos indígenas e quilombolas, respectivamente, o que dispõem os artigos 23 da Constituição e 68 do Ato das Disposições Transitórias e demais regulamentações".

---

[9] CUNHA; ALMEIDA (2004).

Tratando de comunidades quilombolas, Guanaes, Lima e Portilho afirmam a importância do território para elas e demonstram, ainda, que "a apropriação da terra se dá de forma diferenciada: a terra não é vista como propriedade particular, mas como um bem de uso comum. A identidade cultural é construída com a apropriação comunal do espaço", a demonstrar a relevância da territorialidade para a construção do conceito de população tradicional.[10]

A respeito, Little define territorialidade como o "esforço coletivo de um grupo social para ocupar, usar, controlar e se identificar com uma parcela específica de seu ambiente biofísico, convertendo-a, assim, em seu 'território' ou *homeland*". Aponta o autor os diferentes tipos de território que existem no seio do Estado brasileiro, e, especificamente em relação aos povos tradicionais, aduz ser possível detectar uma grande semelhança nas distintas formas de propriedade social, relacionadas ao regime de propriedade, aos vínculos afetivos que mantêm com um território específico, à história da ocupação guardada na memória coletiva, ao uso social que se dá ao território e às formas de sua defesa. Faz menção, também, ao tempo de ocupação, que se fundamenta em décadas ou, em certos casos, em séculos, o que fornece um peso histórico às suas reivindicações, não as deslegitimando o fato de que ficaram seus territórios fora do regime formal de propriedade da Colônia, do Império e, até recentemente, da República. Esse fato, na verdade, apenas mostra sua força histórica e persistência cultural. A expressão dessa territorialidade não reside em leis ou títulos, mas na memória coletiva que incorpora dimensões simbólicas e identitárias na relação do grupo com a sua área, o que lhe dá profundidade e consistência temporal.[11]

Sundfeld, da mesma forma, ao tratar de territorialidade, aponta a relevância desta característica para a identificação dos grupos tradicionais, eis que desvenda a maneira como cada grupo molda o espaço em que vive, conduzindo, em geral, a um regime comunal de uso da terra.[12]

A importância da noção de território como elemento caracterizador de grupos tradicionais reside na sua essencialidade à reprodução física e cultural dessas populações, considerando as formas diferenciadas de uso e apropriação do espaço. Não há, todavia, relação entre territorialidade e posse imemorial. A territorialidade ocorre não em função do tempo de ocupação, mas dos usos, costumes e tradições reproduzidos pelos povos tradicionais, em geral a partir da tradição oral, e que traduzem uma ocupação coletiva do espaço, onde prevalece o uso e a gestão compartilhada dos recursos naturais.[13]

---

[10] GUANAES; LIMA; PORTILHO (2004).
[11] LITTLE (2002, p. 3, 11).
[12] SUNDFELD (2002, p. 78).
[13] SANTILLI (2005a). Ver também SILVA (2000); LEUZINGER (2002); BENATTI (2003).

A questão temporal também deve ser abordada no que tange aos costumes e às tradições que caracterizam determinada população tradicional. Hobsbawn, ao tratar da matéria, define tradição de forma bastante ampla, incluindo as "tradições inventadas", construídas e formalmente institucionalizadas, e as tradições que surgem de maneira mais difícil de localizar dentro de um período limitado e determinado de tempo. As tradições inventadas constituiriam

> um conjunto de práticas, normalmente reguladas por regras tácita ou abertamente aceitas; tais práticas, de natureza ritual ou simbólica, visam inculcar certos valores e normas de comportamento através da repetição, o que implica, automaticamente, uma continuidade em relação ao passado. (...) São reações a situações novas que ou assumem a forma de referência a situações anteriores, ou estabelecem seu próprio passado através da repetição quase que obrigatória.

O objetivo é a invariabilidade. Nesse sentido, diferencia tradição de costume, encontrado nas sociedades tradicionais, que possui a dupla função de motor e volante, conferindo a qualquer mudança desejada, ou à resistência à inovação, a sanção do precedente, continuidade histórica e direitos naturais conforme o expresso na história. Ao contrário da tradição, o costume não pode ser invariável, porque as sociedades, ainda que tradicionais, são dinâmicas. Para exemplificar tradição e costume, utiliza o autor o Direito consuetudinário, em que "costume" é o que fazem os juízes e "tradição" (inventada) é a peruca que utilizam nos julgamentos.[14]

Atribuindo ao ritual o significado que Hobsbawn confere à tradição, e aproximando tradição daquilo que o citado autor chama de costume, Ost caracteriza tradição a partir de dois aspectos: a continuidade e a conformidade. A continuidade seria a ligação a uma fonte de anterioridade, a conformidade seria o alinhamento a um foco de autoridade. Por isso, tradição seria uma "anterioridade que constitui autoridade"; um "código de sentidos e valores transmitidos de geração em geração, constituindo uma herança que define e alimenta uma ordem". O ponto essencial da tradição seria, portanto, a autoridade reconhecida ao passado para regular questões atuais.[15] Nesse sentido, assinala Krygier a necessidade, além da referência ao passado e da autoridade atual, da continuidade da transmissão.[16] Todavia, adverte Ost que, sem adaptação, a tradição não sobrevive. "O enigma e a força da tradição é renovar sempre o fio da continuidade, ao mesmo tempo que incorpora a inovação e reinterpretação que o presente exige: a herança é incessantemente modificada e, contudo, é da mesma herança que se trata".[17]

---

[14] HOBSBAWN (1997).
[15] OST (1999, p. 64-65).
[16] KRYGIER (1986).
[17] OST (1999, p. 67). Ver também: BALANDIER (1988); BLOCH (1925).

Desse modo, a principal crítica feita ao conceito de população tradicional, consubstanciada nas mudanças operadas nos costumes ou tradições, a partir da aquisição de bens ou absorção de técnicas de produção e conhecimentos mais modernos, que conduziria a sua descaracterização, não tem fundamento. Essas mudanças são inerentes a qualquer sociedade, mas não as descaracterizarão enquanto forem mantidos rituais, modos de fazer, criar e viver, formas de pensar e agir, que estabelecem essa relação com o passado e determinam limites às alterações. Como bem coloca Stavenhagen, as culturas não são estáticas e, embora enraizadas na história, são capazes de evoluir com o tempo. As mudanças culturais são fenômenos que atingem todas as culturas, afirmando o autor que uma cultura demonstra sua vitalidade quando é capaz de preservar sua identidade, integrando-a às alterações. Muito embora costumes e tradições sejam os elementos intrínsecos de todas as culturas, as tradições são permanentemente inventadas e reinventadas, e os costumes, que regem a vida cotidiana dos indivíduos, alteram-se regularmente, em função das circunstâncias históricas.[18]

É justamente esse conjunto de rituais, costumes e tradições que conforma o patrimônio cultural imaterial, formado por bens culturais intangíveis, constitucionalmente protegido, essencial ao direito de cada grupo cultural de conservar e de desenvolver sua própria cultura, qualquer que seja seu grau de integração ou sua ligação com outras sociedades. Segundo documento editado pela Comissão Mundial sobre Cultura e Desenvolvimento, da UNESCO, a liberdade cultural é uma liberdade coletiva, consistente no direito de um grupo de seguir ou de adotar o modo de vida de sua escolha.[19] Diante dessa liberdade cultural, se as mudanças operadas descaracterizarem os grupos a ponto de não mais apresentarem características exigidas pela legislação vigente para que sejam considerados tradicionais, perderão a proteção legal.

Adverte Colchester sobre essa possibilidade de alteração nos padrões culturais que conduza populações tradicionais a adquirirem práticas que levem à perda de biodiversidade, em função de fatores como aumento populacional, que gera maior pressão sobre o meio ambiente; aumento de demanda por recursos financeiros, que gera uma pressão para produção de bens a serem colocados no mercado; utilização de novas tecnologias, mais destrutivas etc. Todavia, afirma que isso não ocorre necessariamente com qualquer população tradicional, sendo que, em muitos casos, ainda que os grupos não pratiquem, intencionalmente, ações que conduzam à proteção da natureza, acabam por alcançá-la, em função de práticas tradicionais, como a do abandono de campos de cultivo, onde se formam capoeiras, permitindo a regeneração da floresta.[20]

---

[18] STAVENHAGEN (2000, p. 25).
[19] UNESCO (1996, p. 26).
[20] COLCHESTER (1994).

Por isso, a Recomendação sobre a Salvaguarda da Cultura Tradicional e Popular, adotada pela 25ª Conferência Geral da UNESCO, em Paris, em 1989, reconhecendo a fragilidade de certas formas de cultura tradicional, entende que os governos desempenham papel decisivo em sua proteção, definindo cultura tradicional como:

> o conjunto de criações que emanam de uma comunidade cultural fundadas na tradição, expressadas por um grupo ou por indivíduos e que reconhecidamente respondem às expectativas da comunidade enquanto expressão de sua identidade cultural e social; as normas e os valores se transmitem oralmente, por imitação ou de outras maneiras. Suas formas compreendem, entre outras, a língua, a literatura, a música, a dança, os jogos, os ritos, a mitologia, os costumes, o artesanato, a arquitetura e outras artes.

O Centro Nacional de Populações Tradicionais (CNPT), criado pelo IBAMA, por sua vez, tendo em conta o caráter dinâmico das culturas tradicionais, afirma que, dentro do enfoque ambientalista, população tradicional não é sinônimo de população atrasada, refratária ao progresso ou à modernização. Não existe população tradicional esteriotipada e emoldurada num único conceito, mas sim populações que possuem algumas características comuns, apesar de tais pontos comuns não serem idênticos qualitativa ou quantitativamente. Cada uma possui modos de vida e sistemas de produção próprios, além de diferentes graus de interação com outros grupos. Traça, então, como principal característica comum, sua relação conservacionista com o meio ambiente, aproximando-se, assim, das definições legais. Seriam, por isso, uma antecipação do século XXI, pois se o homem não se tornar, neste século, um conservacionista, colocará em risco sua própria sobrevivência.[21]

A partir, então, das premissas acima identificadas e das considerações apontadas, entende-se, no presente trabalho, pela essencialidade da presença de algumas características comuns a fim de que, para os efeitos da legislação ambiental, em especial no tocante à criação de unidades de conservação, determinado grupo seja considerado tradicional. São elas:

1. auto-identificação e identificação pela sociedade envolvente como pertencentes a um grupo distinto;
2. práticas sustentáveis de exploração dos recursos naturais, que produzam baixo impacto e contribuam para a proteção da diversidade biológica;[22]

---

[21] Disponível em: <www.ibama.gov.br/resex/pop.html>. Acesso em: 02 nov. 2006.
[22] Ressaltam os aspectos positivos relativamente à conservação da biodiversidade em função da intervenção das populações tradicionais: BALÉE (1994); REED (1997); POSEY (1986, 2000, 1993); McKEY; LINARES; CLEMENT; HLADIK (1993); COLCHESTER (1994, 2004); DESCOLA (1999); GÓMEZ-POMPA; KAUS (1992); LUGO (1997); BENSUSAN (2006); DIEGUES; ARRUDA (2001); DIEGUES (2004); SANTILLI (2005a); SOUZA FILHO (2005); DERANI (2002).

3. dependência, para sua sobrevivência física e cultural, da natureza, seus ciclos e seus elementos;
4. importância das atividades de subsistência e reduzida acumulação de capital;[23]
5. territorialidade, entendida como noção de pertencimento a determinado território, em cujos limites se reproduzem crenças, mitos e práticas, ancestrais ou não, que reatualizam e reivificam a memória coletiva;[24]
6. posse comunal e gestão compartilhada dos recursos naturais;
7. transmissão do conhecimento por meio da tradição comunitária intergeracional, normalmente tradição oral.

Assim, para que uma dada comunidade possa ser considerada tradicional para a finalidade de ser alcançada pela proteção atribuída pelas normas ambientais, deverá preencher essas sete características, ainda que haja uma maior ou menor intensidade de algumas em relação a outras, dependendo da população tradicional. Embora distintos, os grupos tradicionais devem apresentar alguns pontos de similaridade, a fim de se encaixarem no âmbito legal de proteção, sob pena de se estender demasiadamente o alcance da norma, atingindo a qualquer porção de nossa população, ou então de restringi-lo excessivamente, deixando de fora populações que possuem características culturais próprias e dependem do ambiente natural para sua reprodução física e cultural, contribuindo, ainda, para a conservação da biodiversidade.

3 Conhecimentos tradicionais associados ao patrimônio genético

Devem ser também considerados os conhecimentos que possuem as populações tradicionais, gerados de forma coletiva e ao longo do tempo, permeando as sucessivas gerações, e consolidados em virtude da experiência e de uma estreita e contínua relação com o meio natural. Segundo Diegues e Arruda, conhecimento tradicional seria "o conjunto de saberes e saber-fazer a respeito do mundo natural e sobrenatural, transmitido oralmente, de geração em geração. Para muitas dessas sociedades, sobretudo para as indígenas, há uma interligação

---

Em sentido contrário, afirmando que a presença humana acarreta, invariavelmente, em maior ou menor grau, degradação dos ecossistemas e perda de biodiversidade: FEARNSIDE (1982, 2006); REDFORD (1997, 1993); BRANDON; REDFORD; SANDERSON (1998); PÁDUA (2000); MILANO (2001); DOUROJEANNI; PÁDUA (2001); OLMOS; SÃO BERNARDO; GALETTI (Acesso em:16 jan. 2007).

[23] Ao tratar das comunidades quilombolas, apontam Guanaes, Lima e Portilho (2004) que sua "organização econômica e social conta com pouca ou nenhuma acumulação de capital, o trabalho assalariado não é usual e as atividades econômicas são de pequena escala, como a roça de subsistência, a coleta de produtos florestais e o artesanato".

[24] ORTIZ (2005, p. 12).

orgânica entre o mundo natural, o sobrenatural e a organização social".[25] Sobre esse ponto, importante destacar o risco de perda desses saberes quando o grupo tradicional é compulsoriamente transferido do local onde vive, em virtude da falta de atualização dos mesmos pelas novas gerações, além da introdução de formas distintas de produção.

Esses conhecimentos, que constituem bens culturais imateriais, quando referentes à utilização dos recursos da biodiversidade / patrimônio genético, são especialmente protegidos pela Convenção da Diversidade Biológica e pela Medida Provisória nº 2.186/01 contra a utilização e a exploração ilícitas, por possuírem valor que extrapola os limites da comunidade.

Nos termos do art. 7º, II, da MP nº 2.186/01, conhecimento tradicional seria a "informação ou prática individual ou coletiva de comunidade indígena ou de comunidade local, com valor real ou potencial, associada ao patrimônio genético".

Esse valor dos conhecimentos tradicionais associados ao patrimônio genético deve-se, em grande parte, ao fato de servirem de "atalhos" para a pesquisa de novos produtos por empresas e pela comunidade científica (bioprospecção), o que gera a necessidade de previsão legal de repartição dos benefícios econômicos advindos dos resultados alcançados, bem como de um sistema *sui generis* para sua proteção, tendo em vista que os sistemas tradicionais de proteção da propriedade intelectual são inadequados.[26] Foi, inclusive, reconhecido pela Medida Provisória em questão o direito das comunidades indígenas e locais[27] de decidir sobre o uso de seus conhecimentos tradicionais associados, que nos termos do §2º do seu art. 8º, integram o patrimônio cultural brasileiro, sendo-lhes garantidas, dentre outros, a indicação da origem do acesso e a percepção de benefícios pela exploração econômica por terceiros.

Para substituir a MP nº 2.186/01, está em tramitação, na Câmara dos Deputados, o Projeto de Lei nº 7.211/02, que dispõe, entre outras coisas, sobre o acesso aos recursos genéticos e seus derivados e o acesso e a proteção aos conhecimentos tradicionais associados. Esse PL vem causando grande polêmica e suscitando, em relação a alguns pontos, enorme insatisfação de parcela da comunidade científica. Serão, todavia, analisados apenas aqueles aspectos que interessam ao presente trabalho, espelhando o PL, nestes casos, avanços e retrocessos em relação à MP nº 2.186/01.

---

[25] DIEGUES; ARRUDA (2001, p. 31).
[26] Sobre a matéria ver: POSEY (2000, 1993); VARELLA; PLATIAU (2004b); LIMA (2003); BENSUSAN (2000); BENSUSAN; BARROS; BULHÕES; ARANTES (2006); MOREIRA; BELAS; BARROS (2005); MOREIRA; BELAS; BARROS; PINHEIRO (2005); SOUSA SANTOS (2005); ARAÚJO (2002); DERANI (2002); CASTILHO (2004).
[27] A Medida Provisória nº 2.186-16/01, como visto anteriormente, utiliza o termo população local como sinônimo de população tradicional.

Relativamente aos conhecimentos tradicionais, o PL reconhece aos grupos tradicionais, nos termos de seu art. 38, os direitos originários sobre eles, que serão considerados de natureza coletiva, ainda que apenas um indivíduo, membro da comunidade indígena, quilombola ou tradicional, os detenha (art. 39). Na redação da MP nº 2.186/01, esses conhecimentos "podem" ser de titularidade da comunidade, ainda que apenas um indivíduo os detenha, o que é muito vago (art. 9º, parágrafo único). Nesse ponto, o PL avançou em relação à MP.

Nos termos do art. 43, §1º, do Projeto de Lei em questão, a adoção, pelo Poder Público, de registros, inventários culturais, cadastros ou outras formas de sistematização de informações acerca dos conhecimentos tradicionais associados ou de seus provedores será facultativa e de natureza exclusivamente declaratória e não prejudicial ao livre exercício dos direitos reconhecidos pela lei. Sobre a matéria, como não poderia deixar de ser, o PL nº 7.211/02 adotou a corrente mais moderna acerca da natureza dos bens culturais que compõem o chamado patrimônio cultural brasileiro, possuindo os atos que reconhecem a preexistência de um valor cultural, como os de tombamento ou registro, natureza meramente declaratória.[28] Ou seja, embora nem todo bem cultural seja considerado integrante do patrimônio cultural brasileiro, na medida em que, para tanto, exige a CF/88 que seja portador de referência à identidade, à ação ou à memória dos diferentes grupos formadores de nossa sociedade, uma vez identificados esses requisitos referenciais, não haverá necessidade da prática de qualquer ato pelo Poder Público para lhes conferir tal *status*. Nesse ponto o PL também avançou bastante em relação à MP, pois esta última apenas menciona integrarem esses conhecimentos o patrimônio cultural brasileiro, podendo ser objeto de cadastro, conforme dispuser o Conselho de Gestão ou a legislação específica (art. 8º, §2º).

Deve-se observar, por ser uma deficiência do PL, que a aplicação do conceito de territorialidade, essencial à caracterização de determinada população como tradicional, dá-se de forma diferente no que tange aos conhecimentos tradicionais. Isso porque, embora constantemente produzidos e reproduzidos por determinado grupo tradicional em dado território, muitas vezes esses conhecimentos acabam por ultrapassar os seus estritos limites, sendo disponibilizados em mercados, feiras, bancos de dados, teses, dentre outros. Todavia, isso não os descaracteriza como tradicionais, pois, sendo a natureza dos atos de inventário ou registro meramente declaratória, o conhecimento, que constitui um bem cultural intangível integrante do patrimônio cultural brasileiro, pelo simples fato de ter origem tradicional, já está automaticamente protegido, sendo o acesso a ele regulamentado pela legislação específica. Em outras palavras, mesmo quando acessado fora dos estritos limites do território, não teria o conhecimento

---

[28] MAZZILI (1990).

tradicional disseminado descaracterizada sua natureza, pois não há necessidade de qualquer ato constitutivo para transformá-lo em bem cultural imaterial. Sua proteção legal, onde quer que seja acessado, advém de sua origem tradicional, pois, nos termos do art. 216, I e II, da CF/88, insere-se dentre as "formas de expressão e os modos de criar, fazer e viver", que compete ao Estado proteger, a fim de que os direitos culturais fundamentais das populações tradicionais sejam garantidos. Sobre esse aspecto, como dito anteriormente, é bastante deficiente a solução adotada pelo PL, conforme disposto em seu art. 73, §§1º e 2º:

> §1º - Em caso de acesso a conhecimento tradicional associado obtido a partir de publicações, cadastros, registros, inventários culturais ou outras formas de sistematização, sem identificação das comunidades provedoras, aplica-se exclusivamente a repartição de benefícios prevista no art. 72, inciso I (contribuição de intervenção no domínio econômico).
>
> §2º - Em caso de acesso a conhecimento tradicional associado disseminado não se aplica a obrigatoriedade de repartição de benefícios prevista no art. 72, ressalvado o disposto no §4º do art. 48 (realização de atividades no exterior, em que o contrato será firmado entre a União e a pessoa estrangeira e os benefícios destinados ao FURB - Fundo para Repartição de Benefícios do Recurso Genético e dos Conhecimentos Tradicionais Associados).

Outro problema muito complexo diz respeito a determinado conhecimento compartilhado entre diferentes grupos tradicionais. Nesse caso, o acesso geraria direito a repartição de benefícios a todos eles ou apenas àquele em cujo território deu-se o acesso e que firmou o respectivo contrato? A MP não aborda a questão. O PL, em seu art. 42, incisos III, IV e V, trata dos casos em que é negado o acesso ou vedada a utilização, exploração, divulgação ou transmissão de dados ou informações que integrem os conhecimentos tradicionais por uma dada comunidade, determinando que isso não prejudicará o consentimento fornecido por outras. Mais adiante, no art. 73, dispõe que as comunidades que tiverem "provido conhecimento tradicional associado têm direito a receber benefícios mediante Contrato de Acesso e Repartição de Benefícios, enquanto as demais comunidades que compartilhem do mesmo conhecimento tradicional serão beneficiadas por meio do FURB". A interpretação desse dispositivo, obviamente, deve também abarcar as comunidades que negaram anteriormente o acesso, depois concedido por outra, pois não deixaram, em função de sua resistência, de serem detentoras do conhecimento. Isso, todavia, também não está previsto, de forma clara, no Projeto de Lei, devendo ser, por essa razão, se não houver retificação do dispositivo, objeto de interpretação conforme a Constituição, que garante a todos o pleno exercício dos direitos culturais.

Conclusões

Compete ao Estado, nos termos do art. 116 da CF/88, a proteção e a promoção do patrimônio cultural brasileiro, constituído por bens culturais de natureza material e imaterial, portadores de referência à identidade, à ação, à memória dos diferentes grupos formadores da sociedade brasileira, que incluem: as formas de expressão, os modos de criar, fazer e viver, e as criações científicas, artísticas e tecnológicas. Desse modo, os direitos culturais das populações tradicionais, assim como os conhecimentos tradicionais por elas produzidos, passaram a gozar de proteção constitucional.

Todavia, embora distintos, os grupos tradicionais devem apresentar, para os fins de gozarem da proteção conferida pelas normas ambientais, pontos de similaridade, para que não se estenda demasiadamente os efeitos da norma, alcançando qualquer porção da população brasileira ou, ao contrário, para que não se restrinja excessivamente seu alcance, deixando de fora grupos que possuam características culturais próprias e dependam do ambiente natural para sua reprodução física e cultural, contribuindo, ainda, para a conservação da biodiversidade.

Por essa razão, a identificação de determinada população como tradicional deve considerar os comandos legais encontrados em diferentes normas, integrados por características apontadas pela doutrina como essenciais para que um grupo possa ser assim classificado, como a auto-identificação e a identificação pela sociedade envolvente como pertencente a um grupo distinto; práticas sustentáveis e de baixo-impacto para a exploração dos recursos naturais, que contribuam para a proteção da diversidade biológica; dependência, para sua sobrevivência física e cultural, da natureza, seus ciclos e seus elementos; importância das atividades de subsistência e reduzida acumulação de capital; territorialidade; posse comunal e gestão compartilhada dos recursos naturais; transmissão dos conhecimentos por meio da tradição comunitária, normalmente tradição oral.

Os conhecimentos tradicionais associados ao patrimônio genético, que constituem bens culturais imateriais, por possuírem valor que extrapola os limites da comunidade, são especialmente protegidos pela Convenção da Diversidade Biológica e pela Medida Provisória nº 2.186/01 contra a utilização e a exploração ilícitas.

A referida Medida Provisória reconhece o direito das comunidades indígenas e locais de decidir sobre o uso de seus conhecimentos tradicionais associados, que integram o patrimônio cultural brasileiro, sendo-lhes garantidas, dentre outros, a indicação da origem do acesso e a percepção de benefícios pela exploração econômica por terceiros.

Atualmente, tramita na Câmara dos Deputados o Projeto de Lei nº 7.211/02, que embora bastante contestado, em alguns pontos específicos avançou em relação à MP nº 2.186/01. Em outros, todavia, a solução adotada acaba por contrariar os dispositivos constitucionais de proteção aos direitos culturais. Adota o PL, por exemplo, a corrente mais moderna sobre os bens culturais, prevendo ser de natureza exclusivamente declaratória e não prejudicial ao livre exercício dos direitos reconhecidos pela lei a adoção, pelo Poder Público, de registros, inventários culturais, cadastros ou outras formas de sistematização de informações acerca dos conhecimentos tradicionais associados. Por essa razão, mesmo quando acessado fora dos estritos limites do território, não teria o conhecimento tradicional disseminado descaracterizada sua natureza, pois não há necessidade de qualquer ato constitutivo para transformá-lo em bem cultural imaterial. Nesse último ponto, contudo, o PL é contraditório, pois estabelece não se aplicar ao conhecimento tradicional disseminado a obrigatoriedade de repartição de benefícios.

Quanto ao conhecimento compartilhado entre diferentes grupos tradicionais, defende-se a posição de que todas as comunidades deveriam ser beneficiadas, ainda que o acesso tenha ocorrido em relação a um grupo determinado, após ter sido negado por outra comunidade. Isso não está claro no PL, mas, caso não haja retificação do dispositivo, deve ser objeto de interpretação conforme a Constituição, que garante a todos o pleno exercício dos direitos culturais. A repartição de benefícios, nesse caso, torna-se possível com a destinação de recursos a um fundo específico.

Referências

ARAÚJO, Ana Valéria. Acesso a recursos genéticos e proteção aos conhecimentos tradicionais. In: LIMA, André Lima (Org.). *O direito para o Brasil socioambiental.* Porto Alegre: Fabris, 2002.

BALANDIER, G. *Le desórdre.* Éloge du mouvement. Paris: Fauard, 1988.

BALÉE, William L. *Footprints of the forest – Ka'apor ethnobotany:* the historical ecology of plant utilization by an Amazonian people. New York: Columbia University Press, 1994.

BENATTI, José Heder. *Posse agroecológica e manejo florestal à luz da Lei nº 9.985/00.* Curitiba: Juruá: 2003.

BENSUSAN, Nurit (Org.). *Seria melhor mandar ladrilhar?:* biodiversidade como, para que, por quê? Brasília: Universidade de Brasília; Instituto Socioambiental, 2000.

BENSUSAN, Nurit; BARROS, Ana Cristina; BULHÕES, Beatriz; ARANTES, Alessandra Arantes (Org.). *Biodiversidade:* para comer, vestir ou passar no cabelo?. São Paulo: Peirópolis, 2006.

BLOCH, M. Mémoire collective, tradition et coutume. *Revue de synthése historique*, Paris, t. XI, p. 118-120, 1925.

BRANDON, Katrina; REDFORD, Kent; SANDERSON, Steven (Org.). *Parks in peril:* people, politics and protected areas. Washington:The Nature Conservancy, Island Press, 1998.

CARNEIRO DA CUNHA, Manuela; ALMEIDA, Mauro de. Traditional populations and environment conservation. In: CAPOBIANCO, João Paulo Ribeiro (Coord.). *Biodiversity in the brazilian Amazon:* assessment and priority actions for conservation, sustainable use and benefit sharing. São Paulo: Estação Liberdade, ISA, 2004.

CASTILHO, Ela Wiecko V. de. Diversidade biológica: questões controvertidas na proteção do conhecimento tradicional. In: *Meio ambiente.* Brasília: ESMPU, 2004 (Grandes eventos; v. 1).

COLCHESTER, Marcus. *Salvaging nature*: indigenous peoples, protected areas and biodiversity conservation. United Nations Research Institute for Social Development, Diane Publishing Co., 1994.

DERANI, Cristiane. Patrimônio genético e conhecimento tradicional associado: considerações jurídicas sobre seu acesso. In: LIMA, André, (Org.). *O direito para o Brasil socioambiental*. Porto Alegre: Fabris, 2002.

DESCOLA, Philippe. Diversité biologique, diversité culturelle. In: MONOD, Jean-Claude; RAZON, Jean-Patrick, (Resp.). *Nature Sauvage, nature sauvée?*. Ecologie et peuples autochtones. Ethnies Documents 24-25, Printemps, 1999.

DESCOLA, Philippe; ARRUDA, Rinaldo S. V. *Saberes tradicionais e biodiversidade no Brasil*. Brasília: Ministério do Meio Ambiente; São Paulo: USP, 2001.

DESCOLA, Philippe; VIANA, Virgílio M. (Org.). *Comunidades tradicionais e manejo dos recursos naturais na Mata Atlântica*. 2. ed. São Paulo: HUCITEC, 2004.

DOUROJEANNI, Marc J.; PÁDUA, Maria Tereza Jorge. *Biodiversidade*: a hora decisiva. Curitiba: UFPR, 2001.

FEARNSIDE, Philip Martin. Deforestation in the Brazilian Amazon: how fast is it ocurring?. *Interciência*, v. 7, n. 2, p. 82-88, 1982.

FEARNSIDE, Philip Martin. Fragile soils and deforestation impacts: the rationale for environment services of standing forest as a development paradigm in Latin America. In: POSEY, D. A.; BALICK, M. J., (Ed.). *Human impacts on Amazonia:* the role of traditional ecological knowledge in conservation and development. New York: Columbia University Press, 2006.

GÓMEZ-POMPA, Arturo; KAUS, Andrea. Taming the wilderness mith. *Bioscience*, v. 42, n. 4, p. 271-279, abr. 1992.

GUANAES, Sandra; LIMA, Solange Almeida; PORTILHO, Wagner Gomes. Quilombos e usos sustentáveis. In: DIEGUES, Antônio Carlos; VIANA, Virgílio M. (Org.). *Comunidades tradicionais e manejo dos recursos naturais na Mata Atlântica*. 2. ed. São Paulo: HUCITEC, 2004.

HOBSBAWN, Eric. Introdução: a invenção das tradições. In: HOBSBAWN, Eric; RANGER, Terence (Org.). *A invenção das tradições*. Rio de Janeiro: Paz e Terra, 1997.

KRYGIER, Martin. Law as tradition. *Law and philosophy*, n. 5, 1986.

LEUZINGER, Márcia. A presença de populações tradicionais em unidades de conservação. In: LIMA, André (Org.). *O direito para o Brasil socioambiental*. Porto Alegre: Fabris, 2002.

LIMA, André; BENSUSAN, Nurit (Org.). *Quem cala consente?*: subsídios para a proteção aos conhecimentos tradicionais. São Paulo: Instituto Socioambiental, 2003 (Série Documentos do ISA; 8).

LITTLE, Paul. *Territórios sociais e povos tradicionais no Brasil:* por uma antropologia da territorialidade. Brasília, 2002. p. 3, 11. (Série Antropologia, 322). Disponível em: <www.unb.br/ics/dan/Serie322empdf.pdf>. Acesso em: 09 nov. 2006.

LUGO, Ariel. Estimativas de reduções na diversidade de espécies da floresta tropical. In: WILSON, E. O. (Org.). *Biodiversidade*. Rio de Janeiro: Nova Fronteira, 1997.

MAZZILLI, Hugo Nigro. *A defesa dos interesses difusos em juízo*. 2. ed. São Paulo: Revista dos Tribunais, 1990.

McKEY, Doyle; LINARES, Olga; CLEMENT, Charles; HLADIK, Claude Marcel. Evolution and history of tropical forests in relation to food availability – background. In: *Tropical forests, people and food*: biocultural interactions and applications to development. Paris: UNESCO; New York: The Parthenon Publishing Group, 1993. (Man & the Biosphere Series; v. 13).

MILANO, Miguel Serediuk. Unidades de conservação – técnica, lei e ética para a conservação da biodiversidade. In: BENJAMIN, Herman Antônio (Coord.). *Direito ambiental das áreas protegidas*: o regime jurídico das unidades de conservação. Rio de Janeiro: Forense Universitária, 2001.

MOREIRA, Eliane; BELAS, Carla Arouca; BARROS, Benedita (Org.). SEMINÁRIO SABER LOCAL / INTERESSE GLOBAL: PROPRIEDADE INTELECTUAL, BIODIVERSIDADE E CONHECIMENTO TRADICIONAL NA AMAZÔNIA. *Anais...* Belém: CESUPA; MPEG, 2005

MOREIRA, Eliane; BELAS, Carla Arouca; BARROS, Benedita; PINHEIRO, Antônio (Org.). SEMINÁRIO SOBRE PATRIMÔNIO CULTURAL E PROPRIEDADE INTELECTUAL: PROTEÇÃO DO CONHECIMENTO E DAS EXPRESSÕES CULTURAIS TRADICIONAIS. *Anais...* CESUPA; MPEG, 2005.

OLMOS, Fábio; SÃO BERNARDO, Christine Steiner; GALETTI, Mauro. *O impacto dos Guarani sobre unidades de conservação em São Paulo*. Disponível em: <http://ns.rc.unep.br/ib/ecologia/fenologia/Papers/Olmos,%20Bernardo%20&%Galetti.pdf>. Acesso em: 16 jan. 2007.

ORTIZ, Renato. *Cultura brasileira e identidade nacional*. 5. ed., 5. reimp. Brasília: Brasiliense, 2005.

OST, François. *O tempo do direito*. Lisboa: Instituto Piaget, 1999.

PÁDUA, Maria Tereza Jorge. Efetividade das políticas de conservação da biodiversidade. In: II CONGRESSO BRASILEIRO DE UNIDADES DE CONSERVAÇÃO. *Anais...* Campo Grande: Rede Pró-Unidades de Conservação; Fundação O Boticário, 2000. v. 1.

POSEY, Darrel Addison. Les droits culturels peuvent-ils protegér le savoir culturel tradicionnel et la diversité biologique?. In: NIEC, Halina (Dir.). *Pour ou contre les droits culturels?*. Les droits de l'homme en perspective. Éditions UNESCO, 2000.

POSEY, Darrel Addison. Manejo da floresta secundária, capoeiras, campos e cerrados (Kayapó). In: RIBEIRO, B. G. *Etnobiologia*. Petrópolis: Vozes, 1986. v. 1, p. 173-185.

POSEY, Darrel Addison. The importance of semi-domesticated species in post-contact Amazonia: effects of the Kayapó indians on the dispersal of flora and fauna. In: *Tropical forests, people and food*: biocultural interactions and applications to development. Paris: UNESCO; New York: The Parthenon Publishing Group, 1993. (Man & the Biosphere Series; v. 13).

REDFORD, Kent H. A floresta vazia. In: VALLADARES-PADUA, C.; BODMER, R. E., (Org.). *Manejo e conservação da vida silvestre no Brasil*. MCT – CNPq, 1997. p. 1-22.

REDFORD, Kent H. Hunting in neotropics forests: a subsidy from nature. In: *Tropical forests, people and food*: biocultural interactions and applications to development. Paris: UNESCO; New York: The Parthenon Publishing Group, 1993. (Man & the Biosphere Series; v. 13)

REED, Richard. Guarani production. In: *Forest dwellers, forest protectors*: indigenous models for international development. Boston: Allyn and Bacon, 1997. p. 49-75.

SANTILLI, Juliana. *Socioambientalismo e novos direitos*. São Paulo: Peirópolis, 2005.

SANTOS, Boaventura de Sousa (Org.). *Semear outras soluções:* os caminhos da biodiversidade e dos conhecimentos rivais. Rio de Janeiro: Civilização Brasileira, 2005.

SILVA, José Afonso da. *Curso de direito constitucional positivo*. 17. ed. São Paulo: Malheiros, 2000.

SILVA, Lásaro Moreira da. *Revista Conselho de Estudos Jurídicos*, n. 22, jul./set. 2003.

SOUZA FILHO, Carlos Frederico Marés de. As populações tradicionais e a proteção das florestas. *Revista de Direitos Difusos*, São Paulo, v. 31, maio/jun. 2005.

STAVENHAGEN, Rodolfo. Les droits culturels: le point de vue des sciences sociales. In: NIEC, Halina (Dir.). *Pour ou contre les droits culturels?*. Les droits de l'homme en perspective. Éditions UNESCO, 2000.

SUNDFELD, Carlos Ari. *Comunidades quilombolas*: direito à terra. Brasília: Fundação Cultural Palmares, Ministério da Cultura, editorial Abaré, 2002.

UNESCO. *Notre diversité créatice*. Rapport de la Comission Mondiale de la Cultureet du Développement. Paris: Éd. UNESCO, 1996.

VARELLA, Marcelo; PLATIAU, Ana Flávia (Org.). *Diversidade biológica e conhecimentos tradicionais*. Belo Horizonte: Del Rey, 2004b. (Coleção Direito Ambiental, 2)

> Informação bibliográfica deste texto, conforme a NBR 6023:2002 da Associação Brasileira de Normas Técnicas (ABNT):
>
> LEUZINGER, Márcia Dieguez. Populações tradicionais e conhecimentos associados aos recursos genéticos: conceitos, características e peculiaridades. In: KISHI, Sandra Akemi Shimada; KLEBA, John Bernhard (Coord.). *Dilemas do acesso à biodiversidade e aos conhecimentos tradicionais*: direito, política e sociedade. Belo Horizonte: Fórum, 2009. p. 217-238. ISBN 978-85-7700-240-5.

O reconhecimento dos direitos intelectuais coletivos e a proteção dos conhecimentos tradicionais

Eliane Moreira

Sumário: Introdução - **2** Conhecimentos tradicionais e o reconhecimento dos direitos intelectuais coletivos - **2.1** Para além da propriedade intelectual - **2.2** Do conceito de propriedade para o conceito de patrimônio - **2.3** Os direitos intelectuais coletivos como direitos coletivos *lato sensu* - Conclusão - Referências

Introdução

O ideário iluminista assentou o discurso da separação dos sistemas de conhecimento, passando a vigorar a percepção equivocada de que o saber científico é absoluto e o conhecimento tradicional refere-se tão somente ao universo do senso comum. No entanto, esses dois modos de conhecer estão mais próximos do que se imagina, nesse sentido, a ONG ETCGroup formulou um quadro comparativo por meio do qual demonstra a ausência de fundamento e fragilidade da chamada "lenda da existência de dois sistemas", tal quadro foi traduzido por Nurit Besunsan, conforme a página seguinte (2005, p. 62).

Este paradigma separatista no qual se assenta a ciência moderna tem dado sucessivos sinais de falência.[1] Para Boaventura de Souza Santos, "estamos no fim de um ciclo de hegemonia de uma certa ordem científica" (1998, p. 58). É preciso reconhecer a necessidade de transição paradigmática que importa no resgate dos laços entre todas as formas de conhecimento pautadas na inclusão e valorização da diversidade cultural.

---

[1] A ciência moderna encontra-se em um estágio de flagrante ruptura epistemológica. O desenvolvimento da cultura científica permitiu há um só tempo o corte entre ciência e filosofia e entre cultura científica e cultura humanista, conduzindo também a um profundo corte ontológico, fato que legitima as especializações em detrimento da cultura generalista (MORIN, 1998, p. 89), muito mais próxima da lógica de produção do conhecimento tradicional.

Tabela 02
Ciência e conhecimento tradicional: a lenda dos dois sistemas

O conhecimento tradicional é intuitivo e imaginário, mas, de acordo com alguns, não é "ciência". Enquanto o conhecimento tradicional é baseado na sorte, no desespero e sustentação pelo mito e pelo mistério, a ciência é sistemática, baseada em evidências, dirigida pelo mérito e, bem, "científica", será?	
Os nomes	
Ciência "ocidental" Ciência newtoniana Ciência micro-macro Prática baseada em evidências Raciocínio baseado em ciências	Conhecimento indígena Conhecimento tradicional Sistema de inovações cooperativas Ciência macro-micro
Experiência sistemática e experiência cumulativa	
O que "eles" dizem: os modelos científicos ocidentais são baseados em experimentação e documentação sistemáticas que permitem aos cientistas avançar com base nas pesquisas de seus pares com rapidez e eficiência. A propriedade intelectual é um mecanismo barato para estimular a inovação pública e privada.	Os anais do conhecimento tradicional acumulam experimentação e testes. O conhecimento é transferido de pesquisador para pesquisador numa rede multidisciplinar e de geração para geração por meio de tradições orais e escritas. Afinal, a ciência não é apenas uma questão de melhores *notebooks* ou servidores mais rápidos de internet.
Revisão dos pares (*peer review*), competição e cooperação	
O que "eles" dizem: a ciência ocidental é guiada pelo mérito e protegida por processos de revisão dos pares que garantem altos padrões e combinam de forma balanceada competição por excelência e cooperação na busca do conhecimento. Em teoria, o princípio da precaução é aceito.	O processo de revisão dos pares feito comunidade é muito eficiente. Se a inovação possui mérito, será usada; caso contrário, não será. Cada inovação estimula o aperfeiçoamento, e a competição surge apenas quando benefícios excedentes chegam ao mercado. O princípio da precaução é aceito na prática, dentro de um sistema que permite avaliar e, se for o caso, rejeitar uma nova tecnologia.
Publique ou pereça/produza ou pereça	
O que "eles" dizem: estimulados pela competição acadêmica e pelas necessidades de mostrarem valor entre seus pares, cientistas são levados a desenvolver e revelar novas idéias assim que a prudência permita. Isso leva a uma troca livre das mais recentes informações em benefícios da sociedade.	Resiliência exige experimentação, e os resultados são facilmente visíveis e tradicionalmente compartilhados com todas as comunidades mais aptas a utilizar a nova tecnologia.
Sobre macros e micros	
O que "eles" dizem: a ciência ocidental é especializada em inovações microtecnológicas que possuem macroaplicações	Povos indígenas e outras comunidades rurais são especializados em avanços macro ou multitecnológicos que tendem a desempenhar funções micro ou ecoespecíficas.

Fonte: Besunsan, 2005.

A transição para a ciência pós-moderna implica a aceitação das diversas formas de conhecimento e do diálogo entre eles, permitindo influências recíprocas, coincidindo causa e intenção, ação, criatividade e responsabilidade. Esse novo paradigma deve buscar reler sua relação com as diversas formas de saber e conhecer (SANTOS, 1998, p. 55-56).

Associada à re-inserção de saberes diversos para a composição do conhecimento está a necessidade de consolidar um contra-discurso, que dê conta de romper com a apropriação indevida do conhecimento tradicional. Nesse contexto, é preciso ir para além da compreensão do conhecimento tradicional como "senso comum", o que importa compreendê-lo como trabalho intelectual, admitindo-se a diversidade de modos de conhecer.

Com efeito, o conhecimento tradicional não é senso comum, crendice ou imaginário, trata-se de um conjunto de processos de construção da cognição que permite a aproximação com o real, isto é, trata-se de uma outra forma de produção de conhecimento, de apropriação da realidade, dotada de mecanismos próprios, de passos e de comprovação; porém, elaborada em outro contexto, com outros atores, em outro campo.

Por muito tempo os conhecimentos tradicionais foram apropriados nos processos de produção do "conhecimento científico" sem qualquer retorno para seus titulares, e até mesmo à sua revelia.

Por esta razão o reconhecimento dos direitos das sociedades tradicionais sobre seus conhecimentos foi um marco na afirmação da autodeterminação destes povos. Porém, é necessário consolidar o conteúdo destes direitos e sua exigibilidade a fim de que se tornem eficazes.

Por esta razão, o presente artigo pretende evidenciar o sistema jurídico que dá suporte à percepção de que existem na atualidade novos direitos que não se confundem com o sistema de propriedade intelectual e que podem utilizar a sistemática processual ofertada pela Lei da Ação Civil Pública (Lei nº 7.347/85) quando encontrarem-se ameaçados ou violados, tendo em vista tratarem-se de direitos coletivos *lato sensu*.

2 Conhecimentos tradicionais e o reconhecimento dos direitos intelectuais coletivos

2.1 Para além da propriedade intelectual

Nos últimos séculos a proteção do conhecimento foi instrumentalizada essencialmente pelo sistema de propriedade intelectual, cujo instrumento internacional mais importante atualmente é o Acordo sobre Aspectos dos Direitos de Propriedade Intelectual relacionados ao Comércio (Acordo TRIPS ou ADPIC) ligado à Organização Mundial do Comércio. Porém, tal sistema demonstrou-se insuficiente para assegurar a proteção dos conhecimentos tradicionais, razão pela qual foi consolidado um novo sistema de direitos, os chamados direitos intelectuais coletivos que passam a compor um novo instituto jurídico que, embora possua pontos de relação com o sistema de propriedade intelectual com ele não se confunde e muitas vezes o desafia de forma legítima.

Os sistemas de saberes científicos e tradicionais, embora usufruam de igual condição hierárquica, partem de pressupostos diversos, subsidiados pelas organizações sociais, finalidades e cosmologia dos quais derivam. Por esta razão, ainda que seja possível admitir o uso subsidiário da propriedade intelectual com a finalidade de proteção dos produtos oriundos do conhecimento tradicional,[2] tem-se que a inclinação utilitarista do sistema de propriedade intelectual estará sempre por proteger o resultado corporificado, isto é, o objeto, o que é insuficiente perante a necessidade de afirmação dos direitos relativos aos conhecimentos tradicionais.

Para Shiva (2001), o Sistema de Propriedade Intelectual nega a diversidade intelectual, massificando seus processos e desrespeitando as diferenças intrínsecas de determinados conhecimentos, como é o caso do conhecimento tradicional. De fato devemos buscar a proteção da integridade e diversidade cultural que fazem destes saberes um dos elementos do exercício dos direitos socioculturais desses povos. Carla Belas (2004, p. 03) aponta as dificuldades da utilização do sistema de propriedade intelectual nesta seara:

- a inadequação do sistema patentário para proteger direitos coletivos;
- o fato de os conhecimentos tradicionais, transmitidos ao longo de gerações, não constituírem novidade, que é um dos requisitos obrigatórios para a obtenção de uma patente;
- a dificuldade de se definir a autoria, tendo em vista tratar-se de um conhecimento difuso;
- o fato de a privatização do conhecimento, presente no conceito de propriedade, ir de encontro ao sistema de valores e ao próprio modo de produção e reprodução do conhecimento dessas comunidades, que têm como base o compartilhamento do saber, informações e experiências;
- a dificuldade de definir o interlocutor ou responsável da comunidade pelo processo de negociação, uma vez que, como vimos, tais comunidades costumam ter organizações sociais e políticas próprias, diferenciadas das estruturas funcionais e representações administrativas que seguem a lógica do mercado capitalista;
- a dúvida no que se refere à valoração desse conhecimento e ao tipo de benefício que deve ser recebido por essas comunidades;
- a dificuldade em promover o diálogo intercultural de forma a conseguir o equilíbrio na negociação entre parceiros tão desiguais.

Juliana Santilli (2005, p. 213) também elenca dificuldades para a proteção dos conhecimentos tradicionais por meio do sistema de propriedade intelectual,

---

[2] Como a utilização das indicações geográficas, por exemplo.

são elas: a forma de produção coletiva baseada na ampla troca e circulação de idéias; a transmissão oral de geração a geração; o fato dos conhecimentos tradicionais muitas vezes não terem aplicação industrial direta; a dificuldade de precisar o momento da geração do conhecimento; a impossibilidade de definição de marco temporal para o término do direito; a limitação das bases do direito de propriedade frente à complexidade dos processos do conhecimento tradicional e seu caráter essencialmente individualista.

De fato, os conhecimentos tradicionais jamais caberão na "fôrma" dos direitos de propriedade intelectual, pois esses se servem à proteção de um direito gerado em bases e em campos próprios, possuindo fundamentos ontológicos diferenciados, em verdade, no caso da propriedade intelectual trata-se de proteger o produto (ou processo), em se tratando de conhecimento tradicional importa proteger a cultura e seus elementos circundantes, ainda que possa, subsidiariamente, servir-se do outro sistema.

Na essência, os conhecimentos tradicionais se distanciam do sistema de propriedade intelectual, esse distanciado da utilidade social das invenções e próximo da lógica de mercado, segundo o primado do lucro e do individualismo, é preciso que se reconheça que a ética, a transparência da pesquisa e seu o controle público não são itens que compõem a lógica do sistema de propriedade intelectual (AUBERTIN; BOISVERT, 1999, p. 67- 68).

Em realidade, deve-se refletir acerca de um aparato jurídico que permita a afirmação dos conhecimentos tradicionais não como direitos proprietários, mas como direitos patrimoniais.

2.2 Do conceito de propriedade para o conceito de patrimônio

A afirmação dos direitos intelectuais coletivos permite deslocar o debate do campo do utilitarismo econômico para o campo da defesa do patrimônio cultural. Sendo assim, identificam-se seus componentes não como bens economicamente apreciáveis, mas como bens culturais socialmente relevantes, a partir de uma nova concepção jurídica de patrimônio, já abraçada pelo regime constitucional brasileiro, conforme lembra Luzia Santos (2005, p. 97):

> Com efeito, ao cunhar a terminologia *patrimônio cultural*, a Norma Superior acaba por sedimentar uma amplitude maior que o conceito privatístico de *patrimônio*, para abrigar na conceituação normativo-constitucional bens que não têm meramente estimativa econômica, fazendo com que na contemporaneidade os elementos da universalidade chamada *patrimônio* tenham natureza mista, híbrida.

A percepção de que os conhecimentos tradicionais são patrimônio e não propriedade encontra abrigo na Constituição Federal de 1988, conforme se observa:

Art. 215. O estado garantirá a todos o pleno *exercício dos direitos culturais e acesso às fontes da cultura nacional*, e apoiará e incentivará a valorização e a difusão das *manifestações culturais*.

§1º. O estado protegerá as manifestações das culturas populares, indígenas e afro-brasileiras, e das de outros grupos participantes do processo civilizatório nacional.

Art. 216. Constituem *patrimônio cultural brasileiro os bens de natureza material e imaterial*, tomados individualmente ou em conjunto, *portadores de referência à identidade, à ação, à memória dos diferentes grupos formadores da sociedade brasileira*, nos quais se incluem:

I - *as formas de expressão;*

II - *os modos de criar, fazer e viver;*

III - *as criações científicas, artísticas e tecnológicas;*

IV - as obras, objetos, documentos, edificações e demais espaços destinados às manifestações artístico-culturais;

V - os conjuntos urbanos e sítios de valor histórico, paisagístico, artístico, arqueológico, paleontológico, ecológico e científico;

§1º. O Poder Público, com a colaboração da comunidade, promoverá e protegerá o patrimônio cultural brasileiro, por meio de inventários, registros, vigilância, tombamento e desapropriação, e de outras formas de acautelamento e preservação. (grifamos)

A Constituição Federal tratou de definir os contornos da proteção dos conhecimentos tradicionais, ressaltando sua inserção no instituto "cultura brasileira" (SANTOS, 2005, p. 91) e preenchendo o seu conteúdo do ponto de vista de sua definição enquanto conceito jurídico: trata-se do exercício de direitos culturais, subsidiado em fontes da cultura nacional, como manifestação das culturas indígenas, afro-brasileiras, e das de outros grupos participantes do processo civilizatório nacional, cujos bens de natureza imaterial, integrantes do patrimônio cultural brasileiro, são portadores de referência à identidade, à ação, à memória dos diferentes grupos formadores da sociedade brasileira, incluindo-se as formas de expressão os modos de criar, fazer e viver, e as criações científicas, artísticas e tecnológicas.

É, portanto, estabelecido o marco do direito ao pluralismo cultural, a partir não apenas da consagração do direito à igualdade e liberdade de expressão da atividade intelectual, garantido pelo art. 5º, inciso IX da CF-88, como também da vivência das diferenças, consubstanciado pelo direito ao multiculturalismo (SANTOS, 2005, p. 85-135).

Em referência à Andréa Semprini, Luzia Santos fala das características do multiculturalismo, identificadas pelas seguintes assertivas: a realidade é uma construção; as interpretações são subjetivas; os valores são relativos; o conhecimento é um fato político (SEMPRINI, apud SANTOS, 2005, p. 136-136).

Esta interpretação bem se coaduna com as propostas que compreendem os conhecimentos tradicionais como "direitos intelectuais coletivos". Vandana Shiva (2001, p. 107) informa que um importante marco na afirmação desses direitos foi a Declaração dos lavradores indianos no dia 15 de agosto de 1993 quando, durante as solenidades do Dia da Independência da Índia, decidiram que seus direitos eram *Samuhik Gyan Sanad* (direitos intelectuais coletivos), e que a utilização de seus conhecimentos ou recursos locais sem consentimento seriam considerados pirataria intelectual.

No Brasil, representantes indígenas reunidos em 2001 lançaram a Carta de São Luis do Maranhão e declararam que possuem um conhecimento coletivo "que não é mercadoria" e que não se separam de suas identidades, leis, instituições, valores e cosmovisão, propuseram que fosse elaborado um sistema *sui generis* para a proteção desses direitos.

A noção de direitos intelectuais coletivos tem sido utilizada como uma categoria estritamente vinculada à biodiversidade. Porém, é necessário transcender esta percepção e compreender que o conceito abrange todos os direitos dos povos tradicionais relativos ao seu sistema de saberes, inclusive àqueles associados à biodiversidade.

Em 1996, Laymert Garcia dos Santos (1996, p. 21), em Seminário realizado pelo Instituto Socioambiental chamava a atenção para o conceito afirmando que "a noção de direitos intelectuais coletivos pode ser ao mesmo tempo mais abrangente e muito mais precisa, pois designa o próprio terreno em que a luta se trava, a saber, o campo do conhecimento". Nesse mesmo sentido, pronuncia-se Juliana Santilli, (2005, p. 191) informando que povos tradicionais produzem conhecimentos e inovações em diversas áreas, tais como desenhos, pinturas, contos, lendas, músicas, danças, dentre outros.

Para Juliana Santilli (2002, p. 94), é necessário criar um regime legal *sui generis* de proteção a direitos intelectuais coletivos tendo em vista as seguintes premissas:[3] nulidade dos direitos de propriedade intelectual resultantes do uso de

---

[3] "1) Previsão expressa de que são nulas de pleno direito, e não produzem efeitos jurídicos, as patentes ou quaisquer outros direitos de propriedade intelectual (marcas comerciais, etc.) concedidos sobre processos ou produtos direta ou indiretamente resultantes da utilização de conhecimentos de comunidades indígenas ou tradicionais, como forma de impedir o monopólio exclusivo sobre os mesmos; 2) Previsão da inversão do ônus da prova em favor das comunidades tradicionais, em ações judiciais visando anular patentes concedidas sobre processos ou produtos resultantes de seus conhecimentos, de forma que competiria à pessoa ou empresa demandada provar o contrário; 3) A expressa previsão da não-patenteabilidade dos conhecimentos tradicionais permitira o livre intercâmbio de informações entre as várias comunidades, essencial à própria geração dos mesmos; 4) Obrigatoriedade legal do consentimento prévio das comunidades tradicionais para o acesso a quaisquer recursos genéticos situados em suas terras, com expresso poder de negar, bem como para a utilização ou divulgação de seus conhecimentos tradicionais para quaisquer finalidades, e, em caso de finalidades comerciais, previsão de formas de participação nos lucros gerados por processos ou produtos resultantes dos mesmos, através de contratos assinados diretamente com as comunidades indígenas, que poderão contar com a assessoria (facultativa) do órgão indigenista, de organizações não-governamentais e do Ministério Público Federal; devendo ser proibida a concessão de direitos exclusivos para determinada pessoas ou empresa; 5) Criação de um sistema nacional de registro de conhecimentos tradicionais associados à biodiversidade, como forma de garantia de direitos relativos aos mesmos. Tal registro deverá ser gratuito, facultativo e meramente declaratório, não se constituindo condição para o exercício de quais e direitos, mas apenas um meio de prova; 6) Tal sistema nacional de registro deve ter a sua administração supervisionas por um conselho com representação paritária de órgãos governamentais, não-governamentais e associação e indígenas representativas, bem como um quadro de consultores *ad hoc* que possam emitir pareceres técnico quando for necessário" (SANTILLI, 2002, p. 94).

conhecimentos tradicionais; utilização da inversão do ônus da prova em ações judiciais que contestem direitos de propriedade intelectual sobre seus conhecimentos; a não patenteabilidade dos conhecimentos tradicionais; o consentimento prévio dos povos tradicionais para a utilização de seus conhecimentos; a criação de um sistema de registro de conhecimentos de natureza declaratória, gerido por um órgão composto por governo, organizações não governamentais e associações representativas dos detentores de conhecimentos tradicionais.

Gretel Aguilar (2001, p. 351) entende que um sistema *sui generis* para a proteção do conhecimento tradicional, inovações e práticas poderia ter o seguinte conteúdo: reconhecimento dos direitos de propriedade coletiva das comunidades sobre seus conhecimentos; determinação de formas de distribuição eqüitativa de benefícios derivados do uso comercial; identificação de quem ou quais pessoas são autorizadas para conceder o acesso; determinação de permissões ou concessões de uso que não impliquem a transferência de propriedade, sendo imprescritíveis e insuscetíveis de apropriação por terceiros; determinação da comunidade ou comunidades de onde provém o conhecimento.

De todo modo, a conformação de um sistema *sui generis* deve dar corpo e efetividade a uma gama de direitos que, em nosso entendimento, foram consagrados como direitos intelectuais coletivos[4] e por sua vez são um desdobramento dos direitos coletivos *lato sensu* que são aqueles que transcendem o indivíduo. Esquematicamente (e de forma simplificada) podemos representar da seguinte forma:

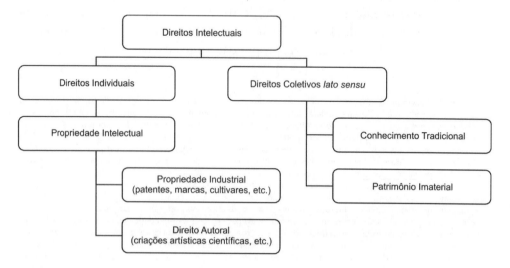

FIGURA 1 - Direitos intelectuais

---

[4] Na Costa Rica e na Índia, foram denominados de "direitos intelectuais comunitários", na Nicarágua "direitos de propriedade *sui generis*".

2.3 Os direitos intelectuais coletivos como direitos coletivos *lato sensu*

Os direitos coletivos *lato sensu* compreendem os direitos difusos, coletivos (estrito senso) e os direitos individuais homogêneos.

A teoria dos direitos difusos e coletivos se inicia com uma onda de debates em torno do acesso à justiça decorrente dos desafios da atual "sociedade de produção em massa" que em suas interações gera demandas e conflitos também massificados marcados por uma complexidade cada vez maior, derivada da transindividualidade dos interesses postos em discussão (CAPELLETTI, 1994, p. 130).

O traço primaz destes direitos é assente sob a compreensão da necessidade de enfrentar novos desafios propostos pela existência de interesses plurais, forçando a modificação do Direito Moderno, cunhado sob a ótica do liberalismo,[5] o qual se volta, prioritariamente, aos litígios individuais, nesse sentido, Mauro Cappelleti (1994, p. 132) alertava:

> Os interesses coletivos, se bem que constituam uma realidade inegável e grandiosa da sociedade hodierna, refogem, todavia, à precisa definição, e se furtam aos esquemas tradicionais aos quais nós, juristas, estamos habituados.

Em suma: da necessidade de responder à demanda apresentada pela sociedade pós-industrial, nasceram os direitos coletivos *lato sensu* nos quais estão abarcados os direitos difusos; coletivos em sentido estrito; e individuais homogêneos. Entre si esses direitos guardam uma característica comum, todos são direitos cujos titulares são grupos de pessoas mais ou menos indeterminados e que possuem um interesse em comum.

Direitos difusos são transindividuais e indivisíveis, cujos titulares são pessoas indeterminadas vinculadas entre si por uma circunstância de fato. Direitos coletivos em sentido estrito são direitos transindividuais e indivisíveis, que têm por titulares grupos, categorias ou classe de pessoas, cujo vínculo é expresso por uma relação jurídica base que deriva de uma relação entre si ou com a parte contrária (ABELHA, 2003, p. 40). Finalmente, os individuais homogêneos são também direitos transindividuais, porém divisíveis, cujos titulares estão ligados por um fato de origem comum, "é dito homogêneo porque guarda relação de similitude, afinidade, ligação com outros direitos individuais" (ABELHA, 2003, p. 40).

Os Direitos Difusos e Coletivos foram introduzidos no Brasil pela Lei nº 7.347/85 (Lei da Ação Civil Pública), sendo posteriormente consagrados pela CF/88 e clarificados seus conceitos pela Lei nº 8.078/90 (Código de Defesa do Consumidor). Desse arcabouço jurídico fazem parte o direito ao meio ambiente,

---

[5] Égide dominante do sistema de propriedade intelectual.

consumidor, bens e direitos de valor artístico, estético, histórico, turístico e paisagístico, ordem econômica, ordem urbanística *e qualquer outro interesse difuso ou coletivo* (artigo 1º da Lei nº 7.347/85).

Entendendo que a lei permite a absorção de outros direitos não citados expressamente em seu texto, é inegável que qualquer outro direito marcado pela pluralidade de titulares unidos por um interesse comum seja ele decorrente da lei, do contrato ou do fato, está por ele abarcado, embora isso implique em uma releitura dos conceitos atuais vigentes sobre os direitos difusos e coletivos. Por isso, os conhecimentos tradicionais devem ser vistos pelo Direito a partir da perspectiva de uma nova esfera de direitos coletivos *lato sensu* referentes à cultura.[6]

Em primeiro lugar, não é possível afirmar que os conhecimentos tradicionais são direitos difusos de *per se*, por outra, trata-se de direitos coletivos *lato sensu*, que marcados pela transindividualidade, podem, dependendo da ocasião, apresentar-se como direitos difusos, coletivos ou individuais homogêneos. Muitas vezes, sobre um mesmo conhecimento podem se expressar direitos difusos, coletivos em sentido estrito, ou individuais homogêneos, sem prejuízo do reconhecimento de um sobre o outro. Isso ocorre nas hipóteses do compartilhamento de conhecimentos tradicionais por povos distintos.[7]

O nó górdio de tal distinção dependerá da forma de sua detenção pelos povos. Serão difusos os conhecimentos tradicionais cujos titulares sejam indeterminados; coletivos, em sentido estrito, aqueles que pertençam a um grupo cujos interesses sejam indivisíveis; e, individuais homogêneos, aqueles cujos titulares sejam perfeitamente definidos e que possuam interesses divisíveis.

Sobre o convívio de distintas esferas de direitos coletivos, incumbe lembrar Nelson Nery Júnior (2001, p. 922) que alerta: "da ocorrência de um mesmo fato, podem originar-se pretensões difusas, coletivas e individuais (...). o tipo de pretensão é que classifica um direito ou interesse como difuso, coletivo ou individual".

A repartição de benefícios deve levar em consideração estas diversas dimensões, em se tratando de conhecimento difuso a repartição deve ser dar de modo difuso, em especial pela via de um fundo, ou por atividades que tragam benefícios difusos (como doações para a implementação de políticas públicas voltadas à defesa ou proteção dos conhecimentos tradicionais), desde

---

[6] Segundo Luzia do Socorro Silva dos Santos (2005, p. 79- 80), o conceito de cultura abrange duas esferas, uma individual e outra coletiva, é a essa última que este trabalho se reporta.

[7] Juliana Santilli (2005, p. 223) informa que "Há inúmeras situações em que os conhecimentos relativos às características, propriedades e usos de recursos biológicos são detidos e/ou produzidos por vários povos indígenas, quilombolas e populações tradicionais, e por várias comunidades. Eles podem ser compartilhados por povos indígenas que vivem em países diferentes, ou por povos indígenas e outras populações tradicionais (seringueiros, castanheiros, etc.) que habitam uma mesma região etnográfica, ou mesma ecorregião, em geral coincidentes com a área de ocorrência daquele recurso biológico".

que acordadas com um grupo representativo dos diversos detentores desses conhecimentos tradicionais, e homologadas pelo órgão governamental gestor dos conhecimentos tradicionais, atualmente, o Conselho de Gestão do Patrimônio Genético (CGEN).

Em sendo coletivo em sentido estrito, quando, por exemplo, apenas uma comunidade tradicional o detém, deve se converter para o grupo detentor do conhecimento, segundo os ajustes internos de repartição de benefícios. Em sendo direito individual homogêneo (divisível), há que se acordar com o grupo, ainda que os benefícios sejam revertidos individualmente. Como dissemos, pode ocorrer, e não será incomum, a sobreposição de todas essas categorias ao mesmo tempo e um mosaico de repartições de benefícios precisará ser estabelecido.

Importa, finalmente, esclarecer que o conceito de conhecimentos difusos quando aplicados aos conhecimentos tradicionais jamais poderá ser confundido com conceito de conhecimento de domínio público, posto que relacionados com um feixe de direitos originários dos povos tradicionais que lhes imprime a marca dos direitos consuetudinários. Ora domínio público é o conhecimento de ninguém, conhecimento difuso é conhecimento de alguém: titulares indetermináveis, mas existentes.[8] Isto é, mesmo que os conhecimentos tradicionais estejam disponibilizados em livros, bancos de dados, feiras livres, etc. devem ser considerados como conhecimento de alguém e jamais domínio público.

No I Encontro Nacional de Escritores Indígenas, ocorrido em setembro de 2004, foi aprovada a "Carta da Kari-oca", nela aparece essa preocupação manifesta por lideranças indígenas ao afirmarem que o conhecimento tradicional "abrange o material, mas principalmente o espiritual de nossa gente e não pode ser considerado domínio público, pois o uso indevido pode empobrecer seu verdadeiro valor moral e social e denegrir seu sentido poético e simbólico".

Dessa feita, sustentamos que os conhecimentos tradicionais têm natureza jurídica de direitos intelectuais coletivos, portanto culturais, os quais são encampados na órbita dos direitos difusos e coletivos, sob a forma dos direitos intelectuais coletivos (*lato sensu*) cujos traços, difusos, coletivos ou individuais homogêneos apresentar-se-ão no caso concreto.

Conclusão

O tema da proteção dos conhecimentos tradicionais, lamentavelmente, ainda não foi incorporado como assunto relevante nas políticas públicas, afirmamos isso, pois todas as políticas que permeiam o tema não têm a questão

---

[8] "(...) considerar que el conocimiento tradicional es de dominio público ha sido tema de discusión y hay quienes no toman en consideración la protección del conocimiento que se encuentra en el dominio público. A pesar de esto, debe entenderse que los conocimientos siempre tienen una fuente de origen, y que sea de dominio público no necesariamente quiere decir que la fuente haya desaparecido" (AGUILAR, 2001, p. 347).

dos conhecimentos tradicionais como elemento central, ele é no mais das vezes um elemento tangencial. Isso ocorre em relação a diversas questões: no tema territorial (unidades de conservação, territórios quilombolas, terras indígenas, etc.) onde a terra é elemento central; no licenciamento ambiental, onde a questão ambiental (compreendida de forma restritiva) é central; na proteção do patrimônio imaterial, percebe-se ainda a predominância de uma política arquivística, ao invés de uma política de salvaguarda e de valorização; na questão agrícola, impera a preocupação com as sementes, ignorando-se o conhecimento tradicional intrínseco a elas; e, finalmente, no tema da implementação da convenção da biodiversidade a preponderância da preocupação com a biodiversidade em si tem deixado de lado a proteção do conhecimento tradicional associado.

Portanto, a viabilidade da proteção dos direitos das sociedades tradicionais sobre os seus conhecimentos tradicionais está intimamente ligada à afirmação de sua importância social, cultural, ritual, espiritual e territorial, para além da econômica que tem colonizado todos os debates.

Acreditamos que é preciso propor um ponto de mutação nessa questão que ainda é permeada por uma grande inércia. A sociedade em geral ainda não se permitiu partir para um novo patamar de discussão do tema, é preciso superar os questionamentos intrínsecos à importância desse conhecimento que minam as suas bases. Essa é uma mudança de algumas décadas, ou séculos, que depende de um período de internalização de um novo olhar sobre a questão, no entanto, tal caminho pode ser acelerado por políticas públicas e institucionais que atuem no "convencimento/imposição" de uma nova visão sobre a questão. Entendemos, portanto, que é preciso propor um grupo de políticas afirmativas para os conhecimentos tradicionais.

Com uma das maiores concentrações de populações tradicionais do Brasil, a Amazônia deve ser e é um dos focos de maior atenção do Poder Público no que se refere a políticas de proteção dos conhecimentos tradicionais associados.

Porém, mais do que isso, é preciso recolocar o tema, retirá-lo do império da economia e transcendê-lo aos seus valores intrínsecos, caso contrário, poucas são as chances de sucesso na co-relação de forças.

Nesse sentido, a reformulação da interpretação do direito vigente é um dos avanços que precisam ser feitos, ou seja, um novo olhar sobre as normas, convenções e leis deve ser privilegiada.

Referências

ABELHA, Marcelo. *Ação civil pública e meio ambiente.* Rio de Janeiro: Forense Universitária, 2003.

AGUILAR, Gretel. *Accesso a los Recursos Genéticos y el Conocimiento Tradicional de los Pueblos Indígenas.* México: PNUMA, 2001.

AUBERTIN, Catherine; BOISVERT, Valérie. Os direitos de propriedade intelectual a serviço da biodiversidade: uma questão conflituosa. In: *Ciência e Ambiente*. Santa Maria: UFSM, 1999.

BESUNSAN, Nurit. Biodiversidade, recursos genéticos e outros bichos esquisitos. In: RIOS, Aurélio Virgílio Veiga (Org.). *O direito e o desenvolvimento sustentável*: curso de direito ambiental. São Paulo: Peirópolis, 2005. p. 31- 69.

CAPELLETTI, Mauro. Formações sociais e interesses coletivos. *Revista de Processo*, São Paulo, n. 5, 1994.

MORIN, Edgar. *O método V.* 12. ed. Porto Alegre: Sulina, 1998.

NERY JÚNIOR, Nelson. Disposições finais do CDC. In: PELEGRINI, Ada (Org.). *Código de Brasileiro de Defesa do Consumidor*: comentado pelos autores do anteprojeto. Rio de Janeiro: Forense Universitária, 2001.

SANTILLI, Juliana. A biodiversidade de as comunidades tradicionais. In: BESUNSAN, Nurit (Org.). *Seria Melhor Ladrilhar?*: biodiversidade como, para que, por quê. Brasília: Universidade de Brasília: Instituto Socioambiental, 2002.

SANTILLI, Juliana. *Socioambientalismo e novos direitos.* São Paulo: Peirópolis, 2005.

SANTOS, Boaventura de Sousa. *Um discurso sobre as ciências.* Porto: Edições Afrontamento, 1998.

SANTOS, Laymert. Propriedade intelectual ou direitos intelectuais coletivos?. *Documentos do Instituto Sócio Ambiental*, São Paulo, n. 2, p. 19-24, 1995.

SANTOS, Luzia do Socorro Silva dos. *Tutela das diversidades culturais regionais à luz do sistema jurídico-ambiental.* Porto Alegre: Sérgio Fabris Ed., 2005.

SHIVA, Vandana. *Biopirataria*: a pilhagem da natureza e do conhecimento. Petrópolis: Vozes, 2001.

> Informação bibliográfica deste texto, conforme a NBR 6023:2002 da Associação Brasileira de Normas Técnicas (ABNT):
>
> MOREIRA, Eliane. O reconhecimento dos direitos intelectuais coletivos e a proteção dos conhecimentos tradicionais. In: KISHI, Sandra Akemi Shimada; KLEBA, John Bernhard (Coord.). *Dilemas do acesso à biodiversidade e aos conhecimentos tradicionais*: direito, política e sociedade. Belo Horizonte: Fórum, 2009. p. 239-251. ISBN 978-85-7700-240-5.

O Tratado Internacional sobre Recursos Fitogenéticos para a Alimentação e a Agricultura (TIRFA) e a sua implementação no Brasil

Juliana Santilli

Resumo: O Tratado Internacional sobre Recursos Fitogenéticos para a Alimentação e a Agricultura (TIRFA) já entrou em vigor no Brasil e estabelece um sistema multilateral de acesso e repartição de benefícios para alguns cultivos agrícolas essenciais à segurança alimentar. O artigo analisa o sistema multilateral instituído pelo Tratado Internacional e discute as formas de implementá-lo no Brasil, assim como as suas interfaces com a Medida Provisória nº 2.186-16/2001.

Sumário: Visão geral - O acesso facilitado aos recursos fitogenéticos - A repartição dos benefícios - As interfaces do Tratado Internacional com a Medida Provisória (MP) nº 2.186-16/2001 - Conclusão - Referências

Visão geral

O Tratado Internacional sobre Recursos Fitogenéticos para a Alimentação e para a Agricultura (TIRFA) foi adotado na 31ª Reunião da Conferência da FAO, realizada em Roma em 3 de novembro de 2001, e entrou em vigor internacionalmente em 29 de junho de 2004.[1] É o primeiro instrumento internacional legalmente vinculante a tratar exclusivamente dos recursos fitogenéticos. Os objetivos do Tratado são "a conservação e o uso sustentável dos recursos fitogenéticos para a alimentação e a agricultura e a repartição justa e eqüitativa dos benefícios derivados de sua utilização para uma agricultura sustentável e a segurança alimentar, em harmonia com a Convenção sobre a Diversidade Biológica".

---

[1] O Congresso Nacional aprovou o Tratado Internacional através do Decreto Legislativo nº 70, de 18 de abril de 2006. O Decreto Presidencial nº 6.476, de 05.06.2008 promulgou o Tratado, que entrou em vigor para o Brasil em 20 de agosto de 2006.

Os princípios estabelecidos no preâmbulo do Tratado são importantes para que se compreendam os seus pressupostos. Analisaremos alguns deles:

Segundo o preâmbulo do Tratado, as partes contratantes estão "convencidas da natureza especial dos recursos fitogenéticos para a alimentação e a agricultura, suas distintas características e seus problemas, que requerem soluções específicas".

A natureza "especial" dos recursos fitogenéticos é destacada em diversos trabalhos dedicados ao tema, a fim de justificar a necessidade de um regime jurídico diferenciado para tais recursos, distinto do regime jurídico estabelecido para os recursos genéticos em geral. São estas as principais características dos recursos fitogenéticos:

- A intervenção humana teve (e ainda tem) um papel fundamental na domesticação das espécies agrícolas e na conservação da agrobiodiversidade. Ao longo da história, os agricultores domesticaram (e continuam domesticando) plantas silvestres, e através de um processo de seleção e melhoramento, as adaptaram à agricultura e às suas necessidades. Características interessantes, como resistência a doenças e a condições climáticas extremas, grãos maiores e mais nutritivos, germinação rápida e maturação uniforme, foram estimuladas, e outras, como a dormência em sementes, grãos com sabores amargos ou componentes tóxicos, pouco interessantes para os cultivos agrícolas, foram sendo excluídas. Qualquer variedade de planta cultivada é o resultado de atividades de melhoramento desenvolvidas ao longo de muitas gerações de agricultores, e a agrobiodiversidade é fruto do manejo complexo e dinâmico dos cultivos agrícolas realizado pelos agricultores. A conservação e a utilização sustentável dos recursos fitogenéticos são, portanto, indissociáveis.

Esta diferença entre biodiversidade silvestre e cultivada deve, entretanto, ser relativizada, porque a biodiversidade não pode, em qualquer hipótese, ser reduzida a apenas um fenômeno natural; ela é também um fenômeno cultural.[2] Entretanto, as plantas cultivadas têm uma dependência do homem mais extrema, pois muitas espécies domesticadas chegam a perder a sua capacidade de sobreviver em ambientes silvestres.

- Os inúmeros intercâmbios realizados entre os diferentes países e entre os agricultores propiciaram o desenvolvimento de variedades a partir

---

[2] Nesse sentido: DIEGUES, Antônio Carlos; ANDRELLO, Geraldo; NUNES, Márcia. Populações tradicionais e biodiversidade na Amazônia: levantamento bibliográfico georreferenciado. In: CAPOBIANCO, João Paulo Ribeiro et al. (Org.). *Biodiversidade na Amazônia brasileira*: avaliação e ações prioritárias para a conservação, uso sustentável e repartição de benefícios. São Paulo: Estação Liberdade e Instituto Socioambiental, 2001. p. 205-224. Consultar também: BALICK, Michael J.; COX, Paul A. *Plants, people and culture*: the science of ethnobotany. New York: Scientific American Library, 1996 e SANTILLI, Juliana. *Socioambientalismo e novos direitos*: proteção jurídica à diversidade biológica e cultural. São Paulo: Peirópolis, IEB e ISA, 2005.

de combinações de materiais genéticos de origens diversas, sendo difícil, em muitos casos, atribuir uma única origem à nova variedade desenvolvida, ou mesmo identificar as diversas regiões de origem dos materiais utilizados no desenvolvimento e/ou melhoramento daquela variedade. Em geral, muitas variedades são utilizadas nos processos de seleção e cruzamento que permitem desenvolver novas variedades, tanto por agricultores como pelo melhoramento genético realizado por instituições de pesquisa. Os sistemas agrícolas locais não são fechados e nem estáticos, e os agricultores estão sempre experimentando novas variedades, muitas vezes trazidas por outros agricultores ou por instituições de pesquisa agrícola, e incorporando novos materiais aos seus estoques.

No melhoramento genético realizado por instituições de pesquisa agrícola, ocorre algo semelhante. As variedades melhoradas têm um complexo pedigree, o que pode dificultar a identificação de todas as variedades que contribuíram para o desenvolvimento da nova variedade, o produto final do melhoramento genético vegetal. Avaliar a importância de cada variedade utilizada no processo de melhoramento, atribuindo-lhe um valor específico, é uma tarefa complexa. Após um longo processo de seleção, cruzamento e retro-cruzamento de diversas variedades, como estabelecer qual o componente genético determinante para aquela característica específica, presente na variedade final? Provavelmente, os altos custos e o tempo dispendidos em tal identificação ultrapassariam os benefícios econômicos resultantes. Além disto, muitas coleções de recursos genéticos estão localizadas fora de suas regiões de origem, em locais muito distantes de onde estes foram coletados.

O outro preâmbulo do Tratado estabelece que as partes contratantes estão "conscientes de que os recursos fitogenéticos para a alimentação e a agricultura são uma preocupação comum a todos os países, já que todos dependem amplamente de recursos fitogenéticos para a alimentação e a agricultura originados de outras partes".

Em virtude das migrações e intercâmbios ocorridos ao longo da história, todos os países se tornaram dependentes, para sua alimentação, em maior ou menor medida, de recursos fitogenéticos que se originaram em outras partes do mundo. Não há, atualmente, nenhum país que seja auto-suficiente em recursos fitogenéticos, todos são interdependentes. Esta interdependência entre os países é maior em relação aos recursos fitogenéticos (para alimentação e agricultura) do que em relação aos demais recursos genéticos. Portanto, os países precisam acessar e utilizar, freqüentemente, os recursos fitogenéticos originários de outros países, tanto para pesquisas científicas e para o melhoramento genético vegetal, como também para uso direto nos seus sistemas agrícolas. Manter o fluxo e o intercâmbio dos recursos fitogenéticos é, portanto, fundamental tanto para os melhoristas como para os agricultores.

Uma pesquisa realizada a pedido do Secretariado da Comissão de Recursos Fitogenéticos para Alimentação e Agricultura da FAO,[3] com base em dados de 1994, concluiu que todos os países têm, em relação aos principais cultivos agrícolas, uma forte dependência de recursos fitogenéticos provenientes de outras regiões do mundo, que gira em torno de 50%. Estima-se que, provavelmente, a região mais independente é o Oriente Médio, em que cerca de 45% dos recursos são originários da própria região, como espécies de trigo, cevada, lentilha e grão-de-bico, além de animais como cabras e ovelhas. Os países da América Latina e do Caribe, por exemplo, são centros de diversidade de recursos fitogenéticos fundamentais à alimentação de muitas outras regiões do mundo, como milho, batata, batata-doce, mandioca, feijão, cacau e tomate. Na África, por exemplo, 56,3% das plantas leguminosas são originárias da América Latina e do Caribe; na China e no Japão, 40,7% e na América do Norte, 40.3%.[4]

O Brasil, apesar de possuir entre 50 e 55 mil espécies de plantas superiores, e de ser o país de maior biodiversidade do mundo, é altamente dependente de recursos genéticos originários de outros países para a sua alimentação. Grande parte dos componentes da dieta básica dos brasileiros é proveniente de outros países, como o arroz, trigo, milho, cana-de-açúcar, etc. Muitas espécies nativas têm, entretanto, importância regional e local, como a mandioca, abacaxi, caju, cupuaçu, maracujá, castanha, guaraná, jabuticaba, amendoim, algumas espécies de palmeiras, etc.[5]

Outro preâmbulo do Tratado afirma que as partes "reconhecem que, no exercício de seus direitos soberanos sobre seus recursos fitogenéticos para a alimentação e a agricultura, os Estados podem beneficiar-se mutuamente da criação de um efetivo sistema multilateral para facilitar o acesso a uma seleção negociada desses recursos e para a distribuição justa e eqüitativa dos benefícios advindos de sua utilização".

O Tratado não cria um regime jurídico de acesso e repartição de benefícios aplicável a todos os recursos fitogenéticos para alimentação e agricultura. Embora muitas de suas disposições se destinem a todos os recursos fitogenéticos para alimentação e agricultura, o sistema multilateral de acesso e repartição de benefícios só se aplica aos recursos fitogenéticos que integram o Anexo 1 do

---

[3] PALACIOS, Ximena Flores. *Contribution to the estimation of countries'interdependence in the area of plant genetic rsources*. FAO: Comissão de Recursos Fitogenéticos para Alimentação e Agricultura, 1999. *Background Study Paper*, n. 7, rev. 1. Disponível em: <http://www.fao.org/ag/cgrfa/docs.htm>. Acesso em: 02 out. 2008.

[4] FAO. Seed and Plant Genetic Resources Service. Plant Production and Protection Division. *Seed policy and programmes in Latin America and the Caribbean*. Proceedings of the Regional Technical Meeting on Seed Policy and Programmes in Latin America and the Caribbean. Merida, Mexico, 20-24 March 2000. 219 p. (FAO Plant Production and Protection Paper 164), p. 31.

[5] GOEDERT, Clara. Histórico e avanços em recursos genéticos no Brasil. In: NASS, Luciano L. (Ed.). *Recursos genéticos vegetais*. Brasília: Embrapa Recursos Genéticos e Biotecnologia, 2007. p. 28.

Tratado, que estejam sob a gestão e o controle dos países signatários e sejam de domínio público.

Além disto, o sistema multilateral só se aplica aos recursos fitogenéticos conservados *ex situ* (fora de seu habitat natural), em bancos de germopasma, coleções, etc. Ou seja, o sistema multilateral não se aplica ao acesso aos recursos fitogenéticos que estejam em condições *in situ*[6] (em seus ambientes naturais), e suas normas não regem a coleta e o acesso a recursos fitogenéticos realizados *internamente*. Quando instituições de pesquisa ou empresas privadas pretenderem acessar recursos fitogenéticos encontrados *in situ*, ainda que dentro dos territórios de seus países de origem, deverão seguir as leis nacionais, pois as normas do Tratado não regem tais acessos. O sistema multilateral estabelecido pelo Tratado se destina apenas a regular os intercâmbios e remessas *externas*, entre países.

O Tratado reconhece os direitos soberanos dos Estados sobre os seus recursos fitogenéticos, e que a autoridade para determinar o acesso a esses recursos pertence aos governos nacionais e está sujeita à legislação nacional. Entretanto, no exercício de seus direitos soberanos sobre os seus recursos fitogenéticos, os países signatários do Tratado concordam com a criação de um sistema multilateral de acesso e repartição de benefícios, através do qual disponibilizam os seus recursos fitogenéticos para utilização dos demais países. Este sistema multilateral se restringe, entretanto, a alguns recursos fitogenéticos relacionados no Anexo I do Tratado,[7] como arroz, feijão, batata, batata-doce, mandioca, cará, cenoura, etc. (*para uma relação completa dos cultivos agrícolas do Anexo I, consultar a relação ao final deste trabalho*).

O acesso aos recursos fitogenéticos incluídos no Anexo I do Tratado, através do sistema multilateral, é concedido exclusivamente para a utilização e conservação em pesquisa, melhoramento e capacitação, na área de alimentação e agricultura. Ou seja, se o acesso visar aos usos químicos, farmacêuticos e/ou aos outros usos industriais, o sistema multilateral não será aplicável, e o interessado deverá seguir as normas da Convenção sobre a Diversidade Biológica, submetendo-se ao regime bilateral de acesso e repartição de benefícios, em que os acessos são negociados através de contratos bilaterais.

Na verdade, o Tratado estabelece um duplo regime jurídico para os recursos fitogenéticos mantidos em coleções *ex situ,* que estejam sob o domínio

---

[6] O art. 12.3. "b" do Tratado estabelece que o acesso aos recursos fitogenéticos para alimentação e agricultura encontrados em condições *in situ* será concedido de acordo com a legislação nacional. Alguns países têm considerado a possibilidade de incluir também no sistema multilateral os recursos fitogenéticos encontrados *in situ* em terras de domínio público.

[7] Entre os cultivos agrícolas elencados no Anexo I e incluídos no sistema multilateral do Tratado, o único cultivo agrícola de origem brasileira é a mandioca (*Manihot esculent*), excluídos os seus parentes silvestres. Durante as negociações, houve forte pressão para que o amendoim também fizesse parte do sistema multilateral, mas ele acabou não entrando.

público: - Quando incluídos no Anexo I e o acesso se destinar à pesquisa, melhoramento e capacitação, na área de alimentação e agricultura, os recursos fitogenéticos são tratados como bens comuns, de acesso facilitado e gratuito (ou mediante cobrança apenas dos custos mínimos), através do sistema multilateral; - Quando incluídos ou não no Anexo I, mas o acesso se destinar a usos químicos, farmacêuticos e/ou outros usos industriais, os recursos fitogenéticos estão sujeitos à soberania dos seus países de origem, e ao regime bilateral estabelecido pela Convenção sobre a Diversidade Biológica (CDB). O Tratado não regula, entretanto, nem o acesso a coleções *ex situ* sob domínio privado, e nem o acesso aos recursos fitogenéticos em condições *in situ*. O Tratado tem vários componentes importantes, como as normas gerais sobre conservação e utilização sustentável dos recursos fitogenéticos para a alimentação e a agricultura, que se aplicam a *todos* os recursos fitogenéticos para alimentação e alimentação.[8] Neste trabalho, entretanto, nos limitaremos a tratar do sistema multilateral de acesso e repartição de benefícios.[9]

O sistema multilateral de acesso e repartição de benefícios se aplica apenas aos recursos fitogenéticos que integram o Anexo I do Tratado. São 35 gêneros de cultivos alimentares e 29 de forrageiras (leguminosas, gramíneas e outras forrageiras de clima temperado). As forrageiras foram incluídas porque se destinam principalmente à alimentação dos animais, e estes são usados na alimentação humana.

Para serem incluídos no sistema multilateral, os recursos fitogenéticos devem, necessariamente, ser utilizados para alimentação *e* agricultura. Um cultivo agrícola como o algodão, por exemplo, não atenderia a tal critério, a não ser que se trate, por exemplo, da utilização do óleo de algodão para alimentação. Da mesma forma, os recursos fitogenéticos de milho só poderão ser acessados através do sistema multilateral para fins de alimentação, e não para a produção de agrocombustíveis.

A inclusão dos cultivos agrícolas no Anexo 1 do Tratado atendeu, em tese, aos critérios de interdependência e segurança alimentar, mas os critérios políticos também foram decisivos. A escolha dos cultivos a serem incluídos no sistema multilateral suscitou muitas controvérsias durante as negociações do Tratado. A extensa lista de cultivos apresentada inicialmente acabou sendo substancialmente reduzida, e cultivos importantes foram excluídos, como a soja

---

[8] Todos os componentes do Tratado (direitos dos agricultores, componentes de apoio, disposições financeiras e institucionais), com exceção do sistema multilateral de acesso e repartição de benefícios, se aplicam a *todos* os recursos fitogenéticos para alimentação e agricultura. O Anexo I contém a lista de cultivos agrícolas incluídos no sistema multilateral e o Anexo II contém normas relativas à arbitragem e à conciliação.

[9] Para uma análise mais detalhada de todos os componentes do Tratado Internacional, remetemos o leitor a: SANTILLI, Juliana. *Agrobiodiversidade e direitos dos agricultores*. São Paulo: Peirópolis, IEB, 2009.

(excluída pela China, que é o seu centro de origem e diversidade), o amendoim, o tomate, muitos parentes silvestres de plantas cultivadas, a cebola, o alho, as forrageiras tropicais, o chá, o café e o cacau, entre outros. Por outro lado, cultivos agrícolas cuja importância para a segurança alimentar mundial é altamente questionável foram incluídos, como morango e aspargo. Os 64 cultivos agrícolas incluídos no Anexo 1 respondem por cerca de 85% da alimentação humana mundial. Entretanto, foram excluídos cultivos que têm grande importância local ou regional, como os parentes silvestres da mandioca (necessários para o melhoramento genético da espécie, que é um alimento básico na África Sub-saariana e em muitos países latino-americanos), os vários tipos de milheto usados para alimentação humana e animal na Ásia Meridional e no Oriente Próximo, e as forrageiras tropicais usadas por comunidades pastoris. A lista representa as grandes culturas comerciais, como os principais cereais, raízes e tubérculos. A inclusão de um novo cultivo no Anexo I depende do consenso de todos os países signatários do Tratado.

Muitos países em desenvolvimento se empenharam em limitar o escopo e a abrangência do sistema multilateral porque consideravam que o regime bilateral da CDB lhes seria mais vantajoso, pois o acesso e a repartição de benefícios são negociados diretamente com o país provedor, e os benefícios revertem para este país, e não para o sistema multilateral. Por outro lado, os países desenvolvidos resistiram fortemente à inclusão de normas do Tratado que pudessem limitar o estabelecimento de direitos de propriedade intelectual, o que aumentava a desconfiança dos países em desenvolvimento e diminuía a sua disposição de fazer concessões — ou seja, de permitir a inclusão de seus cultivos agrícolas no sistema multilateral. Houve também retaliações entre os países. O Brasil, Bolívia e outros países latino-americanos excluíram o amendoim e os países africanos excluíram as forrageiras tropicais.

Vejamos, a seguir, as principais normas do sistema multilateral de acesso e repartição de benefícios. Iniciaremos pelas normas relativas ao acesso facilitado:

O acesso facilitado aos recursos fitogenéticos

- O sistema multilateral se aplica apenas aos recursos fitogenéticos que integram o Anexo 1 do Tratado e que estejam sob a gestão e o controle dos países signatários e que sejam de domínio público, e o acesso facilitado é concedido às pessoas físicas e jurídicas sob a jurisdição de qualquer país signatário do Tratado;

No sistema multilateral, a soberania dos países de origem sobre os seus recursos fitogenéticos não é exercida para se estabelecer, caso a caso, as condições para o acesso, mas para se criar um sistema que permita o acesso de todos, em condições iguais, a todos os recursos disponibilizados pelos países. Independentemente do número de recursos fitogenéticos que cada país disponibiliza para o sistema multilateral, todos os países têm acesso a todos os recursos disponibilizados pelos demais países.

Se, por um lado, todas as pessoas (incluindo empresas privadas e instituições de pesquisa, públicas ou privadas) têm acesso livre aos recursos fitogenéticos disponibilizados pelo sistema multilateral, não há nenhuma obrigação de que as empresas privadas disponibilizem os recursos mantidos em suas coleções *ex situ*.[10] Ou seja, estas empresas se beneficiam de um acesso facilitado aos recursos mantidos pelo sistema multilateral sem ter que assumir nenhuma obrigação de compartilhar as suas próprias coleções (independentemente de sua origem, e de onde os recursos tenham sido coletados). Por esta razão, algumas organizações da sociedade civil afirmam que, em sua concepção inicial, o objetivo do Tratado era fortalecer os direitos dos agricultores, mas acabou se tornando um instrumento que "concede novos privilégios para a indústria". Apesar das contradições do Tratado, estas organizações reconhecem que ele oferece uma alternativa viável ao regime bilateral da CDB, que acaba restringindo o acesso e a circulação dos recursos genéticos por impor complexas e onerosas negociações bilaterais, incompatíveis com a natureza dos recursos fitogenéticos.[11]

O Tratado contém as previsões de que todas as pessoas e instituições detentoras dos recursos fitogenéticos do Anexo 1 são "convidadas" a incluir os seus recursos no sistema multilateral, e de que os países signatários devem "encorajar"[12] tais pessoas e instituições a fazê-lo, mas não há nenhuma obrigação legal de que o façam. O Tratado se limita a prever que, no prazo de 2 anos de sua entrada em vigor, o órgão gestor avaliará se as pessoas físicas e jurídicas (detentoras de coleções *ex situ*) que não tenham incluído os seus recursos fitogenéticos no sistema multilateral continuarão a fazer jus ao acesso facilitado, ou se serão tomadas outras medidas "consideradas apropriadas".

Esta foi, na verdade, uma fórmula encontrada para postergar a solução definitiva para uma grave desigualdade do sistema: os recursos mantidos por instituições públicas ou internacionais são disponibilizados gratuitamente (ou mediante custos mínimos) para o melhoramento genético vegetal realizado por instituições privadas, mas estas não só não são obrigadas a disponibilizar as suas coleções, como podem requerer direitos de propriedade intelectual sobre produtos e processos resultantes de materiais genéticos acessados através

---

[10] Estão também fora do sistema multilateral as variedades agrícolas conservadas *in situ* e *on farm*, pelos agricultores, e as coleções mantidas por ONGs, agricultores, cooperativas, etc.

[11] The FAO seed treaty: from farmers' rights to breeders' privileges. *Seedling*, GRAIN, october 2005, p. 21-24.

[12] Os governos, as pessoas e as instituições de pesquisa, públicas e privadas, podem incluir outros recursos fitogenéticos, além daqueles listados no Anexo 1, no sistema multilateral, por iniciativa própria.

do sistema multilateral. Além disto, só são obrigadas a repartir os benefícios monetários quando terceiros não podem utilizar os produtos finais para pesquisa e melhoramento.

- O acesso será concedido de forma ágil, sem a necessidade de controle individual dos acessos, e gratuitamente, ou mediante a cobrança de uma taxa necessária para cobrir os custos mínimos correspondentes;

- O acesso inclui não só os recursos fitogenéticos como também todas as informações disponíveis (não confidenciais) sobre os mesmos;

- O acesso facilitado será concedido de acordo com o termo de transferência de material padrão, adotado pelo órgão gestor do Tratado durante a sua 1ª reunião, realizada de 12 a 16 de junho de 2006, em Madri.

O termo de transferência de material (TTM) padrão é um contrato entre o provedor e o recipiente de um recurso fitogenético, em que são estabelecidos os termos e as condições para a transferência do material e pelo qual o recipiente se compromete a respeitá-los. As partes contratantes do Tratado são os países, mas as partes do TTM padrão são as pessoas físicas ou jurídicas que recebem os recursos através do sistema multilateral. A partir do momento em que o país ratifica o Tratado, passa a ser obrigatória a adoção do TTM padrão para os cultivos agrícolas do Anexo 1. Outros modelos de TTM só poderão ser usados para a transferência de recursos não incluídos no sistema multilateral.

O termo de transferência de material (TTM) padrão contém a cláusula de que o recipiente dos recursos fitogenéticos exigirá que as condições do referido termo sejam aplicadas nas transferências sucessivas de recursos fitogenéticos para outras pessoas ou instituições. O recipiente deve ainda disponibilizar, para o sistema multilateral, toda informação não-confidencial que resulte de pesquisa e desenvolvimento realizados sobre o material recebido. Não fica claro, entretanto, quem decide o que é informação confidencial e não-confidencial: o próprio recipiente ou o órgão gestor do Tratado? O objetivo desta cláusula é obrigar aqueles que acessaram os recursos incluídos no sistema multilateral a fornecer informações sobre os mesmos, para que estas possam ser compartilhadas com os demais usuários do sistema. Entretanto, os critérios para definição do que é e o que não é informação confidencial não são estabelecidos. Isto pode dar margem a que as empresas privadas simplesmente não forneçam informações sobre os recursos acessados, sob o pretexto da "confidencialidade".

- O sistema multilateral também inclui os recursos fitogenéticos relacionados no Anexo 1 conservados em coleções *ex situ* dos centros internacionais de pesquisa agrícola do Grupo Consultivo sobre Pesquisa Agrícola Internacional (CGIAR) e de outras instituições internacionais. Segundo o Tratado, os recursos fitogenéticos listados no Anexo 1 e mantidos nos centros internacionais de pesquisa agrícola serão disponibilizados de acordo com as normas gerais de acesso e repartição de benefícios do sistema multilateral (e através do termo de transferência de material padrão);[13]

- O acesso aos recursos fitogenéticos ainda em estágio de desenvolvimento,[14] inclusive material sendo desenvolvido por agricultores, será concedido a critério de quem o esteja desenvolvendo, durante esse período. Ou seja, não há obrigatoriedade de se conceder acesso a materiais em desenvolvimento, e caso se decida conceder o acesso, poderão ser estipuladas condições adicionais;

- Os beneficiários não reivindicarão qualquer direito de propriedade intelectual ou outros direitos que limitem o acesso facilitado aos recursos fitogenéticos, *ou às suas partes ou componentes genéticos*, na forma recebida do sistema multilateral;

As pessoas físicas ou jurídicas que recebem os recursos fitogenéticos (disponibilizados pelo sistema multilateral) não podem requerer direitos de propriedade intelectual sobre estes, de forma a impedir terceiros de receber os mesmos recursos deste sistema. Esta norma resultou de tensas negociações entre os países desenvolvidos, liderados pelos EUA, que se opunham a qualquer restrição ou limitação aos direitos de propriedade intelectual, e os países em desenvolvimento, que pretendiam impedir que os direitos de propriedade intelectual pudessem ser concedidos sobre materiais acessados através do sistema multilateral, o que limitaria o acesso a estes.

A maior parte dos países desenvolvidos entende que os direitos de propriedade intelectual podem ser requeridos em relação aos recursos fitogenéticos ou às suas partes ou componentes desde que alguma inovação ou modificação tenha sido realizada nos mesmos, ou seja, desde que o material não esteja mais "na forma recebida do sistema multilateral". Ou seja, bastaria uma intervenção mínima para possibilitar a incidência de direitos de propriedade intelectual. Discute-se, entretanto, se o isolamento de um gene de um material genético acessado através do sistema multilateral poderia ensejar o seu patenteamento, pois caso seja permitido o patenteamento de genes isolados por empresas ou instituições de pesquisa, o acesso a tais materiais estaria restringido, o que contraria os objetivos do Tratado.

- O acesso aos recursos fitogenéticos encontrados em condições *in situ* será concedido de acordo com as leis nacionais;

---

[13] Na 2ª reunião do órgão gestor do Tratado, realizada de 29 de outubro a 2 de novembro de 2007, em Roma, foi decidido ainda que os recursos fitogenéticos não listados no Anexo 1, mantidos nos centros internacionais de pesquisa agrícola, serão também distribuídos com base no termo de transferência de material padrão. Os países em cujo território foram coletados os recursos fitogenéticos em condições *in situ* receberão amostras de tais recursos mediante solicitação, sem a necessidade de qualquer termo de transferência de material. A terceira reunião do órgão gestor do Tratado será realizada de 1º a 5 de junho de 2009 na Tunísia.

[14] Segundo o termo de transferência de material padrão, os recursos fitogenéticos "em desenvolvimento" são aqueles que ainda não estão prontos para comercialização, e o período "de desenvolvimento" acaba quando tais recursos são comercializados como produtos.

Para o acesso a recursos fitogenéticos encontrados em condições *in situ*, é necessário o consentimento prévio informado e repartição de benefícios com os países de origem e as comunidades locais, nos termos da CDB e das leis nacionais de acesso, que se aplicam também aos bancos de germoplasma, inclusive àqueles situados no próprio país onde é feita a coleta de material genético.

- Em situações de emergência, devido a desastres, catástrofes, etc., os países membros concordam em facilitar o acesso aos recursos fitogenéticos a fim de contribuir para o restabelecimento de sistemas agrícolas.

A repartição dos benefícios

Vejamos agora as normas do sistema multilateral em relação à repartição dos benefícios:

- Os países signatários do Tratado reconhecem que o acesso facilitado aos recursos fitogenéticos incluídos no sistema multilateral constitui, em si, um benefício importante;

- Os benefícios derivados da utilização, inclusive comercial, dos recursos fitogenéticos, no âmbito do sistema multilateral, devem ser repartidos de forma justa e eqüitativa por meio dos seguintes mecanismos: 1) troca de informações, acesso e transferência de tecnologia e capacitação e 2) a repartição dos benefícios derivados da comercialização.

Há dois modelos de repartição de benefícios: o primeiro modelo (troca de informações, acesso e transferência de tecnologia e capacitação) não está vinculado a qualquer acesso ou a transferência de material específica, pois compreende mecanismos gerais, que independem de transações específicas. O outro modelo de repartição de benefícios está vinculado à comercialização e a transações específicas, e é descrito abaixo.

3) Os benefícios derivados da comercialização são repartidos da seguinte forma: Se aqueles que acessaram os recursos fitogenéticos através do sistema multilateral optarem por impedir terceiros de utilizar os produtos desenvolvidos com base em tais recursos para fins de pesquisa ou melhoramento, devem pagar uma parte dos resultados obtidos com a comercialização de tais produtos para o sistema multilateral. Ou seja, se os beneficiários (aqueles que acessaram recursos mantidos pelo sistema multilateral) comercializarem um produto final (que é também um recurso fitogenético)[15] e impedirem que as outras pessoas utilizem tal produto para pesquisa ou melhoramento, são obrigados a efetuar

---

[15] Segundo a definição do termo de transferência de material padrão, considera-se "produto" o recurso fitogenético que incorpora o material (acessado através do sistema multilateral) ou suas partes ou componentes, e está pronto para comercialização, excluindo-se as commodities e outros produtos usados para alimentação e processamento.

um pagamento, a título de repartição de benefícios, para o fundo de repartição de benefícios, destinado à implementação do Tratado.

Como os direitos de melhorista, concedidos de acordo com o sistema UPOV, não limitam o acesso de terceiros aos recursos fitogenéticos (para fins de pesquisa e melhoramento), não há repartição de benefícios quando os produtos são protegidos através de direitos de melhoristas, apenas quando são concedidas patentes. A repartição de benefícios deve ser também obrigatória quando são desenvolvidos híbridos, em que as linhagens parentais são mantidas em segredo, e as novas gerações perdem o vigor híbrido (é a chamada "proteção biológica", que desestimula os agricultores de re-utilizarem as sementes em safras seguintes em virtude da perda da produtividade). Os híbridos impedem o uso por terceiros, e devem obrigar à repartição de benefícios. Outras hipóteses de repartição obrigatória de benefícios são o desenvolvimento de tecnologias genéticas de restrição de uso e as restrições impostas por contratos e licenciamentos.

No caso de repartição obrigatória de benefícios, o beneficiário pode optar por uma das duas formas de pagamento: - 1,1% das vendas brutas do produto menos 30%, o que representa 0,77%; **ou** - 0,5% de todas as vendas dos produtos resultantes do mesmo cultivo agrícola, que devem ser pagos independentemente dos novos produtos estarem disponíveis ou não. Esta opção pode ser feita por um período de 10 anos, que pode ser renovado, e o exercício desta opção deve ser notificado ao órgão gestor.

- Se o produto desenvolvido for disponibilizado para a utilização, por terceiros, para pesquisa ou melhoramento, o pagamento deixa de ser obrigatório e se torna voluntário;

- Os benefícios econômicos (oriundos da repartição dos benefícios derivados da comercialização) não retornam ao país de origem dos recursos ou à instituição que os proveu, mas ao fundo de repartição de benefícios, destinado à implementação do Tratado. Os benefícios econômicos devem reverter prioritariamente aos agricultores, especialmente dos países em desenvolvimento e com economias em transição, que conservam e utilizam, de forma sustentável, os recursos fitogenéticos. Os benefícios devem ser repartidos não apenas com aqueles agricultores que detêm variedades de plantas utilizadas em programas de melhoramento, mas com todos os agricultores envolvidos na conservação e utilização sustentável da agrobiodiversidade.

A adoção de uma estratégia de financiamento é também um compromisso assumido pelos países signatários, e tem como objetivo aumentar a disponibilidade, a transparência, a eficiência e a eficácia dos recursos financeiros destinados à implementação do Tratado. Esta só será bem sucedida, entretanto, se incluir outras fontes de financiamento, além dos recursos oriundos da comercialização de produtos, pois dificilmente estes serão suficientes para a implementação do Tratado. Serão necessárias contribuições voluntárias, de fundações, empresas privadas e instituições nacionais e internacionais. A estratégia de financiamento deve cobrir todos os objetivos e atividades englobadas pelo Tratado, e não apenas o sistema multilateral, e priorizar a implementação dos planos e programas destinados a agricultores em países em desenvolvimento, que conservem e utilizem a agrobiodiversidade de forma sustentável. O órgão gestor estabeleceu as seguintes prioridades iniciais, previstas no Plano Global de Ação: - intercâmbio de informações, transferência de tecnologia e capacitação; - manejo e conservação de recursos fitogenéticos mantidos *on farm*; - utilização sustentável dos recursos fitogenéticos. O primeiro edital para a apresentação de propostas a serem financiadas com recursos do fundo de repartição de benefícios do Tratado foi lançado em dezembro de 2008. Noruega, Itália, Espanha e Suíça fizeram contribuições voluntárias ao fundo, e as propostas que serão contempladas por tais recursos (cerca de 500 mil dólares), oriundas de onze países, foram anunciadas durante a terceira reunião do órgão gestor do tratado, realizada de 1º a 05.06.2009 na Tunísia.[16] Durante a terceira reunião do órgão gestor do tratado, foi também adotada uma resolução encorajando os países a rever todas as medidas (leis, políticas etc.) que possam afetar os direitos dos agricultores, e remover quaisquer barreiras que impeçam os agricultores de guardar, intercambiar e vender sementes. A resolução apóia o envolvimento das organizações de agricultores em todos os aspectos do tratado.

Finalmente, o art. 13.2. do Tratado prevê que o órgão gestor poderá, de tempos em tempos, revisar os níveis de pagamento com vistas a alcançar uma repartição justa e eqüitativa dos benefícios e poderá também avaliar, dentro de um período de cinco anos da entrada em vigor do Tratado (*O Tratado entrou em vigor internacionalmente em 29 de junho de 2004*), se o pagamento obrigatório previsto no termo de transferência de material também se aplica nos casos em que esses produtos comercializados estejam disponíveis sem restrições a outros beneficiários para fins de pesquisa e melhoramento.

Portanto, diante da insuficiência de recursos para aplicação em programas de conservação e utilização sustentável da agrobiodiversidade, o órgão gestor pode — e deve — estabelecer que os pagamentos devem incidir sobre um percentual fixo de todas as vendas de produtos resultantes de materiais genéticos acessados através do sistema multilateral, independentemente de tais produtos serem ou não protegidos por direitos de propriedade intelectual, e de estarem ou não disponíveis para utilização em pesquisa e melhoramento. Afinal, seria justo que todos os usuários do sistema multilateral destinassem uma parte dos lucros obtidos com a comercialização de seus produtos para a conservação dos

---

[16] Para saber mais, acessar: <www.planttreaty.org>.

recursos fitogenéticos. Se tais produtos foram desenvolvidos a partir de materiais acessados através do sistema multilateral, nada mais razoável que uma parte de seus resultados econômicos seja destinada à conservação da agrobiodiversidade, e especialmente aos agricultores em países em desenvolvimento.

As interfaces do Tratado Internacional com a Medida Provisória (MP) nº 2.186-16/2001

Passaremos agora a analisar a implementação do Tratado Internacional no Brasil, e suas interfaces com a Medida Provisória (MP) nº 2.186-16/2001, que regula o acesso ao patrimônio genético e aos conhecimentos tradicionais associados. O regime de acesso e repartição de benefícios estabelecido pela Medida Provisória nº 2.186-16/2001 foi concebido principalmente para os recursos genéticos silvestres, e especialmente para uso químico, farmacêutico ou industrial, sem considerar as especificidades dos recursos fitogenéticos utilizados para alimentação e agricultura. A MP nº 2.186-16/2002 se aplica, entretanto, tanto aos recursos genéticos silvestres como aos domesticados, e não faz distinção, para fins de acesso e repartição de benefícios, entre os dois.

Entre as lacunas mais graves da MP, está o fato de que ela não contempla as inúmeras situações em que os recursos genéticos e os conhecimentos tradicionais associados à biodiversidade são compartilhados por várias comunidades tradicionais. A MP estabelece um regime de acesso centrado em contratos bilaterais entre provedores e usuários de recursos genéticos e conhecimentos tradicionais e não oferece nenhuma solução para as situações em que os recursos e saberes são compartilhados por diversos povos tradicionais e/ou comunidades locais. Quando os conhecimentos tradicionais são compartilhados por mais de um povo tradicional, o exercício dos direitos por um ou mais detentores não pode restringir os direitos de outros povos e comunidades co-detentores. Caso contrário, a legislação de acesso pode gerar disputas entre as próprias comunidades em relação à titularidade dos recursos e saberes, e prejudicar a livre circulação dos objetos biológicos e o intercâmbio entre as comunidades locais.

O regime bilateral já apresenta, portanto, dificuldades para a sua aplicação em relação aos recursos e conhecimentos tradicionais compartilhados por vários povos tradicionais e comunidades locais, no que diz respeito às espécies silvestres. Mais graves e incontornáveis, entretanto, são as dificuldades criadas por um regime bilateral para os recursos fitogenéticos para alimentação e agricultura, pelas razões já elencadas acima: qualquer variedade agrícola local é o resultado de atividades de seleção e melhoramento desenvolvidas ao longo de muitas gerações de agricultores, e a agrobiodiversidade é fruto do manejo complexo e dinâmico dos cultivos agrícolas realizado pelos agricultores. Acostumados a compartilhar e a promover o intercâmbio de materiais genéticos, saberes e experiências agrícolas através de redes sociais, reguladas por normas locais, como definirão os agricultores locais quem autorizará o acesso aos recursos fitogenéticos e fará jus aos benefícios derivados de sua utilização?

A MP nº 2.186-16/2001 e as leis de acesso e repartição de benefícios, de uma forma geral, criam relações contratuais entre "provedores" e "usuários" e estabelecem mecanismos "diretos" de repartição de benefícios, através dos quais os agricultores seriam compensados pelo material genético acessado *on farm* e utilizado para o desenvolvimento de novas cultivares.[17] Trata-se de um sistema inadequado para regular o acesso e a repartição de benefícios entre comunidades locais co-detentoras de recursos e saberes associados à agrobiodiversidade.[18] Não há, até o momento, nenhum contrato de utilização do patrimônio genético e repartição de benefícios econômicos, celebrado entre bioprospectores e agricultores locais com base na MP nº 2.186-16/2001, que tenha resultado em benefícios concretos para os agricultores e para a agrobiodiversidade.

As formas de repartição de benefícios derivados da utilização de recursos fitogenéticos (para alimentação e agricultura) devem ser coletivas, e estar diretamente associadas ao reconhecimento dos direitos dos agricultores, que são essencialmente coletivos. Aos agricultores devem ser assegurados, entre outros, os direitos de: - guardar, usar, trocar, produzir e vender as suas sementes, livres de impedimentos e restrições legais inadequadas às características dos processos produtivos locais; - participar da repartição dos benefícios derivados da utilização da agrobiodiversidade, através de mecanismos coletivos e de políticas de valorização/fortalecimento dos sistemas agrícolas locais e tradicionais; - participar dos processos decisórios, em nível nacional, regional e local, sobre políticas públicas (agrícolas, agrárias, ambientais, etc.) que impactem a

---

[17] A Orientação Técnica nº 05/2005 do CGEN estabelece os conceitos de pesquisa científica, bioprospecção e desenvolvimento tecnológico para a finalidade de melhoramento genético vegetal. O melhoramento participativo, entretanto, não é regulado.

[18] Discute-se atualmente no CGEN se as espécies exóticas que tenham adquirido propriedades características no Brasil, por seleção natural ou através do manejo de comunidades locais e indígenas, poderiam ser consideradas patrimônio genético do país, para os fins da MP nº 2.186-16/2001. A questão divide os representantes de vários ministérios, e tem sido discutida no âmbito da Câmara Temática de Procedimentos Administrativos.

O CGEN já havia editado uma Resolução (26/2007) entendendo que as variedades comerciais de cana-de-açúcar não se caracterizam como patrimônio genético do país, levantando as discussões sobre o tratamento das espécies exóticas. A definição de patrimônio genético da MP nº 2.186-16/2001 inclui apenas os recursos encontrados em condições *in situ* no território nacional. A CDB, por sua vez, define condições *in situ* como aquelas "em que os recursos genéticos existem em ecossistemas e habitats naturais, e, *no caso de espécies domesticadas ou cultivadas, nos meios onde tenham desenvolvido suas propriedades características*". Para evitar repetições, remetemos o leitor ao subcapítulo deste trabalho em que discutimos a CDB e a natureza especial da biodiversidade agrícola.

A Embrapa formulou também uma consulta à secretaria executiva do CGEN sobre a necessidade de autorização de acesso a uma variedade que tenha sido desenvolvida em programa de melhoramento. Como se trata de variedade que não existia em condições *in situ*, pois foi desenvolvida em programa de melhoramento, a Embrapa entende que o acesso a tal variedade prescinde de autorização do CGEN, segundo Rosa Míriam de Vasconcelos, da Assessoria de Inovação Tecnológica da Embrapa.

conservação e o uso sustentável da agrobiodiversidade. Ao invés de definir os titulares de recursos fitogenéticos para repartir benefícios, o que a legislação deve fazer é criar espaços legais para que os agricultores possam continuar a conservar e manejar, de forma dinâmica, os recursos da agrobiodiversidade. Caso contrário, estará restringindo ainda mais o acesso e a livre circulação dos recursos fitogenéticos.

Tais questões devem ser consideradas quando se elabora um novo regime jurídico nacional de acesso e repartição de benefícios para os recursos fitogenéticos para alimentação e agricultura e se busca implementar o Tratado Internacional sobre Recursos Fitogenéticos para Alimentação e Agricultura. Este tratado dedica todo um capítulo aos direitos dos agricultores, reconhecendo a sua contribuição para a conservação da agrobiodiversidade e para a produção alimentar e agrícola. A responsabilidade pela implementação dos direitos dos agricultores cabe aos países, que devem elaborar leis nacionais que lhes dêem reconhecimento e efetividade. E o reconhecimento de tais direitos deve abranger toda a diversidade da agricultura local, que inclui não só a agricultura indígena e tradicional, como todas as formas de agricultura familiar, agroecológica e camponesa, pois todas elas desempenham um papel relevante na conservação da agrobiodiversidade.[19] Os direitos dos agricultores são um componente chave e fundamental de qualquer legislação voltada para o manejo, a conservação e a utilização sustentável da agrobiodiversidade, e devem, portanto, ser considerados e contemplados pela legislação de acesso a recursos fitogenéticos.

Há, entretanto, outros aspectos a serem considerados, quando se discute a implementação do Tratado no Brasil. O sistema multilateral de acesso e repartição de benefícios estabelecido pelo Tratado se aplica apenas aos recursos fitogenéticos mantidos em coleções *ex situ*, que integrem o seu Anexo I e

---

[19] O Centro de Ciências Agrárias da Universidade Federal de Santa Catarina formulou um pedido de autorização de acesso a conhecimento local associado à goiabeira-serrana, detido por agricultores familiares dos municípios catarinenses de São Joaquim, Urubici e Urupema. O MAPA apresentou parecer no sentido de que "agricultor familiar", "agricultor local" e "pequeno agricultor" não integram a definição de comunidades locais. O Conselho determinou o arquivamento do processo por entender que o projeto de pesquisa não envolvia acesso a conhecimento tradicional associado ao patrimônio genético. (Processo nº 02000.003004/2006-79, através da Deliberação nº 173, de 14.02.2007).

A CDB não contém uma definição de "comunidade local", mas reconhece, no art. 8 (j), a necessidade de se respeitar, preservar e manter o conhecimento, as inovações e práticas das comunidades locais e populações indígenas com estilos de vida tradicionais relevantes à conservação e a utilização sustentável da biodiversidade. A MP nº 2.186-16-16/2001 estabelece a seguinte definição de "comunidade local": grupo humano, incluindo remanescentes de comunidades de quilombos, distinto por suas condições culturais, que se organiza, tradicionalmente, por gerações sucessivas e costumes próprios, e que conserva suas instituições sociais e econômicas".

O Tratado Internacional, entretanto, em seu art. 9.1., ao tratar dos direitos dos agricultores, se refere não apenas às comunidades indígenas e locais, como também aos "agricultores de todas as regiões do mundo, especialmente dos centros de origem e diversidade dos cultivos agrícolas". Portanto, a definição do Tratado é mais abrangente do que a CDB e a da MP nº 2.186-16/2001, e é a definição ampla do Tratado que deve ser adotada em relação aos agricultores, pois se trata de uma lei especial.

estejam sob domínio público, e quando o acesso visar apenas à utilização em pesquisa, melhoramento e capacitação, na área de alimentação e agricultura, conforme já destacado acima.

O art. 19, par. 2º, da MP nº 2.186-16/2001 estabelece que a remessa de amostra de componente do patrimônio genético *de espécies consideradas de intercâmbio facilitado em acordos internacionais,* inclusive sobre segurança alimentar, dos quais o país seja signatário, deverá ser efetuada em conformidade com as condições neles definidas. Como o Brasil já ratificou o Tratado Internacional sobre Recursos Fitogenéticos para Alimentação e Agricultura, os cultivos agrícolas incluídos no seu Anexo I deverão ser remetidos de acordo com as normas do sistema multilateral instituído neste acordo internacional.

Embora o Tratado se destine a regular remessas e intercâmbios de materiais genéticos entre diferentes países, as remessas e intercâmbios entre instituições e pesquisadores nacionais também devem ser regulados, a partir da entrada em vigor do Tratado no país, pelas normas do sistema multilateral (quando se tratar — *repita-se* — dos cultivos agrícolas do Anexo 1, incluídos em coleções *ex situ*, e de domínio público, e o acesso visar à utilização em pesquisa, melhoramento e capacitação, na área de alimentação e agricultura). Afinal, não faz sentido que o acesso às coleções *ex situ* por instituições e pesquisadores baseados no exterior seja concedido em condições facilitadas, através do sistema multilateral, e as instituições e pesquisadores nacionais tenham que se submeter ao regime bilateral estabelecido pela MP nº 2.186-16/2001.[20] Além disto, é importante que não só as instituições federais mas também as estaduais disponibilizem as suas coleções de recursos fitogenéticos através do sistema multilateral de acesso e repartição de benefícios. Outra questão que o Brasil deve decidir é sobre a inclusão ou não, no sistema multilateral de acesso e repartição de benefícios, dos recursos fitogenéticos encontrados *in situ*, em terras de domínio público, uma opção que tem sido considerada por alguns países que ratificaram o Tratado.

O acesso aos recursos fitogenéticos encontrados *in situ* depende das leis nacionais, e não é regulado pelo Tratado. No Brasil, o acesso aos recursos genéticos *in situ* é regulado pela MP nº 2.186-16/2001, e está sujeito, portanto, ao regime bilateral de acesso e repartição de benefícios, razão pela qual não é possível, nos termos da legislação em vigor, incluir os recursos fitogenéticos *in situ* localizados em terras de domínio público no sistema multilateral de acesso e repartição de benefícios. Entretanto, quando se discute a criação de um novo regime jurídico de acesso aos recursos fitogenéticos para alimentação

---

[20] Atualmente, só é exigida autorização de acesso expedida pelo CGEN para as espécies nativas, e se discute no CGEN a necessidade de autorização de acesso para as espécies exóticas que tenham adquirido "propriedades características" no Brasil (*ver nota de rodapé anterior a respeito*). Quando se trata, entretanto, de variedades crioulas ou locais, a autorização de acesso é exigida em virtude do conhecimento tradicional associado.

e agricultura, deve-se considerar o estatuto jurídico especial das terras indígenas e de quilombolas e das unidades de conservação de uso sustentável, como reservas extrativistas e de desenvolvimento sustentável, que admitem a presença de populações tradicionais. São terras que têm uma destinação especial, e o usufruto dos recursos naturais existentes nestas terras é um direito dos povos indígenas, quilombolas e populações tradicionais. Qualquer ingresso ou coleta de material biológico em terras ocupadas por povos indígenas, quilombolas e populações tradicionais depende do consentimento dos mesmos. Por outro lado, a destinação de recursos a fundos de repartição de benefícios deve considerar os objetivos da Política Nacional de Desenvolvimento Sustentável dos Povos e Comunidades Tradicionais, estabelecida pelo Decreto nº 6.040/2007, e tais recursos devem ser geridos com a participação da Comissão Nacional de Desenvolvimento Sustentável dos Povos e Comunidades Tradicionais,[21] de que participam os representantes dos povos e comunidades tradicionais.

Compete ainda a cada país decidir sobre a inclusão ou não, no sistema multilateral, dos cultivos agrícolas **não** listados no Anexo 1 do Tratado, que estejam em condições *ex situ,* em domínio público e se destinem ao uso agrícola. Caso tais cultivos (**não** listados no Anexo 1) sejam incluídos no sistema multilateral, as instituições e pesquisadores nacionais também devem se beneficiar do acesso facilitado. Tal inclusão depende, entretanto, de uma alteração da MP nº 2.186-16/2001, pois o seu art. 19, par. 2º, só permite a remessa de recursos genéticos *de espécies consideradas de intercâmbio facilitado em acordos internacionais,* e o sistema multilateral estabelecido pelo Tratado só contempla as espécies listadas em seu Anexo 1. Parece-nos precipitado que o Brasil inclua outros cultivos agrícolas no sistema multilateral, além daqueles já listados no Anexo I, pois deve acompanhar a efetiva implementação dos mecanismos de repartição de benefícios prevista no Tratado, como troca de informações, acesso e transferência de tecnologia, capacitação e repartição dos benefícios econômicos derivados da comercialização de produtos. Um novo regime jurídico (nacional) deverá, entretanto, estabelecer normas para o acesso e a repartição de benefícios para todos os recursos fitogenéticos na área de alimentação e agricultura, encontrados *in situ* ou *ex situ.*

O Brasil deve ainda defender, internacionalmente, a posição de que os pagamentos ao fundo de repartição de benefícios do Tratado devem corresponder a um percentual fixo sobre todas as vendas de produtos resultantes de materiais genéticos acessados através do sistema multilateral, *independentemente de estarem ou não disponíveis sem restrições a terceiros para fins de*

---

[21] A Comissão Nacional de Desenvolvimento Sustentável dos Povos e Comunidades Tradicionais foi criada pelo Decreto de 13 de julho de 2006.

pesquisa e melhoramento, pois esta possibilidade é expressamente prevista pelo Tratado.[22] Ou seja, a repartição de benefícios deve ser desvinculada da proteção ou não, por direitos de propriedade intelectual, dos produtos resultantes de materiais genéticos acessados através do sistema multilateral. Só assim haverá recursos suficientes para viabilizar a execução de planos e programas voltados para a conservação e utilização sustentável da agrobiodiversidade, a serem desenvolvidos nos países em desenvolvimento. Como a repartição de benefícios não é obrigatória quando os produtos são protegidos por direitos de melhoristas (porque tais direitos não limitam o acesso para fins de pesquisa e melhoramento), apenas quando são concedidas patentes, é fácil concluir que haverá poucos recursos derivados da repartição obrigatória de benefícios estabelecida pelo sistema multilateral. Atualmente, os únicos países que permitem o patenteamento de variedades de plantas são EUA, Japão, Austrália e Nova Zelândia. Destes países, o único que ratificou o Tratado foi a Austrália. Além disto, estima-se que o desenvolvimento de uma nova cultivar leve cerca de 10 anos, e, portanto, levará ainda muito tempo para que recursos oriundos de sua comercialização revertam em favor do fundo de repartição de benefícios do Tratado.

O Tratado não regula, entretanto, o acesso a coleções *ex situ* sob domínio privado, e o acesso aos recursos fitogenéticos em condições *in situ*, que devem ser regulados por leis nacionais. Seria importante que uma nova lei de acesso aos recursos fitogenéticos incluísse um dispositivo estabelecendo que os materiais genéticos coletados (*in situ*) em terras de domínio público, ainda que conservados em coleções *ex situ* de domínio privado, devem estar necessariamente acessíveis para as instituições públicas e para os agricultores. O acesso de instituições privadas a coleções públicas deveria ser também condicionado à reciprocidade em relação às suas coleções. Ou seja, para acessar coleções públicas, as instituições privadas teriam que disponibilizar, para as instituições públicas e para os agricultores, as suas próprias coleções. Ainda que tal condição não possa ser imposta aos cultivos agrícolas incluídos no sistema multilateral, em virtude das obrigações assumidas pelo Brasil em relação ao Tratado, que não permitem uma mudança unilateral nas normas do sistema multilateral, o Brasil pode, em relação aos demais cultivos agrícolas, assim como em relação a todos os recursos encontrados em condições *in situ*, estabelecer normas internas próprias.

---

[22] O art. 13.2. "d", ii, do Tratado estabelece que o órgão gestor poderá, de tempos em tempos, revisar os níveis de pagamento com vistas a alcançar uma repartição justa e eqüitativa dos benefícios *e poderá também avaliar, dentro de um período de cinco anos da entrada em vigor do Tratado* (<u>o tratado entrou em vigor, internacionalmente, no dia 29 de junho de 2004</u>), *se o pagamento obrigatório previsto no termo de transferência de material (TTM) também se aplica nos casos em que esses produtos comercializados estejam disponíveis sem restrições a outros beneficiários para fins de pesquisa e melhoramento.*

Afinal, os recursos genéticos são bens de interesse público, e independentemente de estarem no domínio público ou privado, devem ter o seu acesso e utilização determinados pelo interesse público. Quando os materiais genéticos foram coletados por instituições privadas em terras de domínio público, ainda que sejam conservados em coleções *ex situ* de domínio privado, torna-se ainda mais evidente a necessidade de que estejam acessíveis para as instituições públicas e para os agricultores interessados. O próprio Tratado prevê (art. 11.4) que, no prazo de dois anos de sua entrada em vigor (*O Tratado entrou em vigor, internacionalmente, em 29 de junho de 2004*), o órgão gestor avaliará se as pessoas físicas e jurídicas (detentoras de coleções *ex situ*) que não tenham incluído os seus recursos fitogenéticos no sistema multilateral continuarão a fazer jus ao acesso facilitado, ou se serão tomadas outras medidas "consideradas apropriadas". Ou seja, o Tratado também considera a possibilidade de impedir o acesso de instituições que não disponibilizam as suas coleções para terceiros.

Discute-se se a nova lei de acesso aos recursos fitogenéticos deveria estabelecer que, sobre a comercialização de todos os produtos desenvolvidos com base em materiais genéticos acessados de coleções *ex situ* públicas ou coletados (*in situ*), incidiria um percentual fixo destinado a um fundo nacional de repartição de benefícios, *independentemente de tais produtos estarem ou não disponíveis sem restrições a terceiros para fins de pesquisa e melhoramento*. Uma opção mais simples, entretanto, seria fazer tal percentual incidir sobre todas as vendas de sementes no país, o que eliminaria a necessidade de determinar a origem e a composição genética dos novos produtos. Esta solução foi adotada pela Noruega, que resolveu destinar 0.1% do valor de todas as vendas de sementes no país para o fundo de repartição de benefícios do Tratado, a fim de apoiar iniciativas voltadas para a conservação e o manejo da agrobiodiversidade,[23] e o Brasil poderia estabelecer um fundo nacional de repartição de benefícios com a mesma finalidade. Esta seria, inclusive, uma forma de concretizar o princípio do "usuário pagador", consagrado pela Política Nacional do Meio Ambiente,[24] que impõe ao usuário de recursos ambientais a obrigação de contribuir pela sua utilização com fins econômicos. Este princípio é adotado em outras leis ambientais brasileiras, como a Lei nº 9.433/97, que institui a Política Nacional de Recursos Hídricos, e estabelece a cobrança pelo uso de recursos hídricos. O princípio do "usuário pagador" visa internalizar os custos ambientais de atividades econômicas, e os

---

[23] Segundo o ministro da Agricultura norueguês, Terje Riis-Johansen, se todos os países (membros do Tratado) contribuíssem com o mesmo percentual sobre as vendas de sementes em seus territórios, o fundo de repartição de benefícios do Tratado arrecadaria cerca de 20 milhões de dólares por ano, o que permitiria apoiar os agricultores que conservam a diversidade. Fonte: *Norway announces annual contribution to the benefit-sharing fund of the International Treaty*. Disponível em: <www.planttreaty.org>. Acesso em: 17 out. 2008.

[24] A Lei nº 6.938/81 dispõe sobre a Política Nacional de Meio Ambiente, e, em seu art. 4º, VII, estabelece o princípio do "usuário pagador".

usuários de recursos fitogenéticos devem, portanto, contribuir para as atividades voltadas para a sua conservação. Portanto, deveria ser destinado um percentual sobre as vendas de sementes no país a um fundo nacional de repartição de benefícios, gerido com a participação de representantes de agricultores locais, familiares e tradicionais, e destinado a apoiar planos e programas voltados para a conservação *in situ* e *on farm* da agrobiodiversidade e para a implementação dos direitos dos agricultores. É uma forma de repartição de benefícios mais coerente com a natureza dos recursos fitogenéticos do que se tentar identificar, caso a caso, os "provedores" de tais recursos.

Conclusão

O regime de acesso e repartição de benefícios estabelecido pela Medida Provisória nº 2.186-16/2001 foi concebido principalmente para os recursos genéticos silvestres, e especialmente para uso químico, farmacêutico ou industrial. Apresenta, portanto, graves dificuldades para a sua aplicação em relação aos recursos fitogenéticos. Qualquer variedade agrícola local é o resultado de atividades de seleção e melhoramento desenvolvidas ao longo de muitas gerações de agricultores, e a agrobiodiversidade é fruto do manejo complexo e dinâmico dos cultivos agrícolas realizado pelos agricultores. O Brasil já ratificou e deve priorizar a implementação do Tratado Internacional sobre Recursos Fitogenéticos para Alimentação e Agricultura, e os direitos dos agricultores são um componente fundamental de qualquer legislação voltada para o manejo, a conservação e o uso sustentável da agrobiodiversidade.

> **LISTA DE CULTIVOS AGRÍCOLAS INCLUÍDOS NO SISTEMA MULTILATERAL (ANEXO I DO TRATADO):**
>
> **Cultivos alimentares**: fruta-pão, aspargos, aveia, beterraba, brassicas, guandu, grão-de-bico, citrus, coco, áruns principais, cenoura, cará, capim-de-galinha, morango, girassol, cevada, batata-doce, chincho, lentilha, maçã, mandioca, banana, arroz, milheto, feijão, ervilha, centeio, batata, berinjela, sorgo, triticale, trigo, fava, feijão fradinho e milho. **Forrageiras**: *Astragalus, Canavalia, Coronilla, Hedysarum,* Lathyrus, *Lespedeza, Lotus, Lupinus,* Medicago, *Melilotus,* Onobrychis, *Ornithopus, Prosopis, Pueraria, Trifolium.* **Forrageiras gramíneas**: *Andropogon, Agropyron, Agrostis, Alopecurus, Arrhenatherum, Dactylis, Festuca, Lolium, Phalaris, Phleum, Poa, Tripsacum.* **Outras forrageiras**: *Atriplex, Salsola.*

Referências

BALICK, Michael J.; COX, Paul A. *Plants, people and culture*: the science of ethnobotany. New York: Scientific American Library, 1996.

DIEGUES, Antônio Carlos; ANDRELLO, Geraldo; NUNES, Márcia. Populações tradicionais e biodiversidade na Amazônia: levantamento bibliográfico georreferenciado. In: CAPOBIANCO, João Paulo Ribeiro et al. (Org.). *Biodiversidade na Amazônia brasileira*: avaliação e ações prioritárias para a conservação, uso sustentável e repartição de benefícios. São Paulo: Estação Liberdade e Instituto Socioambiental, 2001. p. 205-224.

FAO. Seed and Plant Genetic Resources Service. Plant Production and Protection Division. *Seed policy and programmes in Latin America and the Caribbean*. Proceedings of the Regional Technical Meeting on Seed Policy and Programmes in Latin America and the Caribbean. Merida, Mexico, 20-24 March 2000. (FAO Plant Production and Protection Paper 164).

GOEDERT, Clara. Histórico e avanços em recursos genéticos no Brasil. In: NASS, Luciano L. (Ed.). *Recursos genéticos vegetais*. Brasília: Embrapa Recursos Genéticos e Biotecnologia, 2007. p. 25-60.

PALACIOS, Ximena Flores. *Contribution to the estimation of countries' interdependence in the area of plant genetic resources*. FAO: Comissão de Recursos Fitogenéticos para Alimentação e Agricultura, 1999. Background Study Paper n. 7, rev. 1. Disponível em: <http://www.fao.org/ag/cgrfa/docs.htm>. Acesso em: 02 out. 2008.

RIIS-JOHANSEN, Terje. *Norway announces annual contribution to the benefit-sharing fund of the International Treaty*. Disponível em: <http://www.planttreaty.org>. Acesso em: 17 out. 2008.

SANTILLI, Juliana. *Socioambientalismo e novos direitos*: proteção jurídica à diversidade biológica e cultural. São Paulo: Peirópolis, IEB e ISA, 2005.

SANTILLI, Juliana. *Agrobiodiversidade e direitos dos agricultores*. São Paulo: Peirópolis, IEB, 2009.

> Informação bibliográfica deste texto, conforme a NBR 6023:2002 da Associação Brasileira de Normas Técnicas (ABNT):
>
> SANTILLI, Juliana. O Tratado Internacional sobre Recursos Fitogenéticos para a Alimentação e a Agricultura (TIRFA) e a sua implementação no Brasil. In: KISHI, Sandra Akemi Shimada; KLEBA, John Bernhard (Coord.). *Dilemas do acesso à biodiversidade e aos conhecimentos tradicionais*: direito, política e sociedade. Belo Horizonte: Fórum, 2009. p. 253-274. ISBN 978-85-7700-240-5.

Responsabilidade civil e acesso aos conhecimentos tradicionais no Brasil

Inês Virgínia Prado Soares

Sumário: **1** Considerações iniciais - **2** Conhecimentos tradicionais: conceito e características - **3** Conhecimentos tradicionais na Constituição brasileira - **3.1** Conhecimentos tradicionais como bens culturais imateriais ou legado da humanidade? - **3.2** Conhecimentos tradicionais brasileiros como "patrimônio da humanidade" - **3.3** Conhecimentos tradicionais como portadores de valores de referência - **3.4** Conhecimentos tradicionais como criações científicas ou tecnológicas - **4** Repercussão da dimensão econômica dos conhecimentos tradicionais e a minimização da desigualdade na relação jurídica - **4.1** A vulnerabilidade e hipossuficiência das comunidades tradicionais - **4.2** Premissas para um regime jurídico apropriado para tutela das comunidades tradicionais no acesso aos seus conhecimentos - **5** Responsabilidade civil em matéria de acesso aos conhecimentos tradicionais a partir dos alicerces jurídicos existentes no Brasil - **5.1** Responsabilidade civil objetiva: brevíssimas noções - **5.2** Princípio da responsabilidade cultural - **5.3** Responsabilidade objetiva no acesso aos conhecimentos tradicionais - **6** Conclusões - Referências

1 Considerações iniciais

A tutela jurídica do acesso aos conhecimentos tradicionais tem se revelado um assunto bastante complexo tanto para os operadores do direito e outros profissionais que atuam nos casos concretos, quanto para os próprios interessados em usufruir desses saberes, valores e técnicas. As soluções que se aproximam do ideal de justiça e de respeito à diversidade cultural somente podem ser pensadas em uma perspectiva de interdisciplinaridade e de compreensão dos direitos das minorias em face das demandas econômicas. E neste ponto reside a principal dificuldade: aliar a percepção da diferença e da vulnerabilidade da comunidade tradicional aos instrumentos jurídicos que tratam os conhecimentos tradicionais como bem de valor econômico.

É incontestes que há uma necessidade de se proceder à releitura dos instrumentos para a proteção dos hipossuficientes e adequá-los à temática do acesso aos conhecimentos tradicionais. Desse modo, no âmbito jurídico, os desafios da proteção do acesso aos conhecimentos tradicionais se apresentam maiores e mais tormentosos em decorrência da junção de uma série de problemas que, isolados, já proporcionariam discussões intermináveis: direitos econômicos da minoria detentora do saber; questões sobre patentes; propriedade intelectual; reflexos jurídicos do valor de uso dos conhecimentos tradicionais, etc. As características de vulnerabilidade e de hipossuficiência das comunidades tradicionais e a fragilidade — por essência — do bem cultural imaterial a ser protegido (o saber, os valores e as técnicas) são elementos marcantes na busca de soluções para o desenvolvimento de uma relação jurídica equânime entre comunidade tradicional e os interessados no acesso aos seus conhecimentos. Tais traços são também a essência da relação jurídica que se desenvolve entre os interessados, que são a comunidade tradicional e aquele que acessa tais conhecimentos.

Além das partes interessadas, o Estado tem o dever de proceder a uma horizontalização da relação jurídica de acesso aos conhecimentos tradicionais, a qual se desenvolve a partir da necessidade de uma das partes: a parte não vulnerável, a parte que acessa. A atividade interventora do Estado deve se cingir em propiciar a paridade entre os pólos dessa relação, munindo a comunidade detentora ou produtora do saber ou técnica de instrumentos de defesa de seus direitos, indicando para tal comunidade um instrumental que se apresente com uma verdadeira aura de proteção. Nesse enfoque, a responsabilidade civil objetiva é um instituto jurídico relevante, posto que tem potencial para garantir a reparação efetiva dos danos à comunidade tradicional nos casos concretos de acesso aos seus conhecimentos.

Assim, sem afastar os traços *sui generis* que envolvem a temática, o presente texto tem por finalidade abordar a responsabilidade civil objetiva como um dos mecanismos minimizadores da presumida desigualdade da comunidade tradicional na relação de acesso aos seus conhecimentos. Para isso, o artigo partirá do conceito e características dos conhecimentos tradicionais para, em seguida, enquadrá-lo como bem cultural brasileiro. Fixadas as concepções mencionadas, será analisada a repercussão da dimensão econômica dos conhecimentos tradicionais e das possibilidades jurídicas de minimização da desigualdade das comunidades tradicionais. Por fim, chega-se à Responsabilidade Civil Objetiva com o esboço de quatro argumentos que servem de suporte para sua aplicação no acesso ao conhecimento tradicional.

Vale desde logo ressalvar que o artigo não pretende esgotar o tema da responsabilidade civil objetiva no acesso ao conhecimento tradicional, mas sim demonstrar a fragilidade desse bem e a necessidade de utilização desse instituto como instrumento jurídico de equilíbrio na relação de acesso.

2 Conhecimentos tradicionais: conceito e características

Os conhecimentos tradicionais são os saberes e técnicas que os índios e outras comunidades locais (tais como os quilombolas, os caiçaras, os seringueiros, os pescadores, os ribeirinhos, dentre outras) têm e utilizam para sua sobrevivência e para o atendimento de necessidades culturais, espirituais, materiais e financeiras da presente e das futuras gerações. São conhecimentos sobre as potencialidades dos recursos naturais e sobre formas e suas técnicas de manejo e gestão, bem como sobre métodos de caça, pesca, processamento de alimentos e propriedades fitoterápicas de elementos da flora. Juliana Santilli conceitua os conhecimentos tradicionais como "conhecimentos, inovações e práticas culturais de povos indígenas, quilombolas e populações tradicionais, que vão desde formas e técnicas de manejo de recursos naturais até métodos de caça e pesca e conhecimentos sobre sistemas ecológicos e espécies com propriedades farmacêuticas, alimentícias e agrícolas. Tal concepção abrange ainda as formas culturais diferenciadas de apropriação do meio ambiente, em seus aspectos materiais e imateriais".[1]

A Medida Provisória nº 2.186-16/01 define conhecimento tradicional associado como "informação ou prática individual ou coletiva de comunidade indígena ou de comunidade local, com valor real ou potencial, associada ao patrimônio genético".[2] E, comunidade local, como "grupo humano, incluindo remanescentes de comunidades de quilombos, distinto por suas condições culturais, que se organiza, tradicionalmente, por gerações sucessivas e costumes próprios, e que conserva suas instituições sociais e econômicas".[3]

As definições de conhecimentos tradicionais, mais amplas ou restritas, sempre têm dois pressupostos para sua caracterização: a) que sejam gerados pelas comunidades tradicionais; e b) que tomem por base os recursos naturais. Assim, presentes os pressupostos comunidade tradicional e recursos naturais, tem-se o fundamento para o desenvolvimento de um conhecimento tradicional.

Os recursos naturais não precisam de maiores definições. A questão que pode ser colocada é a necessidade de que o recurso esteja disponível no território em que esteja fixada a comunidade ou se tais recursos podem ser trazidos de outros locais, para a utilização dos processos e tecnologias pelas comunidades. Porém, esse questionamento no Brasil não assumiu especial relevância no momento atual, já que as comunidades tradicionais têm lutado para permanecer em seus

---

[1] SANTILLI, Juliana. *Socioambientalismo e novos direitos*: proteção jurídica à diversidade biológica e cultural. São Paulo: Peirópolis, 2005. p. 78.
[2] Medida Provisória nº 2.186-16/01, art. 7º, inc. II.
[3] Medida Provisória nº 2.186-16/01, art. 7º, inc. III.

territórios e utilizar a biodiversidade presente no espaço em que está fixada ou em seus arredores.

O Decreto nº 6.040/2007, que institui a Política Nacional de Desenvolvimento Sustentável dos Povos e Comunidades Tradicionais, permite que sejam consolidados alguns pontos essenciais para a reprodução cultural das comunidades, com as definições de comunidades tradicionais e de territórios tradicionais. Desse modo, conceitua comunidades tradicionais como "grupos culturalmente diferenciados e que se reconhecem como tais, que possuem formas próprias de organização social, que ocupam e usam territórios e recursos naturais como condição para sua reprodução cultural, social, religiosa, ancestral e econômica, utilizando conhecimentos, inovações e práticas gerados e transmitidos pela tradição". Já os territórios tradicionais são definidos como "os espaços necessários a reprodução cultural, social e econômica dos povos e comunidades tradicionais, sejam eles utilizados de forma permanente ou temporária".[4]

Em suma: os conhecimentos tradicionais são aqueles saberes produzidos, desenvolvidos e usados pelas comunidades tradicionais, em uma perspectiva temporal intergeracional. Esses conhecimentos, valores e saberes são associados aos recursos naturais existentes no território em que vivem. Por isso, são intrinsecamente dependentes da biodiversidade e do território. Na perspectiva extrínseca, devem ter à sua disposição todos os instrumentos jurídicos que possibilitem sua sobrevivência com dignidade.

3 Conhecimentos tradicionais na Constituição brasileira

3.1 Conhecimentos tradicionais como bens culturais imateriais ou legado da humanidade?

A diversidade cultural e a previsão dos direitos à liberdade de expressão, à liberdade de manifestação cultural, à igualdade, à diferença, à liberdade religiosa, à vida com dignidade, dentre outros, são elementos que qualificam e caracterizam o Estado democrático brasileiro. Esses valores jurídicos encontram nos bens culturais a sua materialização. Desse modo, os bens culturais intangíveis e, especialmente, os modos de viver, criar e fazer que integram o patrimônio cultural brasileiro sempre refletem um ou alguns dos direitos fundamentais abrigados pelo sistema de justiça brasileiro.

Dentre as formas de exercício do direito de viver, de criar e de fazer estão as manifestações culturais pelas quais as comunidades tradicionais expressam, resguardam e transmitem seus saberes e valores essenciais, com a finalidade de preservação da sua vida e da base material e imaterial necessária para possibilitar

---

[4] Art. 3º, inc. II, do Decreto.

às gerações vindouras a continuidade da sua trajetória (trajetória esta já herdada de seus antepassados).

Alguns dos processos e técnicas utilizados pelas comunidades tradicionais, em seu cotidiano ou em ritos especiais, enquadram-se na conceituação de bens merecedores de tutela diferenciada, por integrarem o patrimônio cultural brasileiro. Certamente nem todo movimento e ação praticados pelas comunidades tradicionais se caracterizam como manifestação ou prática cultural.[5] No entanto, quando se caracterizarem como bens imateriais devem ter atenção do Poder Público para estabelecimento e implementação de políticas públicas que garantam a sua existência num espectro de liberdade e igualdade material, numa dimensão intergeracional.

Nessa perspectiva, muitos dos conhecimentos das comunidades tradicionais se conformam na expressão constitucional "modos de viver, criar e fazer" (do art. 216, inc. II). Por isso, os conhecimentos tradicionais são considerados pelo ordenamento jurídico brasileiro como gênero cultural,[6] que abriga elementos (pesca, caça, saberes sobre as propriedades medicinais de uma planta etc.) com potencialidade de serem bens culturais brasileiros.[7]

Dito de outro modo, a consideração dos conhecimentos tradicionais como bens culturais decorre da concepção adotada pela Constituição de abrangência dos bens imateriais como bens integrantes do patrimônio cultural brasileiro. Assim, os modos de fazer, criar e viver e as criações tecnológicas são bens culturais brasileiros (art. 216, II e III, da CF) desde que portadores de valores ligados à memória, à identidade ou à ação de um dos grupos formadores da sociedade brasileira.

O catálogo aberto dos bens culturais imateriais, a partir da indicação constitucional, não somente abriga os conhecimentos tradicionais como *bens culturais brasileiros* como também afasta a perspectiva de seu tratamento como herança ou legado da humanidade. Os conhecimentos produzidos e desenvolvidos pelas comunidades tradicionais brasileiras, fixadas em território

---

[5] Todos os bens culturais protegidos juridicamente passam por um processo de seleção e não é o objeto do presente artigo discutir os traços para a seletividade das manifestações culturais das comunidades tradicionais.

[6] Os gêneros culturais são as formas de expressão e os modos de viver, criar e fazer. Estes gêneros são naturalmente portadores de referencialidade e se beneficiam das significações jurídicas no plano normativo e material. Diferente é a situação dos elementos integrantes dos gêneros culturais. Esses elementos se apresentam como bens com potencialidade para serem considerados bens culturais imateriais brasileiros merecedores de tutela. Mas tais elementos somente serão bens culturais integrantes do patrimônio cultural brasileiro se forem portadores de valores de referência ligados à memória, à identidade ou à ação da sociedade brasileira. Por isso, nem toda prática da comunidade tradicional é considerada conhecimento tradicional integrante do patrimônio cultural brasileiro.

[7] No entanto, vale destacar, que além do valor de referência ligado à seara patrimonial cultural, os conhecimentos tradicionais são portadores de outros valores e interesses, também relevantes juridicamente, inclusive para a preservação de seus elementos: de manifestação cultural, de exercício de direitos intelectuais, de direito ao território em que vivem as comunidades tradicionais, dentre outros.

brasileiro, são sempre bens culturais merecedores de tutela. E mais, são bens brasileiros por serem portadores de valores de referência e por se caracterizarem como relevantes culturalmente (pela presença de interesses cultural, social ou econômico). Na ótica do patrimônio cultural, estes bens são gravados pela característica de bens de interesse público, sem prejuízo da dominialidade coletiva do bem pela comunidade tradicional.

3.2 Conhecimentos tradicionais brasileiros como "patrimônio da humanidade"

Não há possibilidade de se aceitar que o acesso aos conhecimentos tradicionais seja um acesso ao conhecimento de toda a humanidade. O tratamento jurídico dos conhecimentos tradicionais como "herança" só tem sentido se efetuado nos mesmos moldes do acesso e fruição aos bens materiais considerados patrimônio da humanidade, ou seja: o Brasil tem soberania sobre os conhecimentos tradicionais produzidos pelas comunidades situadas em seu terrritório e a gestão de tais bens imateriais deve ser feita pelos titulares dos saberes, com acompanhamento do Estado brasileiro em razão da vulnerabilidade desses grupos.

Dessa forma, o conhecimento tradicional que integrar o patrimônio da humanidade pode ter uma atenção especial dos organismos internacionais, que atuarão em cooperação com o Estado brasileiro e com a comunidade tradicional. No entanto, o acesso aos saberes, técnicas e valores dos grupos não é livre, nem gratuito, nem incondicionado. O sistema jurídico pátrio estabelece que a proteção do bem "conhecimentos tradicionais" está vinculada primeiro ao interesse da própria comunidade detentora e produtora, depois da sociedade brasileira e, por fim, ao interesse de toda a humanidade. Essa proteção estatal aos conhecimentos tradicionais se dá de forma autônoma, projetando-se nas relações privadas ou nas relações do indivíduo ou da coletividade com o Estado.

Por isso, pode-se dizer que os conhecimentos tradicionais são bens culturais imateriais e o acesso a estes depende da vontade dos detentores do bem e do Estado, que protege os grupos hipossuficientes e zela pela diversidade cultural da sociedade brasileira. A discussão jurídica travada tanto no plano nacional como no internacional sobre a natureza jurídica dos conhecimentos tradicionais como bens culturais brasileiros ou como legado da humanidade merece especial atenção dos que trabalham com o tema e buscam meios efetivos para a tutela das comunidades tradicionais, já que as consequências jurídicas do tratamento de um saber como herança da humanidade e como bem cultural são completamente diversas, principalmente no que diz respeito à anuência prévia ao acesso e à repartição de benefícios.

3.3 Conhecimentos tradicionais como portadores de valores de referência

O sistema jurídico pátrio indica que o processo de seleção dos bens culturais a serem tutelados se pautará na significação referencial dos bens culturais (e para a determinação da tal significação referencial são utilizados os critérios jurídicos, técnicos, sociais e culturais). Assim, os valores de referência estão intrinsecamente ligados à identidade, à memória ou à ação dos grupos formadores da sociedade brasileira e a seleção do bem cultural merecedor de tutela dependerá da percepção da importância do bem pela própria comunidade e por outros setores (Estado, Universidades e pesquisadores, empresas etc.).

Mas o que seriam valores de referência? Nas lições de José Afonso da Silva, a referência é um signo de relação entre os bens culturais e um elemento precedente no processo de seleção dos bens merecedores de tutela. Em suas palavras:

> os *bens portadores de referência* são bens dotados de um valor de destaque que serve para definir a essência do objeto de relação ao qual se prende o princípio da referibilidade considerado. É que, no caso, *referência* é, também, um signo de relação entre os bens culturais, como antecedentes ou referentes, e a *identidade*, a *ação* e a *memória* dos diferentes grupos formadores da sociedade brasileira, como conseqüentes ou referidos. *Identidade, ação* e *memória* são conseqüentes ou referidos que portam a idéia de manter com o passado uma relação enriquecedora do presente.[8]

Os valores de referência, segundo a doutrina mais abalizada, podem ser divididos em quatro grandes grupos — associativos, estéticos, econômicos e informativo-científicos — ou em três grandes categorias: valor de uso, valor de forma e valor de símbolo.[9] O valor simbólico (valor associativo) atua como presença substitutiva de alguém ou algo do passado. Assim, o valor simbólico dos conhecimentos tradicionais é conferido ao processo em que se desenvolve a técnica ou o saber e aos elementos presentes na natureza. Assim, a biodiversidade assume relevância no valor simbólico dos conhecimentos tradicionais. Estes bens têm valor especial para a comunidade tradicional pela característica singular de integrarem, ao mesmo tempo, o passado e o presente, servindo de nexo entre as gerações.

Os conhecimentos tradicionais são considerados como bens com valor de uso (tangível e intangível). Como bens de uso, os conhecimentos tradicionais

---
[8] SILVA, José Afonso da. *Ordenação constitucional da cultura*. São Paulo: Malheiros, 2001. p. 114 (grifos originais). O autor complementa afirmando que não é necessário que a referência seja um vetor do conjunto desses objetos. Basta que seja pertinente a apenas um: ou identidade, ou ação, ou memória.
[9] BALLART HERNÁNDEZ, Joseph; TRESSERRAS, Jordi Juan i. *Gestión del patrimonio cultural*. 2. ed. Barcelona: Ariel, 2005. p. 20-22.

são: a) bens de uso para sobrevivência da comunidade (no plano material e espiritual); e b) bens de uso com repercussão econômica. Os bens de uso para sobrevivência da comunidade (no plano material e espiritual) são aqueles conhecimentos, valores e técnicas utilizados no cotidiano pela própria comunidade, os quais não são percebidos ou quantificados prioritariamente como recursos econômicos e sim como bens da vida, integrantes dos recursos necessários para sua sobrevivência e para a manutenção de sua identidade cultural. Nesses casos, embora o valor de uso esteja intrínseco ao bem, sendo conhecido e difundido além dos membros da comunidade, a sua utilização por outros (que não os seus detentores) não é livre, nem gratuita ou incondicionada. Desse modo, o acesso a conhecimentos tradicionais que se caracterizam com valor de uso difundido segue as mesmas regras dos bens com valor de uso com repercussão econômica, inclusive a anuência prévia, a repartição de benefícios e a responsabilidade objetiva, dentre outros instrumentos. As obrigações de quem acessa não restam minimizadas porque o bem é de valor de uso difundido, já que o sistema jurídico brasileiro protege os conhecimentos tradicionais como bem cultural imaterial e, por conseqüência, o acesso a estes.

O valor de uso com repercussão econômica presente nos conhecimentos tradicionais deve ser considerado em todo processo de acesso para sua utilização. Exige a anuência prévia, a fixação de modo claro e detalhado do retorno financeiro para a comunidade produtora/detentora e as garantias de respeito aos valores culturais presentes no desenvolvimento do saber ou técnica tradicional. Desse modo, o acesso aos bens com valor de uso com repercussão econômica deve também proporcionar à comunidade a continuidade de seu conhecimento em uma perspectiva de sustentabilidade social, econômica, cultural e ambiental. Desse modo, não cabem cláusulas de exclusividade para a parte que acessa ou mesmo a proibição de compartilhamento entre a comunidade tradicional contratante e outras comunidades tradicionais.

3.4 Conhecimentos tradicionais como criações científicas ou tecnológicas

A Constituição menciona expressamente que as *criações científicas, artísticas e tecnológicas* são bens integrantes do patrimônio cultural brasileiro, quando portadores dos valores culturais que os liguem à memória, à identidade e à ação do povo brasileiro (art. 216, inc. III). Com isso, o texto constitucional inova ao proteger não somente os direitos culturais relativos à liberdade de manifestação e de criação e os direitos econômicos relativos à liberdade de iniciativa e de concorrência, mas também o resultado do exercício desses direitos, que são as criações como bens culturais imateriais.

A perspectiva do patrimônio cultural fornecida pela Constituição às criações científicas, artísticas e tecnológicas indica a necessidade de tratamento dessas criações como bens imateriais de interesse transindividual, afastando qualquer dúvida sobre a sua natureza de bem de interesse público, que grava todos os bens culturais. Reafirma também a importância da função social da propriedade, já que os bens culturais que resultam de criações científicas, artísticas e tecnológicas estão, em maioria, submetidos a regimes de direito privado, os quais resguardam aspectos da propriedade e os direitos decorrentes — para os proprietários e criadores.

A Constituição não detalha quais são as criações científicas, tecnológicas e artísticas que integram ou podem integrar o patrimônio cultural brasileiro, nem há legislação infraconstitucional que o faça. No *caput* do art. 216 (da CF) apenas existe a menção aos valores de referência cultural significativos para a sociedade brasileira, o que não dirime as dúvidas sobre as criações que, em um mundo globalizado, passam a ser valorizadas e difundidas para muitas nações e dentre muitos grupos sociais, sem limitação territorial.[10] Mesmo nessa complexa teia em que a atividade criativa está envolvida, pode-se afirmar que são bens culturais brasileiros as criações artísticas, tecnológicas e científicas produzidas no território brasileiro, produzidas por brasileiros (mesmo que estejam no exterior) e as desenvolvidas — exclusiva ou predominantemente — com recursos (naturais, culturais ou humanos) brasileiros.

Como há indicação constitucional de que as formas de expressão, os modos de criar e fazer e os bens e sítios de valor histórico e artístico são bens culturais, a menção às *criações científicas, artísticas e tecnológicas* tem por objetivo atingir outros bens públicos ou privados já protegidos por regimes jurídicos próprios (como p. ex: pelas leis de propriedade intelectual, de direitos autorais, dentre outras); visa também alcançar os bens que se adaptam ao regime de patentes, no caso das criações tecnológicas ou científicas; e, ainda, visa tutelar todos os bens portadores de valor cultural e que, independente de estarem inseridos em outros regimes jurídicos protetivos, devem ser tutelados por serem fundamentais para compreensão da cultura brasileira.

Além disso, a previsão constitucional em comento permite que criações culturais brasileiras de uso difundido, sem titularidade precisa (de domínio público), que tenham latente dimensão econômica, política, cultural ou social sejam tuteladas como bens culturais brasileiros. Assim, caso o bem cultural imaterial não se enquadre como forma de expressão ou modo de fazer, criar ou

---

[10] Em um mundo globalizado, no qual os conhecimentos e as artes são difundidos rapidamente sem limitação territorial, e as tecnologias e produções científicas precisam da troca e do compartilhamento de dados e informações, entre instituições e países diversos, para as novas criações.

viver, cabe averiguar se a manifestação cultural portadora de valores de referência para o povo brasileiro se apresenta como criação científica ou tecnológica, nos termos do art. 216, inc. III.

4 Repercussão da dimensão econômica dos conhecimentos tradicionais e a minimização da desigualdade na relação jurídica

4.1 A vulnerabilidade e hipossuficiência das comunidades tradicionais

A dimensão econômica dos conhecimentos tradicionais, seu não-enquadramento nas normas de tutela dos direitos advindos da propriedade intelectual e as dificuldades (somadas à ausência de vontade e de preocupação) em se criar mecanismos e leis que regulem os direitos das comunidades tradicionais (a partir de seus interesses e sua visão do assunto, sobre sua produção intelectual e suas criações tecnológicas) colocam o bem cultural *conhecimentos tradicionais* em uma situação de extrema fragilidade e de risco permanente de lesão e de perecimento.

Com base nesses riscos permanentes a que estão expostos, a comunidade internacional sugere algumas premissas que devem ser seguidas na gestão e no manejo dos conhecimentos tradicionais, quais sejam: 1) as comunidades são as guardiãs (*custodians*) de suas inovações e de seus processos tecnológicos; 2) devem ser proibidos quaisquer direitos de monopólio exclusivo sobre tais inovações, e, quaisquer transações que violem tal proibição são nulas e não produzem efeitos jurídicos; e 3) devem ser garantidos o livre intercâmbio e a transmissão de conhecimentos entre comunidades tradicionais.[11]

Tais premissas indicam não somente a clara percepção da fragilidade do bem cultural *conhecimentos tradicionais* e de seus suportes (seja a transmissão oral, seja a catalogação das propriedades por pesquisadores, sejam os recursos naturais, que sofrem constante degradação, dentre outros), como principalmente destacam a característica de vulnerabilidade das comunidades tradicionais nas relações jurídicas de acesso aos seus conhecimentos. O traço de vulnerabilidade também é realçado na possibilidade de as comunidades perderem o direito à fruição do bem cultural e de sua transmissão para as futuras gerações.

Certamente, a vulnerabilidade é um traço universal de todas as comunidades tradicionais no exercício de seus modos de fazer, criar e viver, bem

---

[11] De acordo com as proposta de lei ("Community Intellectual Rights Act") elaborada pela rede de ONGs Third World. Network.

como no desenvolvimento de suas criações tecnológicas, a partir dos recursos naturais. Por isso, para a concretização do princípio da igualdade, é necessário o estabelecimento de princípios, mecanismos e instrumentos que assegurem uma igualdade material e momentânea para a comunidade detentora ou fruidora do conhecimento tradicional. O estabelecimento de instrumentos que assegurem a igualdade material se justifica na medida em que há o pressuposto jurídico de que a comunidade tradicional é um sujeito com direitos diferentes, sujeito vulnerável e mais fraco.[12]

A vulnerabilidade das comunidades detentoras, possuidoras ou criadoras ou proprietárias de bens culturais imateriais com dimensão econômica exige uma horizontalização da relação com os que acessam (ou querem acessar) seus saberes, técnicas ou processos. A atividade do Estado deve ser no sentido de propiciar a paridade entre os pólos da relação, munindo a comunidade tradicional de instrumentos de defesa de seus direitos, contornando-a por uma verdadeira aura de proteção.[13]

O lastro protetivo aplicável aos conhecimentos tradicionais é o mesmo pertinente à defesa dos direitos coletivos e metaindividuais. Por isso, além do instrumental tradicional, cabe também a adoção de instrumentos extrajudiciais conformados às peculiaridades da comunidade vulnerável, como exemplifica Sandra Kishi:

> Cita-se aqui o compromisso de ajustamento apenas para demonstrar a possibilidade de ajuste ou transação de direitos transindividuais em conflito. Não se conforma o acordo de acesso ao patrimônio genético e ao conhecimento tradicional num compromisso de ajuste de condutas, porquanto naquele há criação ou modificação de direitos, e neste, não. O acordo de acesso mais se aproxima da transação de concessões recíprocas e o compromisso de ajustamento, num acerto de um comportamento para moldá-lo às exigências legais. O acordo de acesso à biodiversidade e à repartição de benefícios, de outro ângulo, tampouco detém natureza de transação pura e simples ou contrato. O acordo de acesso e repartição de benefícios é uma transação qualificada pelo pressuposto do consentimento prévio fundamentado do provedor do material biológico ou do conhecimento tradicional, em que uma das partes, o detentor da biotecnologia, deve sempre abster-se do exercício de alguns de seus direitos, em contraposição à valorização dos direitos originários dos povos tradicionais, que iniciam as tratativas do negócio, em franca

---

[12] Conforme o argumentado por Cláudia Lima Marques: "Ninguém discute hoje mais porque o consumidor foi o único agente econômico a merecer inclusão no rol dos direitos fundamentais do art. 5º da Constituição Federal, foi escolhido porque seu papel na sociedade é intrinsecamente vulnerável perante o seu parceiro contratual, o fornecedor. Trata-se de uma necessária concretização do Princípio da Igualdade, de tratamento desigual aos desiguais, da procura de uma igualdade material e momentânea para um sujeito com direitos diferentes, sujeito vulnerável, mais fraco. Criar uma lei especial e assegurar direitos subjetivos para este sujeito vulnerável são instrumentos de Igualdade, de ação positiva do Estado-legislador, a guiar a ação do Estado-executivo e do Estado-juiz" (*Contratos no Código de Defesa do Consumidor*. 4. ed. São Paulo: Revista dos Tribunais, 2002. p. 317-318).

[13] Frase desenvolvida a partir de texto de NUNES JUNIOR, Vital Serrano; SERRANO, Yolanda Alves Pinto. *Código de Defesa do Consumidor interpretado*: doutrina e jurisprudência. São Paulo: Saraiva, 2005. p. 2-3.

desigualdade de forças. Para alcançar essa mínima equalização de forças e interesses volitivos nesse negócio jurídico *sui generis* cláusulas especiais sempre devem fazer-se presentes. A título de exemplo, podem ser indicadas as seguintes cláusulas: a) o direito de desistência do consentimento mesmo após sua entabulação, sem ônus para a comunidade tradicional envolvida; b) o monitoramento de sua execução pelo Poder Público, no caso Conselho de Gestão do Patrimônio Genético, com exigências de prestações de contas periódicas; c) o acompanhamento pelo Ministério Público, de todos os atos do procedimento de acesso; d) reconhecimento da co-titularidade do bem de uso comum do povo, objeto do acesso.

Além daquelas distintas características, o negócio jurídico especial aqui enfocado é, quase sempre, multilateral ou plurilateral e não bilateral como no contrato.[14]

A vulnerabilidade, portanto, independe do maior ou menor nível educacional dos integrantes das comunidades tradicionais, da sua riqueza ou pobreza, do seu maior ou menor nível de entrosamento com a sociedade civil organizada. É um pressuposto inafastável que resulta de sua desigualdade material nas relações de acesso aos seus bens culturais. Ao mesmo tempo, as considerações acerca do nível educacional, da capacidade de compreensão do sistema normativo e dos conhecimentos técnicos são importantes para a caracterização da hipossuficiência das comunidades tradicionais.

A hipossuficiência é um traço individual, limitado a algumas pessoas ou grupos, decorrente de uma situação. A (quase constante) carência de recursos materiais das comunidades tradicionais e a transmissão dos conhecimentos entre gerações, por base oral ou por outros meios informais, sem a preocupação com aspectos jurídicos acerca da manutenção da propriedade intelectual do saber transmitido, gravam, essas comunidades, com a característica da hipossuficiência, especialmente a hipossuficiência jurídica.

Desse modo, no caso das comunidades tradicionais, é comum que ambas as características — a vulnerabilidade e a hipossuficiência — caminhem juntas.[15] Assim, a vulnerabilidade das comunidades tradicionais justifica a existência de legislação específica, como a Medida Provisória nº 2.186-16/01, que instituiu regras para o acesso, a remessa e a repartição de benefícios e, especificamente, a previsão do art. 8º desta MP, que dispõe que "fica protegido por esta Medida Provisória o conhecimento tradicional das comunidades indígenas e das comunidades locais, associado ao patrimônio genético, contra a utilização e exploração ilícita e outras ações lesivas ou não autorizadas pelo Conselho de Gestão de que trata o art. 10, ou por instituição credenciada". O próprio Conselho de Gestão

---

[14] KISHI, Sandra Akemi Shimada. *Tutela jurídica do acesso à biodiversidade e aos conhecimentos tradicionais no Brasil.* Dissertação (mestrado) - Programa de Pós-Graduação em Direito da Universidade Metodista de Piracicaba – UNIMEP, Piracicaba-SP, 2003. p. 198-199.

[15] Conforme lições de Antônio Herman de Vasconcellos e Benjamin sobre a vulnerabilidade do Consumidor. In: *Código brasileiro de defesa do consumidor comentado pelos autores do anteprojeto.* 7. ed. Rio de Janeiro: Forense Universitária, 2001. p. 325.

do Patrimônio Genético, de caráter deliberativo e normativo, é um ente que somente se justifica pela vulnerabilidade das comunidades tradicionais.

A hipossuficiência, especialmente a hipossuficiência jurídica, legitima alguns tratamentos diferenciados nas relações travadas por essas comunidades, como a previsão de funções deliberativas para o já mencionado Conselho de Gestão do Patrimônio Genético, nos termos do art. 11, inc. IV, da Medida Provisória nº 2.186-16/01, bem como a previsão que indica a atribuição de dar anuência aos Contratos de Utilização do Patrimônio Genético e de Repartição de Benefícios quanto ao atendimento dos requisitos legais (da Medida Provisória e no seu regulamento)[16] e, no momento posterior, acompanhar a implementação desses Contratos e da Repartição de Benefícios autorizados.

Além de outras previsões estabelecidas na MP em comento, podem ser aplicados outros mecanismos e instrumentos legais que equilibram as partes em uma relação jurídica, tais como: a inversão do ônus da prova, a previsão de cláusulas nulas de pleno direito e a previsão de responsabilidade objetiva para os que acessam e utilizam os conhecimentos tradicionais, dentre outros. Esses mecanismos serão tratados a seguir, nos próximos tópicos.

A necessidade do estabelecimento de um sistema que abrigue os conhecimentos tradicionais em uma nova perspectiva, que reconheça a vulnerabilidade e a hipossuficiência de uma das partes e a fragilidade do bem protegido, é premente:

> Dois dos maiores especialistas mundiais, Vandana Shiva (da ONG Research Foundation for Science, Technology and Natural Resource Policy, de Nova Délhi, Índia) e Gurdial Singh Nijar (da rede de ONGs Third World Network) chamam atenção para os preconceitos existentes na própria definição do conhecimento, em que se considera o conhecimento ocidental como "científico" e as tradições não-ocidentais como "não científicas", afirmando que os sistemas tradicionais de conhecimento têm as suas próprias fundações científicas e epistemológicas, que os diferem dos sistemas de conhecimento ocidental, reducionistas e cartesianos. Por tal razão, Shiva e Nijar alertam para a urgente necessidade de criação de sistemas legais de proteção a conhecimentos tradicionais que considerem as suas especificidades culturais.[17]

Em suma: a vulnerabilidade, diferentemente da hipossuficiência, é conceito relacional. As comunidades tradicionais são presumidas vulneráveis pela lei porque o seu poder econômico, social ou cultural em comparação com o poder da parte interessada em acessar seus conhecimentos é de tal modo ínfimo que o não reconhecimento jurídico da vulnerabilidade como regra resultará em um desequilíbrio permanente que concorre para a lesão ou perecimento do bem cultural. Ao mesmo tempo, as comunidades são sempre hipossuficientes, o que

---

[16] Art. 11, inc. V.

[17] SANTILLI, Juliana. *Conhecimentos tradicionais e biodiversidade*. Disponível em: <http://www.socioambiental.org/pib/portugues/direito/conhebio.shtm>. Acesso em: 09 jul. 08.

lhes garante a inversão do ônus da prova, inclusive de ofício, independente do valor do contrato firmado.

4.2 Premissas para um regime jurídico apropriado para tutela das comunidades tradicionais no acesso aos seus conhecimentos

A vulnerabilidade e a hipossuficiência das comunidades detentoras e produtoras dos conhecimentos tradicionais colocam os próprios bens em uma situação permanente de risco. As normas e os mecanismos jurídicos apropriados para a tutela de outros bens culturais muitas vezes são inócuos para a defesa desses saberes e técnicas. Assim, no momento atual, a preservação e fomento dos conhecimentos tradicionais como bens culturais brasileiros não encontram mecanismos aptos a preservá-los. Os institutos jurídicos para proteção da propriedade intelectual individual não são adaptáveis aos traços dos conhecimentos tradicionais, assim como muitos dos instrumentos protetivos dos bens culturais. As comunidades tradicionais, por sua vez, nunca se encontram em paridade de condições em relação às empresas (nacionais ou estrangeiras), aos pesquisadores e a outros interessados em acessarem seus conhecimentos tradicionais. Por isso, a simples consideração da vulnerabilidade, sem a produção de um aparato legal que horizontalize as relações perpetua as situações de lesão (ou ameaça de lesão) aos bens culturais imateriais em comento. Nas fundamentadas e consistentes ponderações de Juliana Santilli, é necessária a criação de um novo regime jurídico, um regime *sui generis*, que deve partir de premissas que reconheçam a singularidade e fragilidade do bem e a vulnearabilidade da comunidade produtora ou detentora:

> Um regime legal *sui generis* de proteção a direitos intelectuais coletivos de comunidades tradicionais deve partir das seguintes premissas:
>
> Previsão expressa de que são nulas de pleno direito, e não produzem efeitos jurídicos, as patentes ou quaisquer outros direitos de propriedade intelectual (marcas comerciais, etc.) concedidos sobre processos ou produtos direta ou indiretamente resultantes da utilização de conhecimentos de comunidades indígenas ou tradicionais, como forma de impedir o monopólio exclusivo sobre os mesmos;
>
> Previsão da inversão do ônus da prova em favor das comunidades tradicionais, em ações judiciais visando anular patentes concedidas sobre processos ou produtos resultantes de seus conhecimentos, de forma que competiria à pessoa ou empresa demandada provar o contrário;
>
> A expressa previsão da não-patenteabilidade dos conhecimentos tradicionais permitiria o livre intercâmbio de informações entre as várias comunidades, essencial à própria geração dos mesmos;
>
> Obrigatoriedade legal do consentimento prévio das comunidades tradicionais para o acesso a quaisquer recursos genéticos situados em suas terras, com expresso poder de negar, bem como para a utilização ou divulgação de seus conhecimentos tradicionais

para quaisquer finalidades, e, em caso de finalidades comerciais, previsão de formas de participação nos lucros gerados por processos ou produtos resultantes dos mesmos, através de contratos assinados diretamente com as comunidades indígenas, que poderão contar com a assessoria (facultativa) do órgão indigenista, de organizações não-governamentais e do Ministério Público Federal, devendo ser proibida a concessão de direitos exclusivos para determinada pessoa ou empresa;

Criação de um sistema nacional de registro de conhecimentos tradicionais associados à biodiversidade, como forma de garantia de direitos relativos aos mesmos. Tal registro deverá ser gratuito, facultativo e meramente declaratório, não se constituindo condição para o exercício de quaisquer direitos, mas apenas um meio de prova;[18]

Na Conferência das Nações Unidas para o Meio Ambiente e o Desenvolvimento (ECO-92) foi firmada a Convenção sobre a Diversidade Biológica (CDB).[19] Esta Convenção define três objetivos, a serem perseguidos no plano interno: a conservação da diversidade biológica; o uso sustentável de suas partes constitutivas; e a repartição justa e equitativa dos benefícios que advêm do uso dos recursos genéticos. A disposição do artigo 8(j) da Convenção obriga os países signatários a "respeitarem, preservarem e manterem o conhecimento, inovações e práticas das comunidades locais e populações indígenas com estilos de vida tradicionais relevantes à conservação e utilização sustentável da diversidade biológica" e sugere "a repartição justa e equitativa dos benefícios oriundos da utilização desse conhecimento, inovações e práticas".

As razões para a lenta implementação da disposição que prevê a repartição equitativa dos benefícios advindos dos conhecimentos tradicionais decorrem da própria complexidade da questão e da dificuldade de compatibilizar os interesses das comunidades tradicionais com os interesses econômicos (muitas vezes pautados em acordos internacionais relevantes para o desenvolvimento econômico do Brasil). Somam-se a tais razões duas outras de ordem prática: a falta de interesse de grupos que podem ter um ganho maior sem a regulamentação jurídica da questão — de um lado; e a vulnerabilidade e hipossuficiência das comunidades tradicionais — de outro.

No entanto, apesar das dificuldades, o dispositivo em comento, assim como o teor da Convenção de Diversidade Biológica (CDB), vão encontrando, aos poucos, amparo e regulamentação no ordenamento jurídico brasileiro. É o que se nota com a edição da Medida Provisória nº 2.186-16/01 e do Decreto Federal nº 6.040/2007, que tratam de diversos aspectos ligados aos conhecimentos tradicionais sob influência direta dos enunciados da Convenção.

---

[18] SANTILLI, Juliana. *Conhecimentos tradicionais e biodiversidade*. Disponível em: <http://www.socioambiental.org/pib/portugues/direito/conhebio.shtm>. Acesso em: 09 jul. 08.

[19] A Convenção foi assinada no Rio de Janeiro, na Conferência das Nações Unidas para o Meio Ambiente e o Desenvolvimento, em 1992, está incorporada ao ordenamento jurídico pátrio, visto que ratificada pelo Congresso Nacional pelo Decreto Legislativo nº 2, de 03.02.1994, e promulgada pelo Decreto nº 2.519, de 16.03.1998 (*DOU* de 17.03.1998).

A Medida Provisória mencionada estabelece regras para o acesso, a remessa e a repartição de benefícios advindos dos conhecimentos tradicionais, de acordo com as diretrizes da Convenção da Diversidade Biológica (CDB). Indica o procedimento a ser seguido para o acesso ao conhecimento tradicional, prevê a necessidade de anuência prévia da comunidade e indica a repartição de benefícios como medida imprescindível, no caso da repercussão econômica do acesso. A MP enumera como benefícios decorrentes da exploração econômica: a) divisão de lucros; b) pagamento de *royalties*; c) acesso e transferência de tecnologias; d) licenciamento, livre de ônus, de produtos e processos; e e) capacitação de recursos humanos.[20]

Já o Decreto nº 6.040/2007 institui a Política Nacional de Desenvolvimento Sustentável dos Povos e Comunidades Tradicionais (PNPCT) e aponta para a necessidade de tratamento dessas comunidades de acordo com suas peculiaridades, respeitando as suas diferenças culturais, de organização social, de relação com seu território e com os recursos naturais, dentre outras questões.

No anexo do Decreto, constam as regras e princípios que devem orientar o trato do assunto. Desse modo, no art. 1º do anexo, fica estabelecido que as ações e atividades voltadas para o alcance dos objetivos da Política Nacional de Desenvolvimento Sustentável dos Povos e Comunidades Tradicionais deverão ocorrer de forma intersetorial, integrada, coordenada, sistemática. E, para se alcançar tal fim, deve-se ter como princípio, dentre outros, *a preservação dos direitos culturais, o exercício de práticas comunitárias, a memória cultural e a identidade racial e étnica.*[21]

Dentre os objetivos específicos da Política dos Povos e Comunidades Tradicionais estão: a garantia aos povos e comunidades tradicionais, seus territórios e o acesso aos recursos naturais que tradicionalmente utilizam para sua reprodução física, cultural e econômica;[22] o reconhecimento, a proteção e a promoção dos direitos dos povos e comunidades tradicionais sobre os seus conhecimentos, práticas e usos tradicionais;[23] apoio e garantia da inclusão produtiva, com a promoção de tecnologias sustentáveis, respeitando o sistema de organização social dos povos e comunidades tradicionais, valorizando os recursos naturais locais e práticas, saberes e tecnologias tradicionais.[24]

As normas brasileiras mencionadas ainda não conseguiram contemplar de modo satisfatório os interesses em jogo no acesso e utilização dos conhecimentos tradicionais. No entanto, existe uma base jurídica lastreada na Constituição e na

---

[20] Art. 25, incs. I a V.
[21] Anexo, art. 1º, inc. XIV.
[22] Anexo, art. 3º, inc. I.
[23] Anexo, art. 3º, inc. XV.
[24] Anexo, art. 3º, inc. XVII.

CDB que permite a construção e a consolidação de um justo sistema protetivo dos conhecimentos tradicionais. O reconhecimento da soberania nacional sobre a biodiversidade, o estabelecimento do objetivo da repartição de benefícios e a garantia de exercício, pelas comunidades indígenas e locais, dos direitos sobre seus conhecimentos são importantes pontos já fixados e que delimitam os alicerces do sistema jurídico para o uso dos componentes gerados pelos conhecimentos tradicionais.

5 Responsabilidade civil em matéria de acesso aos conhecimentos tradicionais a partir dos alicerces jurídicos existentes no Brasil

5.1 Responsabilidade civil objetiva: brevíssimas noções

A densidade das populações, especialmente em áreas urbanas, e os novos inventos, fontes de uma multiplicidade alarmante de acidentes agravados pela crescente impossibilidade de se provar a causa do sinistro e a culpa do autor do ato ilícito, ao lado de outros fatores econômicos, sociais, políticos e influências de ordem filosóficas e morais provocaram, no curso do século XX, uma evolução — na concepção jurídica — da responsabilidade civil extracontratual.[25] Nessa evolução,[26] em um primeiro momento, a teoria da culpa é consagrada como princípio fundamental da responsabilidade. Porém, "as necessidades prementes da vida, cuja solução não era prevista na lei, ou não era satisfatoriamente amparada, levaram a jurisprudência a ampliar o conceito de culpa e a acolher, embora excepcionalmente, as conclusões das novas tendências doutrinárias".[27]

O amadurecimento da teoria da responsabilidade civil foi no sentido de amparar e reparar quem sofria o dano. Por isso, as transformações ocorridas exigiam e buscavam a proteção daquele que havia sofrido o dano com a efetiva reparação do mesmo, independente da culpa.[28] Nessa etapa, havia uma necessidade de revisão dos estreitos limites da reparação embasada na culpa. A mudança de enfoque da reparação de danos passou a ser um imperativo.

---

[25] Conforme desenvolvido por LIMA, Alvino. *Culpa e risco*. São Paulo: Revista dos Tribunais, 1998. p. 16.

[26] A responsabilidade civil extracontratual evolui da vingança, passando pela composição pecuniária, sem menção da culpabilidade, que surge como influência da regra moral no direito, para se corporificar em justinianeu. Na era moderna o Código Civil francês proclamou a responsabilidade sob o fundamento da culpa, tornando-se esta a pedra angular de toda a legislação sobre a responsabilidade decorrente do ato lesivo.

[27] LIMA, Alvino. *Culpa e risco*, ob. cit, p. 40.

[28] Como bem relata Caio Mário da Silva Pereira, "a insatisfação com a teoria subjetiva tornou-se cada vez maior, e evidenciou-se a sua incompatibilidade com o impulso desenvolvimentista do nosso tempo. A multiplicação das oportunidades e das causas dos danos evidenciaram que a responsabilidade subjetiva mostrou-se inadequada para cobrir todos os casos de reparação. Esta, com efeito, dentro na doutrina da culpa, resulta da vulneração de norma preexistente, e comprovação de nexo causal entre o dano e a antijuridicidade da conduta do agente. Verificou-se, como já ficou esclarecido, que nem sempre o lesado consegue provar estes elementos (PEREIRA, Caio Mário da Silva. *Responsabilidade civil*. 3. ed. Rio de Janeiro: Forense. p. 260).

Por isso, pode-se dizer — sucintamente — que a evolução e a objetivação da culpa visavam atender o problema da reparação dos danos, de forma a se evitar injustiças, já que cada vez mais existia um entrechoque de interesses e um aumento das lesões de direitos em virtude da densidade progressiva das populações e da diversidade múltipla das atividades socioeconômicas. Há também a multiplicação indefinida das causas produtoras do dano, advindas das invenções criadoras de perigos que se avolumam, ameaçando a todos. Nesse quadro, há necessidade de se proteger a vítima, assegurando-lhe a reparação do dano.

No entanto, o ponto de vista exclusivo da reparação do dano cede lugar a uma concepção mais ampla, que busca oferecer à vítima uma posição equânime na relação, a partir de um critério de equilíbrio. Ainda que a reparação seja a finalidade nuclear do sistema jurídico da responsabilidade, o foco migra para o fato causador do dano, independente da investigação da culpa. Por isso, atenta Alvino Lima que "o dano e a reparação não devem ser aferidos pela medida da culpabilidade, mas devem emergir do fato causador da lesão de um bem jurídico, a fim de se manterem incólumes os interesses em jogo, cujo desequilíbrio é manifesto, se ficarmos dentro dos estreitos limites de uma responsabilidade subjetiva".[29]

A evolução social, econômica, industrial e tecnológica exigiu uma mudança no sistema da responsabilidade civil, com a aplicabilidade cada vez mais freqüente da responsabilidade objetiva nas relações. A consagração da responsabilidade objetiva fundada na teoria do risco é um postulado fundamental a embasar a indenização dos danos oriundos das relações no acesso ao conhecimento tradicional. Essa categoria de responsabilidade dispensa não só a prova, mas também a própria discussão sobre a culpa. É uma responsabilidade legal, que se centra não somente na atividade de risco consistente em acessar os conhecimentos tradicionais, mas também na existência da liberdade de manifestação e produção cultural e no nexo causal entre essa liberdade e o dano.

5.2 Princípio da responsabilidade cultural

O princípio da responsabilidade cultural tem sua base na Constituição. O art. 170 e incisos combinados com os artigos 216, 218, 219 e 225 indicam que os agentes econômicos são responsáveis pelos danos que vierem causar aos bens culturais, independentemente de culpa. Da mesma forma, o texto constitucional atribui ao Poder Público, em colaboração com a comunidade, o dever de preservar o patrimônio cultural brasileiro (art. 23, III e IV, art. 30, IX, e art. 216) e indica que as pessoas jurídicas de direito público e as de direito privado prestadoras de serviço público responderão pelos danos que seus agentes acusarem (art. 37, §6º). No plano infraconstitucional, o art. 14, §1º, da Lei

---

[29] Ob. cit., p. 116.

nº 6.938/81 fornece o respaldo legal para o princípio em comento. Esse artigo permite, também, o enquadramento ao termo "na forma da lei" escrito no final do §4º do art. 216 da Constituição.

Dessa forma, qualquer dano aos bens culturais deve ser reparado, independentemente da existência de dolo ou culpa. No mesmo sentido, destaca Marcos Paulo de Souza Miranda que "o direito de todos ao patrimônio cultural abrange não somente a guarda, preservação e proteção desse bem, mas também a sua promoção, nela se inserindo o direito de acesso e fruição pela coletividade em geral, diante de sua titularidade difusa. Dessa forma, àquele que de qualquer forma contribuir para a degradação dos bens culturais existentes em nosso país impõe, por força da responsabilização civil, a obrigação de reparar o dano, prioritariamente tornando-os ao *status quo ante*".[30]

O princípio da responsabilidade cultural é, portanto, o princípio da responsabilidade objetiva atrelada às relações que giram em torno do patrimônio cultural e às suas características. A objetivação da culpa na lesão aos bens culturais atende ao problema da reparação dos danos a tais bens e visa à manutenção de sua existência, para fruição das próximas gerações. Como há também a multiplicação indefinida das causas produtoras de danos ao patrimônio cultural, a necessidade de se assegurar a reparação quando ocorre a lesão é uma forma de proteção do bem, do seu proprietário e da comunidade como um todo (gerações presente e futuras).[31]

A responsabilização sem culpa também atende aos interesses das gerações futuras. Por isso, como bem realça Paulo Affonso Leme Machado, a responsabilidade civil objetiva tem duas funções: a de prevenir e a de reparar,[32] e essas funções devem ser incorporadas quando da aplicação do princípio em comento. Desse modo, a prevenção do dano em relação ao acesso aos conhecimentos tradicionais e a adoção do princípio da responsabilidade objetiva são medidas ajustadas ao sistema de tutela jurídica dos bens culturais brasileiros. Assim, além do mencionado art. 14, §1º, da Lei nº 6.938/81, cabe destacar a Lei nº 7.347/85, Lei da Ação Civil Pública, que possibilita que o juiz determine o cumprimento da obrigação de fazer ou não-fazer e mais especificamente, no art. 11, permite que o juiz determine o cumprimento da prestação da atividade devida.[33]

---

[30] MIRANDA, Marcos Paulo de Souza. *Tutela do patrimônio cultural brasileiro.* Belo Horizonte: Del Rey, 2006. p. 257.

[31] Atenta Alvino Lima: "o dano e a reparação não devem ser aferidos pela medida da culpabilidade, mas devem emergir do fato causador da lesão de um bem jurídico, a fim de se manterem incólumes os interesses em jogo, cujo desequilíbrio é manifesto, se ficarmos dentro dos estreitos limites de uma responsabilidade subjetiva" (LIMA, Alvino. *Culpa e risco*, p. 116).

[32] MACHADO, Paulo Affonso Leme. *Direito ambiental brasileiro.* São Paulo: Malheiros, 2006. p. 318-319.

[33] Conforme o desenvolvido por Paulo Affonso Leme Machado, ob. cit., p. 318. O ilustre jurista faz uma abordagem bem mais profunda sobre o tema na obra citada, trazendo um Título inteiro sobre responsabilidade civil, reparação de dano ecológico e meios processuais para a defesa do meio ambiente.

Por fim, vale resumir que a responsabilidade em matéria de patrimônio cultural é objetiva e solidária, sendo suficiente, para indenizar ou para se obrigar o causador do dano a outras reparações, que se comprove: a) a prática do ato ou a omissão agressiva ao bem cultural; b) a ocorrência do prejuízo ao bem cultural (conhecimento tradicional) ou à comunidade tradicional detentora ou produtora do bem; c) o nexo causal entre a ação (ou omissão) do agente.

O Poder Público também tem responsabilidade na tutela do acesso aos conhecimentos tradicionais, desde o momento anterior ao acesso, devendo estar preparado administrativamente para atender às demandas e solucionar os problemas decorrentes da vulnerabilidade e da hipossuficiência das comunidades tradicionais. A responsabilidade do Estado se configura: no dever de vigilância e de não omissão, na assunção das competências exclusivas, bem como na responsabilidade solidária na fase pós-acesso.

5.3 Responsabilidade objetiva no acesso aos conhecimentos tradicionais

Por todo o exposto nos itens anteriores, especialmente pelo princípio da responsabilidade cultural e pelas características de vulnerabilidade e hipossuficiência das comunidades tradicionais, pode-se afirmar que somente cabe a aplicação da responsabilidade objetiva em relação à parte contratante presumidamente mais forte, ou seja: aquela que acessa os conhecimentos tradicionais. Desta forma, a mudança de foco, com o objetivo de atingir a equidade faz com que se tenha em vista a vítima (potencial ou efetiva) e a reparação do dano.

A responsabilidade objetiva dispensa não só a prova, mas também a própria discussão sobre a culpa. É uma responsabilidade legal, que se centra não somente na atividade de risco consistente em acessar os conhecimentos tradicionais, mas também na existência da liberdade de manifestação e produção cultural e no nexo causal entre essa liberdade e o dano. No caso do acesso aos conhecimentos tradicionais, a reparação efetiva dos danos morais e materiais é totalmente desvinculada da culpa daquele que acessa e está ligada, por conseguinte, ao fato causador da lesão. Com base na doutrina de João Calvão da Silva[34] é possível identificar três argumentos que servem de suporte para a

---

[34] SILVA, João Calvão da. *Responsabilidade civil do produtor.* Coimbra: Coimbra Ed., 1990. p. 498-495. Nas palavras do citado autor: "Existem basicamente quatro argumentos que servem de suporte para a responsabilidade objetiva: o primeiro seria a disseminação do risco de dano pela sociedade (risk of loss spreading), ou seja, do uso e consumo dos produtos complexos resultam acidentes inevitáveis que podem ter efeito desastroso para aqueles que o sofrem; o segundo é a dissuasão e controle do risco. A sua imposição dissuade fortemente o produtor de lançar no mercado produtos inseguros, não suficientemente controlados e testados, e pressiona-o a investir mais na investigação para eliminar ou reduzir esse risco; o terceiro argumento é a da proteção das expectativas do consumidor. Pressupõe ela que pela publicidade e marketing o produtor apresente os produtos

responsabilidade objetiva nas relações que envolvem o acesso ao conhecimento tradicional, os quais serão tratados a seguir.

O primeiro argumento seria a disseminação do risco de dano pela sociedade (*risk of loss spreading*), ou seja: o acesso aos conhecimentos tradicionais pode resultar danos inevitáveis de efeitos desastrosos não somente para a comunidade que sofre tais danos, mas para toda a sociedade brasileira, que perde em diversidade cultural;

O segundo é a dissuasão e o controle do risco. A imposição da responsabilidade objetiva dissuade fortemente aquele que acessa os conhecimentos tradicionais e o induz a atuar de modo justo com a comunidade detentora (por meio da repartição de benefício, pela observância dos trâmites preliminares ao acesso, pelo oferecimento de meios para que a comunidade acompanhe o que aconteceu após o contato com seu saber etc.). Desse modo, a aplicação da responsabilidade objetiva conforma a conduta daquele que acessa os conhecimentos tradicionais e conduz ao investimento em maior quantidade e melhor qualidade de recursos durante todo processo, com o fim de eliminar ou reduzir os riscos para a comunidade tradicional; e

O terceiro argumento é o da proteção das expectativas da comunidade tradicional e da sociedade brasileira como um todo. O estabelecimento da responsabilidade objetiva pressupõe que a relação estabelecida seja segura para a comunidade detentora do saber, a qual estará protegida dos inerentes perigos desconhecidos. Como os valores culturais em torno do bem acessado ficam em uma situação de extrema fragilidade, a conseqüência é que a comunidade tenha a sua própria sobrevivência ameaçada. Desse modo, a responsabilidade objetiva assegura a sustentabilidade do conhecimento tradicional como bem cultural, bem como a continuidade da vida digna para as gerações futuras.

6 Conclusões

A sustentabilidade dos conhecimentos tradicionais passa pelo reconhecimento incondicional de que estes são um bem cultural imaterial, com natureza jurídica de um bem de interesse público. E mais: para que sejam preservados, os conhecimentos tradicionais devem ter à disposição instrumentos protetivos que garantam a preservação de seus elementos essenciais, já que somente desse modo será possível a compreensão da trajetória da sociedade brasileira em um espaço temporal que promova a ligação entre gerações.

---

ao público como seguros, induzindo os consumidores a ter em conta na decisão de comprar a qualidade e a segurança dos produtos e nelas confiar, razão por que devem ser protegidos dos inerentes perigos desconhecidos; o quarto argumento é a redução dos custos. Pela sua exigência e certeza, diminuiriam os litígios judiciais, estimular-se-iam as transações extrajudiciais e baixar-se-iam o tempo e os custos de funcionamento."

Como dito na introdução, este artigo não esgota a rica e instigante discussão acerca da responsabilidade civil no acesso aos conhecimentos tradicionais. No entanto, apresenta uma argumentação para a defesa das comunidades tradicionais que tenham sofrido algum dano em decorrência do acesso. Por isso, é imprescindível que nos casos de apropriação para fins comerciais ou econômicos, além do respeito aos direitos intelectuais individuais (ou outros direitos decorrentes das relações públicas ou privadas) já previstos em lei, seja estabelecido (no plano jurídico, inclusive) um retorno econômico, social e cultural à comunidade produtora, detentora, criadora ou transformadora dos elementos integrantes desses bem imateriais. Ou seja: que os benefícios (sociais, econômicos ou culturais) auferidos pelo acesso e fruição dos conhecimentos tradicionais sejam equitativamente repartidos entre a comunidade fixada em território brasileiro.

A responsabilidade objetiva nas relações de acesso aos conhecimentos tradicionais é um dos instrumentos jurídicos que melhor resolve o problema da reparação dos danos para as comunidades tradicionais. É também um instituto jurídico que contribui, significativamente, para a fruição do bem cultural pelas próximas gerações. Desse modo, junto com a busca de um regime *sui generis* para a matéria, cabe a previsão expressa da responsabilidade objetiva daquele que acessa.

Referências

BENJAMIN, Antônio Herman de Vasconcellos e. *Código brasileiro de defesa do consumidor comentado pelos autores do anteprojeto*. 7. ed. Rio de Janeiro: Forense Universitária, 2001.

BALLART HERNÁNDEZ, Joseph; JUAN I TRESSERRAS, Jordi. *Gestión del patrimonio cultural*. 2. ed. Barcelona: Ariel, 2005.

KISHI, Sandra Akemi Shimada. *Tutela jurídica do acesso à biodiversidade e aos conhecimentos tradicionais no Brasil*. Dissertação (Mestrado) - Universidade Metodista de Piracicaba - UNIMEP, 2003.

LIMA, Alvino. *Culpa e risco*. São Paulo: Revista dos Tribunais, 1998.

MACHADO, Paulo Affonso Leme. *Direito ambiental brasileiro*. 14. ed. São Paulo: Malheiros, 2006.

MARQUES, Cláudia Lima. *Contratos no código de defesa do consumidor*. 4. ed. São Paulo: Revista dos Tribunais, 2002.

MIRANDA, Marcos Paulo de Souza. *Tutela do patrimônio cultural brasileiro*. Belo Horizonte: Del Rey, 2006.

NUNES JUNIOR, Vital Serrano; SERRANO, Yolanda Alves Pinto. *Código de defesa do consumidor interpretado*: (doutrina e jurisprudência). São Paulo: Saraiva, 2005.

PEREIRA, Caio Mário da Silva. *Responsabilidade civil*. 3. ed. Rio de Janeiro: Forense, 1992.

SANTILLI, Juliana. *Socioambientalismo e novos direitos*: proteção jurídica à diversidade biológica e cultural. São Paulo: Peirópolis, 2005.

SANTILLI, Juliana. *Conhecimentos tradicionais e biodiversidade.* Disponível em: <http://www.socioambiental.org/pib/portugues/direito/conhebio.shtm>. Acesso em: 9 jul. 2008.

SILVA, João Calvão da. *Responsabilidade civil do produtor.* Coimbra: Almedina, 1990.

SILVA, José Afonso da. *Ordenação constitucional da cultura.* São Paulo: Malheiros, 2001.

Informação bibliográfica deste texto, conforme a NBR 6023:2002 da Associação Brasileira de Normas Técnicas (ABNT):

SOARES, Inês Virgínia Prado. Responsabilidade civil e acesso aos conhecimentos tradicionais no Brasil. In: KISHI, Sandra Akemi Shimada; KLEBA, John Bernhard (Coord.). *Dilemas do acesso à biodiversidade e aos conhecimentos tradicionais*: direito, política e sociedade. Belo Horizonte: Fórum, 2009. p. 275-297. ISBN 978-85-7700-240-5.

Em direção a coleções regionais de uso comum dos recursos genéticos. Melhorando a efetividade e a justiça no acesso aos recursos e na repartição de benefícios[1]

Gerd Winter*

Abreviaturas
RG – Recursos genéticos
TM – Transferência de material
RB – Repartição de benefícios
CGRs – Coleções genéticas regionais de uso comum
P&D – Pesquisa e desenvolvimento
CDB – Convenção da biodiversidade
ARB – Acesso e repartição de benefícios

Sumário: I Direitos soberanos sobre recursos genéticos - **1** O conteúdo do direito soberano - **2** O escopo dos direitos soberanos - **II** Repartição de benefícios - **III** Coleções de uso comum: mais eficientes, mas também mais justas - **IV** À procura de modelos - **1** *Science commons* - **2** Rede Internacional de Intercâmbio de Espécies Vegetais (IPEN) - **3** Tratado Internacional de *Recursos* Fitogenéticos - **V** Em direção a coleções genéticas de recursos regionalmente endêmicos - Referências

I Direitos soberanos sobre recursos genéticos

A CDB (Convenção da Biodiversidade) atribui os recursos genéticos (RG) à esfera individual dos Estados que os abrigam, rejeitando, desse modo, o

---

[1] Artigo revisado, publicado originalmente em: WINTER, G. Towards Regional Common Pools of GRs – Improving the Effectiveness and Justice of ABS. In: KAMAU, Evanson C.; WINTER, Gerd (Ed.). *Genetic Resources, Traditional Knowledge and the Law*. London: Earthscan, 2009. Cap. 2. Tradução de Natalia Cerqueira Henriques Alvarez e John Bernhard Kleba, revisão de John Bernhard Kleba.

* O presente trabalho foi grandiosamente beneficiado pelo workshop administrado pela Associação da Bioindústria Japonesa em Tokio em 30 de setembro e 01 de outubro de 2008. Reconhecemos com gratidão os comentários valorosos realizados por Matthias Buck, Evanson Chege Kamau, Hiroshi Isozaki, John Kleba, e Seizo Sumida.

conceito anterior que designava os mesmos recursos como patrimônio comum da humanidade. Seguindo esta concepção o Artigo 15.1 da CDB declara: "Em reconhecimento dos direitos soberanos dos Estados sobre seus recursos naturais, a autoridade para determinar o acesso a recursos genéticos pertence aos governos nacionais e está sujeita à legislação nacional" (trad. oficial).

Nos próximos parágrafos eu irei discutir o que isto significa em termos de conteúdo e escopo dos direitos de soberania.

1 O conteúdo do direito soberano

"Determinar o acesso a recursos genéticos" não é somente um meio de assegurar a supervisão administrativa do acesso, mais do que isto, constitui parte dos direitos soberanos dos Estados. Os RGs são, assim, transformados em propriedade de um Estado. Isto implica que o Estado tem direito a: i) reservar o uso do RG para si mesmo, ii) excluir outras partes desta utilização, e iii) tornar esta utilização dependente de condições (ou requerer a assinatura de um contrato) obrigando os usuários a fornecer informações sobre os procedimentos de pesquisa e desenvolvimento (P&D) e compartilhar benefícios materiais e imateriais obtidos através do RG ou de seus derivados.

Embora seja verdade que sejam estabelecidos limites pela própria Convenção, o Artigo 15.2 prescreve que: "Cada Parte Contratante deve procurar criar condições para permitir o acesso a recursos genéticos para utilização ambientalmente saudável por outras Partes Contratantes e não impor restrições contrárias aos objetivos desta Convenção" (trad. oficial).

Contudo, a expressão "deve procurar criar condições para permitir[2] o acesso" é bastante vaga. Ninguém poderia com base neste artigo objetar, se o Estado provedor decidir vincular o acesso a condições prescrevendo meticulosamente a obrigação de fornecer informações sobre os usos do RG e de repartir os benefícios. Algum fortalecimento da posição de país usuário pode provir do Artigo 15.4, que estabelece que "o acesso, quando concedido, deverá sê-lo de comum acordo". Entretanto, a cláusula "quando concedido" reconhece que o Estado provedor tem inclusive o poder de decidir, se virá a admitir qualquer forma de acesso. Isso faz com que os termos acordados bilateralmente dependam de uma decisão unilateral do país provedor.

Como a prática jurídica estatal tem implementado os direitos soberanos de Estados provedores? Aqueles Estados que adotaram uma legislação de Acesso e Repartição de Benefícios (ARB) têm estabelecido em regra uma estrutura administrativa, reguladora. Esta estrutura requer que o interessado no acesso

---

[2] O texto original em inglês usa a palavra "facilitar" (*facilitate*) no lugar de "permitir".

obtenha uma autorização e concorde com um contrato estabelecendo critérios para a transferência do material genético, os usos permitidos, a transferência de conhecimento e a repartição de benefícios. Os Estados raramente têm utilizado conceitos do direito privado para enquadrar os RGs. Por exemplo, os Estados podem ter instituído os RGs enquanto direitos de propriedade intelectual *sui generis,* ou seja, direitos absolutos de utilização como patentes, direitos do melhorista, ou marcas que devem ser registradas e podem ser exploradas ou comercializadas. Mas, indiferentemente se direito administrativo ou privado, os instrumentos implementados pelas legislações nacionais criaram fortes expectativas de remuneração pela transferência dos RGs. E tais expectativas têm resultado em desilusões.

Devido ao princípio de territorialidade o controle do acesso e da transferência, utilização, transferência do conhecimento e repartição de benefícios está confinado ao território do Estado regulador. O Estado tem o direito de supervisionar o acesso e a transferência de seus RGs, enquanto que concernente à utilização e à repartição de benefícios ele pode apenas impor condições para as autorizações, mas não detém poderes para fazer cumprir tais condições sobre os Estados usuários. O Estado provedor pode apenas solicitar assistência ao Estado usuário. Mas ao invés disto, como dito antes, a maioria dos Estados provedores optou pelo estabelecimento de regimes contratuais de acordos de transferência de material (TM) e de repartição de benefícios (RB). Mas para executar a obrigação contratual, o Estado provedor deve dirigir-se às cortes do Estado usuário, que funcionam como um fórum de jurisdição. Mesmo que as partes acordarem que os tribunais de justiça do Estado provedor sejam competentes para executar o julgamento, a execução das decisões judiciais do Estado provedor dentro do Estado usuário não poderá deixar de envolver os tribunais do Estado usuário no caso. Na verdade, nem um único caso tem sido divulgado, até o momento, em que Estados provedores teriam procurado a assistência da administração pública do Estado usuário ou teriam ajuizado denúncia contra usuários em tribunais estrangeiros em defesa de seus interesses, no que concerne ao uso de RG.

2 O escopo dos direitos soberanos

Expectativas exarcebadas e, em conseqüência, desilusões caracterizam também o escopo dos direitos soberanos dos Estados provedores. O escopo da determinação do acesso é delimitado no Artigo 15.1 da CDB pela expressão "recursos genéticos".

O Artigo 2º da CDB define recursos genéticos como "material genético de valor real ou potencial", e material genético como "todo material de origem vegetal, animal, microbiana ou outra que contenha unidades funcionais de hereditariedade". Portanto, sucintamente, o direito de soberania sobre a determinação do acesso se estende às unidades funcionais de hereditariedade contidas em recursos naturais de um dado Estado, e que apresentam valor potencial.

a) Unidades funcionais de hereditariedade

As "unidades de hereditariedade" podem ser organismos, células, cromossomos, genes e fragmentos de DNA.[3] Considero que todos estes níveis devam ser incluídos, pois a função hereditária pode já estar associada a um fragmento de DNA extraído, ou pode resultar da combinação de fragmentos de DNA dentro de um gene, ou de genes em uma célula, ou ainda de células cooperativas dentro de um organismo.

O "funcional" não implica que a unidade de hereditariedade deva ser capaz de auto-reprodução. É suficiente que a unidade seja utilizada por meios tecnológicos, como na engenharia genética. Isto significa, naturalmente, que o termo unidade funcional é ampliado com o desenvolvimento da tecnologia genética.[4]

Foi sugerido que além do substrato do material genético, as informações científicas intangíveis sobre a função genética deveriam ser também incluídas na definição dos RGs.[5] Com isso teríamos duas conseqüências: i) o acesso e a transferência de informação criados dentro de um país provedor poderiam ser submetidos à regulamentação do mesmo, e ii) o Estado provedor poderia expandir suas reivindicações condizentes às obrigações de informar sobre os usos do RG e à repartição de benefícios. Contudo, parece que a "unidade de hereditariedade" é majoritariamente compreendida como sendo o substrato do material genético contido nos genes. Incidentalmente, como será exposto abaixo, isto não exime os Estados usuários da obrigação de garantir a repartição também para tais benefícios que foram obtidos através de informações intangíveis.

As unidades funcionais de hereditariedade freqüentemente não são a base imediata de utilização com benefícios. Mais exatamente, fragmentos de DNA ou genes podem ser extraídos e transferidos para outro organismo, que por sua vez produza benefícios, ou eles podem ser sintetizados como artefatos, e como tais originar os benefícios. Para os benefícios comerciais é mais provável que se usem, ao invés dos organismos originais, microorganismos híbridos e plantas ou animais derivados do cruzamento entre classes de organismos. Deveriam estes assim chamados derivados serem abarcados pelos direitos soberanos dos Estados? A CDB menciona os derivados apenas em sua definição de biotecnologia,

---

[3] Ten Kate; Laird 1999, p. 18 (Box).
[4] Ten Kate; K. Laird, p. 18.
[5] Tvedt; Young 2007, p. 65.

e não os menciona na definição de RGs. De fato, como eles são diferentes de unidades de hereditariedade originais, os derivados não podem ser contados como "propriedade" do Estado de origem dos recursos. Conclui-se que a CDB não garante aos Estados o direito de uso exclusivo de derivados. Ao invés disso, os Estados podem utilizar-se de seus direitos soberanos sobre os RGs e garantir o acesso, sob a condição de que o beneficiário esteja de acordo em repartir também os benefícios obtidos dos derivados.

b) Valor real ou potencial

O material genético se torna um recurso genético se possui valor (real ou potencial). Considerando que o Artigo 2º da CDB caracteriza os recursos biológicos como possuindo valor para a humanidade, podemos induzir que o valor para humanidade também está associado aos recursos genéticos. Assim, o valor é mais amplo do que simplesmente a lucratividade comercial: ele cobre o valor de troca, bem como cobre o valor de uso. O valor de uso se estende mesmo ao puro interesse científico, incluindo assim o acesso para propósitos científicos no regime de acesso, estabelecido pelo Artigo 15 da CDB.

É o material genético que irá criar o valor. Esta ligação nos auxilia a excluir o uso do material biológico para sua utilização em massa, como alimentação ou material de construção, no regime de acesso e repartição de benefícios. Somente os valores resultantes da utilização das características genéticas constituem os RGs. Esta é a *raison d'être* para o sistema *quid pro quo* estabelecido pelo Artigo 15 da CDB. Por outro lado, a linha que separa o uso massificado dos materiais biológicos do uso do código genético está longe de ser clara.

Sugeriu-se que o interessado no acesso aos recursos deva ter a intenção de utilizar o material genético e, desta forma, efetivar seu valor para que o material biológico passe a ser considerado como recurso genético. Isto excluiria o material biológico do regime de acesso, cuja intenção de uso é diferente, como por exemplo para o consumo. Entretanto, o texto da CDB não menciona tais intenções. Ele inclui claramente o valor potencial, ou seja, os usos ainda não realizados ou pretendidos. Isto significa que o Estado provedor pode regular o acesso aos recursos biológicos atualmente utilizados em grande escala no comércio internacional, mas que também possam, potencialmente, ser utilizados como material genético.

Novamente, a promessa de individualização dos recursos é de longo alcance, mas ilusória. Mesmo com a exclusão de informações intangíveis e dos derivados, o escopo remanescente dos RGs continua a ser de longa extensão. Considerando o rápido desenvolvimento das biotecnologias, dificilmente restará algum material biológico cujo código genético não possa ser utilizado. Além do mais, com o declínio da biodiversidade o interesse científico em preservar informações genéticas amplia-se, o que implica que virtualmente qualquer material biológico comporte valor real ou potencial. Logo, os Estados provedores podem regular o acesso a qualquer material biológico.

Porém, isto não auxiliaria significativamente os Estados provedores a obter uma repartição nos benefícios. Se os Estados provedores dos recursos genéticos estabelecerem regulamentos de acesso para cada amostra particular de material biológico, os custos da transação se tornariam gigantescos para o Estado e para os atores privados. O desrespeito à lei seria necessariamente a consequência. Além disto, o controle do acesso seria inefetivo, pois, como mencionado anteriormente, os Estados provedores não teriam o poder de executar as obrigações associadas à autorização de acesso. Por exemplo, obrigações de prover informações mutuamente acordadas implicariam que o beneficiário do material deva informar ao Estado provedor sobre qualquer tratamento biotecnológico, sobre as vendas do material ou os benefícios obtidos a partir do mesmo — uma expectativa absolutamente fútil, dada a possível multiplicação de novos usuários. Como um todo, a possibilidade de rastrear consecutivamente usuários subseqüentes parece ser uma tarefa impossível.[6]

II Repartição de benefícios

Dadas as expectativas irrealistas ligadas à determinação do acesso por parte do provedor, tem-se sugerido que o foco no acesso deveria ser substituído pelo foco na repartição de benefícios.[7] Isto faz com que as obrigações dos países usuários sejam acionadas. Ao invés dos Estados provedores tentar perseguir seus interesses nos Estados usuários, os próprios Estados usuários são convocados a levar a sério suas obrigações internacionais. Em princípio, os Estados usuários estão menos impedidos do que os Estados provedores de assegurar a repartição dos benefícios, pois a maior parte do conhecimento e do valor agregado são criados dentro de sua jurisdição.[8] De acordo com o Artigo 15.7 da CDB seus deveres são:

> Cada Parte Contratante deve adotar medidas legislativas, administrativas ou políticas, conforme o caso e em conformidade com os arts. 16 e 19 e, quando necessário, mediante o mecanismo financeiro estabelecido pelos arts. 20 e 21, para compartilhar de forma justa e eqüitativa os resultados da pesquisa e do desenvolvimento de recursos genéticos e os benefícios derivados de sua utilização comercial e de outra natureza com a Parte Contratante provedora desses recursos. Essa partilha deve dar-se de comum acordo. (CDB, trad. original)

---

[6] Há um caso freqüentemente citado como lapidação de um conceito de controle completo do rastreamento da origem de um recurso genético: Costa Rica. Ver Gómez, 2007, p. 85. Entretanto, este pode ser um caso singular, que eventualmente levanta questões de justiça distribucional. Veja abaixo.

[7] Tvedt; Young, p. 62 et seq.

[8] Problemas podem surgir se as atividades de P&D abrangerem muitos Estados.

Este artigo obriga Estados que abrigam a utilização dos RGs a compartilhar os resultados da P&D, bem como os benefícios comerciais ou de outro caráter, de forma eqüitativa. Como conseqüência, o Estado usuário deve introduzir uma legislação concretizando esta obrigação. A principal vantagem desta abordagem é que aqueles benefícios que provêm do material genético, obtidos sem o consentimento do país de origem, também podem ser controlados. Termos mutuamente acordados, como requer o Art. 15.7, podem ainda ser concluídos no estágio de utilização. O tipo de legislação necessária será amplamente regulamentar. Os usuários dos RGs devem ser obrigados a manter os Estados provedores informados sobre novos conhecimentos, tecnologias e benefícios obtidos, e a repartir os benefícios. Detalhes a respeito de trocas sigilosas e da proteção da propriedade intelectual podem ser deixados para os acordos de TM e de RB ou especificados pela regulamentação. Faz-se necessário estabelecer uma fiscalização administrativa. Para que isto seja efetivo, importadores e usuários dos RGs devem ser submetidos a obrigações de notificação e informação. Órgãos administrativos devem estar aptos para rastrear os benefícios, retornando-os para os Estados provedores. Adicionalmente, cortes de jurisdição processual e o direito internacional privado dos Estados usuários devem garantir que os acordos de TM e de RB sejam cumpridos dentro de sua jurisdição.

Entretanto, diversamente do que o Artigo 15.7 propõe, os Estados usuários têm permanecido extensivamente passivos. Eles têm se baseado quase que exclusivamente nas legislações dos Estados provedores e nos acordos de TM e de RB levadas a cabo pelas solicitações de autorização de acesso. Os instrumentos legais discutidos até aqui, ou são dificilmente efetivos ou causam custos de transação massivos. Ações judiciais nas cortes dos países usuários são praticáveis, mas de alto custo. A execução dos tribunais de Estados provedores está sujeita a uma dupla checagem pelo Estado usuário nos termos da ordem pública. É verdade que algumas das primeiras ferramentas da legislação administrativa têm sido praticadas, como diretrizes de organizações de fomento à pesquisa pública e os requisitos de divulgação da origem dos recursos (*disclosure*) em procedimentos de concessão de direitos de propriedade intelectual. Entretanto, diretrizes de pesquisa não abarcam o setor privado de pesquisas e também são difíceis de impor, uma vez que o fomento foi concedido. Os requerimentos de divulgação da origem somente seriam úteis se a origem do RG possuísse um impacto material na cessão de um direito de propriedade intelectual (tal como a patente ou o direito do melhorista). De fato, tal impacto nunca teve êxito em qualquer Estado usuário.[9] Solicitantes

---

[9] Para construções da doutrina legal deste efeito ver Godt, 2007, p. 603, 653.

de patentes podem mesmo argumentar que a divulgação da origem é uma intrusão desproporcional nos direitos de livre empreendimento e do exercício profissional, se ela não serve para nenhum propósito imediato.[10]

Certificados de origem e de conformidade têm sido propostos como outras formas de controle do Estado usuário. Entretanto, eles colocam problemas em sua construção e função: As conseqüências de obtê-los ou de sua ausência não estão claras; eles apenas podem ser adotados para um momento específico no tempo. No momento subseqüente, o RG pode ter mudado sua forma em virtude de sua transformação tecnológica. O certificado não se deixa anexar fisicamente ao material genético, uma vez que este último se tornou informação intangível. Identificadores únicos do código genético e sua origem precisariam ser desenvolvidos em escala mundial — uma tarefa que necessitaria de esforços e cooperação imensos para que fosse posta em prática.

Desta forma, existem muitas dificuldades técnicas em rastrear o caminho percorrido por RGs de forma inversa, desde sua transformação tecnológica pelos usuários até sua origem em algum país provedor. Freqüentemente os materiais genéticos mudam de mãos antes de serem utilizados de forma lucrativa. A cadeia de utilização pode ser muito longa abrangendo desde a planta, e o gene extraído até os organismos modificados geneticamente ou sintetizados. Enquanto isso, uma série de genes pode ter sido substituída por novos genes, obtidos em outros Estados provedores ou a partir de outro organismo. Este e outros fatores podem facilmente tornar o país de origem não localizável.

Tudo isso prova que o foco nos Estados usuários é bastante sóbrio. As medidas regulatórias dos Estados usuários, se chamadas a tomar a iniciativa, facilmente esbarram em limites de eficiência.

III Coleções de uso comum: mais eficientes, mas também mais justas

Como uma forma de evitar o caminho de expectativas ilusórias, sugere-se que *coleções de recursos de uso comum*, na forma de *common pools*, devam ser implementadas pelos Estados constituindo regiões biogeográficas. Tais coleções comuns não irão questionar a decisão básica da CDB afirmando que os RGs são propriedade dos Estados que os hospedam. Elas não iriam substituir o bilateralismo, mas sim fornecer uma oportunidade para Estados usuários e provedores de optar por maior efetividade. Esta concepção oferece ao Estado provedor uma chance de utilizar suas propriedades de modo a garantir um

---

[10] A divulgação de origem pode ser apropriada para revelar que a invenção já era conhecida anteriormente. Isto, por vezes, pode ser o caso em se tratando do conhecimento tradicional, mas raramente o será aplicado aos recursos genéticos como tais, pelo fato de que a pesquisa é freqüentemente subdesenvolvida nos países provedores.

retorno real. Os Estados usuários irão acatar o conceito como sendo atrativo, pois ele simplifica o seu dever de rastrear os países provedores e de organizar a repartição de benefícios.

Além de prover eficiência as coleções regionais comuns também iriam aprimorar a justiça distributiva.

Por sua natureza, os RGs não estão vinculados aos territórios de Estados. Como organismos vivos, eles migram entre Estados ou vivem em ecossistemas que ocorrem em muitos Estados. O simples fato de que um organismo que contém o RG foi retirado da área terrestre ou marítima de um Estado é, em termos da CDB, base suficiente para que o Estado tenha pleno direito de controlar o acesso e reivindicar uma repartição de benefícios: o Artigo 15.1 da CDB vincula direitos determinativos à eventualidade do acesso, o Artigo 15.3 apresenta a noção de recursos fornecidos por um Estado, e o Artigo 15.7 afirma que o Estado usuário deve repartir os benefícios com o Estado provedor.

Da perspectiva da justiça distribucional isso parece ser dificilmente justificável. O evento simples e freqüentemente casual do acesso em um Estado provedor não é uma razão convincente para o mesmo Estado ter o controle absoluto da utilização e do benefício advindo do material genético, se o mesmo material genético também ocorre em outros Estados. Por conseguinte, mesmo se um Estado de origem dos recursos operar um perfeito sistema de monitoramento e de repartição de benefícios, permanece a questão distributiva se isso é justo. Estas mesmas dúvidas foram, por exemplo, levantadas com relação à Costa Rica, com o sistema de acesso e repartição de benefícios considerado como um dos mais bem sucedidos entre os Estados provedores, e seu órgão administrativo INBio:

> Em algum momento no futuro, um recurso genético pandêmico fornecida pelo INBio se tornará um sucesso biotecnológico. Citando a CDB, outros países na região desafiarão a legitimidade da patente, contanto que eles não receberiam qualquer repartição "justa e equitativa" do benefício proveniente do recurso genético pandêmico. Não é uma pequena ironia que o sucesso da INBio reside em seu fracasso em obter um êxito comercial.[11]

Adicionalmente, há um efeito colateral do enfoque de individualização radical sobre os direitos de propriedade em relação aos RGs. Os privilégios do Estado provedor resultarão em um mercado de compras, ou seja, interessados no acesso irão recorrer àqueles Estados com o menor nível de obrigações pertinentes às obrigações de divulgar os usos realizados do RG acessado e à repartição de benefícios.[12] Uma competição legislativa diminuiria os padrões e colocaria em risco o objetivo maior da CDB: garantir a transferência de tecnologia

---

[11] Vogel, 2007, p. 130.
[12] Brand, 2001.

e a repartição de benefícios comerciais. Isso pode ameaçar também o objetivo da conservação e uso sustentável, pois uma legislação de acesso fraca atrairia mais bioprospectores e assim, aumentaria a pressão ambiental advinda da bioprospecção.

Tomando mais uma vez o texto da CDB como referência, podem-se achar certas pistas, que mostram que a Convenção está aberta para concepções regionais. Como dito anteriormente, o Artigo 15.1 inicia com o pressuposto do "reconhecimento dos direitos soberanos dos Estados sobre seus recursos naturais". A palavra 'seus' é comumente compreendida por estabelecer a propriedade dos Estados de origem dos recursos em contraste ao conceito de patrimônio comum da humanidade. Além dessa significância "negativa", "seus" pode ser compreendido "positivamente", como um conceito direcionado aos Estados de vizinhança comum: Os RGs dos Estados devem ser "seus" no sentido de que devem possuir uma ligação genuína e exclusiva ao território do Estado particular em questão. Aonde isto não procede, o RG ou é comum à humanidade (como os RGs achados em alto-mar ou na Antártida ou os RGs ubíquos como muitos microorganismos) ou é comum a uma região. Com esta leitura, propriedades compartilhadas por diversos Estados dentro de uma região podem ser consideradas como um conceito reconhecido pela CDB.

Porém, deve se observar uma diferença entre os RGs como tais e o conhecimento tradicional associado a estes recursos. Enquanto a mera presença de um organismo em um Estado não é uma boa razão para reconhecer a propriedade de seu potencial genético como um todo, isso é diferente para o conhecimento tradicional. Tal conhecimento tem sido criado por indivíduos e comunidades. Ele implica que foram realizadas investigações e experiências a partir dos organismos naturais; criatividade, tempo e trabalho foram investidos no melhoramento e em outras atividades para aprimorar os recursos biológicos. Assim, o valor do RG é aumentado significativamente pela inteligência humana. Na linha das idéias básicas que subsidiam os sistemas de propriedade intelectual este fato justificaria a aplicação de um esquema de estrita individualização com relação ao conhecimento tradicional, permitindo a abordagem do "o primeiro leva tudo". Como um corolário, a opção voluntária de abordar o conhecimento tradicional através de coleções de uso comum deve ser levada em consideração, refletindo o fato de que o conhecimento tradicional é freqüentemente disseminado por diversas comunidades. Entretanto, tais coleções serão primeiramente assunto de legislações internas do país. Mas ampliando a idéia do modelo proposto no presente artigo, aquele conhecimento tradicional que ultrapassa as fronteiras nacionais pode ser incluído em registros de coleções regionais de conhecimentos tradicionais associados à RGs. Este tema requer estudos mais profundos, que este artigo não poderá fornecer.

IV À procura de modelos

Um certo número de modelos tem sido proposto e por vezes colocado em prática, todos eles com o objetivo de soluções coletivas. Três deles parecem significativos para a presente abordagem.

1 *Science commons*

Uma abordagem é baseada no projeto da *science commons*. Este projeto é destinado a criar uma troca global de dados científicos.[13] Ele abrange vários setores, inclusive um de materiais biológicos. Um acordo de transferência de material deve ser desenvolvido para todos aqueles que trocam os materiais. Cada contrato acordado deve ser registrado e tornado disponível para toda a comunidade participante, de forma que cada participante do sistema venha a saber quem possui qual material. O material não é coletado em um banco comum, mas enviado bilateralmente entre as partes contratantes. Além disso, as informações sobre os resultados de pesquisa sobre as características e os efeitos dos materiais devem ser coletadas e disponibilizadas. Isto, entretanto, irá requerer uma metalinguagem e um enorme esforço para a coleta de dados que necessita de financiamento. Também, os direitos autorais dos editores devem ser levados em consideração. O sistema usará a linguagem semântica da *web*, ou seja, em vez de se referir a documentos como a Internet tradicionalmente faz, irá se referir diretamente ao material genético e ao conhecimento associado.

O projeto é atraente, pois garante a troca de materiais e conhecimento científico a baixo custo. Todos, incluindo os pesquisadores de países em desenvolvimento, ricos em RGs, dispõem de livre acesso ao sistema. Embora o sistema pudesse ser moldado para possibilitar o rastreamento de material genético particular para o Estado provedor,[14] a implementação disto seria dificultosa e imporia altos custos. Identificadores únicos dos materiais genéticos teriam de ser desenvolvidos e incluídos no acordo de TM, embora o conhecimento necessário para isto ainda não esteja disponível no estágio de acesso. Outra dificuldade é que os identificadores únicos, como aqueles aplicados para os organismos geneticamente modificados registrados sob a legislação da União Européia,[15] ainda são expressivamente incompletos com relação ao material genético em si. Ademais, qualquer transferência e tratamento tecnológico subseqüente dos RGs teriam que ser registrados, o que dificilmente se deixaria fazer cumprir.

---

[13] Wilbanks; Boyle (2006), p. 9-12.
[14] Buck (2007), p. 88-91.
[15] A Comissão Regulamentar (EC) nº 65/2004, de 14 de janeiro de 2004, estabelece um sistema para o desenvolvimento e registro de identificadores únicos para organismos geneticamente modificados, OJ L10/2004, p. 5. O identificador único é composto de letras para o requerente, de letras e números indicando o evento de transformação, e de um número de verificação. Veja o Anexo da Regulamentação nº 65/2004.

2 Rede Internacional de Intercâmbio de Espécies Vegetais (IPEN)

A IPEN (Rede Internacional de Intercâmbio de Espécies Vegetais) é uma rede de jardins botânicos que facilita a troca de RGs vegetais, de forma similar ao requerido pelo Artigo 15 da CDB.[16] O *website* da IPEN é fornecido pela Conservação Botânica Internacional, localizada em Kew, Inglaterra. Noventa e um jardins botânicos são membros, todos europeus. A troca é regulamentada pelo Código de Conduta. Qualquer espécie vegetal individual é documentada. A "documentação máxima" inclui informações sobre a coleta, fonte, taxonomia, tipo de material, permissões relacionadas à aquisição e alguma referência ao país de origem. A documentação máxima é mantida pelo primeiro jardim botânico, que apresenta o material vegetal à IPEN e também anexa um número do IPEN ao material vegetal. Este número, chamado de documentação mínima, acompanha a planta através de seus descendentes e suas transferências. A transferência para não-membros requer a assinatura de um acordo de TM padrão, vinculando o beneficiário aos mesmos termos contidos no Código de Conduta. A troca é restringida ao uso do RG para propósitos científicos e de conservação. No caso de intenção de uso comercial, a instituição requerente deve obter o consentimento prévio do Estado provedor original. Como forma de ganhar confiança no sistema, a IPEN estende estes requisitos também para o material vegetal acessado anteriormente à promulgação da CDB.

A IPEN é um caso exemplar de um sistema que garante o rastreamento de RGs para sua origem. Ele é bem sucedido enquanto um facilitador do intercâmbio. Todavia, já que ele é voltado exclusivamente para trocas com fins de conservação e científicos, ele excluiu intencionalmente qualquer administração de relatórios de utilização comercial e de repartição de benefícios. Qualquer intenção de fazer utilização comercial de um RG é reportada ao país provedor. Considerou-se que o sistema poderia ser aberto para a administração do uso dos RGs, mas teme-se que neste caso os países provedores se absteriam do fornecimento de material.

Concluindo, este sistema é um modelo de coleções de uso comum para propósitos científicos e de conservação, mas não para a repartição de benefícios comerciais.

3 Tratado Internacional de Recursos Fitogenéticos

O Tratado Internacional de Recursos Fitogenéticos (*International Treaty on Plant Genetic Resources* – ITPGR) é a base para um sistema multilateral

---

[16] Gröger (2007), p. 121-123.

de acesso e repartição de benefícios para RGs de plantas, compreendendo 35 cultivos alimentares e 29 forrageiras.[17] O sistema estabelece uma coleção comum de RGs acordado pelas Partes Contratantes "no exercício de seus direitos soberanos".[18] O sistema objetiva incluir todos os produtos derivados dos cultivos e forrageiras listados sob a administração e controle ou jurisdição das Partes Contratantes.[19] O sistema também inclui RGs mantidos em coleções *ex-situ* dos Centros Internacionais de Pesquisa Agrícola (IARCs) do Grupo Consultivo sobre Pesquisa Agrícola Internacional (CGIAR).[20] Além disso, outros Estados devem ser encorajados a incluir os RGs correspondentes aos listados no Anexo I ao sistema do Tratado.[21]

As Partes Contratantes e os IARCs são obrigados a conceder acesso a seus RGs de acordo com os termos determinados em um acordo de TM padrão. O acesso geralmente é livre de ônus. Nenhum rastreamento de acessos individuais nos Estados provedores está previsto. Em troca do livre acesso, o beneficiário não está autorizado a requerer ou estabelecer direitos de propriedade intelectuais sobre o RG da forma como ele é recebido do Sistema Multilateral. Contudo, o beneficiário é livre para requerer a proteção da propriedade intelectual para novos produtos desenvolvidos, que se adequem para tal proteção.

O tratado estabelece obrigações de longo alcance para repartir os benefícios, incluindo a troca de informações, o acesso e a transferência de tecnologias, a capacitação profissional e a repartição de benefícios monetários e outros benefícios provenientes da comercialização.

Concernente à troca de informações, as Partes Contratantes são obrigadas a tornar mutuamente disponíveis todas as informações relevantes incluindo a caracterização, avaliação e utilização dos RGs listados no Anexo I, respeitando as restrições dos direitos de propriedade intelectual. A informação deve ser colocada à disposição através do Sistema Global de Informação sobre Recursos Fitogenéticos para a Alimentação e a Agricultura, que inclui mais RGs do que aqueles listados no Artigo 17.

Relacionado aos benefícios comerciais, o acordo de TM diz que os beneficiários devem pagar uma parte equitativa ao fundo fiduciário do sistema:

> (...) o beneficiário, que comercialize um produto que seja um recurso fitogenético para a alimentação e a agricultura, que incorpore material acessado do Sistema Multilateral,

---

[17] Os cultivos alimentares e as forrageiras estão listados no Anexo I do tratado. Além da coleção comum de recursos, o tratado de alguma forma reforça e concretiza o regime bilateral de acesso e repartição de benefícios da CBD.
[18] Art. 10.2 ITPGR. <http://www.dji.com.br/decretos/2008-006476/2008-006476.htm>.
[19] Art. 11.2.
[20] Art. 11.5.
[21] Art. 11.2.

pagará ao mecanismo referido no artigo 19.3f, uma parte eqüitativa dos benefícios derivados da comercialização daquele produto, (...).[22] (trad. oficial)

Por isso, o dinheiro não flui bilateralmente, mas é canalizado para um fundo comum. Pagamentos diretos e indiretos serão feitos do fundo aos agricultores, especialmente em países em desenvolvimento ou transição.[23]

Para concluir, o sistema multilateral implementado pelo ITPGR cria uma coleção global comum de RGs destinados a compartilhar o material genético, o conhecimento e os benefícios monetários. Os RGs são desvinculados dos Estados de origem, ou seja, o material e o conhecimento são trocados livremente e os benefícios monetários são compartilhados entre os participantes, sem consideração dos Estados provedores do material. Desconsiderando as dúvidas referentes à implantação de transferências monetárias,[24] o sistema parece ser altamente apropriado para cultivos alimentares e forrageiras que são verdadeiramente globais com relação à sua origem e ao seu uso: são originados do esforço humano global de melhoramento, e são utilizados e consumidos como meio fundamental de subsistência por praticamente todos. Entretanto, estender esta abordagem para incluir todos os RGs dificilmente irá de encontro aos interesses dos Estados provedores. A desconsideração da origem do RG e a repartição dos benefícios entre todos os participantes, e não somente com os países provedores, vão contra a abordagem fundamental da CDB, que privilegia os países provedores com relação à repartição de benefícios.

V Em direção a coleções genéticas de recursos regionalmente endêmicos

Os três modelos apresentados sofrem de desvantagens específicas, não sendo recomendáveis para solucionar os problemas aqui tratados. O modelo *science commons* desconecta o fluxo de informação do Estado provedor e não inclui a repartição dos benefícios, mas tão somente a repartição do conhecimento. O IPEN gera e armazena informação sobre os Estado provedores, mas como o *science commons*, não está preocupado com a repartição dos benefícios para além do conhecimento. O ITPGR não rastreia os RGs em sua origem no Estado provedor, e embora preveja a repartição de benefícios, ele não faz isso canalizando os benefícios primariamente aos Estados provedores.

Esta conclusão sugere que uma abordagem regional estabelecendo Coleções Genéticas Regionais de uso comum (CGRs) pode atingir os vários interesses implicados da melhor forma. Mesmo que se façam necessárias mais reflexões

---

[22] Art. 13.2 (d) (ii).
[23] Art. 133.
[24] Ao que parece, nenhum benefício monetário foi canalizado neste regime até o momento.

para tornar estas coleções regionais praticáveis, algumas sugestões serão feitas a seguir, levando em conta uma base legal possível, a forma das CGRs e a legislação nacional auxiliar.

a) Características das Coleções Genéticas Regionais

Para formatar as CGRs pode-se sugerir as seguintes características:
- Os participantes de acordos regionais que institucionalizarão os CGRs devem ser ambos os Estados usuários e provedores, bem como as organizações internacionais relacionadas ao uso e à proteção dos RGs.
- Baseadas em acordos internacionais, as coleções regionais devem ser estabelecidas como corporações com personalidade jurídica, condizentes às leis nacionais. Isto aprimoraria sua habilidade de ação. Essas corporações seriam parceiras dos acordos de TM e de RB, sendo aptas a promover a busca de tais contratos nos Estados usuários. Elas poderiam ser dotadas de poderes fiduciários para os RGs administrados pela coleção, e como tais reclamar a responsabilidade civil por ato ilícito em casos de apropriação indevida. Além disto, poderia conceder-se poderes às CGRs para tomar decisões vinculantes sob as leis administrativas nacionais.
- As CGRs formarão bancos de dados sobre seus RGs (e um metabanco de dados, conectando seu banco com outros bancos úteis).
- Os Estados participantes notificam às CGRs quaisquer RGs, que eles desejem ver administrados pela coleção comum. Estes são primariamente RGs endêmicos em muitos países. Mas um Estado provedor pode também notificar RGs particulares a ele, se beneficiando da capacidade de administração do sistema.
- O banco de dados conterá nomes comuns dos organismos, uma descrição de seu código genético, qualquer conhecimento científico sobre seus usos potenciais e reais, e qualquer tecnologia relacionada ao uso da fonte genética. As CGRs podem desenvolver um sistema único de identificadores genéticos.
- Os Estados participantes devem garantir que qualquer informação tecnológica ou científica seja fornecida às CGR, seja de cientistas ou da indústria sob sua jurisdição.
- As CGR são habilitadas a aprimorar sua base de informações mediante pesquisas na literatura e *links* com bancos de dados existentes.
- Os nomes dos organismos, o código genético, o conhecimento científico e a tecnologia serão de livre acesso aos cientistas e às indústrias sob a jurisdição dos Estados participantes.
- As CGR estão encarregadas e têm poderes para concluir acordos de TM e de RB com usuários.

- As coleções regionais administrarão a repartição dos benefícios comerciais da seguinte forma:
  - estabelecendo princípios no cálculo para uma repartição de benefícios eqüitativa (a) entre os beneficiários e os Estados de origem e (b) entre os Estados de origem;
  - decidindo caso a caso sobre a repartição de benefícios a ser paga;
  - operando um fundo fiduciário para coletar contribuições monetárias;
  - decidindo sobre repartições individualizadas para os países de origem;
  - e transferindo os recursos monetários aos países de origem.
- Os Estados participantes devem garantir que a informação necessária sobre os benefícios comerciais seja fornecida às CGR.
- As CGRs devem ser integradas em nível global.

b) Legislação nacional

A legislação nacional deverá continuar a ser elaborada com base em relações bilaterais, referentes ao acesso e à repartição de benefícios. Todavia, provisões específicas seriam necessárias para dar suporte às CGR. Se um Estado decide que todos os seus recursos genéticos devam ser administrados pelas CGRs, ele poderá formatar sua legislação para dar suporte a esta decisão.

Como observado acima, se os Estados usuários forem chamados a levar a sério suas obrigações junto à CDB, eles terão dificuldades para rastrear as origens dos RGs nos Estados provedores. Com as coleções de uso comum esta tarefa se tornará mais fácil. Será suficiente identificar o RG envolvido e a coleção que o administra. Ambos os direitos público e privado teriam que ser utilizados de maneira a dar suporte ao novo sistema. Os usuários de RGs, sob a jurisdição de uma CGR devem ser obrigados a manter a coleção informada sobre novos conhecimentos, tecnologias e benefícios comerciais acumulados, bem como a repartir os benefícios auferidos. Em que extensão os direitos de propriedade intelectual e os segredos de comércio deverão ser respeitados, é matéria a ser especificada. Tais obrigações devem ser supervisionadas por órgãos administrativos. Os Estados usuários teriam que estabelecer obrigações específicas aos usuários para concluir os acordos de TM e de RB com a coleção regional pertinente. Em relação aos benefícios comerciais, esforços especiais devem ser feitos, pois isto é uma preocupação particular dos Estados provedores e de central importância para estabelecer relações de confiança. Requisitos de divulgação da origem dos RGs poderiam auxiliar a este respeito. Eles poderiam estar atrelados à comercialização dos produtos baseados nos RGs. Alternativamente, o potencial de supervisão dos sistemas de impostos poderia ser utilizado requerendo aos usuários que revelem a origem dos recursos em sua declaração de imposto de renda. O Estado usuário necessitaria também fazer cumprir as decisões das CGR, assegurando que os beneficiários paguem as quantias devidas ao fundo fiduciário.

A tarefa da legislação dos Estados provedores também seria tornada mais fácil com o sistema de coleções regionais de RGs. A legislação nacional não teria a necessidade de requerer autorização de acesso ou mesmo acordos de TM e de RB para cada caso de acesso. Uma notificação de acesso seria suficiente, exceto em casos de possíveis danos ambientais. Regras legais gerais submeteriam qualquer indivíduo que venha a acessar os RGs a um conjunto de obrigações específicas, incluindo deveres de manter as CGR informadas sobre novos conhecimentos, tecnologias e geração de benefícios comerciais, para realizar os acordos de TM e de RB com a CGR e para repartir os benefícios de acordo com as regras estabelecidas por esta.

c) Base legal

Como mencionado anteriormente, as CGRs devem ser baseadas em acordos internacionais entre os Estados provedores de uma certa região e os Estados usuários interessados. As comissões pesqueiras regionais do Hemisfério Sul podem ser estudadas como um tal modelo. Elas fizeram cooperar os Estados pesqueiros dos Hemisférios Norte e Sul, de forma a administrar um recurso regional.[25] Alternativamente, as bases para as CGRs poderiam ser as já existentes organizações internacionais (OIs) regionais ou as agências regionais de organizações internacionais globais, como as cinco comissões regionais das Nações Unidas ECOSOC (*Economic and Social Council*). Ainda, outra base podem ser as organizações setoriais internacionais – ou mais precisamente suas subestruturas regionais – como a FAO (para a agricultura e pesca) e a OMS (para cuidados com a saúde). Uma quarta opção para encontrar modelos exemplares de *pools* de uso comum, seria em subestruturas regionais da *Biosafety Clearing House* (a serem criadas) ou na UNCTAD.[26] A próxima Conferência das Partes (COP) da CDB pode vir a ser questionada para propor uma resolução endossando a introdução das CGRs. Isto auxiliaria bastante na disseminação da idéia.

Referências

APPLEBAUM, B.; DONOHUE, A. The role of regional fisheries management organizations. In: HEY (Ed.). *Developments in International Fisheries Law*, The Hague (Kluwer Law International), p. 217-49, 1999.

BRAND, U.; GÖRG, Chr. Zugang und Vorteilsausgleich – das Zentrum des Konfliktfelds Biodiversität', Bonn (Forum Umwelt & Entwicklung/ Germanwatch), 2001.

---

[25] Applebaum/ Donohue 1999.
[26] Conferência das Nações Unidas sobre Comércio e Desenvolvimento.

BUCK, M. The science commons project approach to facilitate the exchange of biological research material – implications for an international system to track genetic resources, associated user conditions and traditional knowledge. In: FEIT, U.; WOLFF, F. (Ed.), *European regional meeting on an internationally recognized certificate of origin/ source/ legal provenance*. Federal Agency of Nature Conservation, 2007. p. 88-94. Disponível em: <www.bfn.de/0502_international.html>.

GRÖGER, A. Botanic gardens and the International Plant Exchange Network (IPEN) – a brief statement on an internationally recognized certificate. In: FEIT, U.; WOLFF, F. (Ed.). *European regional meeting on an internationally recognized certificate of origin/ source/ legal provenance*. Federal Agency of Nature Conservation, 2007. p. 49-59. Disponível em: <www.bfn.de/0502_international.html>.

GODT, Chr. Eigentum an Information. Patentschutz und allgemeine Eigentumstheorie am Beispiel genetischer Information, Tübingen (Mohr Siebeck), 2007.

GOMEZ, R. *The link between biodiversity and sustainable development*: lessons from INBio's bioprospecting programme in Costa Rica. In: MANIS, Ch. (Ed.) *Biodiversity and the law*. London (Earthscan), 2007. p. 76-90.

PACON, A. M. Possible effects of a certificate on the disclosure of origin process in patent applications. In: FEIT, U.; WOLFF, F. (Ed.). *European regional meeting on an internationally recognized certificate of origin/ source/ legal provenance*. Federal Agency of Nature Conservation, 2007. p. 49-59. Disponível em: <www.bfn.de/0502_international.html>.

TEN KATE, K.; LAIRD, S. A. *The commercial use of biodiversity*. Access to genetic resources and benefit sharing. Sterling (Earthscan), 1999.

VOGEL, J. H. From the 'tragedy of the commons to the 'tragedy of the commonplace: analysis and synthesis through the lens of economic theory. In: MANIS, Ch. (Ed.) *Biodiversity and the law*. London (Earthscan), 2007. p. 115-134.

WILBANKS, J.; BOYLE, J. *Introduction to science commons*. Published 2006 by Science Commons, 2006. Disponível em: <http://sciencecommons.org/wp-content/uploads/ScienceCommons_Concept_Paper.pdf>.

Informação bibliográfica deste texto, conforme a NBR 6023:2002 da Associação Brasileira de Normas Técnicas (ABNT):

WINTER, Gerd. Em direção a coleções regionais de uso comum dos recursos genéticos. Melhorando a efetividade e a justiça no acesso aos recursos e na repartição de benefícios. In: KISHI, Sandra Akemi Shimada; KLEBA, John Bernhard (Coord.). *Dilemas do acesso à biodiversidade e aos conhecimentos tradicionais*: direito, política e sociedade. Belo Horizonte: Fórum, 2009. p. 299-316. ISBN 978-85-7700-240-5.

Síntese curricular dos autores

Camila Carneiro Dias
Doutoranda em Política Científica e Tecnológica na Universidade Estadual de Campinas (UNICAMP), com Doutorado-Sanduíche no Depto. de Antropologia da Indiana University (2007-2008). Bacharel (1997) e Mestre em Administração pela Universidade Federal da Bahia (2000), onde atuou como professora substituta de 2000 a 2002. Áreas de interesse e pesquisa: Estudos Sociais da Ciência e Tecnologia; Gestão da Inovação; Governança Ambiental. Integra os seguintes grupos de pesquisa: Estudos Sociais da Ciência e Tecnologia / Participação Pública em Ciência (DPCT/UNICAMP) e Laboratório de Análise de Política Mundial (LABMUNDO/UFBA).

Edilene Coffaci de Lima
Antropóloga e, desde 1991, pesquisa entre os Katukina, da família lingüística pano, que têm suas terras localizadas no Acre. Dessa pesquisa resultaram seus trabalhos de mestrado (1994) e doutorado (2000), ambos defendidos na Universidade de São Paulo. Desde 1996 é professora do Departamento de Antropologia da Universidade Federal do Paraná. Publicou artigos em revistas especializadas. Dentre eles, "A onomástica katukina é Pano?" (*Revista de Antropologia*, 40-2, 1994) e "Kampu, kampô e kambô: o uso do sapo-verde entre os Katukina" (*Revista do IPHAN*, 32, 2005). Em 2008 fez seu pós-doutorado em Paris, vinculada ao Laboratoire d'Ethnologie e Sociologie Comparative da Universidade de Paris X e à Equipe de Recherche en Ethnologie Amérindienne/CNRS. É pesquisadora-bolsista do CNPq.

Eliane Moreira
Promotora de Justiça do Ministério Público do Estado do Pará. Mestre em Direito das Relações Sociais pela PUC/SP. Doutora em Desenvolvimento Sustentável pelo NAEA/UFPA. Professora de Direito Ambiental e Pesquisadora do Núcleo de Propriedade Intelectual do Centro Universitário do Pará. Professora do Instituto de Ciências Jurídicas Universidade Federal do Pará. <moreiraeliane@hotmail.com>.

Evanson Chege Kamau
Doutor em Direito pela Universidade de Bremen, Alemanha. Mestrado em Direito em Baku. Pesquisador sênior do Centro de Pesquisas em Direito Ambiental Europeu, Universidade de Bremen, Alemanha. Especialização em direito público internacional, lei européia e propriedade intelectual. Diversas consultorias na área da implementação da Convenção da Biodiversidade referente ao acesso a conhecimentos tradicionais e à repartição de benefícios. Entre outras publicações, co-editoria com Gerd Winter de *Genetic Resources, Traditional Knowledge and the Law*, London: Earthscan, 2009. <echege@uni-bremen.de>.

Fabiano Toni
Agrônomo pela Universidade de São Paulo (USP). Mestre em Política Científica e Tecnológica pela Universidade Estadual de Campinas (UNICAMP). Doutor em Ciência Política pela Universidade da Flórida. Foi professor da Universidade Federal do Rio Grande do Norte

(UFRN) e pesquisador associado do Centro Internacional de Pesquisa Florestal (CIFOR). Atualmente é professor adjunto do Centro de Desenvolvimento Sustentável da Universidade de Brasília (UnB).

Fernando Mathias Baptista
Advogado do Instituto Socioambiental (ISA). Membro convidado da Associação Brasileira das Organizações Não Governamentais (ABONG) no Conselho de Gestão do Patrimônio Genético (CGEN). Experiência na área do direito com ênfase em direito socioambiental, com atuação nos seguintes temas: povos indígenas, conhecimentos tradicionais, propriedade intelectual, recursos genéticos e gestão territorial.

Gabriela Coelho de Souza
Possui formação em Ciências Biológicas (1993), mestrado (1997) e doutorado (2003) em Etnobotânica pela Universidade Federal do Rio Grande do Sul. Atualmente é professora do Depto. de Economia, Programa de Pós-Graduação em Desenvolvimento Rural e Programa de Pós-Graduação em Botânica da Universidade Federal do Rio Grande do Sul. É coordenadora do DESMA (Núcleo de Estudos em Desenvolvimento Rural Sustentável e Mata Atlântica) e pesquisadora da ONG ANAMA. Tem experiência na área de Conservação, Etnobotânica/Etnoecologia, Conflitos Socioambientais, mais especificamente sobre Sobreposição de Terras Mbyá-Guarani e Unidades de Conservação.

Gerd Winter
Professor de Direito Público na Faculdade de Direito da Universidade de Bremen, Alemanha, e Co-Diretor do Centro de Pesquisa em Direito Ambiental Europeu. Em sua homenagem foi publicado o livro *Recht und Um-Welt - Essays in Honour of Prof. Dr. Gerd Winter* (org. Ludwig Krämer), Gröningen, Europa Law Publishing, 2003. Membro desde 1999 da Comissão Nacional Alemã em Pesquisa em Mudanças Globais do Conselho Nacional de Pesquisa Alemão (DFG). Pesquisador visitante em Madison, Cambridge (Mass.), Oxford, London, Paris. Consultoria Jurídica em Nepal, Polônia, Rússia, Tadjiquistão e Geórgia, entre outros, e trabalho de advocacia em diversos casos processuais. Co-editor do *Journal of Environmental Law*, London, e da *Zeitschrift für Umweltrecht* (Revista de Direito Ambiental) e principal editor dos *Umweltrechtliche Studien - Studies of Environmental Law* da editora Nomos. Entre suas publicações, co-editor de *Multilevel Governance of Global Environmental Change - Perspectives from Science, Sociology and the Law*, Cambridge University Press, 2006 e co-editor de *Genetic Resources, Traditional Knowledge and the Law*, London: Earthscan, 2009.

Inês Virgínia Prado Soares
Procuradora da República em São Paulo. Mestre e Doutora em Direito pela Pontifícia Universidade Católica de São Paulo (PUC/SP) e, atualmente, pesquisadora do Núcleo de Estudos da Violência da Universidade de São Paulo (NEV/USP), em nível de pós-doutorado. É diretora do Instituto de Estudos Direito e Cidadania (IEDC) (biênio 2009/2011) e coordenadora da *Revista Internacional de Direito e Cidadania* (REID).

John Bernhard Kleba
Doutor em Ciências Sociais pela Universidade de Bielefeld (Alemanha), 2000. Atualmente é professor adjunto do Instituto Tecnológico de Aeronáutica (ITA), São José dos Campos, SP,

onde leciona nas áreas de Sociologia, Ciência Política, Ética e Filosofia. Trabalhou junto ao Centro de Pesquisas em Direito Ambiental Europeu, FEU, Bremen, como pesquisador colaborador (2000-2002), e foi funcionário do Centro de Informações de Bremen sobre Direitos Humanos e Desenvolvimento (2002-2003). Foi membro ativo da Campanha pela Ética nas Biotecnologias na Alemanha. É pesquisador convidado em projeto financiado pelo Conselho Nacional de Pesquisa Alemão (DFG) e coordenado pelo Prof. Gerd Winter, Universidade de Bremen, Alemanha, e realiza projeto de auxílio à pesquisa da Fundação de Amparo à Pesquisa do Estado de São Paulo (FAPESP), ambos na temática do acesso aos recursos genéticos e aos conhecimentos tradicionais. É líder de grupo de pesquisa na área de Tecnologia e Sociedade no ITA. <jbkleba@ita.br>.

Juliana Santilli
É Promotora de Justiça do Ministério Público do Distrito Federal e já atuou nas áreas de meio ambiente, patrimônio cultural, consumidor, criminal e direitos humanos. É doutora em Direito (área de concentração: Direito Socioambiental) pela PUC-PR, sócia e professora do curso de Direito Ambiental do Instituto Internacional de Educação do Brasil (IEB) e sócia-fundadora do Instituto Socioambiental (ISA). É pesquisadora do programa "Populações locais, agrobiodiversidade e conhecimentos tradicionais na Amazônia brasileira", desenvolvido pelo Institut de Recherche pour le Développement (IRD) e a Unicamp, com a participação do ISA. Durante o doutorado, participou dos programas de treinamento internacional *Contemporary Approaches to Plant Genetic Resources, Conservation and Use*, da Universidade de Wageningen, na Holanda, e da *École Thématique Internationale Agrobiodiversité: des hommes et des plantes*, do Centre de Coopération Internationale en Recherche Agronomique pour le Développement (CIRAD) e do IRD, na França. É autora de *Socioambientalismo e novos direitos: proteção jurídica à diversidade biológica e cultural* (São Paulo: Peirópolis; ISA; IEB, 2005), e de *Agrobiodiversidade e direitos dos agricultores* (São Paulo: Peirópolis; IEB, 2009) e de diversos artigos sobre direitos socioambientais. <juliana.santilli@superig.com.br>.

Léa Velho
Professora Titular em Estudos Sociais da Ciência e da Tecnologia junto ao Departamento de Política Científica e Tecnológica (DPCT), que integra o Instituto de Geociências (IG) da Universidade Estadual de Campinas (UNICAMP). Tem doutorado em Política Científica e Tecnológica pelo Science Policy Research Unit - SPRU, University of Sussex, Reino Unido (1985) e pós-doutorado no Department of Rural Sociology da Universidade de Ohio, USA. Foi pesquisadora senior e diretora de pós-graduação no Institute for New Technologies da Universidade das Nações Unidas em Maastricht, Holanda, de 2001 a 2005. Foi professora visitante no Departament of Social Studies of Science da Universidade de Cornell, USA; na Science Studies Unit da Universidade de Edinburgh, RU; e no Department of Sociology da Universidade de Indiana em Bloomington, USA.

Márcia Dieguez Leuzinger
Procuradora do Estado do Paraná. Mestre em Direito e Estado e Doutora em Gestão Ambiental pela Universidade de Brasília (UnB). Professora da graduação e do mestrado do Centro Universitário de Brasília (UniCEUB). Professora da especialização em Direito Ambiental e Desenvolvimento Sustentável da UnB/CDS.

Maria Conceição da Costa

Doutora em Ciência Política pela Universidade de São Paulo (1997). Pós-doc em Sociologia da Ciência pela University of South Florida, Tampa, USA (2001-2002) e Livre Docente em Estudos Sociais da Ciência pela Universidade Estadual de Campinas (2007). Atualmente é Professora Associada do Departamento de Política Científica e Tecnológica, professora colaboradora junto ao Programa de Pós-Graduação em Informação e Comunicação em Saúde da Fundação Oswaldo Cruz, RJ e do Programa de Doutorado em Ciências Sociais da Universidade Estadual de Campinas. Tem experiência na área de Ciência Política e Sociologia da Ciência, com ênfase em Estudos Sociais da Ciência, atuando principalmente nos seguintes temas: dinâmica do conhecimento científico, cooperação internacional e gênero e ciência.

Ricardo Silva Pereira Mello

Biólogo, possui doutorado em Ecologia pela Universidade Federal do Rio Grande do Sul (2006). Pesquisador do DESMA (Núcleo de Estudos em Desenvolvimento Rural Sustentável e Mata Atlântica/UFRGS) e coordenador da ONG ANAMA, instituições onde desenvolve o projeto "Pesquisas Ecológicas de Longa Duração no Sistema de Parcelas Permanentes no Corredor Mata Atlântica Sul". Exerceu representação da comunidade científica da região sul do Brasil no Conselho Nacional da Reserva da Biosfera da Mata Atlântica, de 2004 a 2008. Tem ampla experiência em conservação da biodiversidade, gestão de áreas protegidas, ecologia de comunidades vegetais e ecossistemas.

Rodrigo Allegretti Venzon

Bacharel e licenciado em Ciências Sociais pela UFRGS. Tem trabalhado no Sul do Brasil prioritariamente com povos indígenas, e eventualmente com quilombolas, pescadores e camponeses. Junto aos povos indígenas, já atuou nas questões terra, educação, meio ambiente, cultura e saúde. Coordena a Câmara Técnica de Desenvolvimento Sustentável do Comitê Estadual da Reserva da Biosfera da Mata Atlântica no Rio Grande do Sul.

Rumi Regina Kubo

Bióloga e antropóloga, técnica do Herbário ICN da UFRGS e coordenadora do Núcleo de Estudos em Desenvolvimento Rural Sustentável e Mata Atlântica (DESMA/PGDR). Tem desenvolvido trabalhos de pesquisa e extensão abordando a temática ambiental na interface entre as ciências humanas e biológicas. Tem sido objeto de seus trabalhos: produtos florestais não-madeireiros na perspectiva da etnoecologia e etnobotânica, registro de saberes e fazeres locais, antropologia visual e conflitos socioambientais.

Sandra Akemi Shimada Kishi

Procuradora Regional da República. Mestre em direito ambiental. Professora convidada nos Cursos de Pós-Graduação *Lato Sensu* em Direito Ambiental da Universidade Metodista de Piracicaba (UNIMEP). Professora orientadora no Ecoprogram – Green Mountain College e UNIMEP (2009). Coordena o Grupo de Trabalho sobre Águas da 4ª Câmara de Coordenação e Revisão do Ministério Público Federal (desde nov. 2008) e atua como coordenadora substituta no Curso de Ingresso e Vitaliciamento: Ministério Público Federal – Meio Ambiente e Patrimônio Cultural, da Escola Superior do Ministério Público da União (2007-2008 e

2009-2010). É pesquisadora no grupo de pesquisa DFG/Brasil-Alemanha em parceria com a Universidade de Bremen (Alemanha), sobre acesso ao patrimônio genético e ao conhecimento tradicional associado e repartição de benefícios (2007-2009), sob a coordenação de Gerd Winter. Presidente do Instituto Estudos Direito e Cidadania (IEDC). É coordenadora da *Revista Internacional de Direito e Cidadania – REID*, ISSN nº 1983-1811. <http://www.iedc.org.br/reid>.

Índice de assuntos

A

Agência Nacional de Vigilância
  Sanitária (Anvisa) 51, 52, 64
Amazolink 51
Anteprojeto de lei sobre acesso
  ao patrimônio genético e aos
  conhecimentos tradicionais
  associados (APL) 77, 78, 79, 81, 85
- Direito autoral e patrimonial 85
- Efetividade nas políticas 85
- Relações internacionais 85
- Repartição de benefícios 85
- Sobre Conselho de Gestão do Patrimônio
  Genético (CGEN) 85
- Texto do APL 85
- Uso coletivo da biodiversidade e dos
  conhecimentos tradicionais associados ... 85
Apropriação da informação 141
Associação de Proteção Ecológica
  Vale do Juruá (SELVAVIVA) 45
- Comissão de sindicância 45-46

B

Bancos de germoplasma 37, 75, 263
Breu Branco (fragrância)
  Ver Protium pallidum (fragrância) 17, 109
Biodiversidade 70, 71
- Brasil 76-80
- Conceito 71, 72
- Definição 71
- Dimensão cultural 72
- Legislação brasileira 72-73
- Privatização 75, 154
- Sistema de arenas públicas 70
- Sistemas tradicionais 73-74
Biopirataria 27, 32-33, 35, 36, 45
Bioprospecção 24, 74, 87
- Caso Fundação Zoobotânica do
  Rio Grande do Sul (FZBRS) e
  *Gesellschaft für Biotechnologische
  Forschung* (GBF) 152-153
- - Contrato de repartição de benefícios 153-154
- - Propriedade intelectual (direitos) 153
- Convenção sobre a Diversidade
  Biológica (CDB) 89
- Parceria norte-sul em bioprospecção 89
- Suriname 87-105
Biotecnologia 15, 24, 26, 70, 73, 74, 75, 154

C

Carta Africana dos Direitos Humanos dos
  Direitos dos Povos (1981) 195
Centro de Biotecnologia da Amazônia
  (CBA) 148
Centro Internacional de la Papa (CIP) 25, 34, 37
Centro Nacional de Populações
  Tradicionais (CNPT) 229
Certificado de procedência legal 27, 63-65
Código de Defesa e Proteção do
  Consumidor 52, 152, 247
Coleções de uso comum 306
Coleções genéticas regionais
- Características 313-314
- Base legal 315
- Legislação nacional 314-315
Comissão Mundial sobre Cultura e
  Desenvolvimento (UNESCO) 228
Comissão Nacional de Biodiversidade 35-36
- Metas nacionais de biodiversidade
  para 2010 80
- Principais projetos 36
Comissão Técnica Nacional de
  Biossegurança (CTNBio) 77
Comitê de Direitos Humanos 195
Comunidade tradicional 217
- Capacidade
- - Brasil 195
- - Nível internacional 195-196
- Características 222-230
- - Elementos identificadores 223-224
- Conceitos legais 218-222
- Regime legal *sui generis* 288-289
- Vulnerabilidade e hipossuficiência 284-288
Ver também Conhecimento tradicional
Conferência das Nações Unidas para o
  Meio Ambiente e o Desenvolvimento 46, 289
Conferência Geral da Unesco, 25ª 229
Conflitos socioambientais 63
Conhecimento indígena
- Definição 161
Ver também Conhecimento tradicional
Conhecimento tradicional 11, 12, 17, 26, 27,
                                   28, 40, 73-74, 158-161, 187

	página

- Aquisição, transmissão, acúmulo, armazenamento e disseminação 163-169
- Associado ao patrimônio genético 230-233
- Brasil (acesso) 110-111, 206-207
- Casos controversos
- - Caso Natura Cosméticos S.A. e *Protium pallidum* (cronograma) 120
- - Erveiros, perfumes e direitos (entrevista da Natura Cosméticos S.A. no mercado do Ver-o-Peso, Pará) 118, 150
- - Natura Cosméticos S.A. e a comunidade ribeirinha de Iratapuru 116-118, 119
- - Natura Cosméticos S.A. e erveiras (disputa) 127
- Ciência e conhecimento tradicional 240-241
- - Quadro comparativo 240
- - Conceito e características 277-278
- - De base comunitária 129
- - Definição 159-163
- - Revisão 185
- - Domínio público 120-125, 129, 131
- - Em custódia nacional 131
- - Medicinal 205
- - Na Constituição brasileira 278
- - Como criações científicas ou tecnológicas 282-284
- - Como bens culturais imateriais 278-280
- - Como patrimônio da humanidade 280
- - Como portadores de valores de referência 281-282
- - Privatização 75
- - Princípio da responsabilidade cultural 292-294
- - Proteção 239, 250
- - Direitos 122, 182, 202
- - Medidas auxiliares 185-186
- - Recursos genéticos 110, 129
- - Sistema *sui generis* 19, 25, 26, 27, 29, 55, 56, 88, 132, 180, 181, 188, 213, 231, 245, 246, 276, 286, 288, 296, 301
- - Via propriedade intelectual 176
- - Via segredos comerciais 177-180
- - - quebra de confidência 178
- - - responsabilidade criminal 179
- - Regra do consentimento prévio 149-150
- - Regime de propriedade 204
- - Responsabilidade civil objetiva 291-292
- - Responsabilidade objetiva 294-295, 296
- - Sequência de aprendizagem (habilidades e conhecimentos) 166
- - Tutela jurídica 275
- - Tutela nacional 129
- - Urbano e de serviços 130

Ver também Convenção sobre a Diversidade Biológica (CDB) (Art. 8j)
Ver também Medida Provisória nº 2.186-16/2001
Conhecimento tradicional associado 11, 18, 24
- Definição da MP nº 2.186-16/2001
- Peru 29
Ver também Medida Provisória nº 2.186-16/2001
Conhecimento tradicional compartilhado 197-198
- Krahô 197-198
Conhecimento tradicional disseminado 171-173, 187
- Agrupamento 172-173
- Anteprojeto de lei (acesso) 208-209
- Conceito 171
- Critérios para demarcação 171-172
- De caráter nacional 128-129
- Detentores do conhecimento tradicional disseminado 173-174
- Mantido nacionalmente 172
- Obstáculos da proteção e repartição de benefícios 174-176
Conhecimento tradicional intacto 171, 180, 187
Consejo Aguaruna-Huambisa (CAH) 29, 31, 32
Conselho de Gestão do Patrimônio Genético (CGEN) 111, 150, 151, 152, 197, 214
- Caso Fundação Zoobotânica do Rio Grande do Sul (FZBRS) e *Gesellschaft für Biotechnologische Forschung* (GBF) 152-153
- Competência 151
- Repartição de benefícios 154-155
Consentimento prévio informado (CPI)
- Brasil 191
- Comunidade quilombola Oriximiná 203-204
- Conteúdo jurídico 212-213
- Conteúdo material 211
- Estudo antropológico independente
- - Elucidação do *inter* de transmissão do conhecimento tradicional 201
- - - identificação 201-202
- - - inventivo para o produto com fins comerciais 202
- - Estrutura e finalidade 200
- - Falta de estudo antropológico (consequências) 198-199
- - Impacto ambiental 203
- - *Plus* inovador 203
- - Natureza jurídica 209-210
- - Princípio 192-194
- - Procedimento 210-211

- Representatividade 194-195
- - caso UNIFESP (Krahô) 196
- - divergência no consentimento
   (comunidades provedoras) 199-200
Ver também Conhecimento tradicional
Consultative Group on International
   Agriculture Research (CGIAR) 37
Contrato de bioprospecção
- Peru 29
- - Consejo Aguaruna-Huambisa (CAH)
   e Washington University 32-33
- - Shaman Pharmaceuticals e Aguaruna 29-30
- - - compensação e repartição dos
   benefícios (política) 30
Contrato privado civil 141
Convenção Americana de Direitos
   Humanos (1969) 205
Convenção sobre a Diversidade
   Biológica (CDB) 11, 13, 15, 24, 27, 39, 40,
   71, 80, 89, 110, 192, 193, 219,
   231, 234, 253, 257, 258, 289, 290
- Art. 8j 17, 27, 40, 55, 86, 110, 157,
   158, 159, 163, 170, 193, 208, 219, 289
- Art. 15 .... 27, 192, 193, 209, 304, 305, 307, 308
- Atribuições 76
- Brasil 76-77, 89, 154
- Marcos regulatórios 55
Convenção da Diversidade Biológica (CDB)
Ver Convenção sobre a Diversidade
   Biológica (CDB)
Contrato Bioamazônia-Novartis 145-146

D

Declaração do Rio Negro Sobre Acesso
   e Proteção aos Conhecimentos
   Tradicionais dos Povos Indígenas 78
Direitos indígenas 11-12
Ver também Constituição Federal de 1988
   (art. 232)
Direitos intelectuais 246
- Direitos intelectuais coletivos 247
- - Como direitos coletivos *lato sensu* 247
- - - direitos difusos e coletivos 247
Ver também Propriedade intelectual

E

ECO-92
Ver Conferência das Nações Unidas para o
   Meio Ambiente e o Desenvolvimento
Empresa Brasileira de Pesquisa
   Agropecuária (Embrapa) 149, 150,
   198, 256, 267
Encontro Nacional de Escritores
   Indígenas, 1º 249

Estatuto do Índio 194
Etnofarmácia 112-115

F

Federação Aguaruna Domingusa (FAD) 33
Federação de Comunidades Nativas
   Aguarunas do Rio Nieva (FECONARIN) 33
Fórum das Sociedades Científicas da
   Área de Zoologia 77
Fundação Nacional do
   Índio (FUNAI) 51, 131, 193, 194, 211, 213

G

Grupo Consultivo sobre Pesquisa
   Agrícola Internacional (CGIAR) 88, 261, 311
Grupo Cooperativo Internacional em
   Biodiversidade (ICBG) 13, 31, 33,
   90, 91, 93
- Argentina 93
- Camarões 93
- Chile 93
- Costa Rica 93
- México 31-32, 93, 95
- Nigéria 93
- Peru 32, 33, 93, 95
- - Amazônia Peruana 32
- Primeiro edital
- - Mecanismos sugeridos
- - - áreas prioritárias de pesquisa 92
- - - equipamentos, treinamento e
   infra-estrutura 92
- - - pagamentos adiantados 92
- - - pagamento de *royalties* 91
- Suriname 16, 17, 90
- - Impacto dos programas ICBG 100-105
- - - programa Aprendiz de Shamã 100
- - Projeto ICBG 94-100
- - - direitos de propriedade 98
- - - objetivos específicos do projeto 96-97
- - - partilha de *royalties* 98-99
Grupos Indígenas 25
- Aguaruna 14, 29
- - Consejo Aguaruna-Huambisa (CAH) 29
- Conhecimento tradicional 26
- Direitos 206
- Katukina 13, 45-65
- - Influências culturais 57
- Krahô 13, 14, 112, 149, 150, 196-198
- No Quênia 158-159
- Princípio da coletividade 81

I

Instituto Chico Mendes de
   Biodiversidade (ICMBio) 221

	página

Instituto Nacional de Meio Ambiente e Desenvolvimento (NIMOS) 103
International Cooperative Biodiversity Groups (ICBG)
Ver Grupo Cooperativo Internacional em Biodiversidade (ICBG).. 13

K

Kampô
Ver Phyllomedusa bicolor

L

Lepidium meyenii 34, 35, 36
Lei de Ação Civil Pública..................................... 247

M

Maca
Ver Lepidium meyenii
Ministério do Meio Ambiente (Brasil).................. 13

N

Natura Cosméticos S.A. 116, 117, 118, 119, 120, 121, 122, 123, 125, 127, 130, 131, 150

O

Organização Aguaruna Alto Mayo (OAAM) 33
Organização Central de Comunidades Aguarunas do Alto Maranhão (OCCAAM) 32, 33
Organização do Tratado de Cooperação Amazônica (OTCA)..................................... 28, 133
Organização Internacional do Trabalho sobre Povos Indígenas e Tribais
- Convenção nº 169.. 79, 205
Organização Mundial da Propriedade Intelectual (OMPI) 25, 27

P

Pacto Internacional dos Direitos Civis e Políticos
- art. 1º... 196
Pacto Internacional dos Direitos Econômicos, Sociais e Culturais
- art. 1º... 196
Parque da Batata (Peru) 16, 36, 37, 38
Patentes (exploração de recursos da biodiversidade) 35, 36, 75
Patrimônio genético 26
Phyllomedusa bicolor........................... 47, 49, 114
- Divulgação... 50
- - Restrição à divulgação 52
- Popularização/comercialização 63-65
- Reações físicas (aplicação)................................ 50
- Terapias alternativas.. 51

- Vacina 62-63
População tradicional
Ver Comunidade tradicional
Programa ICBG
Ver Grupo Cooperativo Internacional em Biodiversidade (ICBG)
Projeto Etnobiologia 149
Projeto Kampô.. 47, 52-62
- Composição.. 53
- Expectativas financeiras 58-59
- Kambô (sapo-verde) 47, 48, 49, 50, 54, 55, 60, 61, 62, 114
Propriedade intelectual 27, 35, 36, 88, 241-243
- Conceito de patrimônio 243-246
- Conhecimento tradicional 188, 241-243
- - Lei amigável 183-184
- Direitos 45, 61, 74, 181
- Kenya Industrial Property Act (IPA) 183
- Proteção 39
- - Banco de dados de conhecimentos tradicionais das comunidades indígenas Quéchua.. 36
- Projeto Kampô... 61
- Projeto UNIFESP/Krahô 112, 196
- - Repartição de benefícios......... 113, 141, 142-143
Protium pallidum (fragrância) 17, 109, 116, 117, 119, 120, 121, 122, 123, 124, 128, 131, 201, 202, 209

R

Recurso biológico 27
Recurso fitogenético 19, 254, 255, 256, 257, 258, 261, 262, 270, 271, 272, 273
- Acesso................ 259, 260, 261, 262, 263, 268, 269
Recurso genético 27, 147, 299
- Direito soberano
- - Conteúdo.. 300-301
- - Escopo... 301-304
- - - unidades funcionais de hereditariedade 302-303
- - - valor real ou potencial....................... 303-304
- Repartição de benefícios........................... 263-266
Rede Internacional de Intercâmbio de Espécies Vegetais (IPEN)................................ 310
Regulação
- Peru... 25
Repartição de benefícios 23, 169, 248, 263-266, 273, 304
- Acesso... 145, 159, 186
- - Propostas para o Quênia 181
- Acesso livre.. 154-155

	página
- Como princípio regulatório	23
- Como propriedade intelectual	113, 141, 142-143
- Contrato civil	143
- Formas de distribuição (conhecimento tradicional)	182
- Fundos	184-185
- Peru	25
- Provedor de recursos genéticos	147-149
- Segurança jurídica	144

S

Sangre-de-drago (latex) 30, 31, 41
Ver também Contrato de bioprospecção
Shaman Botanicals 31
Ver também Shaman Pharmaceuticals
Shaman Pharmaceuticals 29-30
- Formulação de medicamentos 30-31
- - Provir 31
Ver também Contrato de bioprospecção
Science commons 309
Sistema Nacional de Unidades de
   Conservação (SNUC) 72, 218
- Projeto de Lei nº 27/99 218

Sociedade Peruana de Direito Ambiental
   (SPDA) 33
Socioambientalismo 69

T

*Trade Related Intellectual
   Property Rights* (TRIPs) 27, 36, 73, 76, 88
Tratado Internacional de Recursos
   Fitogenéticos 310-311
Tratado Internacional sobre Recursos
   Fitogenéticos para a Alimentação
   e a Agricultura (TIRFAA) 11, 18, 253
- Acesso facilitado aos recursos
   fitogenéticos 259
- Interfaces com a Medida Provisória
   nº 2.186/2001 266-273
- Objetivos 253-259
- Termo de transferência de material 261
Tribos indígenas
Ver Grupos Indígenas

U

*Undoing the Knot in A&BS Transactions:
   in Search of Amicable Solutions*
   (workshop) 15

Índice da legislação

C

Código Civil (2002)
- art. 4º 194
- art. 421 209

Constituição (1988)
- art. 3º 206
- art. 4º 194, 195
- art. 5º 244
- art. 23 225
- art. 116 233
- art. 127 207
- art. 127 209
- art. 215 193
- - - § 1º 244
- - - § 3º 206
- art. 216 .... 206, 233, 279, 282, 283, 284
- - - § 1º 244
- art. 231 .... 11, 206
- art. 232 .... 11-12, 193, 195, 207

D

Decreto nº 2.051/2004 .... 79, 206
Decreto nº 2.519/1998 11
Decreto nº 3.945/2001 194
Decreto nº 5.439/2005 194
Decreto nº 6.040/2007 .... 193, 222, 270, 278, 289, 290
- art. 3º 221, 225
Decreto nº 6.476/2008 .... 11, 253

L

Lei nº 5.484/1928 194
Lei nº 6.001/1973 .... 194, 213
- art. 7º 194
Lei nº 7.347/1985 247
- art. 1º 248
Lei nº 8.078/1990 .... 52, 152
Lei nº 9.985/2000
- art. 20 218-219
Lei nº 11.284/2006 220
- art. 3º 219
Lei nº 11.428/2006
- art. 3º 221

M

Medida Provisória nº 2186-16/2001 .... 11, 18, 77, 78, 79, 85, 86, 110, 111, 114, 120, 121, 123, 125, 126, 127, 131, 133, 143, 146, 193, 194, 199, 201, 202, 213, 220, 231, 232, 234, 253, 266, 267, 268, 269, 273, 277, 289, 290
- art. 4º 193
- art. 7º 11, 121, 193, 201, 206, 220, 231, 277
- art. 8º 193, 206, 231, 232, 286
- art. 9º 204, 209, 232
- art. 10 .... 111, 194
- art. 11 .... 193, 197, 210, 287
- art. 14 197
- art. 15 197
- art. 16
- - § 4º 134
- - §§8º 209
- - §§9º 193, 209
- art. 17
- - § 1º 193
- art. 19 .... 269, 270
- art. 30 199

P

Portaria nº 2.186/2001 (IBAMA) 220
Projeto de Lei nº 27/99 (SNUC) 218
Projeto de Lei nº 7.211/2002 231-232
- art. 43 232
- art. 73
- - § 1º e 2º 233

R

Resolução nº 6/2003 (CGEN) 197
- art. 4º 199
Resolução nº 8/2003 (CGEN) 193-194
Resolução nº 10/2007 (CGEN)
- art. 1º 151
Resolução nº 12/2004 (CGEN) 197
- art. 2º 199
- art. 6º 199
Resolução nº 8 (Anvisa) 64
Resolução nº 3/2006 (CONABIO) 80, 86

Esta obra foi composta em fonte Garnet corpo 11,5 e
impressa em papel Offset 75g (miolo) e Supremo 250g (capa)
pela Gráfica e Editora O Lutador.
Belo Horizonte/MG, agosto de 2009.